广东银行同业公会　编

ZHUSHUI LIU JIN TONGXIN ZHU YUE

GUANGDONG YINHANGYE YANJIU BAOGAO

珠水流金　同心铸粤

广东银行业研究报告 2021

南方日报出版社
NANFANG DAILY PRESS
中国·广州

图书在版编目（CIP）数据

珠水流金　同心铸粤：广东银行业研究报告. 2021 / 广东银行同业公会编.
-- 广州：南方日报出版社, 2022.1
ISBN 978-7-5491-2500-5

Ⅰ. ①珠…　Ⅱ. ①广…　Ⅲ. ①银行业—经济发展—研究报告—广东—2021　Ⅳ. ①F832.765

中国版本图书馆CIP数据核字（2021）第263503号

ZHUSHUI LIU JIN TONGXIN ZHU YUE
珠水流金　同心铸粤：广东银行业研究报告. 2021

编　　者：广东银行同业公会
出版发行：南方日报出版社
地　　址：广州市广州大道中289号
出 版 人：周山丹
责任编辑：张　高　陈　焱
装帧设计：书窗设计
责任技编：王　兰
责任校对：裴晓倩　肖　颖
经　　销：全国新华书店
印　　刷：广东信源彩色印务有限公司
开　　本：889mm × 1194mm　1/16
印　　张：20.25
字　　数：380千字
版　　次：2022年1月第1版
印　　次：2022年1月第1次印刷
定　　价：180.00元

投稿热线：（020）87360640　读者热线：（020）87363865
发现印装质量问题，影响阅读，请与承印厂联系调换。

序 “金”水泽南粤　同心奋远楫

广东银保监局党委书记、局长
经济学博士、经济学博士后、研究员

习近平总书记指出：“经济是肌体，金融是血脉，两者共生共荣。”作为改革开放的排头兵、先行地、实验区，经济大省广东在金融领域表现亮眼，成绩斐然。2020年全省金融业实现增加值近1万亿元，创历史新高，占地区生产总值比重近9%，同比增长9.2%。截至2021年第三季度末，广东银行业金融机构总资产为20.4万亿元，同比增长8.6%，整体运行态势平稳良好。立足“十四五”规划，在推动粤港澳大湾区建设、实现经济高质量发展的进程中，广东从金融大省向金融强省迈进的步伐更加坚毅有力，加快建设现代化金融体系、力争实现更高水平的金融开放，成为广东回应时代诉求、谋划未来图景的新举措。

作为广东银行业自律性组织，广东银行同业公会（以下简称“公会”）自2000年成立以来，一直致力于为银行机构发声、为广大会员单位服务。天道酬勤，力耕不欺，经过二十多年的行业积累，公会在业界获得了一定的品牌影响力和号召力。在广东经济与金融共生共荣的浪潮中，公会一如既往地肩负使命担当，凝聚各方力量，总结行业治理经验与智慧，为百余家会员单位搭建交流互助的平台和眺望金融前沿的窗口。

才过廿载春秋，又欣逢党的百年华诞，公会在积极开展党史学习教育“我为群众办实事”实践活动的基础上，出版梓行《扎根南粤大地 服务社会民生》一书，展现了公会作为行业记录者、观察者的积极作为和不懈努力。如今，在广东银保监局的指导下，公会再接再厉，乘势而上，再度推出《珠水流金　同心铸粤——广东银行业研究报告2021》。“珠水流金”，是广东省经济繁荣发展、奔涌向前的象征，也是金融活水融通天下、润泽南粤的图景；“同心铸粤”，则是广东银行业几十载春华秋实、凝心聚力的使命，更是各会员单位奋楫笃行、共铸南粤的如磐初心。

本书所收录的29篇银行业优秀研究报告，系面向公会会员单位广泛征集而来，撰稿者皆是在银行领域深耕多年的高管人员，研究内容聚焦行业发展动态，反映党和国家关于银行乃至金融业的最新决策部署和发展规划，重点突出金融服务数字化经济发展、粤港澳大湾区金融服务创新与实践、金融机构助力乡村振兴、银行业服务实体经济发展、普惠金融惠及千家万企、绿色金融助力产业转型升级等主题，可视为2021年广东银行业发展的回顾和总结。

全书经高校教授、行业专家评审修改、点评润色、掇菁撷华汇编而成，融合了多家金融机构关于行业治理的经验与智慧，既有对时代的敏锐观察和深刻思考，又有对未来行业发展方向的洞见和期冀，不仅是把握时代脉搏，与行业发展同呼吸、共命运的文字载体，亦是业界了解广东银行业最新发展动态的窗口，对促进广东银行业赓续发展、推动南粤经济金融平稳运行有参考意义。

“其作始也简，其将毕也必巨”，本次调研报告是一次新的尝试、新的开始，我们冀望这尝试能为同业间搭建交流借鉴的桥梁与纽带，与各会员单位一道善作善成，守望相助，在建设社会主义现代化国家的新征程上，砥砺深耕，行稳致远，臻于至善，为广东建设金融强省和实现经济高质量发展再添动力！

目录

金融助力 情满乡村

产业兴旺视角下农发行如何统筹推进广东乡村振兴
——以新会陈皮产业为例

■ 中国农业发展银行广东省分行
刘舰　麦虎　周聪　涂领　师帅

摘　要

“十四五”开局之年，党中央提出了乡村振兴战略，“三农”工作已发生历史性转移。站在新的历史起点上，全力服务乡村振兴战略是农发行新时代的核心使命和中心任务。乡村振兴的核心是推动农村产业兴旺，农发行要因地制宜、突出重点、紧扣特色产业做文章，积极支持当地具有主导和优势地位的特色产业的发展。我行通过召开银政企座谈会、现场走访等方式，对江门地方特色农业产业——新会陈皮产业进行调研，主要围绕陈皮产业发展情况、政银支持陈皮产业的主要做法以及陈皮产品主要特点和陈皮企业主要经营特点，探索信贷支持全国特色农产品优势区、特色农业产业链的新模式、新路径。

一、新会陈皮产业发展情况

（一）基本情况

江门新会地区种植茶枝柑的历史已有700余年。经过长期贮存陈化的果皮，食用药用价值较高，是岭南地区餐饮与茶文化的重要元素，享有“千年人参，百年陈皮”的美誉。近年来，当地政府高度重视、大力扶持陈皮产业，新会陈皮产业发展迅速，逐渐由20世纪单家独户自给自足为主的传统种植模式发展成为以陈皮为中心，集种植加工、贸易、仓储物流、文旅等于一体的产业聚集模式，陈皮产业成为新会地区农业的支柱产业。1996年，新会地区的陈皮种植面积不超过1.3万亩，产值仅有300万元左右。2000年以来，新会陈皮产业在新会政府的带动下飞速发展。2020年，新会陈皮产业的种植面积突破15万亩，陈皮产业产值超100亿元。农业农村部、国家林业和草原局等七部门联合发文，将新会陈皮列入第四批中国特色农产品优势区名单。

近年来，陈皮产业的发展逐步转向集约化、标准化、现代化：

1. 种植规模大幅增长

至2020年，新会茶枝柑种植已覆盖江门新会区会城街道及10个乡镇193个行政村，种植面积由1996年发展之初的不到1.3万亩增加至超15万亩，其中10亩以上种植户由350户发展至超2600户，柑皮年产量由500吨增长至5000吨。以新会区三江镇为例，近年三江镇种植面积快速增长，全镇种植面积达2万亩，其中，5亩以上种植户476家，种植面积1.46万亩；50亩以上种植户93家，种植面积0.93万亩；100亩以上种植户30多家，种植面积0.63万亩。三江镇某农户家中原本仅种植10余亩水稻，新会柑价格持续上涨之后，该农户联合亲戚先后租了150余亩地种植新会柑，按亩产5000斤计算，每年有接近400吨产量。

2. 农产品附加值提高

陈皮产业已慢慢延伸涵盖中药、食品、茶饮、保健、文旅和金融等多个行业，其中规模最大的茶类年产值由2011年的0.4亿元增长至2020年的40亿元，9年间增长了近100倍。以“小青柑”柑普茶为例，新会柑产商一般会将柑壳与普洱茶相结合，制成“小青柑”柑普茶。根据某陈皮经营公司的经营情况，在每年7—9月的采摘季，每天约有3万斤新鲜小青柑运送至其加工厂房，由工人进行洗果、起盖、挖肉和填茶等。

3. 联农带农效益显著

陈皮产业目前主要通过“龙头企业+合作社”“龙头企业+基地+农户”等模式，搭建企业和农户合作平台，发挥龙头企业的联农带农作用，推动农民人均增收。陈皮产业化带动相关就业人数由3000人增加至5.5万人，农民人均增收2万元，较周边地区农民人均收入高出4000多元。以某农业专业合作社为例，该合作社位于新会区柑会城梅江种植基地，由8家中小型家庭农场联合经营，合作社每年支付给农民的土地流转费约2700万元，每年加工厂的厂房租金约230万元。该合作社长期聘请当地农民约130名，人均月工资在3500元左右，每年的采摘季聘请农民的数量增至1300人，人均月工资在4000元左右。

4. 产业链条延伸

日前新会陈皮产业的橘种苗繁育、果品生产、陈皮深加工、休闲旅游等产业链已初具规模，实现了由单一产业向三产融合发展的转变，吸引社会投资超30亿元，拥有超1000家经营主体，15家龙头企业，其中上市公司1家。新会陈皮产业已经成为现代特色农业的一大亮点和标杆，成为当地乡村振兴的产业支柱和典范。

（二）市场价格情况

根据陈皮产品的特性，其增值效应是随着年份的增加，其价值也得到相应的增加，从近二十年的市场实际价格增加幅度分析，随着陈皮年份增加，其带来的收益越大，近年陈皮价格趋势如下：

表1-1　2001年至2021年陈皮价格趋势

单位：元

时间	陈皮年份	规格	当年新皮价格	目前批发价格	目前零售价格
2001年	20年	500克	17.00	15,360.00	36,150.00
2006年	15年	500克	40.00	2960.00	8600.00
2011年	10年	500克	105.00	2000.00	5500.00
2016年	5年	500克	195.00	510.00	1650.00
2021年	1年	500克	278.00	420.00	750.00

数据来源：江门某陈皮经营公司

陈皮能够随着年份增长而增值主要有两方面的原因：一方面是物价的正常增长，另一方面是陈皮在陈化过程中的增值效果。由此可见，陈皮收储虽然需较长时间地占用企业运营资金，但其价格的增值幅度大大高于物价上涨及货币资金占用带来的成本压力，相对风险较低。

二、政银部门支持陈皮产业的主要做法

（一）地方政府配置专项资金支持陈皮产业发展

一是地方政府整合中央财政奖补资金、项目资金和社会资金1.32亿元，成立8个陈皮相关研究院，建立2个院士工作站、1个博士后科研工作站和20个产学研合作基地，培养的农村实用人才超5000人，通过资金引导促进产学研多方深度合作，改变了陈皮产业以销售原材料为主的单一产业结构，进一步促进产业链、价值链延伸，科技对陈皮新产品的研发贡献率突破75%，为产业发展打下了良好的基础。二是财政贴息降低经营主体的融资成本。2020年陈皮经营者贷款综合利率6.24%，其中江门某商业银行陈皮产业贷款平均利率5.27%，经地方政府贴息后，如“葵乡惠农贷”借款人实际仅须负担4.35%的利率，“陈皮产业园贴息贷”借款人对50万元以内的贷款实际仅须负担2%的利率。三是设立“政银保”风险担保资金池。政府通过与银行、保险、担保机构等金融机构共同合作开展“政银保”贷款，资金池可为经营主体的借款提供担保，为违约贷款提供代偿。四是通过地方立法为新会陈皮保驾护航。当地政府明确新会柑种植区域范围，加强新会柑、新会陈皮农产品质量安全溯源体系建设，加大地理标

志产品专用标识及证明商标管理力度，突出过程监管，实现从新会陈皮的产地、种质、工艺到品牌等方面的保护和管理，为保证新会陈皮品质提供法制保障。

（二）政府打造数字平台，建立可溯源行业标准

以新会陈皮国家现代农业产业园为依托，新会政府已建立起新会柑、新会陈皮的大数据管理体系，对全区的种植户进行数字化管理，最终实现产品溯源的目的。新会陈皮产业智慧农业大数据平台按照中国农业4.0的最高战略要求打造，该平台已采集约6700户陈皮经营主体的数据，平台依托中国电信5G云网融合、物联网、人工智能等技术，已成为全国细分单产业数据颗粒度最细、数据链最完整、规模最大的大数据平台。

（三）国有企业带动陈皮产业发展

新会政府围绕陈皮特色优势产业实施乡村振兴战略，产业园建设以“一轴、两带、三基地、四中心、五园区”的思路布局开展。据了解，政府正全力建设新成立的广东新供销新会陈皮有限公司，由该国企规划建设新会区供销社现代农业冷链物流中心项目。项目设计初衷是以国有企业带动陈皮产业的转型升级发展，提升“新会陈皮”品牌的社会公信力和产业价值，推动陈皮产业持续高质量发展。

（四）行业组织积极发挥管理作用

一是推动行业标准制定，通过制定《国家地理标志新会柑》等2个广东省地方标准和《新会柑皮普洱茶》等8个生产联盟标准，从“产品分类”“技术要求”“储存和运输”等方面进行行业规范，并设立陈皮行业知识产权司法保护服务中心，积极支持新会陈皮产业可持续发展。二是加大市场宣传力度，如陈皮村产业基地从开业至今，共举办了三届陈皮文化节、五届陈皮美食旅游节、一届小青柑交易会和一届陈皮博览会、一届中国新会陈皮（柑茶）交易会、一届新会柑农节，共为1000多家企业（商家）60多万人次提供服务。

（五）金融机构主要采取“政银保”和线上贷款方式

一是通过线上产品提高贷款的办贷效率。如江门某商业银行推出纯信用无抵押的线上产品“陈皮e贷”，通过各镇农办、管理区、柑橘合作社、工商局、行业协会、龙头企业等渠道获取数据，建立信贷模型，生成白名单，客户在线提交申请后仅需3—5天即可完成申贷、审批和用信等全部环节，单户信用贷款的额度最高可达30万元。二是以仓单质押方式为企业的融资提供增信，例如，借款人将陈皮存放在仓储公司，商业银行可根据仓储公司出具的仓单为借款人发放仓单质押贷款，补贴后的融资成本一般不会超过6%。三是通过“政银保”方式为企业的融资提供增信。“政府+银行+保险”三方合作的“政银保”贷款，年利率一般不超过6%。2020年，新会辖内银行机构对陈皮产业客户发放贷款金额2.4亿元，涉及企业及农户820多户。

三、陈皮产品主要特点和陈皮企业主要经营特点

（一）陈皮产品主要特点

一是集中上市，新鲜果皮三年后才是陈皮。新会柑集中在每年7月至12月上市，其中7月至9月底是柑青皮（青皮）采摘时间，主要用于制作小青柑茶，可立即投入市场销售；10月至12月底是二红及大红（成熟程度）的采摘时间，二红及大红主要加工成果皮，须陈化三年后方可投入市场销售，资金沉淀时间较长。由于柑果7月至12月集中上市，因此企业陈皮经营收购柑果的集中用款时间也在这一时段。二是核心种植面积不断缩小，不同区域陈皮市价差异大。新会陈皮按区域划分为四个产区，第一产区（也称“核心区”）在天马、梅江、茶坑、东甲、西甲；第二产区在南坦、三江、大泽、小岗；第三产区在双水、古井、罗坑；第四产区在司前、沙堆、崖西、崖南。近年以来，随着江门有序推进城镇化进程，新会柑种植区，特别是核心区的资源挤压严重，特别是东甲、西甲及梅江的土地大量被征收，导致物以稀为贵，加上资本不断炒作，致使核心区陈皮价格一路上扬。不同区域所产的陈皮，同品种、同种植方式、同树龄的价格差异大，核心区产的陈皮较二、三线产区的陈皮价格平均高约1.5—3倍，较四线的陈皮价格平均高3倍以上。

（二）陈皮企业主要经营特点

一是种植期经营特点。陈皮企业一般希望在年初直接与农户签订订单合同，通过支付一定订金给农户，包收农户所有种植柑果。这不但能解决农户种植费用，而且能锁定果源和质量，实现长期共赢。二是日常经营期经营特点。陈皮企业日常经营过程中的流动资金需求，主要用于收购新皮、老皮，加工增加的附加值，如药、食、茶、健制品等，通过快进快出方式，增加贸易收入。例如7月至9月底是柑青皮（青皮）采摘时间，陈皮经营户有资金需求用于收购青皮和普洱茶，制作的小青柑茶可立即投入市场销售；例如在春节、中秋等节假日前夕，有资金需求用于收购生产陈皮酒、陈皮月饼等所需原材料。三是果皮收购期经营特点。10月至12月底果皮进入成熟期，陈皮企业会启用大量资金用于收购二红及大红。由于陈皮保值增值能力强，平均每年会有约10%至30%的增值，因此陈皮企业采购主要是储藏需要，采购方式主要是在采摘期通过与果农议价，签订最终收购合同。

四、信贷支持“新会陈皮产业”的初步思路

新会陈皮产业的发展，是地方政府、金融机构、行业组织多方联动、协同发力的结果，其发展进程浓缩了乡村振兴战略在县域的探索和实践，也为其他地方政府的特色农业产业发展提供了较好的可复制、可推广经验。对此，农发行可将信贷支持新会陈皮产业作为先行尝试，为后续扩大支持广东地方特色农业产业提供可复制推广的经验。

（一）推动制作标准制定和原产地标准认定，加强品牌形象保护

新会陈皮目前主要面临两大问题，一是外地产的陈皮充当新会产的陈皮卖，二是新会当地产的陈皮以年份短的充当年份长的陈皮卖。虽然政府和行业协会等均在大力推动新会陈皮的标准制定工作，但消费者目前只能凭借经验去辨认，这制约了产业健康发展。农发行应在新会陈皮鉴定和数据识别模型搭建方面寻找信贷切入点，配合政府实现制作标准制定和原产地标准认定。

（二）规范产业发展，防范资本无序扩张

随着陈皮商业价值增长，陈皮产业涌入大量资本项目，但资本促进行业发展的同时也可能会扰乱行业秩序。在退耕还林的大背景下，农发行应推动建立核心区的新会柑种植永久保护地和规范化种植示范基地建设，支持陈皮行业龙头企业在政府的有效监管下建立行业自律机制，保护产业健康有序发展。

（三）建立国有公司，加强宏观调控

政府已建立以新会供销社为主体的新会陈皮产业平台，该平台建有新会陈皮产业大数据平台和第三方存储仓库。农发行可支持政府公司开展收储工作，配合政府实现对陈皮产业的宏观调控，调节市场供需关系，防止陈皮价格大起大落。

（四）按照陈皮特点，实施差异化定价和贷款期限

储存时间不足三年的柑皮一般称为果皮或柑皮，存储时间在三年以上的柑皮才可称为陈皮。目前市场上流通销售的一般为陈皮，销售陈皮才可实现效益最大化。同时，核心区域种植面积萎缩推高核心区陈皮市场价格，拉大了不同产区陈皮价格差异。农发行可按照陈皮特点，贷款按照产区不同实施差异化定价，贷款期限建议三年（含）至五年。

（五）参考购销储贷款管理，探索“封闭运行”管理模式

农发行可根据借款人（陈皮经营户）与果农、承包户签订的购货合同、完税证明，直接划转贷款资金到果农或承包户账户上，并择优扶持具有储藏实力的国企或优质民营客户作为指定的陈皮代储企业。陈皮经营户按代储企业的标准和流程存放仓库后，制作仓卡（明确权属人、年份、产地等信息）挂在仓库门口，代储企业向陈皮经营户收取保管费，并出具仓单作为权属凭证。陈皮销售出库时，陈皮经营户须提供销售合同等材料向农发行报备，且销售货款必须及时回笼农发行指定账户内。

（六）积极促进风控手段多样化

首笔信贷业务须落实全额的有效资产抵押，后续贷款可探索代储企业出具的陈皮仓单质押等风险防控方式。同时，探索完善风险共担机制，如与政府部门合作，争取获得政府部门风险担保资金池为我行信贷资金提供增信；农发行还可与保险公司探讨，创新符合陈皮特点的保险品种，并由农发行作为第一受益人，确保农发行信贷资金安全。

课题组成员简介：

课题组组长　刘　舰　中国农业发展银行广东省分行党委委员、副行长

课题组副组长　麦　虎　中国农业发展银行江门市分行党委书记、行长

其他人员　周　聪　中国农业发展银行江门市新会支行副行长

涂　领　中国农业发展银行江门市新会支行客户部代主管

师　帅　中国农业发展银行广东省分行乡村振兴处业务经理

专家评点：

乡村振兴的核心是推动农村产业兴旺，农业发展银行充分发挥政策性金融支持农村产业发展的职能，紧扣地方特色产业发展开展金融服务创新。农业发展银行广东省分行在对江门新会陈皮这一地方特色农业产业调研的基础上，针对陈皮产品和陈皮企业的特点，提出了信贷支持新会陈皮产业的初步思路，为后续扩大支持广东地方特色农业产业提供可复制推广的经验，对探索信贷支持全国特色农产品优势区、特色农业产业链的新模式和新路径都具有很好的参考价值。

专家简介：

钟永红，华南理工大学经济与金融学院金融学教授、博导，金融学系主任。

金融助推农业农村现代化的实践与启示

——以农行广东省分行为例

■ 中国农业银行广东省分行
周华 陈耀丰 谭洁平 陈巧玲 席瑞雪 王静 陈伯瀚 纪逾睿 钟勇

摘 要

在农业农村现代化进程中，农村金融发挥着重要作用。农业农村现代化的金融需求具有以下几个特点：一是需要大规模的资金投入，二是需要多元化的金融服务，三是需要综合化的服务模式，四是需要数字化线上化的便捷服务。但同时，当前金融供给与上述需求并不匹配。为化解这一金融供需矛盾，农行广东省分行在加大金融支农力度、创新金融服务方式方面进行了积极探索，取得了良好成效：一是创新“现代农业产业园+”服务模式，支持现代农业产业体系建设；二是构建“链式金融”综合服务模式，推动农村一二三产业融合发展；三是构建互联网金融服务“三农”新模式，促进数字乡村建设；四是完善长效精准扶贫模式，助力农民脱贫奔康。下一阶段，我国可借鉴日本造村运动、美国城乡互惠型乡村发展模式和德国村庄更新的成功经验，完善顶层设计，凝聚各方合力，精准定位市场，聚焦关键主体，精准开展服务，充分发挥金融助推农业农村现代化的作用，引导社会各界形成服务“三农”合力。

一、引言

“民事之大在于农”。推进农业农村现代化，促进农民群体的全面发展，对于实现中华民族伟大复兴具有特殊意义。中国的“农”是“三农”，不仅须解决农业问题，还须解决农村发展以及农民福祉问题。在农业农村现代化进程中，农村金融自始至终发挥着重要作用。随着我国经济社会进入新时代，农业农村也呈现出诸多新特征、新趋势，对金融支持提出许多新挑战。本文首先对农业农村现代化的金融需求和供给情况进行分析，以农行广东省分行为例对“三农”金融领域的探索实践进行剖析和归纳，并对国外经验进行梳理，最后就下阶段金融助推农业农村现代化提出针对性政策建议，以期为加强金融支农力度、助力乡村振兴提供启发和参考。

二、农业农村现代化的金融需求分析

（一）需要大规模的资金投入

1. 农业融资总需求缺口较大

根据中国人民银行和国家统计局公布的信贷和产业增加值数据，2019年全国农业增加值为7.47万亿元，当年末全国农业法人贷款余额3.97万亿元，农业的贷款产业增加值比率（产业法人信贷余额/产业增加值）为56%，仅为工业和服务业（103%）的一半左右。根据广东省统计局公布的数据计算，广东农业的贷款产业增加值比率仅为22%，不到全国的一半。农业规模化生产水平的持续提升，必然需要更多资金支持。

2. 农村（县域）金融需求受抑制现象有待改善

据赛迪顾问[①]县域经济研究中心编制的《2019赛迪县域经济百强研究》，县域经济约占我国经济总量的41%。从中国人民银行公开数据看，2019年末县域贷款余额28.84万亿元，仅占全国的18.8%。农村融资需求被抑制造成民间借贷盛行，拉高了融资成本，放大了金融风险。研究表明，78.2%的农民向亲戚朋友借过钱，73.9%的农民被亲戚朋友借过钱，有银行贷款经历的农民不足30%（项继权、操家齐，2011）。

（二）需要多元化的金融服务

1. 融资用途多元化

农业农村现代化的一个重要特点是农村产业、农民生活更加丰富多元，同时也带来多元化的融资用途需求。

一是产业融合发展的金融需求。三产融合是农业现代化的重要方向和重大机遇所在，推动了共享农业、体验农业、中央厨房等多功能农业新业态蓬勃发展。农业农村部数据显示，2018年全国休闲农业和乡村旅游接待游客人次超30亿，营业收入超8000亿元[②]。产业融合需要银行利用跨区域、跨行业的产业链上下游资源优势和资金优势，引导和推动更多资本、技术、人才等要素向农业农村流动。从广东看，农业仍以种养环节为主，产业链条仍然较短，农产品加工转换率不仅远低于发达国家85%的水平，更是低于67.5%的全国平均水平。广东坐拥国内领先的二三产业基础和世界级城市群，产业链融合乃至城乡融合的空间巨大，资金投入需求更加旺盛。

二是基础设施现代化的资金需求。长期以来，我国城乡基础设施建设和公共服务较为

① 赛迪顾问是中国内地首家在香港创业板上市，并在业内率先通过国际、国家质量管理与体系标准（ISO9001）认证的现代咨询企业。

② 2018年全国休闲农业和乡村旅游营业收入超过八千亿[EB/OL]. 人民网.（2019-02-14）.

失衡。《乡村振兴战略规划（2018—2022年）》明确指出，要把基础设施建设重点放在农村，持续加大投入力度。其中，交通物流、水利、能源、信息化等是农村基础设施建设的重头戏。这既需要国家财政倾斜，也需要金融手段撬动社会资金。从近年来涉农贷款投放情况看，农村基础设施建设贷款是增长最快的一项，增量从2010年的3500亿元到2017年的1.15万亿，在全部涉农贷款增量中的占比从13.4%提升到37.4%，未来农村基础设施建设贷款需求将持续保持在万亿级别。

三是生产方式现代化的资金需求。推进科技和制度创新是农业供给侧结构性改革的本质（陈锡文，2016）。我国农产品质量相对不高，单位生产成本高于农业发达国家，重要原因就是研发投入和工艺升级远远不够。据国家统计局数据，我国农业研发经费投入强度不足1%，不仅远远低于发达国家（一般为3%—5%），更是低于全国研发经费平均强度（2.1%）。我国农业科研投资主要依赖政府投入，与发达国家私人部门研发投入占比较高有较大差距，科研成果转换效率也相对较低。同时，我国农业科技贷款在涉农贷款中占比很低，近年来增量占比从未超过0.3%，2016年甚至负增长83亿元。按7万亿元的农业产值规模测算，如果农业研发经费投入强度达到社会平均水平，则每年研发经费投入超过1400亿元，私人部门占比若达到50%，则每年需要700亿元投入。

四是农户生活水平提高的资金需求。农民生活现代化是农业农村现代化的重要内涵。目前城乡收入差距仍然较大，提高农民收入和生活水平，既需要金融的支持，也将为金融机构带来新的市场空间（杨哲、黄迈，2019）。从农民支出用途来看，购建房、购买生产资料、购置汽车等大类消费品是重要内容，这些都将带来相应的金融需求。而脱贫攻坚决胜后，“十四五”期间仍要保证已脱贫人口不返贫，已摘帽贫困县不反复，这也需要信贷资金的精准高效持续投入。

2. 金融需求主体多元化

我国农业依然以分散的小规模经营户为主。根据第三次全国农业普查报告，2016年末全国共有20,743万农业经营户，其中规模农业经营户占比不足1%。《乡村振兴战略规划》提出要构建家庭经营、集体经营、合作经营、企业经营等共同发展的新型农业经营体系。近年来，新型农业经营主体和服务主体呈蓬勃发展之势，2019年末全国家庭农场超过70万家，农民合作社220万家，比2016年末实现翻番。随着新型经营主体和现代农业产业园区、生产基地、专业镇村、农产品批发市场等新型载体蓬勃发展，各类主体的金融需求更加多元。

各类主体金融需求各有特点。比如，龙头企业表现为信贷资金需求量大、周转时间长、产业上下游链式金融服务需求旺盛等特点。家庭农场等规模经营农户具有资金需求频次高、效率要求高、金额相对较大等特点。农民专业合作社、种养协会等各种专业经济组织的涌现使农村资金需求由散小向集约转变。各类返乡下乡创新创业人员为农村引入了活水，金融需求更新、更多元。从广东来看，现代农业产业园是新型经营体系中的最重要一环，是集聚各种要素、带动整个产业发展的“龙头”，全省规划建设的省级现代农业产业园200个，形成“百园强县、千亿兴农”的农业产业兴旺新格局。这需要综合化、专业化的金融一揽子服务方案。

3. 融资方式多元化

一是更多元的抵押担保方式需求。农户融资难、农村贷款缺口大的根源仍然是缺乏合格有效的抵押担保。随着农村土地制度改革和农村集体产权制度改革的不断深入，农村土地资产和金融资源有机衔接，抵押担保方式创新突破将为农村金融带来巨大的发展空间。

二是差异化多层次的贷款产品需求，包括更加多元的贷款额度、贷款期限需求，更多层次风险成本的融资需求。

三是更多元的融资渠道需求。截至2020年3月末，在A股上市的农业企业共57家，总市值1.14万亿元，另有新三板上市的196家。其中，广东有境内上市农业企业22家，其中A股上市6家，数量在全国均居前三。

（三）需要综合化的服务模式

1. 综合化的金融产品和服务需求

“三农”主体除传统信贷支持和账户管理外，还需要市场资讯、金融培训、财务规范、公司治理、投资银行等多种金融服务，部分富裕的农村或村民还有投资理财、贵金属和金融衍生品交易、上下游客户中介等金融服务需求。

2. 便捷高效的生产资金需求

农业具有季节周期性，资金需求的窗口期更短，需要更高效的资金响应，需要商业银行把握农业生产经营规律，提高信贷审批发放效率。

3. 综合化的金融服务业态需求

银行单打独斗难以满足农业农村现代化的需求，未来需要证券、保险、期货、租赁、信托等加强合作，提供多业态融合的综合服务。目前各类金融机构发展不均衡，非银金融对农业农村现代化的投入刚刚起步，但增长速度已经加快。

（四）需要数字化线上化的便捷服务

随着移动互联网在农村的普及，线上金融服务渠道不断完善。金融科技的发展和数字乡村建设的加快也将推动农村数字金融发展加快步伐。比如，在基础金融服务上，需要开发针对广大农民简单、便捷的使用界面和功能；在信贷服务上，大数据、区块链等新技术在涉农信贷客户精准甄别、审批发放和风控上都会发挥越来越重要的作用，以信息流、数据流为基础的电商类、产业链类线上信贷产品需求也将越来越旺盛；在增值服务上，一体化数字化的收付、结算、现管、营销、融资和风险抵补全金融服务平台市场空间广阔。

三、金融供给现状和问题解析

（一）金融供给尚未能满足农业农村现代化需求

1. 信贷资金供给不足

从前文关于农业信贷需求缺口的分析可知，目前农业资金供给明显低于二三产业，即使考虑农业增速相对慢、偿债能力相对低等因素，目前的农业农村信贷供给缺口仍然巨大。以县域贷款为例，如果全国和广东的县域经济杠杆率（贷款占比/地区生产总值）达到社会平均水平（80%），则全国和广东的县域贷款仍有21.5万亿元和1万亿元的潜在缺口。

2. 金融供给不够丰富

一是供给主体层次单一。长期以来，我国的农业农村金融供给主要由三大主体提供：以农发行为主的政策性金融机构，以农行、邮储银行为代表的大型商业银行，以信用社为代表的农业合作性金融机构。尽管保险、证券、期货加大了对“三农”领域的服务渗透，互联网金融公司也依托电商平台向农村下沉，但支撑作用还不充分。二是产品服务模式单一。农村地区金融服务品种主要是存取、结算、传统信贷等基础业务，产品设计和服务模式尚未与农业农村现代化的趋势相适应。

3. 创新力度不强

虽然线上金融有效弥补了金融机构线下服务能力不足的问题，但新的金融生态在农业农村领域应用还不深入，农村地区数字化新型基础设施建设不足，线上融资、智能掌银、农村电商等数字化普惠金融服务还没有全面铺开，仍然主要依托金融机构传统面对面的服务模式。

（二）金融供给不足的原因分析

1. 农业农村的客观条件限制

一是农村金融环境欠佳。农村金融需求金额较小且较为分散，金融机构经营不易取得规模效益；农民金融意识薄弱，金融工具使用不足，风险防范能力较差。二是农业经营风险较大。农业受自然和市场影响较大，叠加生产周期长、资金周转慢等因素，具有天然弱质性；农业经营主体普遍缺乏有效抵押担保，自然风险、市场风险等容易转化成信用风险。

2. 金融机构经营导向和机制限制

金融机构趋利特性。在效益目标约束下，金融机构和信贷人员偏好抵押担保充分、收益较高的大额投放，对风险高、成本大的农业贷款则惜贷慎贷，这也是金融机构对农村地区的资源配置、信贷支持、渠道建设等推动不足的主要原因。

保障机制不完善。大部分非涉农金融机构缺少对农业农村领域金融服务的考核目标，缺少正向激励的手段和方式，难以调动员工克服畏难情绪。免责机制和容错纠错机制不够完善，实践层面往往难以执行，难以真正起到保护效果。

3. 融资配套体系不完善

一是信用信息体系建设滞后。农村地区征信建设覆盖面还不够广，各种信息资源比较分散，信息不对称的风险较大，不利于吸引资本进入。二是法制建设不够健全。涉农资产的确权、登记、估价、流转尚在探索期，一旦贷款发生损失，后续资产流转处理变现困难。三是担保体系有待完善。政策性融资担保资金来源依赖财政，规模难以满足需求，多方参与的风险分担和补偿机制还有待完善。

四、农行广东省分行支持农业农村现代化的实践

农业银行自成立以来就把服务“三农”作为神圣使命，致力于以创新为动力破解“三农”金融服务的痛点难点。近年来，农行广东省分行积极对接广东省乡村振兴战略规划，加大农村信贷支持，加强数字化金融服务，出台差异化政策，创新产品和服务模式，推动互联网金融服务“三农”一号工程，多年以来涉农和“三农”贷款均高于全行贷款增幅。2020年末县域贷存比达到79.5%，较2017年末提升了18.7个百分点，形成了一套特色服务体系和多个特色模式。

（一）创新“现代农业产业园+”服务模式，支持现代农业产业体系建设

农行广东省分行将产业园作为支持乡村产业兴旺的主抓手，作为独家银行与省农业农村厅、省农担公司签订了合作协议，实行“一县一产业园一金融服务方案”。

模式主要特色：一是针对客户准入难，在产业园客户分类、评级、授信额度、担保管理、政府增信等方面，实行差异化信贷支持政策，进一步放宽客户标准和融资条件，让更多园区主体获得优质融资服务。二是针对贷款担保难，创新农行系统和广东同业首款产业园“实施主体贷”产品，推出专属产业园小微客户群的线上融资产品“农园微e贷”，均被广东金融支农联盟评为最受欢迎支农金融产品。三是针对融资贵，根据客户类型和资质，最低可执行同类型客户最优惠贷款利率。四是针对办贷效率低，对园区贷款项目配置专职客户经理，执行审查审批优先办结制度。2020年末，实现全省161个现代农业产业园金融服务全覆盖，服务园区内各类经营主体客户2.2万户。

（二）构建“链式金融”综合服务模式，推动农村一二三产业融合发展

适应一二三产业融合发展的大趋势，构建覆盖农产品生产、加工、流通、销售等环节的金融服务平台。主要有三个特点：一是以产业链为依托，以龙头企业为中心，农户、家庭农场主、专业大户、农民专业合作社等多种经营主体均可参与；二是以产业链整体抗风险能力代替单个农户或企业的抗风险能力；三是通过集中准入调查，实现农户贷款的批量化运作，提高整体经营效率。

目前，农行广东省分行已在“链式金融”服务模式上进行了较多实践。首先，针对产业

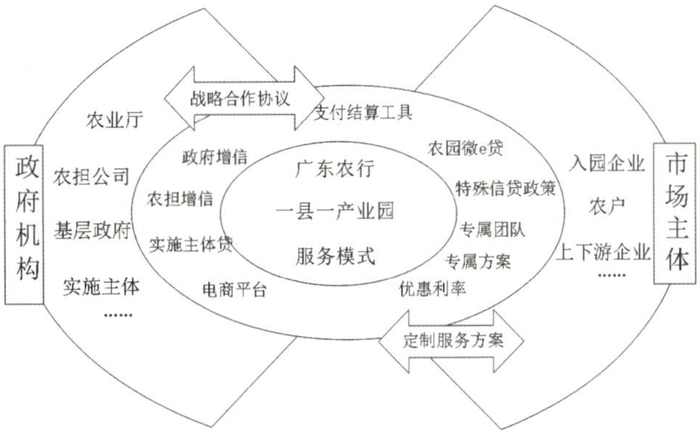

图1-1　“现代农业产业园+”服务模式示意图

链核心企业提供全方位金融服务，对接广东省政府农业龙头企业培优工程和农业品牌创建活动，创新推出“农业农头贷”等产品，通过项目带动、政府增信、农担增信等模式，为936家省级以上农业龙头企业提供全方位金融服务，覆盖面超80%。第二，创新合作模式支持农户参与产业链生产，形成“银行+龙头企业+农户”“银行+龙头企业+基地+农户”“银行+龙头企业+专业合作社+农户”等服务形式。与广东省农担公司通过“银行+龙头企业+农担+农户”模式破解融资难题，成为该公司在保规模最大的合作银行。第三，支持县域产品全流通环节，如大力支持普宁国际服装城，以县域商品流通市场建设贷款创新产品为切入点，成为唯一与市场业主签订全面合作协议的金融机构；率先在业内推出“市场方担保+商户”贷款，并对产业链上下游中小企业投放流动资金贷款。具体如图1-2所示。

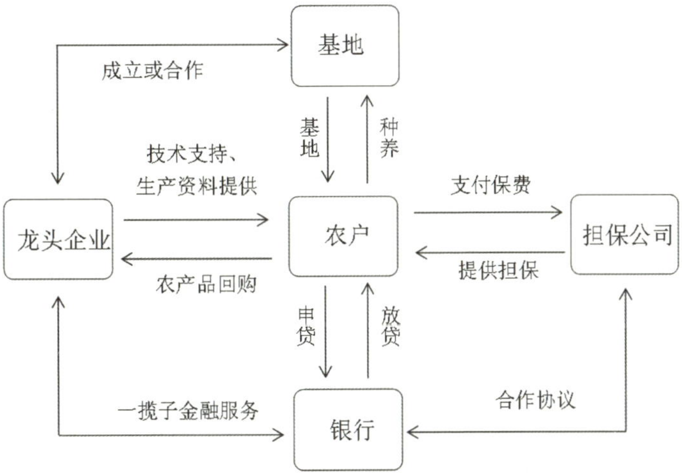

图1-2　“银行+农担+农户”金融服务模式图解

（三）构建互联网金融服务“三农”新模式，促进数字乡村建设

农行广东省分行创新互联网金融服务“三农”的新模式，让金融服务更加丰富、便捷，使农村金融与数字乡村相融合、相促进。一是丰富线上支付渠道。将线上电子商务应用与线下智付通支付有机结合，形成“物理网点＋智慧银行＋惠农通＋互联网金融”的渠道体系。2020年末，全省布设1万多个集成多项数字服务的“惠农通”服务点，年交易笔数超过1000

万笔。二是做深开放电商平台。在广东同业率先推出开放式的“惠农e商”平台，围绕采购、消费、销售等环节，为上下游客户提供全流程、垂直化电商金融服务，让农业龙头企业、专业市场、供销社、农户等主体在平台上共生共荣。2019年末入驻商户达38.8万户，年交易额超过4000亿元。三是做强线上融资平台。围绕广东“一村一品、一镇一业”特色，按照“一县一快农贷、一产业一快农贷”，创新推出了“一村一品e贷”“农资e贷”“扶贫e贷”等批量化、标准化、线上化、自动化发放的农户贷款，农户贷款效率和可得性大大提高。2020年末“惠农e贷”余额266亿元，较年初增长115亿元，覆盖农户7万人，覆盖所有县域支行以及22个主要行业。

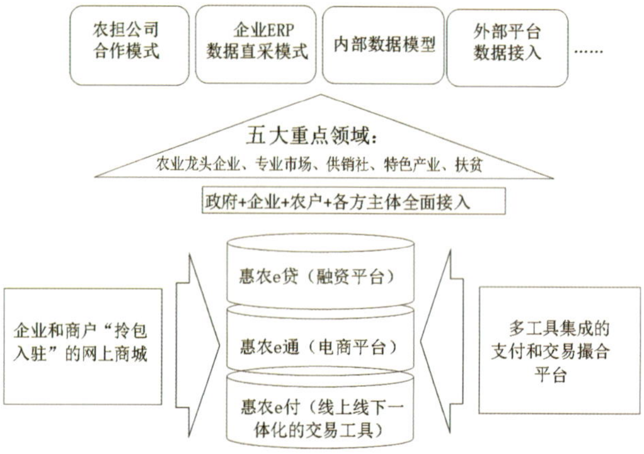

图1-3 互联网金融服务“三农”一号工程示意图

（四）完善长效精准扶贫模式，助力农民脱贫奔康

农行广东省分行把金融扶贫作为“硬任务”，探索出了一套产业带动“造血”，精准“输血”“活血”的长效金融扶贫模式。一是创新多元带动模式，为贫困人口“造血”。以特色产业、特色资源开发、创新特色项目、返乡创业项目等为着力点，创新“龙头企业+贫困农户”“特色产业+贫困农户”“收益项目+贫困农户”等扶贫带动模式，构建“银行让利、企业（大户）带动、贫困户受益”的联结机制，助力做活贫困地区经济。2020年末产业扶贫贷款余额38.8亿元，比年初增加7.8亿元。二是精准实现应贷尽贷，为贫困农户“输血”。围绕贫困人口最直接、最现实、最紧迫的金融需求，主动对接政府、进村宣传、逐户上门，创新合作抱团、户贷户用合伙、户贷社管合作、户贷社管合营等模式，支持建档立卡贫困户增收脱贫。2020年投放扶贫小额贷款6.2亿元，惠及1.6万户贫困户，发放量占全省金融机构投放总量的55%。三是通过平台拓宽供销渠道，为贫困地区“活血”。广东贫困区域大都有特色产品和资源，但供销渠道不畅、信息不对称的问题亟待化解。因此，农行广东省分行运用农行各类平台、客户资源和员工资源，为贫困地区产品和服务打响品牌、打开销路、打通堵点，如积极支持广东东西部协作产品交易市场，成为其中唯一设立服务点的商业银行，为市场管理方和入驻商户提供全面金融支持，发放消费扶贫爱心卡，这一系列措施得到国家扶贫办的肯定。

五、国外支持农业农村现代化的做法与启示

（一）国外实践

1. 日本的造村运动

20世纪70年代末，日本开始因地制宜培育富有地方特色的农业产业，主要有几个特点：一是政府引导特色农业发展。引导各地因地制宜建立独具特色的农产品生产基地和品牌，提升农业附加值。二是企业下乡推动离农农民的本地就业。如增加中央政府财政拨款和贷款，允许地方政府发行地方债券，提升城乡互联互通水平和农村环境，对企业下乡实行专项补贴，提高企业下乡积极性。三是加强农民培训，增强发展可持续性。在乡村无偿开办各类培训班，建立培训中心，传授农业知识和专业技术，提高农民综合素质。四是发挥农协作用，提供资金保障。统筹农产品生产、加工、流通、销售等各个环节，建立完整的农业产业链条，促进产品销售交易；通过组织农协银行和保险机构，面向农民办理各项金融服务。通过造村运动，日本农村经济社会得到较快发展。

2. 美国的城乡互惠型乡村发展模式

城乡互惠型的美国乡村发展模式是以乡村基础设施建设为支撑，以城乡人口、土地等生产要素自由流动为保障，以大型家庭农场为主体，以农业农村支持政策为引导的乡村发展道路。通过建设联通城乡的交通运输体系、发展个性化小城镇、支持农业产业加快发展和建立完备的农村金融体系，美国逐渐建立了以城市为中心、以个性化小镇为聚居区、以大型农场为农业经营主要载体的城乡发展融合格局。

3. 德国的村庄更新

德国村庄更新按照等值化理念，在保持村庄地方特色和独特优势的基础上，通过土地整理、村庄更新等方式，提升农业生产效率和农村生活水平。一是完善法律体系。德国政府非常重视村庄规划，以法律的形式对城乡土地规划作出具体规定，村庄更新规划不得与法律相悖。二是由地方政府主导公共服务和基础设施建设。三是将土地整治与村庄更新结合起来，鼓励和推动零星小块农用地合并，发展规模农业；严格划分绿地、景观用地、历史文化遗产保护用地、工业用地等土地功能。四是注重生态环境和历史文化遗产保护。五是积极开展农地金融，引导农民通过抵押土地而获得资金；通过政策性银行向合作银行、商业银行转贷的方式向农村借款发放贷款。德国村庄更新取得明显成效，村庄的特色文化、独特风貌等得以保留，基础设施和公共服务明显改善。

4. 美日德现代农业发展的共同特点

一是政府参与顶层设计，研究制定促进农村发展的倾斜政策，以小量资金为引导或提供大量资金直接建设，推动农村强力发展。二是加强基础设施建设，全面改善农村居民生产生活环境。三是注重乡村规划引导，有效利用当地资源优势，保持特色文化和传统。四是推动城乡

融合、工农结合，积极将各类生产要素引入乡村，为农民本土化就业提供更多渠道，推动乡村健康可持续发展。五是培育多层次市场主体，加强职业农民培养，并适当引导各类人才资源流向农村地区，为推动乡村可持续发展提供强有力保障。六是乡村发展战略符合当时国民经济社会发展阶段和未来发展规律。这些是各国现代农业取得成功的内在必然。

（二）对我国推进农业农村现代化的启示

一是基于城乡统筹发展理念，调整城乡产业布局。制定新的产业政策，引导大型工业企业向三四线城市或县域有序转移，更好地发挥企业在农村地区对投资、就业和社区建设的拉动作用。转变城市建设规划理念，把城市群与乡村发展紧密结合起来，集中力量发展中小城市，让更多农民就近进城务工。规划建设城郊辐射带动的特色小镇、远郊旅游和山区村落、历史文化古村落、特色产业村庄等。大力推进城镇化和工业化建设，加强县级产业园区建设，形成聚集效应，走农村地区新型工业化、城乡融合之路。

二是以保障激励为目标，发挥村集体和农民的主体作用。政府部门要充分运用农村经济社会各领域的行为规范、制度建设、收入二次分配等宏观调控手段，适当调节城乡居民收入差距。尤其要把基础设施建设的重点放在农村地区，加快农村公路、水电、物流等规划建设，推进城乡互联互通。加大农村公共事业等纯公益投入，鼓励农民以市场化手段参与本地区集体的基础设施建设。完善统一的城乡居民基本医疗制度和大病保险制度。

三是深化农村土地制度改革，释放土地资产功能。按照市场经济等价交换的原则提高征地补偿费，规范征地程序，建立新型农村土地征收制度。加快建立同权同价、流转顺畅、收益共享的农村集体经营性建设用地入市制度。完善承包地和宅基地机制，推动资源变资产、资金变股金、农民变股东，积极探索农村集体土地使用权以联营、入股等方式参与城镇化、工业园区等项目建设。

四是以满足多元化金融需求为目标，完善农村金融体系。农业银行、邮储银行、农业发展银行、农村信用社作为农村金融体系的主要组成部分，应立足各自职能定位，分工合作、有序竞争，共同提供高质量金融服务。按照“使市场在资源配置中起决定性作用”的要求，突出发挥商业金融服务乡村振兴主力军作用。凡是适合商业银行金融提供服务的领域，原则上要通过商业银行开展。对投资期限长、回报率低、政府提供贴息或担保的政策性业务，鼓励商业银行积极介入，探索政策性业务商业化运作模式，提高运作效率、效益。

六、金融助推农业农村现代化的政策和措施

全面服务乡村振兴，助推农业农村现代化是商业银行的应有职责。金融机构应在加强自身服务能力的同时，积极联合社会各界力量，形成推动服务“三农”合力。

（一）完善顶层设计

一是要做好思与行的统一。坚持规划先行，结合省市规划和发展，统筹做好全省农业农村现代规划方案的谋篇布局和落地实施。与各级政府部门密切联系，助力构建涵盖商业性金融、开发性金融、政策性金融、合作性金融相结合的多元金融服务，充分发挥不同金融机构的作用。

二是要做好供与需的统一。紧扣新时代新需求，破除单一服务、单一产品、单做信贷、单做线下等传统思维，破除靠网点、靠人海战术等传统业务模式。完善适合农业农村特点的服务方式，加大产品、政策、工具和模式创新，全方位对接农业农村现代化需求。

三是要做好利与义的统一。高举服务“三农”大旗，践行乡村振兴战略，坚持服务到位、风险可控、发展可持续的服务理念。对能商业化的业务靠商业化来发展。同时，要肩负起社会责任，在金融扶贫和普惠金融领域有所作为。

四是要做好量与质的统一。紧紧抓住农业农村现代化的新机遇，建机制、创产品、配资源，突出做好关键领域重点环节的金融服务。树立正确的业绩观，坚决摒弃重发展、轻风控，讲规模、不讲质量的错误认识，严守风险底线，实现服务乡村振兴与业务质量的有机统一。

（二）凝聚各方合力

一是要统筹发展布局。政府统筹是现代农业发展的关键。要从城乡统筹发展理念出发，积极改变过去农业大、工业小、三产弱的产业格局，确立主导产业，坚持一业为主、多元互补，形成产业聚集效益的县域布局。全力完善农村经济社会制度建设尤其是土地制度改革、收入分配调控、风险补偿机制等，为各类市场主体提供良好的市场环境和制度依据。商业银行也要密切配合各地政府，积极参与到各项支农政策制定中去，发挥好银政合力。

二是要加快资金投入。财政支农资金是金融支持“三农”的源头活水，政府应将公共财政更大力度向“三农”倾斜，包括加大对现代农业产业体系、生产体系、经营体系建设，农村基础设施及社会保障等的财政投入，全力实现质量兴农战略。商业银行以及社会资金也要积极把握政府增信、设立贷款扶持资金及股权基金等契机，深化协同支农模式，全面激活市场、激活要素、激活主体。

三是要完善市场机制。商业银行必须配合政府相关部门，做好市场机制的完善工作。如当前政府正通过农村土地规模化生态经营，鼓励农民带地带资带人“三带”入企，激活农村发展的内在动力，商业银行应运用金融力量，助推释放农地改革效用。又如当前以农资企业生产经营诚信制、信用评价制、农民利益受损补偿制等为主要内容的农资企业信用体系正不断完善，商业银行要积极协助政府和监管部门完善涉农主体的全方位信用记录，加强信用等级评定，探索建立信用黑名单制度，确保县域风险可控。

（三）精准定位市场

一是现代农业和涉农产业。产业兴旺是县域发展的前提和基础。应围绕县域主导产业、支柱产业，重点支持落地县域的新一代信息技术、高端装备制造、新材料、节能环保等战略性新兴产业发展，积极支持位于县域的省级以上国家新型工业示范基地、工业园区、农村产业融合示范园、农村创业创新园、农业科技园等建设项目。围绕政府增信、农业产业园、产业链和供应链等重点领域，做大“银行+政府增信+涉农企业”“银行+园区管理（园区实施主体）+涉农企业”“银行+农业龙头企业（核心企业）+涉农企业”等融资服务模式。着力支持粮食、生猪、蔬菜等重要农产品生产、专业市场及物流行业等供给保障，重点支持大型养殖企业（养殖场）发展标准化规模养殖和完善猪肉供应链。应将现代农业产业园作为现代农业产业的重要抓手，如农行正通过完善产业园差异化信贷政策，以线上线下结合的方式，全力推动实施主体贷、“农园微e贷”等专项产品，切实加大金融服务力度。

二是县域城镇化。应围绕城市建设与生态协调发展，以基础设施为核心，全力推动县域城镇化提档升级。大力支持河道治理、城乡供水、污水处理、海绵城市、地下综合管廊改造等项目。全力打造互联互通的交通网络，包括客货运枢纽、轨道交通、高速（铁）路等交通基础设施项目。积极支持美丽乡村建设，重点支持农村电网建设与改造项目，以及农村信息进村入户工程重点项目，村容村貌提升、“四好公路”、饮水安全、污染防治以及危房改造等人居环境改造工程建设。大力做好农田水利设施、高效节水灌溉、土壤综合治理等项目建设，全力补齐农业农村基础设施“短板”。

三是幸福产业。生活富裕是乡村振兴的最终目标。应顺应传统消费提档升级、新兴消费快速兴起的趋势，加大对教育、旅游文化、健康养老等县域幸福产业支持力度。如充分利用县域旅游建设开发贷款、旅游景区收费权支持贷款等特色产品，支持大型旅游集团、县域旅游景区，支持全国乡村旅游重点村、省级文化和旅游特色村及旅游扶贫重点村，适度支持农家乐、民宿、度假村等。

四是农村产权金融服务。商业银行要抓住深化农村土地制度改革机遇，大力推广农村承包土地经营权、农民住房财产权、农村集体经营性建设用地使用权、林权“四权”等抵押贷款产品。围绕国家农村集体产权制度改革试点，与地方政府合作共建农村集体资产管理平台，为村民、村集体、乡镇政府等提供多元金融服务。紧跟农村资源变资产、资金变股金、农民变股东的发展趋势，积极为农村集体组织和农民提供集体资产收益权抵押贷款、股金理财、股权融资和其他增值配套服务，助力集体资产保值增值。

（四）聚焦关键主体

一是政府客户。农业农村现代化是由政府指导规划实施的，银行机构应抓住银政协议签署契机，构建政府资源分层对接合作机制，全面深化银政合作。重点在城镇化建设规划、财政资源分配、招商引资项目上及时做好对接。

二是大型客户。大客户、大项目、大资金是县域发展之基，应把握好国企、央企、大型民企、上市公司、龙头企业加快农村布局的机遇做好服务。

三是普惠客户。普惠型中小客户是县域发展的血肉和基石。商业银行应把眼光放在特色中小客户上，对接省政府“一村一品、一镇一业”行动规划，选好产业、挑好客户、做好方案，立足本地特色，创新方便快捷的线上融资产品，批量营销“专精特新”类小微企业。

四是新型客户。应大力营销农民种养大户、家庭农场、农民专业合作社、农业产业链农户等新型农业经营主体，深入开展“万社促进行动”，重点支持国家级、省级以及大中型龙头企业或供销社领办的合作社，促进农民合作社高质量发展。密切关注城乡一体化、农村土地流转、农民财产确权等政策，积极探索与之相适应的金融服务模式。积极发展县域个贷市场，特别是城镇化、新消费经济带来的个人金融需求变化，做好农民的生产生活消费金融服务。

（五）精准开展服务

一是开展创新性服务。紧扣县域市场趋势和客户需求，针对性加强业务、产品、平台的创新和推广。如目前农行广东省分行在清远、茂名、河源、梅州等四地设立“三农”产品创新基地，正因地制宜加快产品创新，为打造乡村振兴示范基地奠定基础。全面梳理“三农”县域产品体系，加大系统产品创新，尤其是加快线上产品开发，如农行正针对幸福产业创新“旅游e贷”线上产品，依托微捷贷、链捷贷平台，创新具有区域特色的线上小额贷款产品等。

二是开展综合化服务。以产业链为基础，推进金融产品的“链式支持”，促进农村产业由“链式”发展向现代农业的转型升级，支持城乡资本与金融、小农与大企业的一体化；实现农业效益、农村绿化和农民收入同步发展。推动金融功能的多方向延伸，将“融资、融通”的综合金融服务理念贯穿于农村农业现代化的全过程，融合农村企业圈、农民圈等。根据农业供给侧结构性改革，培育农业和农村发展新势头的要求，促进农林牧渔业一体化，种植业和养殖业一体化，第一、二、三产业一体化，引导先进农业发展。

三是开展便捷化服务。围绕数字农业、数字广东战略部署，加快县域数字化转型。商业银行应以场景构建为依托，构建高效便捷的线上农村金融服务体系。如农行广东省分行正搭建县域大场景建设，推进粤港澳大湾区“菜篮子”服务场景和东西部扶贫协作交易市场场景，打造场景金融服务“三农”和扶贫的典范；加快推广网络支付、电商增值服务、网上融资等；加快推进线上化营销管理，引入“农园微e贷”“专业大户（家庭农场）快农贷”等线上产品，推进“粤省事”农业农村专区建设，丰富“三农”数字化服务模式。

参考文献：

[1] 2018全国休闲农业和乡村旅游营业收入超八千亿[EB/OL]. 人民网.（2019-02-14）.

[2] 2019赛迪县域经济百强研究[EB/OL]. 赛迪顾问网.（2019-07-25）.

[3] 陈锡文. 新形势下如何推进农村改革发展[J]. 农村工作通讯，2016（11）.

[4] 广东省实施乡村振兴战略规划（2018—2022年）[EB/OL]. 广东省政府网.

[5] 李润平. 发达国家推动乡村发展的经验借鉴[J]. 宏观经济管理，2018（9）.

[6] 全国乡村产业发展规划（2020—2025年）[EB/OL]. 中央人民政府网.

[7] 乡村振兴战略规划（2018—2022年）[EB/OL]. 中央人民政府网.

[8] 项继权，操家齐. 困局与突围：我国农户金融供需现状及政策建议[J]. 浙江大学学刊，2011（7）.

[9] 杨哲，黄迈. 基于社区银行视角的农村金融服务渠道创新及政策支持建议[J]. 南方金融，2019（12）.

课题组成员简介：

课题组组长	周　华	中国农业银行广东省分行党委委员、副行长
课题组副组长	陈耀丰	中国农业银行广东省分行高级专家、三农总监
其他人员	谭洁平	中国农业银行广东省分行办公室副主任
	陈巧玲	中国农业银行广东省分行三农金融部副总经理
	席瑞雪	中国农业银行广东省分行办公室资深专员
	王　静	中国农业银行广东省分行办公室金融研究部经理
	陈伯瀚	中国农业银行广东省分行三农金融部业务管理部经理
	纪逾睿	中国农业银行广东省分行办公室秘书部经理
	钟　勇	中国农业银行广东省分行办公室金融研究部专员

专家评点：

农业银行以全面服务乡村振兴、推助农业农村现代化为使命，破解“三农”金融服务的痛点难点。针对当前金融供给与农业农村现代化金融服务需求不匹配的供需矛盾，农业银行广东省分行从创新“现代农业产业园+”服务模式、构建“链式金融”综合服务模式、构建互联网金融服务“三农”新模式和完善长效精准扶贫模式四个方面进行了实践创新，形成了服务“三农”的一套特色服务体系和多个特色模式。在国外经验的启示下，对未来如何完善顶层设计、凝聚各方合力、精准定位市场、聚焦关键主体、精准开展服务，推助农业农村现代化进行了思考。

专家简介：

钟永红，华南理工大学经济与金融学院金融学教授、博导，金融学系主任。

广发银行积极打造金融服务乡村振兴广东样板

■ 广发银行
王凯　亓艳　杨悦　钱锦　宋佳伟

摘　要

2021年初，习近平总书记庄严宣告我国脱贫攻坚战取得了全面胜利，国民经济"十四五"规划旗帜鲜明地提出"全面推进乡村振兴"。自十九大以来，乡村振兴被赋予了重大的战略意义，实施乡村振兴战略是我国全面建设社会主义现代化国家、最终实现共同富裕的必然要求。正确把握乡村振兴的战略意义是商业银行做好乡村振兴金融服务工作的出发点和立足点。近年来，中央层面、监管层面和地方政府密集出台系列细化落实政策，服务乡村振兴的金融市场主体日益多元，金融工具不断丰富，但银行信贷仍为主要融资来源。广发银行立足广东、厚植广东，与广东省保持良好战略伙伴关系，在广东省2020年度金融服务乡村振兴评估考核中为四家优秀行之一，服务乡村振兴优势显著。本文在深入研究落实广东省关于乡村振兴各项部署的基础上，充分发挥广发银行特色特长，提出广发银行打造金融服务乡村振兴广东样板的五大策略。一是强化责任担当，推动巩固脱贫攻坚成果同乡村振兴有效衔接；二是用活综合金融，助力农业现代化及乡村产业兴旺；三是强化科技赋能，提升乡村振兴金融服务的数字化水平；四是推进"三端"联动，助力美丽乡村转化为美丽经济；五是主动下好"先手棋"，加大金融创新力度。

一、乡村振兴的战略意义与内涵

党的十九大明确提出实施乡村振兴战略，作出新时代"三农"工作的总抓手，为贯彻落实新要求，国家编制了《乡村振兴战略规划（2018—2022年）》，围绕"产业兴旺""生态宜居""乡风文明""治理有效""生活富裕"的目标要求，分别在2020年和2022年对乡村振兴作出部署，结合全面建成小康社会和党的二十大，提出目标任务。

从十九大首次提出到2018年首个乡村振兴规划出台，再到乡村振兴以专篇写进“十四五”规划，乡村振兴战略演进具有继承延续和与时俱进的特征。“十四五”规划明确了乡村振兴战略四大举措，即提高农业质量效益和竞争力、实施乡村建设行动、城乡融合发展和实现巩固拓展脱贫攻坚成果同乡村振兴有效衔接。与2018年规划比较，有两点突出调整：一是立足脱贫攻坚如期取得全面胜利的新背景，提出巩固脱贫攻坚成果同乡村振兴有效衔接；二是将“加快农业转移人口市民化”内容调整到新型城镇化战略中，更加聚焦乡村以及促进要素向乡村流动。

广东省与农业农村部签发《部省共同推进乡村振兴战略实施合作框架协议（2019—2022年）》，并逐年制定年度工作要点，在“十四五”规划中围绕乡村建设和产业提升等方面部署13项广东省农业农村重点工程，出台《数字经济促进条例》，系统全面地为农业数字化指明方向。

广发银行坚持把乡村振兴金融服务放到党和人民事业大局中谋划，重点围绕乡村振兴的“人”、乡村振兴的“产”和乡村振兴的“美”提升金融服务的便利性、可得性、适配性和可持续性。乡村振兴的“人”重点指新型农业经营主体、小农户、农村低收入人口、入乡就创业人员和入乡养老、旅居人群；乡村振兴的“产”重点关注农产品生产加工、农业生产性服务业和休闲、旅游、民宿等特色经济产业，以及“十四五”期间高标准农田、现代种业、农业机械化、农产品冷链物流、乡村基础设施建设等重点工程；乡村振兴的“美”指以人居环境、生态保护与修护以及文化建设等为主要内涵的美丽乡村建设。广发银行将牢牢把握这一战略机遇，主动作为，找准定位，久久为功，不断提升乡村振兴金融服务质效。深入落实党中央和金融主管部门各项部署，认真研究政策导向和市场需求，积极探索数字化转型，积极提升金融服务水平，在助力乡村振兴进程中实现广发银行高质量发展。

二、政策与市场机遇分析

（一）政策层面：鼓励错位竞争和专业发展，引导多元融资和专属创新，强化考核与加强保障并举

从党中央、金融主管部门发布的相关政策文件[①]，可以看出国家、监管层面从发展定位与

① 主要包括《乡村振兴战略规划（2018 — 2022 年）》（中共中央、国务院，2018 年 9 月）、《关于全面推进乡村振兴 加快农业农村现代化的意见》（国务院，2021 年 1 月）、《2021 年银行业保险业高质量服务乡村振兴的通知》（银保监会，2021 年 4 月）、《金融机构服务乡村振兴考核评估办法》（人行、银保监，2021 年 5 月）、《关于金融支持新型农业经营主体发展的意见》（人行等六部委，2021 年 5 月）、《关于金融支持巩固拓展脱贫攻坚成果 全面推进乡村振兴的意见》（人行等六部委，2021 年 6 月）、《支持国家乡村振兴重点帮扶县工作方案》（银保监会，2021 年 9 月）等，文件见国务院、人民银行、银保监会官方网站。

重点领域、组织机构与工作机制建设、产品服务创新、支持与保障、考核评估、完善金融基础设施六大方面为乡村振兴金融工作指明方向、提出要求、提供支撑。

1. 强调坚持错位竞争，鼓励加强对重点领域的金融供给。鼓励金融机构坚守自身定位，采取错位竞争的策略，要求大中型商业银行在服务对象、服务领域、网点布局、产品设计等方面提升差异化竞争能力。优先为国家粮食安全、农业农村基础设施短板、新型农业经营主体[①]和农户等领域和对象提供金融支持。要求金融机构加强东西部协作，从明确县域存贷比内部考核要求、保障网点供给等方面提升县域金融服务质效。

2. 支持完善金融机构体系和内部组织及绩效考核。将村镇银行在县市设立分支机构作为提升县域银行金融服务覆盖面的有效补充。银行内设部门及网点建设方面，要求股份制银行保持或适当增加在重点帮扶县的分支机构数量，支持设立专注提供乡村振兴特色金融服务的网点和专门的部门，加强条线管理。鼓励商业银行在绩效考核中适当提升涉农金融比重，适度放宽对涉农贷款不良率的考核要求。

3. 明确产品和服务创新的方向。鼓励探索农村承包土地经营权、农民住房财产权、农业订单和集体林权等的质押途径，丰富涉农贷款的增信方式。综合运用“银保合作”“保险+期货”等方式，丰富对新型农业经营主体和农村新产业新业态的授信方式。倡导提升农村普惠金融的数字化水平。鼓励商业银行通过大数据技术优化智能风控模式，基于大数据和特定场景进行批量获客、精准画像、自动化审批，实现全流程数字化移动展业，提高小额信用贷款的普及率。

4. 提供政策及资金支持。财政资金支持与税收优惠政策力度不减，2021年中央财政推进衔接乡村振兴的补助资金1561亿元，较2020年中央财政专项扶贫资金增加100亿元，持续支持脱贫地区和乡村振兴重点帮扶县，促进实现均衡发展[②]。将对农户小额贷款利息增值税和所得税的优惠延长至2023年底。通过优化体系、强化考核推动做大农业信贷担保规模，优化提升国家融资担保基金、地方优势特色农产品保险以奖代补运用面。扩大对乡村振兴的金融支持。综合发挥货币政策与市场机制作用，引导金融资本、银行信贷对乡村振兴重点领域和薄弱环节的支持。

5. 建立金融机构服务乡村振兴考核评估机制。人行、银保监会自2021年7月4日起对金融机构服务乡村振兴进行考核评估。指标体系包括75%定量指标，25%定性指标和“三农”及专项金融债发行或投资持有情况、涉农贷款利率水平两个加分项和报送数据质量、重大违规案件和重大风险事件两个扣分项分别占5%权重。定量指标全面考核各类涉农贷款总量、结

① 新型农业经营主体包括家庭农场、农民合作社、农业社会化服务组织等。

② 今年中央财政将安排衔接资金 1561 亿元 [N]. 经济日报，2021-04-01.

构以及占比，“乡村振兴主题卡”发卡量、银行卡受理市场建设、线上支付笔数等金融服务和涉农贷款不良率。全面评估金融机构服务乡村质效，并将评估结果运用到业务准入、产品创新、监管评级、分支机构设立等方面。

6. 金融基础设施建设日趋完善。涉农领域金融统计制度的逐步建立完善、数据监测质量的日益提升，为大力发展乡村振兴金融服务奠定了良好基础。通过创设乡村振兴改革试验区、铺设农村地区银行卡受理终端等手段，提升金融服务深度。推动政府主管部门、企事业单位等与金融机构共享涉农数据，促进涉农金融服务数字化、线上化。

（二）市场层面：银行信贷为主要融资来源，股债保险加速发展，以良种技术、农业现代化、乡村基础设施建设等为重点投融资领域

1. 信贷融资仍是主体。我国本外币涉农贷款余额超过41万亿元，各项贷款余额占比22.46%，较2020年提升0.63个百分点（见图1-4）。2021年上半年末，同比增长10.1%，较2020年下降0.6个百分点；广东省涉农贷款规模达1.6万亿元，连续11年正增长①。在实施乡村振兴战略背景下，根据涉农贷款增速持续增长的监管要求，预计未来涉农贷款将持续平稳增长，“十四五”期间银行信贷仍是乡村振兴主体的主要融资来源，远大于直接融资规模。

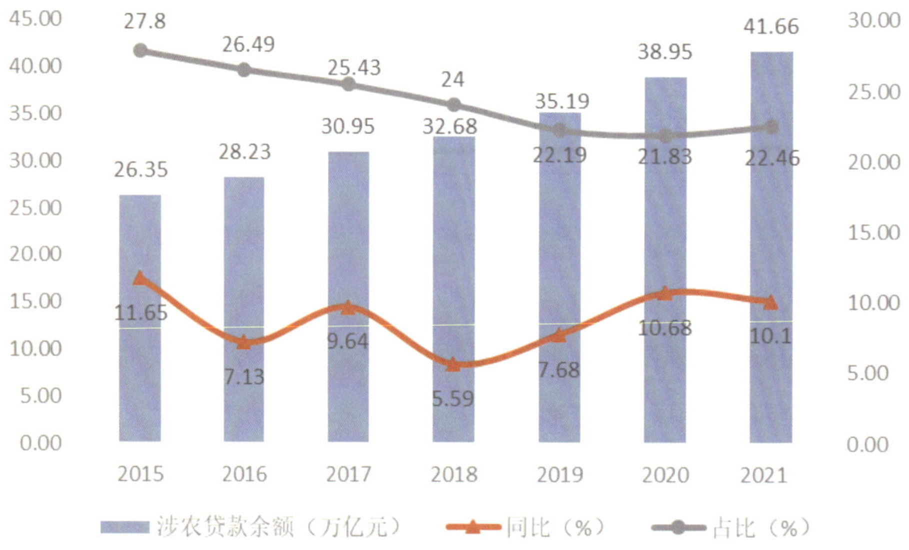

数据来源：万得信息技术股份有限公司、中国人民银行

图1-4 2015—2021年上半年涉农贷款余额增速及占比变化

2. 股权融资支持有所强化。A股共有49家行业分布在农、林、牧、渔业的上市公司，总市值约6226亿元②，上市公司数量和市值对全部A股占比分别为1.11%和0.71%。该板块

① 数据来源：广东银行业 2021 年第二季度新闻通气会，2021 年 7 月 21 日。

② 市值按照 7 月最后一个交易日计算，数据来源万得信息技术股份有限公司，分类为证监会行业分类。

2010年至今A股共上市企业21家，其中于2021年上半年上市的企业为5家，占2021年全部新上市企业数的1.69%，股权融资对涉农企业的支持力度有所提升。近三年新上市企业经营范围主要包括种畜禽良种繁殖服务及技术咨询、食用菌研发、农业生物基因工程技术开发和饲料生产等。广东省A股上市公司两家，其中温氏股份市值近千亿，排名第二，全省共有重点农业龙头企业1183家①，预计“十四五”期末在1400家以上②，农业实体较为发达，预计股权融资需求旺盛。

3. 债权融资品种日渐丰富。2014年全国首单“三农”专项金融债发行，2019年全国首单农村产业融合发展专项债券发行，2021年3月交易商协会正式上线了乡村振兴票据，支持乡村振兴的债券品种日益丰富。2021年前7个月，银行间债券市场共发行68单乡村振兴非金融企业信用债，发行规模约455亿元，其中上市公司发行11单，发行规模合计103亿元，金额占比22.64%③，其中交通运输、仓储和邮政，制造业，建筑业三大行业的发行规模过半。

4. 农业保险快速发展，“银行+保险+期货”成为支持农业产业发展的综合金融新模式。受政策支持影响，“十三五”期间我国农业保险快速发展，农业保险保费收入实现了翻番，复合增长率达16.8%（见图1-5）；农业保险深度④由2015年的0.62%增长至2020年的1.05%，提前实现了2022年实现农业保险深度达到1%的目标⑤。“保险+期货”金融服务模式连续六年被中央“一号文”提到且推动力度逐渐加大，为银行业服务创新带来新机遇。

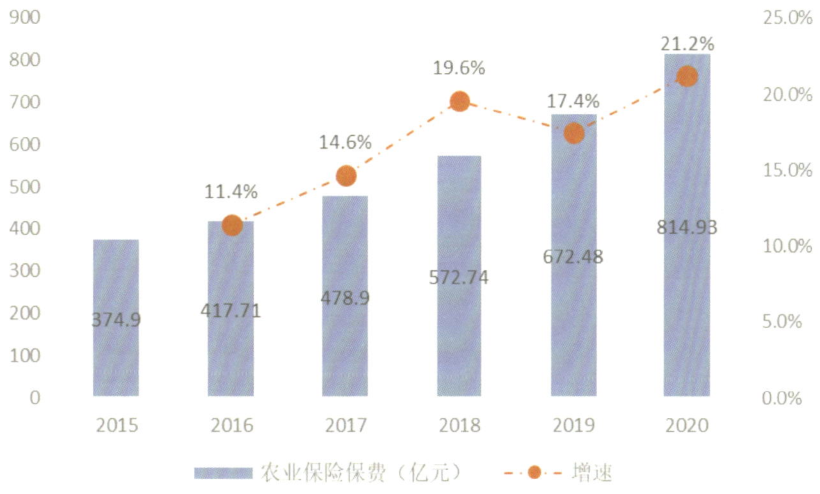

数据来源：国家统计局

图1-5　“十三五”期间农业保险快速发展

① 数据来源：广东省农业农村厅《关于公布广东省重点农业龙头企业名单的通知》。

② 资料来源：《广东省国民经济和社会发展第十四个五年规划和 2035 年远景目标纲要》。

③ 数据来源：万得信息技术股份有限公司。

④ 农业保险深度 = 保费 / 第一产业增加值。

⑤ 目标出自 2019 年财政部、农业农村部《关于加快农业保险高质量发展的指导意见》。

在脱贫攻坚的过程中，已经落地了一批"银行+保险+期货"经典案例，这一综合金融服务联盟，有助于增加客户黏性，培育客户稳健成长。其成功落地离不开政府的推动和支持，专业的金融机构，当地农业产业龙头企业上下游、产业链的参与三个关键要素。三方聚焦解决乡村振兴中产业发展的痛点、难点，创新金融服务方案设计，既能最大限度帮助乡村振兴主体规避生产、销售等环节的风险，又能为银行信贷提供增信，助力企业稳健发展。随着农产品期货品种范围的扩大和农业保险进一步发展，"银行+保险+期货"综合金融服务将迎来更加广阔的发展空间。

5. 交通、文旅、教育和人居环境改善等方面是提升乡村基础设施建设和公共服务水平的主攻方向。国家"十四五"规划指出强化县城综合服务能力和乡镇服务农民功能，完善乡村水、电、路、气、邮政通信、广播电视、物流等基础设施，增加农村"教育、医疗、文化、养老"等服务供给。从全国第三次农业普查①结果来看，村镇在铁路、水路、高速运输、水产禽畜专业市场等方面相对落后（详见图1-6和图1-7）。因此，交通、文旅、教育和乡村人居环境改善是未来主要投资方向。而交通物流和美丽乡村建设又能进一步带动乡村产业兴旺，为乡村旅游大力发展创造基础条件，进一步促进城乡融合。预计后续地方政府将会加大债券发行力度，募集资金用于提升上述领域普及率的相关项目。从广东省的情况看，广东省在"厕改"、生活垃圾集中处理和接通互联网等基础设施方面的普及水平显著高于全国水平，但乡村旅游服务点和电商配送点却低于全国水平，说明广东省具备较好的乡村旅游发展基础和较大的市场提升空间。

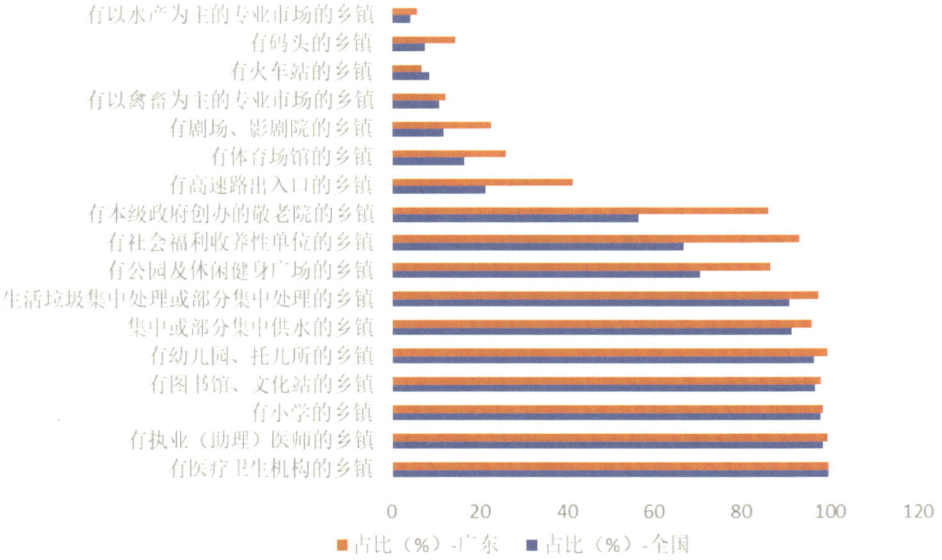

图1-6 农村基础设施建设和基本社会服务普及率（乡镇）

① 普查的时间截至2016年12月31日，农业普查10年开展一次。

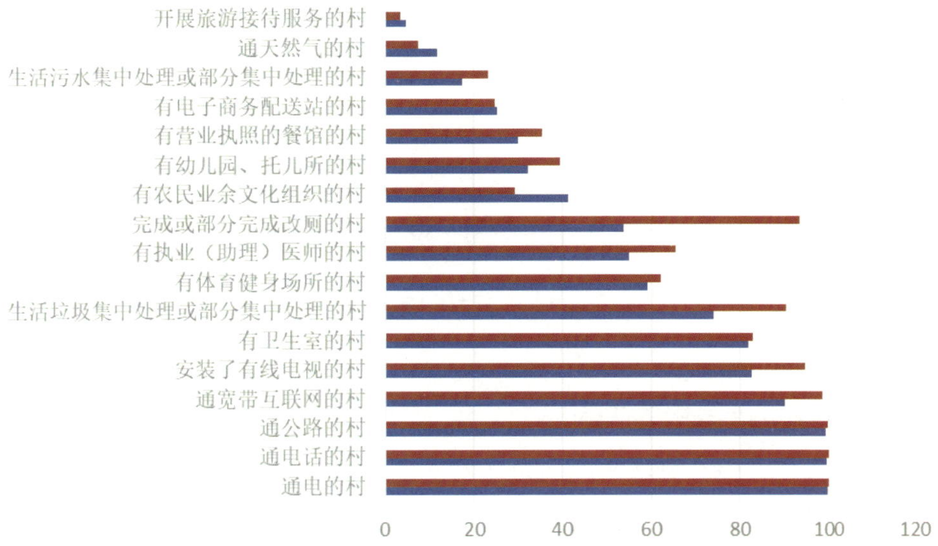

数据来源：国家统计局

图1-7　农村基础设施建设和基本社会服务普及率（村）

三、广发银行立足广东服务乡村振兴的优势

广发银行成立于1988年，是唯一一家总部位于广州市的全国性股份制商业银行，厚植广东三十余载，与广东省政府形成了紧密的政银合作关系，在广东省2020年度金融服务乡村振兴评估考核中为四家优秀行之一，在服务广东乡村振兴方面积聚了明显优势。

（一）建立起有力的组织领导机制

成立助推乡村振兴工作领导小组，总行党委书记担任组长；建立了行领导挂点乡村振兴帮扶点的工作机制，已派出驻镇帮镇扶村干部16名，驻扎潮州、河源、惠州、茂名、肇庆的18个定点帮扶镇、村，其中党委书记率领3名班子成员与广东省人社厅结成乡村振兴驻镇工作队，共同助力潮州市上饶镇强镇兴村；在总行普惠金融部设立乡村振兴处，为助推乡村振兴提供有力组织保障。

（二）出台了完备的政策支持方案

印发“十四五”时期巩固拓展脱贫攻坚成果同乡村振兴有效衔接、金融服务乡村振兴等专项方案，立足乡村振兴战略全局，明确了广发银行在“十四五”期间巩固拓展脱贫攻坚成果助推乡村振兴重点工作任务与实施路径。同时，将助推乡村振兴工作纳入直属机构党建工作考核体系，建立起完善的“三农”金融尽职免责制度，推进助推乡村振兴工作有序落地。

（三）构筑起扎实的经营发展基础

机构布局完善，广发银行在广东省内20个地级以上市共设有369家[①]营业机构，约占全行

① 广发银行各项数据均为截至2021年6月末数据，下同，特别注明的除外。

机构总数的40%；在广东省内县镇区域网点占全行县镇区域网点总量的41%。目前，汕尾分行规划备案已获批，预计于2021年内筹建，开业后将实现对广东省地级市的机构全覆盖。广东根据地基础牢固，广发银行在广东省各项贷款余额9824亿元，占全行贷款总额约49%[①]，服务近38万户企业客户、超过4500万个人客户和近1亿信用卡客户。定点帮扶成功经验丰富，在脱贫攻坚阶段，广发银行定点帮扶广东省内的33个贫困点，帮助1289户贫困户3654名贫困人员于2020年底全部顺利脱贫出列，其中韶关市渔溪村产业扶贫项目成为全国15个产业扶贫优秀案例之一。

（四）搭建起丰富的产品服务体系

推出“乡村振兴贷”系列创新产品，包括担保贷、补偿贷、订单贷、科技贷等产品，并根据区域化特点，因地制宜鼓励全国各地分行加大创新研发，形成了20多个有特色的涉农贷款专案产品，其中，在广东地区推出了生猪活体抵押贷、烟农贷、乡村振兴农企贷等专案产品。推出个人“惠农e贷”全流程线上化产品，能实现当天申请、当天提款，有效破解农村地区网点不足难题。广发银行在广东（含深圳）涉农贷款余额超过240亿元，比上年增长40余亿元，增幅20.19%，增速高于全行各项贷款平均增速。同时，充分发挥银行间市场A类主承销商牌照优势，2020年上半年发行约20亿元乡村振兴债券，落地在粤央企发行的首单乡村振兴票据。

（五）培育起显著的综合金融特色优势

自2016年8月成为中国人寿集团成员单位以来，广发银行与中国人寿成员单位协同，形成较强的“银行+保险+投资”综合金融服务能力，推出了服务广大客户的综合金融产品。在保银协同的带动下，新增个人客户400万户，拓展战略客户近百家，沉淀基础存款过千亿，贡献托管规模7000亿元，实现协同投资4000亿元，保银协同已成为广发银行业务和客户增长的重要渠道。从服务乡村振兴的角度，国寿集团拥有保险、投资、银行三大板块，一揽子帮扶政策能够为乡村振兴全产业链条提供信贷、保险、投资、结算、理财等一站式综合金融服务。

四、策略与路径

广发银行将充分发挥自身优势，运用好金融精准扶贫“渔溪村模式”成功经验，深入广东乡村振兴建设，提供全方位、创新型、可持续的金融支持，全力打造金融服务乡村振兴的广东样板。

（一）强化责任担当，推动巩固脱贫攻坚成果同乡村振兴有效衔接

作为央企成员单位，全面落实党中央实现巩固脱贫攻坚成果同乡村振兴有效衔接各项决

① 人行口径本外币贷款，广东省含深圳。

策部署，是广发银行应当担起的政治责任和社会责任。“十四五”期间，广发银行将严格落实“四个不摘”要求，配合地方政府做好防返贫动态监测，继续投入资金和人才支持帮扶地区乡村特色产业发展，促进稳固脱贫基础和帮扶成果。落实广东省乡村振兴驻镇帮镇扶村工程，选派政治过硬、本领过硬、作风过硬的优秀干部驻点助力乡村振兴。发挥金融工作者优势特长，结合驻点地区经济的特色与特点，制订工作计划，重点为驻点地区引入金融活水。

（二）用活综合金融，助力农业现代化及乡村产业兴旺

广发银行将发挥“银行+保险+投资”综合金融优势，精准对接广东省乡村振兴领域金融需求，以乡村振兴主体为中心延伸金融服务链条，促进农村产业融合发展。

1. 建立健全“生产前可提供资金、生产中可提供保险、生产后可提供销售”的产业帮扶模式。前期通过帮扶资金投资、提供信贷资金等支持；中期通过保银协同提供专属保险保障；后期通过线下和电商两条线拓展销售渠道，全程发挥集团公司的综合金融优势，助力广发银行结对帮扶地区和省重点扶持地区产业发展壮大。着力推广渔溪村产业帮扶模式，对帮扶点已建成的产业项目，加快帮助推进“产业+商业”乡村经济模式，加大招商引资力度，助力更多企业“引进来”、社会组织“走进去”，不断提升产业项目“造血”功能。

2. 探索发展专属供应链模式。在服务好存量农业龙头企业的同时积极参与企业培强培优，针对细分领域龙头企业行业特征提供专属供应链金融服务专案。以龙头企业为核心，打通“供应、生产、销售、扩大规模”各环节，提供集采购、支付结算、融资、理财、并购、撮合等于一体的“商业银行+交易银行+投行”金融服务，保障核心企业上下游合作运转的安全稳定与高效，促进新型农村经营主体与现代农业有机衔接。

3. 探索创建特色综合金融服务模式。关注广东省中小企业融资平台“农业专区”“广东农业高质量发展板”建设进程和省农业供给侧结构性改革基金投向，做好投资研究，依托“投资+银行”的综合金融优势，关注广东省水稻玉米完全成本保险、收入保险等纳入国家试点进程，岭南特色水果等地方优势特色农产品纳入中央财政保险奖补试点进程，协助国寿财险公司争取承保份额，提供账户、信贷、理财等专属银行服务，探索与期货、保险共同设计金融服务方案，助力特色农业产业发展壮大，打造广发乡村振兴综合金融特色。

（三）强化科技赋能，提升乡村振兴金融服务的数字化水平

聚焦数据资产和数字技术两大要素，加快数字化转型步伐。探索发展智慧农业金融服务，通过提供一站式金融服务促进新型农业经营主体、加工流通企业与电子商务企业的融合，助力农业经济数字化转型。提升基础功能或产品快速组合能力，输出支付、账户、理财、融资一体化金融能力，延伸银行服务边界，开展乡村振兴场景金融，实现生态连接。率先在创意农业、认养农业、观光农业、创意民宿等数字乡村领域落地具有典型性、示范性的项目。提升科技赋能金融服务水平。积极与主管部门对接，探索依托农业大数据平台开展线

上化涉农贷款业务，实现批量获客、智能风控和便捷高效，向乡村地区下沉金融服务，提升金融服务便利性。整合行内外大数据资源、结合业务场景及区域市场特征，为银行县域市场一线工作人员，搭建大数据商机线索平台。研发便携式金融机具，实现金融服务移动化，打通乡村金融服务“最后一公里”。抓住举办世界数字农业大会、实施广东数字农业发展行动计划等机遇，开发专属金融产品支持新型农业主体和农村新产业新业态。

（四）推进“三端”联动，助力美丽乡村转化为美丽经济

广东省美丽乡村建设起步早，基础好，成效显著，这为壮大休闲农业、乡村旅游、民宿经济等特色产业打下坚实基础。近年来，广发银行战略布局养老金融，已经积累一定规模的优质客群，供老族和银发族对康养、休闲观光有较大需求。疫情常态化防控形势下，长假出行活动半径的缩短将利好省内农家乐、乡村民宿、休闲观光园区、休闲农庄、休闲乡村、康养和教育基地等业态类型的丰富与发展。广发银行将结合自身特色，通过“C端、B端、G端”联动，实现乡村振兴金融服务与政务、产业、消费有机融合，助力广东省美丽乡村转化为美丽经济。C端，以供老族和银发族客群为切入口，发行“乡村振兴主题卡”，打通借记卡与信用卡客群，共建增值服务体系，通过增值服务为乡村旅游休闲与创意体验农业营销引流，为农户、农家乐、乡村民宿等经营主体提供支付结算便利以及财富管理服务。持续加强手机银行和“发现精彩”两大个人金融App“广发乡村振兴专区”建设，简化专区帮扶商家入驻流程，降低帮扶商户保证金负担，把消费帮扶作为助推乡村振兴的重要抓手，吸引城市居民下乡消费。B端，撮合有意向优质企业到旅游资源丰富的乡村地区投资建设休闲观光园区、康养和教育基地等，为企业提供必要的资金融通，助力推动县域经济发展和加速城乡融合。加大与知名线上旅游平台、民宿平台合作力度，搭建“乡村旅游+金融+农产品”消费场景，助力推广“粤美乡村”旅游品牌，活跃乡村经济。G端，深入与帮扶驻地政府合作，加强与政府平台的对接，通过数字政务下沉数字化普惠金融服务，以政府主导乡村振兴项目为中心，服务更多企业和个人客户。

（五）主动下好“先手棋”，加大金融创新力度

广发银行将积极对接广东省内农业农村现代化和乡村振兴建设过程中的各类试点和平台建设，加大资源倾斜力度，开展金融服务与产品创新。加大对全国休闲农业重点县、23个广东省率先实现农业农村现代化试点县以及珠三角旧村改造等领域的农业农村基础设施建设中长期信贷投放。实现林权质押贷款、农村承包土地的经营权抵押贷款等业务突破与发展，服务荔枝高标准示范园、特色优势水果产业重点县、岭南特色优质水果生产基地等的建设。促进绿色金融发展与服务乡村振兴战略有机融合，为粤港澳大湾区（广东惠州）绿色农产品生产供应基地、农业绿色发展先行区建设、珠三角百万亩鱼塘转型行动和国家级水产养殖与生态养殖示范县区建设等提供绿色信贷投放、绿色债券承销等金融服务。探索为优质农业科研企业提供科创金融服务，加强与广州国家现代农业科技创新中心、农业农村部重点实验室、广东（深圳）现代生物育种中心等种业创新平台等的合作交流，研发服务“种业硅谷”的专属金融方案。

参考文献：

[1] 程郁. 产业振兴：乡村振兴的难点、重点[N]. 中国经济时报，2021-02-24.

[2] 何广文. 全面乡村振兴的金融生态建设[J]. 中国金融，2021（8）.

[3] 潘功胜. 中国金融扶贫经验和推进乡村振兴的思考[J]. 中国金融，2021（15）.

[4] 叶兴庆，程郁，赵俊超，等. “十四五”时期的乡村振兴：趋势判断、总体思路与保障机制[R]，国研网调查研究报告，2020年第183号.

课题组成员简介：

王　凯　广发银行党委书记、行长

亓　艳　广银理财有限责任公司监事长

杨　悦　广发银行总行战略规划部副总经理

宋佳伟　广发银行总行普惠金融部总经理

钱　锦　广发银行总行战略规划部高级主管

专家评点：

金融服务乡村振兴亟须在融资模式和服务理念上进行创新。广发银行立足广东实际、发挥自身特长，围绕乡村振兴的“人”“产”“美”创新金融产品提升服务水平；发挥“银行+保险+投资”综合金融优势，精准对接金融需求，延伸金融服务链条；通过“客户+企业+政府”三端联动，实现金融服务与政务、产业、消费有机融合，助力美丽乡村转化为美丽经济。广发银行在金融服务乡村振兴战略中，积极探索，勇于创新，走出了一条高质量的特色之路。

专家简介：

钟永红，华南理工大学经济与金融学院金融学教授、博导，金融学系主任。

网点转型“人”先行

——农商行网点转型路径与服务乡村振兴模式研究

■ 东莞农村商业银行

叶建光　何建航

摘　要

面对数字经济以及新冠疫情催生下的“线上化，无接触”金融需求，农商行线下网点在获客、综合营销等方面遭遇瓶颈，加快网点转型势在必行。就农商行资源禀赋和客群特点而言，网点转型不应是“高大上”的装修和智能设备的叠加，而是通过科技赋能为村组客户提供更便捷的业务办理、更贴心的网点体验以及更匹配的金融产品，亦是跨越“低频陷阱”的平台化变革，亟须构建以网点为中心的场景生态，推动线下网点与线上渠道融合发展。因此，在推进网点硬件改造、设备升级等“硬转型”的同时，必须重视“软转型”，其关键是实现网点“人”的转型。本文基于实践角度提出农商行网点转型的思路与方向，重点对网点转型中的人力结构优化、组织敏捷化、经营模式变革、人力资源提质等关键问题进行剖析，并提出相应解决举措。

一、引言

正如布莱特·金在《银行4.0》一书中预言：“金融服务无处不在，就是不在银行网点。”当前金融与科技深度融合，银行业务加速线上化、场景化、平台化、生态化，农商行长期倚重的线下网点在获客、活客、综合营销等领域面临严峻挑战，叠加租金、人力、设备等刚性成本上行，传统网点“存在感”下降，网点撤并与改造明显加速。与此同时，大中型银行和头部城商行凭借技术优势逐渐突破物理网点限制，持续推动业务下沉，向农村市场渗透，下沉“掐尖”优质客户，进一步挤压农商行网点生存空间。尽管从降本增效角度来看，农商行应主动裁撤低效亏损网点，但实践中，由于担心客户流失、同业争抢市场，农商行往往对网点裁撤存在顾虑，在与同业的网点博弈中陷入“囚徒困境”，网点优化调整与数字化转型则成为可能的最优解。后疫情时代，加快网点转型、提高网点综合营销能力、降本增效成为多数农商行不得不面对的重要课题。

近年来，许多专家学者围绕网点转型相关课题进行了研究探讨，主要集中在网点布局（陶江，2012；娄飞鹏，2015；张庆华、彭宝玉、秦冰，2020）、网点转型策略（谢金静、王银枝，2020）、网点金融生态圈建设（李强、吕平，2017）、网点竞争力提升（沈纬、蔡玉梅，2015）、网点智慧化建设（任小克、胡婕，2020）等领域，这些研究从多个层面和视角描绘了银行网点转型的轮廓，但针对区域性中小农商行网点转型内涵、转型方向、可操作实施路径以及员工赋能等问题的研究仍不完善。由于城乡金融生态环境的差异，转型起步较晚、科技资源有限的农商行不能照搬大中型银行网点转型的做法，需要根据区域经济特点和资源禀赋，探索适合自身发展的网点转型路径。本文基于实践视角，分析农商行网点转型的现状与挑战，提出转型思路、方向和具体实施路径。

二、网点转型背景趋势与挑战分析

（一）“无接触金融”兴起，线上渠道贡献率显著攀升

随着银行业加大科技投入，网点业务加速向线上和智能设备迁移，柜面、线上、自助设备三大渠道业务占比发生显著变化，业务离柜率不断升高。据银行业协会统计，2020年银行业金融机构离柜交易笔数同比增长14.59%，行业平均电子渠道分流率为90.88%（杜晓彤、李颖超，2021）。尤其是新冠疫情以来，“无接触金融”兴起，线上化、集约化经营进一步加速，手机银行等线上渠道成为银行触达客户的首要渠道，传统线下网点作为业务受理和交易处理中心的作用持续下降，到店客流显著下降，网点已不再是客户“必须要去”的地方。在此过程中，农商行网点智能设备覆盖率、业务替代率虽然有所提高，但与先进同业相比仍存在较大差距，尤其是线上获客率、交叉销售占比、成本收入比等转型指标亟待提升。

（二）金融场景生态崛起，金融与非金融加速融合

随着数字经济蓬勃发展，居民消费加速向线上迁移，围绕客户需求搭建场景生态圈，提供跨界、交互、全渠道服务成为银行获客新模式。在此背景下，网点服务逐渐“生态化”，向周边客户生产生活、资金链与供应链渗透，线上线下融合发展加速推进。网点功能也逐步从核算交易向营销服务转变，日益呈现出“泛金融化”趋势。政务、民生、购物等便民服务进入网点，网点服务重心随之由柜面转向线上业务、厅堂服务和外拓营销。金融科技驱动下，大数据分析、客户画像、交叉营销等理念逐渐融入网点日常经营管理，数字化营销成为网点经营新利器。与此同时，农商行网点线下营销、关系营销、等客上门的传统经营模式日渐式微，场景生态建设相对滞后，尤其是农村细分生活场景的生态布局较少，网点功能不完善，不能有效满足客户的个性化金融需求，亟须构建以网点为中心的场景生态圈。

（三）特色网点建设方兴未艾，差异化经营格局初现

为解决网点服务同质化问题，满足数字时代客户的个性化、多样化需求，头部银行率先启动网点差异化经营，智能设备与创新服务模式加速在银行网点应用，网点形态与经营理念也日新月异，智慧网点以及面向银发、“Z世代”等特定客群的特色网点层出不穷，涌现出“汽车主题银行网点”“老年网点”“夜市银行”“电竞网点”“咖啡银行”等一大批特色网点，银行网点加速向个性化、特色化服务延伸，更加注重构建差异化竞争优势。相比之下，多数农商行缺乏差异化的网点竞争策略，门店装修、产品配置与服务模式趋同，与周边银行同业客群重叠、营销方式相似，同质化问题突出，对网点周边细分客群的金融需求挖掘不足，尚未形成特色突出的差异化竞争优势。

（四）网点撤并改造趋势明显，轻型化智能化转型加速

随着业务线上化加速，网点撤并与转型升级已成为行业常态。从2021年上市银行半年报来看，上半年工、农、中、建四大行共计减少187家网点或机构，2020年全年四大行合计减少370家（叶麦穗，2021）。实际上，网点退出与新设并存，业务单一、效益较差的小型网点（如社区支行、小微支行、分理处）成为关停重点，科技支行逐渐成为新的布局重点。总体来看，近两年全国银行网点数量净减少量（占比）并不显著，部分中小银行网点数量仍有新增，但增速已有所放缓。与此同时，网点改造明显加速，《2020年中国银行业服务报告》显示，2020年银行业共计改造营业网点1.28万个，在金融科技助力下，网点加速向综合化、轻型化、智能化、特色化转型。而多数农商行网点转型起步晚，面临网点分布定位不合理、人员结构不合理、综合营销能力弱等难题，转型实践与愿景间仍存在较大落差，探索务实可行的转型路径成为当务之急。

面向未来，网点仍将是农商行的基础性、战略性资源，是农商行发挥人缘地缘优势的重要载体，其在服务特定客群、办理复杂业务、发展普惠金融等方面的价值将长期存在，但其形态、功能、服务模式的“进化”转型已迫在眉睫。

三、农商银行网点转型思路与方向探讨

（一）网点转型的关键是实现“人”的转型，不是物理形态升级

农商行的客群结构和资源禀赋决定其网点转型不应是“高大上”的装修和酷炫智能设备的叠加，而是通过科技赋能，为村组客户提供“更便捷的业务办理、更贴心的网点体验以及更匹配的金融产品”，这是“内外兼修”的转型过程，在没有解决好网点经营模式、人员赋能、客群需求挖掘等问题的前提下，一味减少柜台、增加科技设备只会让网点与农商行的核心客群渐行渐远。在实践中，一些银行盲目实施网点“智慧化”改造，耗费大量资源配置科技设备，却忽视了客户真实需求、员工专业素质以及数据治理等问题，导致业务量不增反

降，值得深思。实际上，网点转型旨在转变网点经营模式、提升综合营销能力，在改善客户体验的同时实现获客活客、降本增效，这要求农商行在推进网点硬件改造、设备升级等“硬转型”的同时，也必须重视“软转型”，关键是“人”的转型，因为真正让转型行稳致远的是员工思想和行为的转变。除了科技差距，农商银行亟待解决网点效能低、客户体验不佳、综合服务能力弱等难题，其中“人”的问题相对突出，这是网点数字化转型的瓶颈，而“人+数字化”的经营业态渐成银行业趋势。这决定了网点转型不能单靠科技推动，必须加快人员转型和数字化思维培育。

（二）网点转型是跨越“低频陷阱”的平台化变革，不是简单渠道升级

当前网点多数业务属于低频业务，与客户间没有深度交互，无法实现对客户的深度洞察与经营，导致大量长尾客群未被有效激活。而网点轻型化等防御性措施只能“节流”，并未解决“开源”问题（刘兴赛，2021）。因此，农商行可采用平台战略，发挥网点贴近村组优势，搭建基于网点的本地化服务平台，打造以网点为中心的场景生态圈，将金融产品和服务嵌入各类场景中，提供“金融+非金融”综合化服务，把从高频生活场景中引流的用户转化成活跃客户，从而实现场景获客、线上获客。随着客户到店率下降，网点应变“坐商”为“行商”，围绕周边客群需求，挖掘能够解决客户痛点的场景和机会点，加速向衣食住行等生产生活场景渗透，推动线上线下一体化运营，使线下网点成为场景化服务的示范点，成为线上渠道的有效补充。

（三）网点转型是渐进持续的系统性工程，应注重顶层设计与基层探索相结合

作为银行数字化转型的重要一环，网点转型是涉及组织激活、员工思维转变、管理优化、流程再造以及文化重塑的全面变革，是渐进、持续创新的系统性工程，需要总行部门高度协同、网点员工深度参与。农商行应立足自身实际，把握网点未来趋势和先进同业实践经验，探寻适合自身的网点转型方向。加快解决人力结构不合理、转型思维树立不足、场景生态建设滞后、部门银行桎梏等问题，保持“小步快走”节奏。从不同视角来看，网点转型具体思路如下：

1. 总行视角：顶层设计先行，业务规划在前，科技支撑在后。明确转型目标与实施步骤，统筹做好网点规划、厅堂转型、组织变革、流程再造、人员赋能等工作，避免因转型重点过度聚焦于科技应用、员工综合素质不高、数据治理落后等原因导致转型“形似而神不似”。

2. 网点视角：从“网点”向“网+点”转型，推动形成大、中、小型网点布局合理、定位清晰、功能互补的服务“网”；推进网点轻型化、特色化、智能化，降本增效，提高产能；构建以网点为中心的场景生态圈，提升场景获客活客能力。

3. 员工视角：推动人员思维转变、人力结构优化、人员素质提升和人力效率改进。强

化员工数字化思维和价值创造思维；推动柜面人员向高价值创造岗位迁移，从专人专岗向“一专多能”转变，提高人均产能；加快业务线上化场景化、设备智能化便捷化，为员工减负赋能。

四、网点转型与员工赋能相关问题探析

（一）组织结构优化

1. 优化网点人力结构，提升营销与服务效率。当前银行业务离柜率上行，网点经营重心已从交易核算转向客户咨询与营销服务，但农商行网点仍延用传统人力配置模式，将多数人力配置于柜面，网点营销力量薄弱，“员工被困在柜台内”，人员结构性问题突出。因此，网点转型应首先着力盘活网点现有人力，推动柜面人员向营销服务、财富管理等高价值创造岗位迁移。一是推动人员“走出柜台”，压降柜员数量。加速将高柜业务向外厅智能柜台、移动终端、大额快速存取款机、远程视频柜员机等智能设备迁移，使之逐步替代高柜。二是推动人员“内部流动”，充实网点营销队伍。借鉴同业“弹性柜台、人员复用”等厅堂调度模式，优化劳动组合，最大化提高人员使用率，从柜面释放的人力优先补充营销力量，提升网点综合营销能力。三是推动人员“走出网点”，下沉村组社区。当前客户到店率下降且厅堂停留时间变短，网点应转变营销观念，组建外拓团队，常态化开展外拓营销，配置移动展业设备，送服务上门。四是推动网点“瘦身”，减少人力支出。通过集约化经营、业务上线、智能设备使用、服务外包等方式释放网点人力。

2. 加快敏捷化转型，提升内部协同效率。网点作为服务客户的重要触角，必须快速响应市场变化与客户需求，提升敏捷程度。从农商行发展现状来看，一是要打破“部门墙”，探索敏捷组织转型。随着农商行资产规模增长，管理架构不断膨胀，“部门银行”问题可能导致总行对网点各类诉求的响应迟缓、产品创新速度滞后、线下网点与线上渠道融合不足。因此，网点转型应从打破“部门墙”破题，组建跨部门敏捷团队，着力解决网点较为关心的数据赋能营销不足、产品创新缓慢等难题。从银行实践来看，上海农商行、中原银行等都将组织敏捷化作为转型的重要抓手，推广敏捷团队模式，以加快产品创新（钱立波，2020）。二是要打破“数据墙”，实现数据共享复用。农商行通常采用业务需求驱动下的系统建设模式，多数业务部门都建立了独立的业务系统，业务快速发展催生大量新的科技开发需求，排队等待开发，时效不能满足需求，也造成重复建设的问题，数据孤岛越来越多，影响网点数字化营销和智慧化管理。因此，网点转型应推动数据的互联互通，推进数据在网点精准营销、风控、管理决策等方面的应用。

（二）经营模式转型

随着80后、90后成为主流消费群体，年轻客群更加追求金融服务的个性化，消费更

加场景化，场景获客、线上平台获客成为银行业获客的主流模式，传统网点逐渐被边缘化，到店客户显著下降。经营环境和客户需求的快速变化倒逼农商行加快网点经营模式变革。

1. 转变营销模式，培养员工数字化营销能力。数字经济时代，关系营销、电话推销、积分送礼等传统网点营销方式获客效率低、获客成本高，发展面临瓶颈。随着银行业进入低增长的存量竞争时代，叠加客户老龄化问题，如何通过数字化手段激活存量长尾客群、吸引增量年轻客群成为多数农商行客户经营的痛点难点，提升网点数字经营能力，培养员工数字化营销能力迫在眉睫。

数字化营销是以数据为驱动，以客户为中心的营销模式。相关研究报告指出，成功的数字化营销能让银行销售率提高20%，客户流失率下降25%，交叉销售成功率提高160%（倪以理、曲向军、韩峰、周宁人、俞明洋、胡嘉逸，2020）。农商行要实现数字化营销，首先应从数据和全渠道融合着手，推动网点柜面、手机银行、微信银行、智能机具等线上线下渠道协同，通过数据埋点等方式对全渠道客户标签进行分析，在此基础上，向客户推介与其关注点更匹配的个性化产品，从而实现精准营销。在实践中，农商行网点应充分利用厅堂和外拓数字化营销管理工具，做好客户留存、促活和拉新。一方面，通过数据分析提高存量客户洞察能力，精准了解客户需求，进而实施线上线下数字化精准营销。另一方面，常态化开展以数据分析为基础的外拓营销，创建网点周边资源库，实地调研周边经济实体、消费群体等要素，为外拓营销提供决策依据，增强挖掘行外资源的能力。网点负责人应重在市场研究和客户分析，为一线员工提供外拓导向和目标，借助科技手段定期统计外拓频率与业绩，防止外拓营销变成“放羊”。

2. 转变经营模式，增强场景生态运用能力。场景生态建设是当前银行数字化转型的重要内容。对农商行来说，最能体现其资源禀赋的场景是以网点为中心的村组场景生态。农商行可充分发挥网点数量多贴近村组的优势，以网点周边生活缴费、商户运营、乡村治理等细分场景为切入点，选择若干具有本地特色的高频场景精耕细作，通过持续建设“小场景”构建生态圈，使网点成为线上与线下金融服务的结合点。在此过程中，网点应主动适应场景获客需求，引入更多非金融服务，线上线下协同推动“金融+”服务落地。一方面，将场景生态建设与村组治理融合，推进村务服务、政务服务、便民服务进网点，提供“金融+非金融”综合服务，使网点成为场景化服务的示范区。另一方面，围绕周边客群需求，联合网点周边商户和村组开展互动式营销，常态化开展银发讲堂、财富规划、健康养生、休闲娱乐等活动，使网点成为凝聚客户的便民服务中心。

（三）功能定位与服务模式变革

在城市快速发展背景下，农商行应综合考虑客群分布、人口密度、停车场分布、城市规划、同业竞争等因素，动态优化调整网点布局与功能定位，减少内部竞争，提高网点协同能力。在降本增效的同时实现从“网点”到“网+点”的转变，形成功能互补、高效协同、差异化运营的网点群落。

1. 优化网点功能定位。一方面，在撤并改造低效网点的同时，注意开拓新兴区域市场，合理布局轻型智能网点和小微科技网点，推动网点降本增效。另一方面，扭转“大而全”的网点建设思路，根据网点周边客户需求，因地制宜，合理布局大、中、小型网点，重点发展轻型网点和面向特定客群的特色网点，节约人力和建设成本，打造差异化竞争优势。尤其应强化网点协同，规模较大的网点与一定范围内的中小型网点（功能不必全面）差异化运营，形成网点群落，大型网点承担形象展示、复杂业务办理、高净值客户服务等功能，并协助周边中小网点做好客户服务。

2. 革新厅堂服务模式。“内外兼修”打造年轻化的网点新形象，推进网点智慧转型。一是依托智能设备逐步将高柜功能迁移至外厅，将隔着玻璃的“对话式”服务转变为“肩并肩”“面对面”服务和智能设备服务。二是网点厅堂智能设备接入非金融场景，引入政务服务、便民服务等泛金融功能，吸引客户到店办理非金融业务，以适应场景获客需要。三是结合网点周边客群特点，因地制宜开展特色网点建设，如打造养老特色网点等。

3. 再造网点服务流程。持续、动态地对内部管理和外部服务流程进行梳理和优化，提高营运效率。一是推动“前台业务后台化、后台业务集中化”，减少和剥离网点操作性事务，解放一线人力，降低营运成本。二是再造网点业务流程，对原有产品和业务流程进行优化，改善客户体验。长期以来，农商行网点服务效率备受市场诟病，“流程多、体验差”，亟须通过现状诊断、时效分析、同业调研等方式，找出过度耗时、问题多发的流程环节，优化流程设置，缩小与先进同业差距。

（四）人力资源提质

随着大量基础业务迁移至线上和智能设备，客户对专业性金融顾问、理财服务的需求逐渐增加，网点员工须加快向专业化转型，提升金融专业素质、人际沟融交流、咨询服务等能力。一方面，应注重岗位实践和“传帮带”的作用。“7-2-1”学习法则认为，员工70%的能力提升来自工作实践，20%来自互助学习、导师指导，10%来自于课堂培训（李建英，2018）。在实践中，采用轮岗学习、总行与分支机构人员交流、敏捷小组建设等综合培养方式构建人才培养体系是头部农商行人才提质的重要方式，其效果往往好于传统课堂培训。另一方面，注重培育员工转型思维。当前农商行网点普遍存在员工知识结构固化、综合服务能力不强等问题，员工对网点经营的传统路径形成了依赖，面对数字化转型浪潮，存在“不想转、不会转”现象，这要求网点转型必须重视“人”的转型，在日常培训中巩固员工转型思维，着力提升员工数字化营销、数据价值发现、综合服务等能力。

1. 推动网点员工“一专多能”。一方面，从优化网点人员结构入手，探索打破条线岗位壁垒，实现网点“人员复用”，并推动“岗不定点”、岗位联动，提高人员使用率，强化各岗位综合营销职能。推进员工交叉持证工作，鼓励员工跨条线持证，在实际工作中做到“一专多能”，为零售转型和条线联动提供支撑。另一方面，推广“师徒带教”培养机制，发挥优秀员工“传帮带”作用，通过“言传身教”提高网点员工应对复杂性金融服务和专业咨询服务的能力。

2. 提高员工线上服务能力。当前行业竞争焦点已从线下转向线上，手机银行成为银行触达客户的首选渠道，通过线上服务为客户提供专属理财顾问服务的“人+数字化”模式成为头部银行获客活客的新渠道。农商行拥有庞大的长尾客群，通过线上服务将客户需求从简单交易引向财富管理业务是增加客户黏性的有效方式，这也对员工在线服务能力提出更高要求。网点应强化员工线上服务能力，尤其是线上财富管理服务能力。客户经理应熟悉银行各类业务、政策法规、市场动态、宏观经济等基本内容，提升综合营销能力，在线为客户提供专属咨询服务。

3. 提升员工培训质效。打破总行“填鸭式”培训模式，多采用“沉浸式”“分享式”等年轻员工喜闻乐见的教学方式，根据业务营销需要和网点需求，有针对性地开展总行集中式或送教上门培训。一是加强对网点员工的“一岗多能”业务技能培训，提升网点人员综合服务能力，提高人员使用效率。鼓励员工参加跨条线业务培训，跨条线考取岗位资格，提升公私联动能力、综合营销本领和客户服务水平。二是加强网点转型相关内容的培训，提升员工数据分析、数字营销本领，巩固转型成果。同时，网点转型需要熟悉银行业务、善于人际沟通、了解金融科技的人才，须进一步加快内部员工横向转岗培养，打造复合型人才。

五、东莞农商银行网点转型助力乡村振兴模式探索

2021年以来，银行业进一步下沉服务重心，围绕服务乡村振兴战略，寻求新的业务发展机遇。作为扎根地方的农商行，东莞农商银行围绕乡村振兴战略，积极实施乡村振兴金融服务“133”工程，加快推动网点转型，重构阵地渠道新优势，提升金融服务乡村振兴质效。一是以“网点转型”促服务下沉，找准网点服务乡村振兴切入点，实施人员派驻新服务模式。充分发挥点多面广、贴近村组的地缘优势，持续推动网点下沉服务，构建普惠金融服务体系。在网点转型过程中，各分支机构主动下沉服务重心，推广“乡村振兴金融指导员、党建共建联络员、普惠金融服务员”派驻服务模式，推动人员下沉、服务下沉，聚焦乡村振兴战略，做好促进农业高质高效、促进乡村宜居宜业、促进农民富裕富足三项工作，在村组把根扎深扎牢。一方面，下沉到村组的普惠金融服务员深入开展市场调研，了解村组金融需求，为村组客户解决金融难题，将金融服务的触角从网点进一步延伸到村组，让金融扶持政策和涉农金融产品进村入户，从而实现网点经营重心下沉、人员服务感情下沉。另一方面，围绕

产业兴村、美丽乡村和普惠村民，派驻人员协助村组做好乡村产业发展、金融政策宣讲等工作，为村组量身定制综合金融服务方案，发挥网点人缘地缘优势，助力乡村振兴全面发展。二是以“网点转型”促网点服务智能化，推动网点智慧化，重塑网点运营新模式。加快网点智能设备配置，释放网点柜面资源，着力加强厅堂客户服务和营销力量，为客户提供高效便捷的厅堂服务和自助服务。同时，持续升级优化智能柜台功能，不断提升乡村金融服务便捷度。三是以“网点转型”促网点经营转型，加快构建网点周边场景生态圈，推动线上线下渠道融合发展。在网点转型中，主动适应金融服务线上化、场景化趋势，将金融服务嵌入核心客群生活生产场景，以提升网点产能、降本增效为重点，加快转变网点经营模式，提高网点协同能力，为客户提供综合化服务。通过线上与线下协同联动，逐步将网点打造成为村组乡村振兴综合服务中心。

参考文献：

[1] 陶江. 中国商业银行网点布局研究[D/OL]. 湖南：湖南大学，2012.

[2] 娄飞鹏. 商业银行物理网点的存续、布局与转型[J]. 金融教学与研究，2015(06):7-9+38.

[3] 张庆华，彭宝玉，秦冰. 中国银行业金融机构网点分布及影响因素分析[J]. 河南大学学报(自然科学版)，2020，50(1):55-62.

[4] 谢金静，王银枝. 银行网点转型：动因、典型案例及策略选择[J]. 金融发展研究，2020(5):66-71 .

[5] 李强，吕平. 移动互联环境下的网点金融生态圈研究[J]. 华北金融，2017(1):57-61.

[6] 沈纬，蔡玉梅. 银行网点为何集聚及集聚时如何提高核心竞争力[J]. 赤峰学院学报(自然科学版)，2015，31(23):120-122.

[7] 任小克，胡婕. 商业银行网点智慧化转型路径探究：基于基层行实践视角[J]. 中国银行业，2020(12):60-62.

[8] 杜晓彤，李颖超. 银行网点进退两难 零售转型正在路上[N]. 证券时报，2021-09-17(A02).

[9] 叶麦穗. 四大行上半年减少员工2万多人：三大行关停210个网点，工行略有回升[N]. 21世纪经济报道，2021-09-07(007).

[10] 刘兴赛. 银行网点的平台化改造[N]. 金融时报，2021-07-23 (010).

[11] 钱立波. 建设敏捷组织加速创新发展[J]. 中国农村金融，2020(20):8-9.

[12] 倪以理，.曲向军，韩峰，等. 后疫情时代银行业：开启全速数字化经营[J]. 新金融，2020(5):11-16.

[13] 李建英. 创新构建“7-2-1”培训模型 助力农电系统人才培养[J]. 中国电力教育，2018(2):62-65.

课题组成员简介：

叶建光　东莞农村商业银行党委委员、副行长、执行董事

何建航　东莞农村商业银行办公室总经理助理

专家评点：

经营网点是银行获客和营销的重要渠道，不能简单撤并，只有提升网点效能，才能提高农村金融服务的可得性和普惠金融服务的普及率。东莞农村商业银行基于农商行科技资源有限的客观现实，认为农商行在加快网点智能化“硬转型”的同时，更要重视网点人员的“软转型”，并对网点如何在智慧化转型升级的同时，转变网点经营服务模式、提升网点员工金融专业素质、做好“留客”“活客”和“拉客”进行了兼具创新性和操作性的探索。

专家简介：

钟永红，华南理工大学经济与金融学院金融学教授、博导，金融学系主任。

数字赋能
智慧蝶变

数字化背景下商业银行信贷流程再造初探

——以农业银行广东省分行为例

■ 中国农业银行广东省分行

朱正罡　王新林　郭莉　张露

摘　要

随着信息技术的发展，数字化转型已经成为当前银行业主要的潮流之一。信贷业务作为商业银行的核心业务，是数字化转型的焦点所在。近年来，银行针对信贷业务的数字化转型已经作出了诸多尝试，但从效果上看，与先进同业仍有一定距离，对业务的促进作用仍然有限。本课题主要围绕数字化转型背景下的信贷业务流程改造进行研究。通过梳理银行业数字化转型的经验，结合农业银行现有信贷业务流程的实际和问题，探讨利用数字化手段如何实现现有业务流程的优化改造。

首先，本文梳理了主要银行信贷业务数字化转型的现状，并得出数字化背景下信贷业务流程转型的趋势。

其次，针对农行现状，从线下业务和线上业务两个维度出发，梳理了目前影响业务办理效率的堵点、痛点问题。其中，线下业务的核心问题在于流程过度依赖于个人判断，只能通过提升责任承担的层级来区分不同业务的难易。同时，将行政级别与专业判断能力直接对等，所有层级的业务均须从经办到团队负责人再到部门负责人，业务流程冗长。线上业务的核心问题在于系统、数据、制度以及业务的更新迭代速度等方面。系统的问题主要体现在融合性、开放性、敏捷性等方面。数据的问题主要体现在行内现有数据的质量不高、可用性不强，不同系统间的数据融合性不够，对现有数据的挖掘利用技术有待提高；行外数据对接难度大并且容易导致农行丢失主动性；数据培养目的性和计划性不强，距离形成核心资产还有一定差距。制度管理方面主要体现在目前对线上业务的理解还不够深入，相关制度规定主要为框架性约束，对具体操作的指导性不强；各板块间客户群体有重合，缺乏统筹把控；线上业务的风险防控仍然以线下思维为主。客户体验问题主要体现在产品更新迭代的速度慢，无法迅速根据客户反馈和市场需求的调整情况进行微调。

最后，本文提出了数字化背景下信贷业务流程优化的具体建议。我们认为数字化转型是全业务转型，不仅仅涉及线上业务流程，也必须体现在数字化技术对线下业务的赋能；信贷业务流程不仅仅是信贷业务本身的流程，而是金融服务的全流程，从客户培养和获取，一直到各类信贷业务的办理，以及贷后跟踪维护、监控分析、风险处置，都是信贷业务流程的有机组成；业务流程改造不仅仅是通过制度调整优化相关操作，也不仅仅涉及业务本身的流程改造，同时还涉及跟业务运作相关的底层系统、组织构架、条线贯通、数据培养、数据利用等方方面面的改造。因此，本文以理念先行为出发点，首先针对农行数字化转型的现状树立数字化转型应坚持的几个理念。由此出发，重点从树立正确的文化理念、经营模式转型、数据和系统的底层建设以及制度流程改造、敏捷机制建设等角度提出相关设想和建议。

一、同业经验

随着科技发展，大数据、区块链等技术在金融领域的应用越来越普遍。这些技术为银行获取和分析客户信息的手段、防控风险的方式带来变革，为商业银行信贷业务在客户培养和获取、风险防控、信贷业务效率和流程优化等方面提供了更多可能。数字化转型背景下，传统信贷业务发展手段需要变革，一方面体现为目标客户群体的变化，主要是因为技术发展降低了一些传统金融服务未能覆盖的客户群体的管理成本，比如，大数据的发达使商业银行能够以更低的成本服务长尾客户，区块链技术的发展使银行能够一带一串地服务产业链上下游客户；另一方面体现在信贷业务流程再造上，传统的信贷管理框架以及业务流程设计以银行为本位，流程长、效率低，实践中越来越不适应业务发展形势。也因为这些技术变化，银行业近年来利用移动互联网等新技术，在业务流程革新方面有较大突破。

（一）从传统业务流程到互联网下的业务流程

银行传统业务流程主要适用于银行的专业化分工和层级管理体制，充分体现了横向方面的评级、分类、授信、用信、贷后管理的专业岗位分工及岗位制衡和纵向的支行调查、分行审查、贷审合议、独立审批等权限制约，也即每一个客户的业务完成均须遍历经理评级、分类、授信、用信、贷后的支行调查、分行审查、独立审批等矩阵流程节点。

银行传统业务流程对于银行客户来说是一个黑匣子。银行客户从需求提出，只能等待业务审批结果同意与否，中间过程缺乏与客户的交互，业务流程节点的遍历过程极其依赖人工操作，具有节点多、耗时长、自动化程度低的弊端。

移动互联网业务模式："移动互联网+"、大数据、云计算等新技术基本上颠覆了传统银行信贷业务流程实现的内核和实现方式，业务流程实现的内核由遍历矩阵节点模式向数字化、生态化、平台互联、客户互动、平台开放、信息集成、移动线上、研判智能、场景获客、客户细分的箱体耦合模式转变。从客户视角看，银行的横向评级、分类、授信、用信、贷后仍然是隐性维度，但是银行业务的交互调查、系统审查、贷审合议、自动审批的纵向变成显性、交互模式，并且因为业务流程实现内核的自动化、智能化，横向维度实现基本与纵向维度同步。

（二）互联网模式下银行业务流程再造的实践变革

互联网模式下，银行业务流程的再造服务于全行的数字化转型，其变化主要体现在：在客户面实现了金融服务的数字化与差异化，在银行面提升了决策的准确性和运营效率，在经营模式上实现了金融服务与其他行业的深度融合，具体又呈现在对客业务平台、内外部信息互联、业务线上线下耦合、数字化运营以及场景获客等几个具体方面。

1. 构建移动业务平台，实现金融服务集成

将移动端平台作为流程再造的核心，打造领先的移动端线上金融服务平台，并致力于将关键的App平台打造成为品类代表，强化在用户心智认知中的首选位置。通过强化科技对金融的赋能，依托人脸识别、大数据、人工智能、无感认证、精准营销等新技术全面再造银行的获客流程、业务流程、风控流程，并针对对公、零售、机构等业务差异较大的业务形成特色鲜明的子平台，在子平台上形成金融服务的集成功能，并针对客户需求、客户满意两个维度进行端到端的流程再造，利用科技赋能、服务集成、效率极致追求用户颠覆式的金融体验。在实践方面，各大银行均推出了移动端App平台，实现了金融服务平台集成。例如工行重点打造了个人手机银行"融e行"、移动端商户平台"融e购"、场景平台"融e联"、企业手机银行平台等，致力打造领先的线上综合金融服务平台，2019年末活跃用户分别高达3.61亿户、1.46亿户、1.67亿户、205万户，手机银行客户规模、 黏性、活跃度指标保持同业领先。招商银行重点打造招商银行App和"掌上生活"App两大平台，招商银行和"掌上生活"两大App的月活跃用户（MAU）达1.02亿户，较上年末增长25.58%，两大App已成为客户经营的主要平台，借记卡数字化获客占比24.96%，信用卡数字化获客占比达64.32%，招商银行App金融场景使用率和非金融场景使用率分别为83.79%和69.80%，"掌上生活"App金融场景使用率和非金融场景使用率分别为76.21%和73.90%。

2. 实现内外部信息互联，实现客户与系统的互动

业务流程再造要依托信息流、资源流、源开放的颠覆性变革，通过引入水、电、税、费、公积金、社保、个人纳税信息等外部可信数据并结合银行交易流水、客户与系统的信息交互强化内外部信息、客户授权信息、客户交互信息的耦合和对客户的精准画像，彻底颠覆

传统的人工信息收集模式、银行系统的封闭孤岛模式、信贷决策的经验判断模式，基本实现内外部多维度信息在逻辑规则下的智能化研判和客户需求人机交互模式下的线上实时授信、实时放款。在金融实践方面，工行深入推进“秒授信”“互联互通”场景应用，实现公积金、社保、税务场景全覆盖，“秒授信”通过引入公积金、社保、个人纳税信息等外部可信数据并结合人脸识别等风险防控手段实现线上实时授信、实时放款。招商银行通过融合内外部数据，建立了包括担保圈、金融司法纠纷、风险传导、风险舆情、涉小贷公司融资、政策解读、数据质量检查、授信审批授权等场景的风险特征模型，构建客户关联知识图谱，加强针对具体场景的风险分析能力，建设基于机器学习算法的对公智能预警系统，提升数字化风控能力。邮储银行通过深化与政府、协会、企业、担保公司、保险公司等平台合作，积极运用大数据、互联网、移动通信、人工智能等先进技术，形成了业务流程的数字化、智能化、标准化，在小微客户方面引入税务、发票、电力等外部数据，建立综合数据评价模型，实现客户信用的精准画像与快捷评价，打造小额“极速贷”大数据拳头产品，降低业务风险和客户融资成本，打造线上线下有机融合的发展模式。

3. 业务实现线上线下耦合模式，提升业务智能化

根据业务额度—业务频度—技术难度逐步实现小额高频低技术难度业务的线上智能化、大额高频低技术难度业务的线上标准化、大额低频高技术难度业务的线下定制化，逐步提升信贷业务的线上化迁移，构建线上业务、线下业务双驱动模式，并提升线上业务的智能化决策和线下业务信息的智能化获取水平。在金融实践方面，各分行均加快了传统业务的线上化水平，通过构建线上、线下双轮驱动的业务发展模式，积极探索“互联网+”的技术改革路径。例如邮储银行通过推动金融与科技深度融合，打造智能化、场景化、开放化的线上渠道，持续加强外部合作，不断丰富场景，构建“金融+服务”的智慧生态圈，快速推进数字化转型，大力挖潜新零售，共同赋能 B 端、服务 C 端、助力 G 端，推进线上渠道实现智能化、场景化、开放化，逐步推进线上线下一体化。

4. 实现数字化运营，打造金融生态模式

把科技赋能注入业务全流程、全领域，打造内外部用户体验极致、场景生态丰富、线上线下协同、产品创新灵活、运营管理高效、风险控制智能的数字化银行，并构建开放、合作、共赢的金融服务生态圈。构建数字化获客—数字化运营—数字化风控的三维一体数字化经营模式，并依托“移动平台+”开源性API（应用程序接口）构建高度集成的新型线上金融生态。在金融实践方面，金融服务场景化趋势较为明显，数字化运营的进度各行差异较大。例如邮储银行和招商银行，均成立专门的客户体验团队，构建可量化、常态化的评价体系，聚焦于“客户满意度”的数字化考核，推动客户体验升级。在金融服务场景化方面，邮储银行通过在提供手机银行线上加油场景、非税电子支付场景及邮政特色场景基础上，进一步搭

建涵盖多维度的金融和生活场景，推进打造“金融+服务”的智慧生态圈。兴业银行则针对客户生产生活场景，多市场、多渠道、多产品的投行场景，客户投资理财三大场景，打造场景生态圈、投行生态圈、投资生态圈“三个金融生态圈”。光大银行依托于光大集团联动优势，构建财富 E-SBU（生态圈战略）对公圈、个人圈和云生活圈三大协同生态圈，满足客户综合化、多元化、复杂化的金融服务需求。

5. 业务场景化获客，专注于客户细分的差异化管理

将银行业务与客户的实际应用场景深度耦合，并根据客户属性差异构建细分的目标客户群，借鉴互联网企业针对刚性需求的基础服务实行免费的策略提升平台的应用全体基数，利用高价值的附加服务赚取利润的模式颠覆传统的盈利模式，提升场景化获客率，全新构建融合功能、服务、内容于一体的场景化平台，支撑场景灵活快速的拓展和运营。同时针对零售客户、小额普惠属性客户、机构客户、战略客户制定差异化的流程改造，构建微型客户流程自动化、小型客户流程智能化、中型客户差异化、大型客户定制化的差异化流程改造策略。在金融改革实践中，工行在零售业务方面向老年、学生、小微业主、私人银行客户等客群构建“五人五面”个性化场景服务体系，有效实现了细分客户群的精细化服务；在对公业务场景方面，全新构建融合功能、服务、内容于一体的场景化云平台，支撑场景灵活快速的拓展和运营，初步建成以线上政务、服务信使、共享中心、企业专属服务号等为特色的场景服务生态，经营快贷依托大数据技术搭建结算、税务、商户等近 200 个融资场景，服务超过 100 万小微客户。建行通过强化科技赋能、人工智能平台支撑图像视频识别、自然语言处理等技术措施，信贷业务有效覆盖 381 个业务场景。农行通过推出“农银智慧 + ”场景金融品牌，聚焦政务民生、消费零售、产业链三大领域，新增场景项目 2540 个。招商银行以生态化视角，重塑批发业务专业化服务体系。通过加深对区域市场、优势行业、优质客户的认知，聚焦核心客户，落实“直营+行业专营”的模式，搭建客户分层分类经营体系；做好战略客户、机构客户、同业客户、供应链中小企业客户的协同服务，聚合收款业务聚焦保险、医药、教育、快消四大场景，招商银行App和“掌上生活”App中16个场景的MAU超过千万，交易笔数达5.02亿笔，交易金额达1466.47亿元。浦发银行通过构建 API Bank 无界开放银行策略，提升创新场景影响力，该司针对账户管理、贷款融资、投资理财等九大类业务领域累计发布 400 个 API 服务，对接合作伙伴应用210 家，实现了与政府、企业、行业平台等深度结合，提升该行场景化对细分客户群的市场渗透率。

二、信贷业务流程现状及问题分析

信贷业务是商业银行最重要的主体业务，信贷业务流程的转型成效对整个商业银行数字化转型是否成功至关重要。信贷业务流程再造也是商业银行数字化转型的一个具体缩影，

对流程的优化也可以从服务数字化、决策运营数字化和数字化跨界等方面进行考虑，具体来说，在服务方面，体现为客户触达银行的便捷程度、使用银行服务的流畅程度等；在决策运营方面，体现为风险把控的有效性、业务流程的高效性等；在数字化跨界方面，体现为对多维数据的融合使用以及银行服务向各类场景的延伸等等。本节以农行广东分行的实践为例，从线下和线上业务两个方面说明目前银行信贷业务流程亟须变革的几个方面。

（一）线下信贷业务流程整体规定

农行现行线下法人信贷业务流程主要与业务类型、客户管理层级、客户质量层级、办理人员的行政级别等多维度对应。

1. 按业务类型

传统上，法人线下信贷业务要经历从客户评级、客户分类、授信、单笔业务审批、用信审核到放款、贷后管理的一整套业务流程。同时，在每一个业务流程中，又会根据客户的管理层级、业务金额、业务品种的不同，对应不同的调查权和审批权。对同一个客户而言，其评级、分类、授信、单笔业务、用信审核的对应流程、对应的有权调查行和有权审批行可能都不相同，而相关的文件规定较为复杂，可能会出现业务办理流程走到一半，发现流程错误的情况。

2. 按客户管理层级

客户管理上，根据客户资质、信贷体量以及管理难度、风险情况等因素，将法人客户分到不同层级进行管理。比如，全国性的大型集团、在各一级分行均有大额授用信的，由总行管户；一级分行辖内体量较大，跨二级分行的集团客户，由一级分行管户，以此类推。从信贷业务流程原理设计上看，客户管理行对客户的业务发展和信贷风险防控负主要责任，业务办理时，原则上法人客户的所有信贷业务都应由其管户行调查。从现实的管理上看，所有的客户，无论管理层级高低，大部分是落到支行进行直接的营销、业务办理和关系维护。更高层级行的客户部门，在职能上更多将自己定位为产品管理部门、综合管理和业务推动部门，极少真正承担客户营销管理的功能。在业务办理时，往往是由支行首先与客户沟通需求，进行首轮调查，然后再将业务层层提交至有权调查行前台部门。有权调查行所承担的调查职能，实际上只是通过支行获取二手资料，又由于业务流经调查人员的业务水平参差不齐，看问题的角度也各不相同，层层调查所耗费的时间很长。

3. 按客户质量层级

客户分层管理还反映在质量分层上。根据客户资产规模、盈利水平、信用状况等综合情况，将符合条件的优质客户纳入核心客户管理。在审批权限、调查权限以及授信额度核定、单项业务的准入条件设置等各方具体业务开办维度，均会将客户的质量分层纳入考量。

4. 按人员行政级别

实行业务调查、审查的主责任人制度，主责任人一般根据行政级别确定，一般需要由部门总经理或分管行长承担主责任。同时，具体业务由相关部门的经办办理。因此，业务每经过一个部门，至少需要经过具体经办、团队负责人、部门负责人，根据具体情况的不同，这个链条可能会更长。

（二）线下业务流程相关问题分析

1. 高层级行审批的信贷业务耗时长、效率低

对于上报一级分行或总行审批的业务，往往流经人数多，耗时长，反复补充、重新发起流程等情况较为常见，同时也存在重复劳动问题。一是每个人对业务、客户、项目的理解角度不同，侧重点不同，在每个新的业务环节都有可能会出现需要客户补充提供的资料，特别是涉及固定资产类贷款的，各环节提出补充的资料往往都是针对客户或项目特殊的、非标准化的材料，有其一定合理性，但很影响客户体验。二是各级人员对政策制度了解的全面性和及时性不同，甚至理解的角度也有所不同，很可能发生业务开展到一半突然中断，或者整体流程推倒重来的情况。

2. 现有流程过度依靠个人判断，风险防控漏洞时有发生

（1）业务经验不足、业绩考核压力大可能导致专家判断风控功能失效

流程繁复唯一的好处是通过更多人从不同角度审视业务，增加相关责任人员，从而防范业务风险。而实际上，流程长和责任人员多并不是风险防控的绝对保障，在缺乏足够信息支撑和硬性约束机制的情况下，业务人员能否对风险作出理性客观准确的判断，主要取决于其业务经验。更甚者，对于由较低层级行审批的业务，风险判断会让位于业绩考核，出现业务有明显缺陷仍然放贷的情形。比如，有些基层行仅凭客户是上市企业或与其他同业合作密切等表象光环，就盲目为企业新增授信办理业务，不认真调查客户真实的经营情况和用信需求，导致“三新”不良贷款的发生。

（2）政策制度执行力不足导致的问题

单纯以制度文件作为业务规范的手段，在事前控制上受限于业务开办行的政策制度执行力水平，不确定性较大。在某些时期，政策制度调整速度较快，基层行很难及时把握。虽然在一级分行层面经常开展以执行力建设为目的的培训和各项交流活动，但总会存在制度执行不到位的情况。

（3）合规管理与风险控制的平衡问题

以流程作为风控的主要手段，在很大程度上将风控与效率对立起来。经办人员大多对业务需要承担责任但不能享受收益，同时又受限于自身业务水平，无法准确把握一笔业务的核心风险要点。不同业务人员可能都会发现业务在不同角度的一些问题，这些问题有可能是核

心的，但也可能是无关紧要的。纠结于细枝末节的问题，既不利于客户体验，也浪费了业务办理精力，甚至还有可能让业务人员陷入一种已经尽职尽责的自我陶醉中，导致忽略更加重要的风险点。

（三）线上信贷业务流程相关规定

目前银行大部分的线上产品主要包括三大类，一是小额信用方式线上贷款，二是抵押项下贷款，三是依托应收账款流转平台开展的供应链融资业务。

1. 小额信用方式线上贷款的流程

目前农行的小额信用方式线上贷款主要是采取白名单准入的方式，主要是根据一定的数据筛选出符合条件的客户，并根据某些核心指标测算授信额度。根据数据来源的不同，业务流程也有所不同。对于数据直接从行内系统或政府部门等权威机构获取的，普遍可直接由系统生成白名单，客户线上申请并获取贷款。对于数据需要进一步核实或直接由人工采集数据的情况，需要由有权审批人审批通过白名单，导入白名单系统后，才可实现客户自助提款。

2. 抵押项下线上贷款的流程

目前行内的抵押项下线上贷款主要是利用线上渠道获客，并在放款环节可由客户在线上便捷操作。具体的业务流程主要还是参考传统业务。大致流程为：客户在掌银上提出贷款申请后，系统自动对客户进行初步筛选，通过人脸识别、反洗钱以及反恐怖融资、人行征信等进行判断。初步筛选通过后，将符合条件的客户信息发送至经营行，经营行指派客户经理开展双人上门调查。押品评估方面，针对个人客户的房抵e贷要求所有押品必须按照传统业务流程，采取线下正式评估。针对小微企业的抵押e贷则可根据客户提供的押品信息，确定评估方式采用线上评估还是线下评估。采取线上评估方式的，客户经理通过系统将房产相关信息发送给评估公司，评估公司通过在线方式将用于抵押的房产预估值及评估数据信息发送给农行，再由行内有权审批人认定价值。采取线下评估方式的，须按传统业务流程进行押品评估。价值认定完成后，抵押e贷由系统自动完成客户评级、审批授信额度和贷款定价，并由客户自助完成线上用款流程。房抵e贷还须由客户经理补充完善申请信息进行正式评级，评级通过的提交贷款至审查审批，然后采取客户线上自助用款或线下签约后再用款的方式。

3. 供应链融资业务

供应链融资业务流程通常分为业务准备阶段、单笔融资阶段两部分。业务准备阶段流程包括整体服务方案审批、签订业务合作协议、信息交互及权限设置、融资客户准入及客户资料收集审核等，单笔融资阶段包括单笔融资申请受理、系统自动调查审查审批、电子合同签订、应收账款转让登记与确认、放款、应收账款收妥、应收账款催收等。

（四）线上信贷业务发展存在的主要障碍

通过现场访谈、业务抽查等形式调研发现，目前农行线上信贷业务发展存在诸多问题，主要体现在两大方面。一是基础建设问题，包括系统、数据、制度流程等，这类问题目前在行内已基本达成共识，但是整体的推动还需要更加全局的部署和更加有效的手段。二是产品和系统使用过程中的具体细节问题。该类问题存在于信贷业务办理的整个流程，琐碎而具体，也许每一个单独的问题都无法在全行层面引起高度重视，但是所有这些问题都影响着系统的操作效率、产品的客户体验甚至是全行的业务风险。对于这类问题目前行内还没有明确的解决机制，甚至没有得到应有重视，亟须建立及时的问题反馈和产品、系统更新迭代机制。

1. 系统问题

系统是信贷产品发展的重要底层建筑，农行现有的业务管理系统是针对传统线下业务设计的，在应对当前线上业务迅速发展的形势时，显得捉襟见肘。具体来说有以下几方面问题。

（1）系统的融合性问题

行内按照一般法人、普惠、个人、农户、信用卡等条线分别开展业务，各条线各部门各自牵头研发自身的系统，各系统之间的信息共享以及融合运用还明显不足，现有资源的整合利用率不高。这导致在客户联动营销、客户准入、授信模型精确计算、客户统筹管理、贷后信息监测等方面均无法自动实现信息共享，更无法利用现有资源进行金融服务和业务管控的提升。

（2）系统的开放性问题

出于风险考虑，银行对业务系统的相关权限把控较为严格，在相关系统的对外连接以及参数调整方面，不够灵活，导致业务拓展和管理不便利。

（3）系统的敏捷性问题

农行的业务系统设计采取一体化的方式，在系统的改造、创新以及现有资源利用等方面有所不足，导致系统无法敏捷地适应业务发展的需要。

2. 数据问题

数据是发展线上信贷业务的重要基础，也是业务发展的核心资产之一。根据调研情况，目前数据资产的发展还存在以下几方面问题。

（1）行内现有数据问题

农行积累了大量的存量客户数据，包括客户基础信息、客户结算信息、资产信息、信贷信息、客户使用农行掌银等系统的信息等等。但是，由于大部分数据为人工录入，质量不高、各板块之间数据无法实现共享、对现有数据的挖掘利用不足等原因，目前行内数据的利用程度相对较低。

（2）行外数据对接问题

加大对行外数据的利用是弥补银行数据深度和广度不足的有效措施。但在对接外部数据时，也存在问题。对于政府部门等权威第三方的数据，相关部门可能出于客户隐私以及数据安全保护等原因，不配合对接工作。对于第三方平台公司，比如阿里巴巴、腾讯、京东等互联网公司的客户交易数据，由于是公司自身的核心资产，很难争取合作。而通过对接获取的数据银行业往往在数据管理和获取上缺乏主动。

3. 制度管理问题

线上业务与线下业务相比在风险特征上存在较大差别，但是，线上业务作为新兴事物，现有的制度规范与实际的业务发展仍然存在相当程度的矛盾，导致以线下风控思维开展线上业务，业务拓展难。

4. 客户体验及产品更新迭代问题

在互联网时代，当明确了客户需求后，应该以最快的速度推出产品，然后在与市场的磨合中不断更新迭代，改进升级。但就目前的情况而言，银行信贷产品更新速度太慢，业务运行中的细节问题由于银行内部缺乏快速的反应机制，难以得到及时解决。

三、数字化背景下信贷流程再造设想

在金融数字化转型的趋势下，线上信贷业务和线下信贷业务都应该从整体重新考虑业务流程。流程再造作为数字化转型战略的一个有机组成部分，应该从全行的信贷业务数字化转型战略出发。信贷业务流程再造作为数字化转型的重要组成部分，应首先理清商业银行信贷业务的本质，把握变与不变的关键内容，确立流程再造或数字化转型的文化和理念，再以之为基础明确经营模式，针对当前系统、数据与目标经营模式之间存在的差距，统筹相关底层基础设施的建设，并在此基础上优化相关的制度流程，以此实现银行核心价值的充分发挥。

（一）理念先行，认清数字化转型的本质和核心要义

明确的转型方向和转型理念，是确保全行使对劲、用好劲的先决条件。人工智能、大数据、区块链等技术的逐步成熟改变了商业银行经营的环境约束条件。数字化转型，究其本质，就是在这个新的约束条件下，银行如何更好实现其资金融通、资产增值等方面功能的问题。在这个问题求解的过程中，始终需要以服务客户为出发点、以有效风控为发展底线；要始终牢记技术只是一种手段，而提升服务质量和效率，回归银行经营本质才是核心要义。

1. 坚持以服务客户为出发点

坚持以服务客户为出发点，变产品思维为客户思维、客群思维。从某个客户或客户群体本身的需求出发，寻找其痛点问题，研究如何通过技术、资源、产品，提升客户的经营效率，将银行服务融入客户的生产生活链条和场景，以此为基础培养客户黏性，获取相关的数据资源，从而提升信贷业务的可得性。如果单纯从银行自身“是否能放低条件、是否能拿到现成的数据”这些角度出发，抱着从市场上筛选符合条件的客户这样的心理去创新产品，并

以产品为手段开展营销拓展，会导致在风控层面缺乏抓手，也不利于活客留客。以客户为本位，真正置身客户所处产行业、环境、产业链、经营模式，不拘泥于金融服务和眼前利益，从改善产行业的长远发展、为客户提供生产经营便利出发，将银行和企业紧密联合起来，做到了这一点，后续的存、贷、中间业务等各类金融服务，都将成为自然而然的事情。与此同时，由于对产行业相关环节以及数据动态的充分把握，业务风险也将更加可控。

2. 坚持全方位数字化转型

数字化转型涉及全行方方面面，同时各个方面又互相影响，环环相扣。就信贷业务流程而言，从表象上看仅是指信贷业务的受理、调查、审查、审批、用信、贷后管理整个具体的业务流程，但要实现流程的优化不能只从流程本身出发，而是要将其作为全行信贷业务数字化转型大局的一个有机组成部分，一方面要考虑信贷业务从客户培养、系统建设到数据联通等方面能够如何通过数字化工具实现业务的整体优化，从而为信贷业务流程优化提供可能；另一方面要考虑在信贷业务数字化转型的前提下，业务流程如何顺势进行改造。而信贷业务整体的数字化转型，又应该放到全行数字化转型这样的大背景中去考虑，可能会涉及组织架构、考核方法、人才培养等各个方面。只有通过全盘的统筹考虑和计划，将数字化转型渗透到全行经营的各领域、各层级、各环节，打破条线隔离，回归客户和业务本身，提升全行对市场、对客户、对业务的理解深度和反应速度，才能真正提升全行对数字化时代的适应性，实现业务的长远可持续发展。

3. 打造各类特色银行

每个分、支行当地都有特色的产业、行业资源，都应将自身业务与当地的产业、行业相融合，将自己作为特色银行进行打造。例如西宁农商银行的旅游金融，就是针对当地旅游资源发达但旅游产业发展落后的现状，通过梳理旅游产业的参与者和影响者的利益诉求与参与方式，寻找银行可以参与的各类旅游业业态，以设计思维与用户体验的角度推动规划旅游区各项要素。

（二）打造开放型商业银行

客户获取和培养是信贷业务流程的第一步。数字化背景下，银行的业务应该跟随互联网的触角，延伸到客户生产生活的方方面面，让金融服务在客户的生活中触手可及，无处不在。

1. 从“请进来”到“走出去”，融入客户生产生活场景

（1）通过嵌入第三方平台，扩大客户源

由于银行自身拥有的客户群体有限，并且银行自己的掌银等应用软件很难在人群中自动广泛传播，想要接触更广泛的客户群体，就需要搭上其他的流量载体，借用第三方应用的影响力拓宽客户源。对此，可以通过成熟的第三方电商平台、社交平台、核心企业等，嵌入金融和非金融功能，将银行功能充分表达为服务。

（2）通过银行能力输出，使银行经营嵌入具体垂直行业实现赋能

开放银行不单是指银行产品的开放和输出，甚至不必然是数字化形式的输出。在法人业务层面，更需要通过输出银行的资源和平台，实现对具体产行业的赋能，从而真正嵌入客户的生产经营环节。

2. 统一品牌，统一平台，广开大门，方便更多客户“走进来”

除了嵌入各生产生活场景使银行无处不在，还应该有一个统一的对外开放平台。客户的金融需求既可能依托于某个具体的场景和第三方平台，也可能直接产生于客户自身的生产生活过程。比如，某客户买车，他可能有明确的意向品牌和4S店，在购车的过程中经汽车销售人员介绍，使用银行的汽车分期贷款等服务。也可能，客户没有明确的意向品牌或者店铺，此时，银行应该可以直接提供银行的渠道，让客户方便快捷地通过银行平台，了解不同车型的预期价格、贷款利率、店铺地址等。也就是说，银行除依托各第三方平台外，还应该将各种平台功能集合到银行自身的一个统一渠道，让客户不仅可以通过平台找到银行，也可以通过银行找到平台和服务。需要打造面向全体公众的、无门槛的银行服务平台，打通潜在客户与银行之间的线上沟通渠道，建立客户主动、随时随地向银行提供有效数据、提出申请的渠道，打通银行与客户之间动态反馈机制，以此实现信贷业务的真正互联网化，同时也建立客户的储备和培养机制。在平台的打造上，一是要统一平台和品牌，全国通用，并且可以通过便捷的方式在客户之间共享传播。二是要确保平台使用的简洁高效，快捷反馈，客户可以快速通过平台获取其想要的资讯，并可以与农行产生直接互动。

（三）围绕信贷转型统筹系统及数据建设

1. 从融合性、开放性和敏捷性出发，以高效系统赋能信贷业务数字化转型

（1）系统的融合性方面

对现有各信贷系统资源进行整合，实现现有资源的共享和各系统信息的同步。建立各系统共享共用的数据和信息中台，通畅之间数据和资料传输的通畅渠道，达到从一个系统输入的信息，全行所有系统都可以同时获取、使用、更新。

（2）系统的开放性方面

按照系统各区块的功能和重要程度，区分系统的可开放程度。一是对内方面，将涉及安全性、保密性的系统标准化设置权限保留在总行统一管理，对保密要求较低属于具体操作层面的改造权限下放给一级分行。二是对外方面，为保障生产系统的安全性、保密性，同时满足外部数据信息与行内操作的连接，可以统一建设中间过渡系统，外部获取的数据信息先到中间过渡系统，过滤筛选并进行安全处理后自动转到生产系统。

（3）在系统的敏捷性方面

对于可能存在差异化定制需求的系统，在系统研发初期应该主要着重搭建核心框架，对

于框架内部的具体内容，应尽量以标准化的模块进行搭建。模块的颗粒化程度应尽可能小，以方便后续业务开展过程中根据新的客户需求开展重构。尽量将系统建设的技术层面和业务层面分离开，可以首先将业务需求解构为颗粒化的需求单元，再在技术层面根据这些需求单元打造一个个技术模块包，后续再根据业务需求重组需求单元以及对应的技术模块包。如此，系统的更新将变得更加敏捷。

2. 加强数据统筹、挖掘和建设

（1）加强行内数据的治理、整合

为更有效利用行内现有数据，真正为业务流程简化提供方便、为业务决策提供依据，非常有必要完善数据质量、共享数据资源。一是对于多处均有重复录入的数据信息，要明确应以哪处信息为准。二是若作为依据的一手信息是手工录入的，应开展彻底的数据治理，给予清晰明确的数据标准、操作方式和治理计划。三是要打通各数据孤岛，建立数据中台，配套相应的数据利用模型和标准，逐步提高数据使用效率，同时明确各类型数据输出的接口以及申请的流程，规范数据使用。

（2）加强行外数据的对接

一是加强对政府政务数据平台的对接，比如对接工商、税务、海关、司法、征信等系统，充分利用大数据进行客户筛选、画像和管理。如果政务数据是全国统一管理的，建议由总行牵头对接，对于地方政府数字化转型中形成的数字平台，可由一级分行牵头对接。

二是提升对其他第三方数据平台的利用程度。包括客户因自身经营而具备大量数据的平台，比如京东、阿里巴巴、腾讯等具备客户交易数据的互联网平台，以及专业的数据信息服务公司，比如专业的反欺诈信息识别公司、押品价值评估公司等。

（3）加强数据的挖掘和高效使用

加强各维度数据间的交叉印证，以数据反映背后的潜在信息，除明显的违法、失信等数据外，还应深挖与客户相关的行为、社交等数据。比如，国外银行在使用大数据判断客户诚信度时，会结合客户的邮箱名是否含自身姓名、客户经常收到的电子广告类别等行为数据信息。同时，应深挖数据背后的逻辑，通过运算将数据背后的信息变得更直观和可用。

（4）加强有目的性的数据培养

数据需要回归信贷业务的本质，才能在最大程度上发挥效用。虽然目前是一个大数据爆发的时代，但仍然有许多信贷业务所关心的维度，是没有数据的，比如农村、农业、农户的数据，比如某些具体产业的企业群体、货物流转、对应的供求等相关数据。对于法人信贷业务而言，通过外部大数据获取的信息，在很大程度上只能作为客户资产能力、信用程度的侧面印证，而要对客户的生产经营有全面和动态的了解，并且与客户产生最有效的互动，必须要有目的地开展数据培养工作。

（四）优化制度安排，提升科技赋能，推进信贷业务全流程数字化转型

1. 优化线上信贷业务流程及制度规定

（1）消除前端准入障碍，尽可能扩大潜在客户量

在线上信贷产品的设计过程中，必须把产品如何才能接触到尽可能多的客户作为重要考量因素，让线上渠道真正成为客户接触农行的第一步，广开前门，将客户先邀请到前厅，再循序渐进地引导其与银行开展进一步深入合作。

（2）明确风险防控机制安排，确保创新产品平稳运行

线上信贷业务多为创新产品，一方面由于无法事前预知产品的市场效应和风控情况，另一方面也由于互联网时代对产品推出速度的要求，为保障市场竞争力，创新的产品、模型、方案一般都推出速度比较快。此时，对产品的后续跟踪、评价和修正从制度层面予以明确就显得十分重要。在这方面，建行的经验值得借鉴。建行一是建立了风险联席会议制度，由分管信贷业务和分管前台业务的行长按季联合牵头召开，组织前后台部门共同分析监测业务风险。二是由风险管理部按月分析创新产品运行情况、风险情况，报行领导。三是在产品创新过程中采取宽进严管的原则。在产品创新之初，明确创新产品责任人、创新产品预计拨备和不良率，若业务开展后不良率和拨备达到或接近原设计的阈值，则停办业务开展检视。四是在产品发展过程中及时纠偏，对于基层发现的系统漏洞问题，确保可以及时反馈至总行，总行相关部门要及时论证和修正。

2. 利用数字化赋能线下信贷业务

信贷业务数字化转型不要求将所有业务都搬到线上办理。一些传统的信贷业务由于客户不具备群体性风险特征，单个业务风险较难判断，不适宜在线上开展业务。此类线下业务在流程上的障碍一是流转经过的人太多；二是不同经办人员业务水平不同，看待问题角度不同导致调查审查质量参差，流程往复太多，效率不高。对于线下业务，可利用数字技术打造智能化的辅助支持系统。

（1）信贷业务调查方面

线下业务的开办效率和客户体验很大程度上取决于调查质量。业务调查的重点有三个方面。一是产品选取的准确性问题。目前银行创新产品种类繁多，更新速度较快，部分客户经理由于专业水平的限制，无法准确选取合适的产品。二是调查的框架和重点是否清晰和准确，这决定了后续让客户提供补充材料的频率。三是信息获取的及时性和便捷性，以及资料分析的效率。在信贷调查的线上化转型方面，可以从以下几个方面尝试：

①信贷产品的智能选取

在系统中录入和更新行内信贷产品的相关条件和对客户的基本要求、适用的业务场景等信息。在业务调查开始之前，客户经理可以在系统中录入客户相关信息，系统通过自动分析和匹

配，向客户经理推荐合适的产品，并给出对应的条件和调查模板。

②调查信息的自动获取和调查报告的自动生成

一是在资料处理方面。应建立统一的基础调查模板，并允许在模板上进行差异化修改。通过制作模板，可由系统自动识别和分析一些基础信息，比如通过OCR（光学字符识别）等形式自动将上传的客户信息资料转化为文字信息，并填写相关基础的报告内容。对由于行内系统模板与客户资料格式不一致导致OCR技术不适用的领域，比如财务报表录入，可以采用外包的方式录入信息。

二是在信息获取方面。将固定化模板嵌入系统，利用大数据和人工智能技术，实现系统自动抓取客户工商、司法、财务、资信等信息，并匹配调查报告模板，形成客户精准画像，解决贷前调查不到位、客户资料不全、调查报告不规范等问题，克服银、企信息不对称引起的逆向选择和道德风险问题。

三是移动营销智能化。调查模板应支持客户经理移动营销，客户经理进行现场调查后，可通过手机移动端将相关资料上传C3系统。客户经理对系统推送的相关数据，结合现场调查，便能实现客户经营情况及用信需求的精准分析，完成贷前调查报告，提升办贷效率。

③辅助决策信息的提供

一是相关政策制度的查询。无论是监管政策还是银行内部的规章制度，近两年更新速度都有所加快。除了规章制度外，还可能以意见、通知、政策等各种方式，不定时更新业务办理规定。一笔信贷业务开办的时间长、效率低，在大部分情况下，一些业务是在业务开办的流程中，才渐渐发现业务需要受到哪些文件哪些规定的限制。对于必须以线下形式办理的业务，提高政策制度的可得性、可理解性，可以在很大程度上减轻内部沟通成本，提升效率。一种可行的方案是将零散的政策制度以关键词、产品分类等形式，将文件与具体的业务品种、管理类别联系起来。可以通过技术方式，分析业务中的客户基本信息、业务信息甚至调查报告中所涉及的管理类别或者关键词，并根据所涉及的管理类别或关键词提供所涉及的所有参考信贷文件，对相关部分内容予以高亮显示，供业务办理人员查看。

二是行业相关信息的查询。银行为了提高决策的效率，通常通过购买数据、咨询公司行业分析报告等形式获取最新的经济、行业动态。同时，银行也会专门针对某些重要的或者新兴的行业进行分析，并以决策参考等形式，下发行业分析报告。但是，这些文件的流转、保存和查询路径与业务办理的流程是脱节的，甚至很多真正处理业务调查、审查的人员，从来不知道也不会专门抽时间去学习此类文件。因此，最好将这些有用的信息统一放进数据库，在具体相关业务办理的时候，推送给业务开办者和决策者，真正发挥智库对经营的影响作用。

三是流程智能检测和提醒功能。在C3系统中嵌入流程智能检测和提醒功能，在每一环节可自动显示该业务应提供的所有资料清单以及应完成的相应流程，对尚未提供的资料或尚未完成的流程进行高亮显示，辅助提高信贷人员对办理信贷业务的统筹能力。

（2）信贷业务审查方面

信贷业务审查应重点关注业务权限是否正确、业务条件与行内政策制度是否冲突以及业务的实质风险等。而目前，审查人员在核对业务基本材料、搜集和查询客户基本信息与信用信息等事务上需要花费大量时间，审查效率具备很大提升空间。实际上，审查环节所需要的支撑材料与调查环节相比并无不同。有了这些支持系统，可以由系统自动根据调查报告和系统提供的信息情况生成审查报告，自动筛选出需要重点关注的风险点。审查的重心可以更多地放到业务的实质风险判断上，审查效率可以大幅提升。

（3）信贷业务审批方面

业务审批是信贷业务放款前的最后一个环节，也是最终的决策环节。审批人员所需要的支撑系统除了调查、审查人员所使用的信息支持系统，还应该有能够整体把握银行整体信贷业务规模、行业摆布等情况的全局把控系统，即可以通过单笔业务的关键信息，比如行业、区域等维度，向决策者展示该笔业务所属的行业和区域信贷整体情况、最新监管动态情况，包括同业竞争情况、近期投放业务情况、近几年的业务总量变化情况、不良变化情况、监管机构最新要求等。

（4）贷后管理方面

根据业务品种、贷款余额和客户规模的不同，设置不同的贷后管理规定和贷后管理模板。对于小额信贷业务，贷后管理模板可相对简单，比如可仅要求关注客户是否正常经营，拍摄相关实地照片。对于依靠押品发放的信贷业务，主要要求关注押品的价值动态、现状等，同时关注客户的正常经营情况。对于金额相对较大、客户规模相对较大的贷款，贷后模板要求则应相对全面。同样地，对于模板中能够自动获取的信息，应该实现一键自动生成，并提示相关风险要素。对于需要现场核查的内容，则按一定的频率，要求客户经理进行拍照上传。

（五）建立对市场和基层的敏捷反应机制

完备的系统和数据等底层基础设施为数字化转型提供良好的建筑基础，但互联网时代里做好产品服务的重点在于提升客户体验，这就要求银行内部具备一个能够快速解决客户体验痛点的敏捷机制，对系统设置、产品要求作出迅速的反馈，通过不断更新迭代，适应客户需求，增强市场竞争力。

参考文献：

[1] 陈琳. 今天我们怎么做银行. 中国银行企业的解构与重构[M]. 北京：中信出版社，2019.

[2] 金. 银行4.0[M]. 施轶，张万伟，译，广州：广东经济出版社，2018.

[3] 刘兴赛. 未来银行之路[M]. 北京：中信出版社，2019.

[4] FusterA, Plosser M, Schnabl, et al. *The Role of Technology in Mortgage Lending* [M], Oxford University Press, 2019.

[5] Berg T, Burg V, Gombovie A, et al. *On the Rise of FinTechs: Credit Scoring Using Digital Footprints T* [M]. Oxford University Press, 2019.

课题组成员简介：

课题组组长　朱正罡　中国农业银行首席专家，中国农业银行广东省分行党委书记、行长

课题组副组长　王新林　中国农业银行广东省分行党委委员、副行长

其他人员　郭　莉　中国农业银行广东省分行信用管理部资深专员

张　露　中国农业银行广东省分行信用管理部高级信贷制度建设

专家评点：

“数字化背景下商业银行信贷流程再造初探”课题有非常重要的现实意义。近年来，时代变化和技术进步推动我国数字经济快速发展，在此过程中，各商业银行均在加快数字化转型速度，以更加适配客户的需求，谋求竞争的优势。本课题聚焦的信贷业务是商业银行基本经营板块，其流程再造是实现银行数字化转型的必要模块。课题结合具体实际，由点及面地对信贷流程进行了深入研究，为商业银行信贷流程的数字化转型提供了较为全面和可行的建议。

本文与实际结合紧密。一是对同业的数字化转型模式进行了充分调研，归纳了数字化转型的普遍做法和成效；二是对标农业银行当前实际情况，深入细致地进行了差距分析，从而得出实施建议。使得课题相关建议针对性强，能够帮助解决当前面临的业务痛点。

本文研究视角非常全面。对于农行现有的信贷流程和细节理解深入，对于实现数字化转型的经营模式、数据决策、运营流程、系统支撑等各方面均有涉及和论述，使得课题成果的可行性较强。课题报告建议具有体系，理念先行的观点较有特色。本文主要从实际出发，但没有就事论事，提出信贷流程的数字化转型不仅仅是单一环节的转型，而是全流程和服务的转型，进一步提出数字化理念先行的建议，为商业银行整体数字化转型的可持续性提供了参考。

专家简介：

李峰，上海交通大学上海高级金融学院会计学教授、中国金融研究院副院长、上海高金金融研究院联席院长。

我国数字货币发展对商业银行的影响及展望

■ 中国工商银行广东省分行
李成青　谢洁华　陈潇雅　肖杰　陈泽鹏　黄子译

摘　要

当前我国央行数字货币（DC/EP）的研究进度已经在全球领先。数字货币不需要绑定银行账户，摆脱了对传统银行账户体系的依赖。随着数字货币的加速发展以及交易方式的转变，在未来将对金融服务的方式带来影响和挑战；特别对经营传统货币的主要载体商业银行（我国货币发行与运营体系中商业银行处于重要环节），未来将会产生深远的影响。为此，进一步梳理分析我国数字货币的发展特征、运行模式以及影响因素等，将有助于我国商业银行迅速利用央行数字货币的发展机遇，在确保促进数字货币的健康发展的同时，能够推动金融的升级转型，确保金融服务和金融产品更具有针对性，从而打造具有核心竞争力的数字化银行。

一、引言

狭义的货币定义是可以用作交换商品的标准物品，广义的货币定义是可以用作交换媒介、价值尺度、支付手段、价值储藏的物品。货币的职能有交换媒介、价值标准、延期支付标准、价值储藏以及世界货币等。当前货币不单单关系到一个国家的经济安全，国家之间的货币竞争也是各国之间国力竞争的关键表现，而且货币还可以作为一个国家“长臂管辖”的武器进行使用，对国家发展有重要战略意义，如美国利用其美元的全球货币中心作用，强化经济制裁的“长臂管辖”作用。

数字货币的发展是科技演进的趋势所致。在比特币以及脸书Libra币等发展的冲击下，2020年全世界中央银行纷纷加快央行数字货币的研究与测试进度。央行数字货币是传统货币的创新模式，央行数字货币属于法定货币，一样具有法偿性、强制性的基本属性，由央行直接发行流通。而比特币以及Libra币等非法定数字货币，其本质为数字资产的一种，但因其具有便捷支付流通的功能，为此受到民众的认可接受。我国的央行数字货币是一种全新的模式设计，既不同于基于账户的资金，也不同于类似比特币这种无价值支撑和发行机构管理的代币，而是真正能够替代传统实物货币，完成支付和支撑其他金融和商业需求、面向数字货币应用的数字化货币（央行数字货币研究所，2018）。

随着新冠疫情的暴发以及快速蔓延，全世界人民对非接触式的交易需求大幅度增加，加上央行数字货币的快捷支付以及在具体场景中的精准应用功能，促使全世界主要央行已加速研究数字货币。根据公开信息，目前全世界已经公布在进行数字货币研发的国家将近30个，央行数字货币天然具有的法偿性、便捷性以及通用性的特征，已成为数字货币发展的共识。

在人民银行和各商业机构的积极开发研究下，目前我国央行数字货币的研究工作已在全世界处于领先水平，央行数字货币的快速发展能够推动我国金融产业加快创新，也有利于使人民币在迈向货币新形态的进程中拥有一定的先发优势。在我国的货币发行和运营体系中，商业银行处于极为重要的一环，商业银行具有成熟完善的基础设施、IT（信息技术）服务系统以及金融服务体系。随着数字货币等数字化浪潮向金融领域的延伸，将会对我国商业银行现在的经营模式产生影响冲击，并将促进金融数字化基础设施的建设，加速推动我国商业银行的数字化转型进度。

二、我国央行数字货币当前的发展情况

（一）央行数字货币发展进程

从全世界的央行数字货币发展情况来看，我国央行数字货币整体起步比较早，目前发展速度已比较快，在2020年8月已经进入试点阶段。央行数字货币的发展是数字时代的基础设施，有利于提高金融经济中的资金、资本流通效率。特别是数字技术、金融科技等新兴技术融合发展，也将正向促进我国数字经济的提升发展。

2014年开始，我国第一次成立央行层次的数字货币研究小组，尝试性探讨在我国发行央行数字货币的可能性，同时探索分析数字货币发行和推广过程中可能存在的法律和相关技术问题。在2015年，小组经过两轮修订后确定我国央行数字货币的原型方案，并对外发布最终系列报告。2017年7月，中国人民银行数字货币研究所正式成立，标志着我国人民银行最早从事法定数字货币的研究应用，同年中国人民银行组织部分商业机构共同研发数字人民币。在2018年1月，中国人民银行副行长范一飞提到M0（流通中货币）替代、双层运营、中心化管理等基本特征，央行的相关司局也就数字货币的基本情况进行专门的分析（范一飞，2018）。在2018年3月，成立法定数字货币工作组，统筹数字货币的工作。2019 年11月，范一飞表示我国央行法定数字货币的工作已基本完成顶层设计、标准制定、功能研发、联调

测试等（范一飞，2019）。2020年5月，中国人民银行行长易纲在全国“两会”期间就重点问题接受采访时表示，数字人民币的试点，目前还只是研发过程中的常规性工作，数字人民币何时正式落地推出尚未确定（易纲，2020）。2020年8月14日，商务部发布将在京津冀、长三角、粤港澳大湾区及中西部具备条件的试点地区开展数字人民币试点。2020年10月，《中国人民银行法（修订草案征求意见稿）》中明确将数字人民币纳入法定货币形式。2020年11月，在《中共中央关于制定国民经济和社会发展第十四个五年规划和二〇三五年远景目标的建议》一文中提出：要稳妥推进数字货币研发。总体上，我国央行数字货币已经开始加速发展。

（二）央行数字货币试点情况

总体上看，我国央行已经建立了数字货币研究所和金融贸易区块链平台，其中央行数字货币研究所已经组织有关的商业机构共同协助推动央行数字货币的发展，如近期与美团、滴滴、哔哩哔哩、京东数科等交易平台先后开展合作，共同创新数字人民币的应用功能，推进数字人民币一系列场景的逐步落地应用。中国人民银行自2020年8月起先后在广东深圳、四川成都、江苏苏州和雄安新区四个地方，以及未来的冬季奥运会场景进行数字人民币的试点工作，并在后续会根据试点的运行情况进一步扩大到国内其他地区。本次参与测试的有工、农、中、建四大国有银行，可见未来四大国有银行也将是我国央行数字货币的主要兑换银行。

从目前数字人民币试点情况来看，四个地方的测试的场景选择并不相同，其中在四川成都的场景是选择太古里的商户进行测试，在苏州的场景是测试相城区企事业单位工作人员发放交通补贴，在深圳的场景是进行银行员工党费缴纳试点，而雄安新区则较为简单仅是召开个别试点商户的数字货币推介会。在2020年10月8日，深圳发放数字人民币红包的数字货币试点已经有较多的应用场景，并涉及G端的补贴发放、B端和C端的应用场景建设与消费支付，本次涉及测试的商户较广，包括中资企业和外资企业，如有加油的中石化，零售的华润万家、沃尔玛等知名商家参与，也有餐饮小店参与，充分体现了数字货币测试场景的开放性、多样性和包容性，也是对数字人民币推广过程中应对各种复杂情况的一次演练。

中国人民银行副行长范一飞在2020年披露我国央行数字货币内部测试的情况：截至2020年8月底，全国共落地试点场景6700多个，覆盖生活缴费、餐饮服务、交通出行、购物消费、政务服务等领域；累计开立个人钱包11.33万个、对公钱包8859个，交易312万多笔，交易金额超过11亿元；数字货币内部测试工作进行顺利，已经取得了阶段性成果。其建议有序扩大数字人民币试点范围，并尽快正式推出数字人民币，更好地满足公众在数字经济时代对数字法定货币的使用需求（范一飞，2020）。

三、我国央行数字货币运行模式及特征

（一）我国央行数字货币的基本运行模式

我国央行数字货币简称为“DC/EP”，其中DC即数字货币（Digital Currency），EP即电子支付（Electronic Payment）。数字货币定义为“具有价值特征的数字支付工具”，相当于记名的电子现金；其与传统的现金是一种相互替代关系，可以有效防范洗钱、腐败等灰色交易。

中国人民银行数字货币研究所所长穆长春在公开演讲时表示，数字人民币是由人民银行发行的数字形式的法定货币，由指定运营机构参与运营并向公众兑换（穆长春，2020），以广义账户体系为基础，支持银行账户松耦合功能，与纸钞和硬币等价，具有价值特征和法偿性，支持可控匿名，数字人民币主要定位于流通中的现金（M0），由中国人民银行发行、管理，不计费，不计息（范一飞，2020）。

我国央行数字货币运行以央行中心化管理以及央行—商业银行双层架构的管理体系为基本框架，即央行作为数字货币运行的核心，具有运行整体的最高权限，在履行宏观调控职能的同时，也能够确保货币政策调控的顺畅和有效性。我国央行数字货币的发行模式目前仍保持原有的货币政策传导方式不变，在此情况下，一方面可以确保数字货币具备法偿特性；另一方面能够有效掌握央行数字货币的投放情况（包括数量和领域）以及在相关领域的流通情况，保证货币政策的及时落地以及央行的宏观审慎监管不被干扰，能够有效防止货币超发，从而有针对性地开展各项金融监管活动。且以中央银行—商业银行为双层架构的管理体系设计，能够充分利用商业银行成熟的经营资源，使法定数字货币在整体运行框架不变的情况下逐步取代现在的传统货币，并在巩固商业银行金融地位的同时，分散化解风险，避免风险过度集中于央行，也缓解央行相关的运行负担。

我国央行数字货币的发行将采取传统的中央银行—商业银行的二元运营模式，在发行数字货币时，先由央行将数字货币发放到商业银行，同时等额扣减商业银行100%的存款准备金，再由商业银行将数字货币兑换给公众（范一飞，2020）。该模式与我国现有的货币投放体系和二元账户结构保持一致，由商业银行及相关机构为社会公众提供数字货币的流通服务，在该模式下商业银行仍具有重要的市场地位。

（二）我国央行数字货币的主要特征

央行数字货币的落地应用可以降低全社会的交易流通成本，有效提高金融体系的运行效率，提高金融风险的防范和应对，其作为新型的交易媒介的进一步使用，使我国央行的货币政策工具更加丰富并具有实效。

1. 本质为人民币的数字化，具有法偿性

我国央行数字货币实质上是人民币的数字化，其本质仍是央行的法定货币；与比特币等

区块链加密的数字代币不同，我国数字货币由中国人民银行信用背书发行，具有官方赋予的价值特征，与传统货币一样具有交换功能、价值功能、支付功能以及储藏功能，货币自身具有无限的法偿性和稳定的币值。

2. 高流动性能够全面代替M0

数字货币交易已摆脱了传统银行账户体系，实现点对点支付，其流通具有高度的便利性，我国发行数字货币的目的之一就是要实现现金的数字化改造，为此我国数字货币天然就具有M0属性，其不需要印刷、发行、回笼和贮藏，数字货币本身具有高度的流通性，能够有效对流通中现金（M0）进行替代，并能够有效解决传统现金携带不便、易磨损、易失窃等问题。另一方面数字货币在广泛运用的情况下，还能够用于社会保障、养老支付、财政转移支付、政策补贴、直达实体经济的货币政策等场景应用，从而加速货币的流通以及精准投放，并促进货币政策精准化。

3. 能够实现可控匿名并支持货币的离线支付

我国央行数字货币充分借鉴和吸收了UTXO（未花费的交易输出）的账户所采用的松耦合模式，流通交易双方不需要通过银行账户转帐即可进行资金支付转移；同时，央行对于用户的交易数据有着完全的权限，能够实现可控匿名。

我国数字货币能够支持离线支付，特别是收付双方设备均在不接入网络的条件下，只要装有央行数字钱包手机也能进行资金转移，因此适应所有人的使用。为此，数字货币相比于需要网络支持的微信、支付宝、手机银行等支付方式，其兼收并蓄了纸钞的使用便利性，且具有极强的环境适用性的优势。

4. 央行推动建设，具有较高的安全性

目前我国的数字货币发行是在人民银行的主导和有效监管下进行的，中国人民银行一方面能够提高央行数字货币的监管效率，另一方面能够加强规范数字货币的交易行为，因此数字货币在信息安全、隐私保护和支付安全等方面，明显优于其他第三方支付方式，但是在支付场景和生态、支付便利性等方面尚显不足。预计我国数字货币推出初期，主要是吸引对隐私和安全要求较高的用户群体，短期内不会对第三方支付带来明显冲击。

四、我国央行数字货币对商业银行的主要影响

数字化发展趋势改变了经济组织模式、社会分工架构、产业组织的边界，进而影响金融服务的模式。商业银行是我国的货币发行和运营中的关键，目前参与数字货币测试的中国工商银行、中国农业银行、中国银行和中国建设银行未来也将是数字货币的主要兑换银行。在数字化发展冲击下金融产业链出现重构、金融组织的边界扩大，由此产生了新的金融服务分工模式以及新兴金融主体，对商业银行经营产生影响。

（一）兑换等额扣减存款准备金将使银行利息收入减少

目前央行发行数字货币须等额扣减商业银行的存款准备金，在此模式下造成商业银行在央行的存款准备金直接减少。由于社会公众是用现金或存款兑换成数字货币，不会造成金融体系整体银根的放松，商业银行的信用创造能力并未扩张，特别是在使用存款大量兑换数字货币的情况下，反而会存在商业银行信用创造能力的收缩。若社会公众兑换数字货币过多将会使商业银行在央行的存款准备金加速减少，上存资金减少也将造成银行本身利息来源减少，银行收入下降，为此银行对数字货币发行须保持高度的关注。

（二）警惕传统的存款、结算业务结构性下降影响银行的经营基础

我国央行数字货币的发行流通不需要绑定商业银行账户，其使用可以脱离传统商业银行账户体系，存在一定的金融脱媒。后续随着我国数字货币的发展，数字货币加速发行，将可能促使商业银行的基础存款出现结构性加速下降的情况。而随着商业银行的活期存款规模下降，银行将丢失部分低成本的存款资金来源，加大银行负债端的管理难度以及增大银行的吸存压力。商业银行为稳定存款或将提高存款利率，负债端利率上行，将会恶化净息差水平，削弱商业银行长期的经营发展基础。为此，商业银行应对数字货币可能引发的存款减少保持警惕和敏感性。

我国央行数字货币的进一步推广和应用，将加速推动数字货币的交易流通。而数字货币交易不需要通过银行账户即可进行资金支付转移，数字货币长期大量的运行将会使商业银行的账户结算业务逐步减少，导致结算交易手续费收入的减少，进而影响商业银行的营利性，整体上将会对商业银行自身经营以及盈利波动带来影响和挑战。

（三）金融新基建的加大投入带动相关业务发展

央行数字货币的发行本质是加密字符串的发行，为此央行数字货币的发行需要大力借助力数字经济的重要基础设施的发展。而为了实现央行数字货币的平稳发展，保障金融体系健康运行，需要金融业加大基建投入到相关业务上。特别在近年金融科技的大力发展下，我国的金融体系的基础设施也存在滞后性。当前我国也已逐步加大对金融体系的基础设施投入，并统筹建设数字货币发行的金融基础设施。在国家对金融基础设施建设加大投入的同时，吸引社会各资本方的多方投入和运营，也为商业银行带来相应的金融业务发展机会。同时新需求以及新产品也将促进商业银行服务模式的升级转变，整体将为银行带来增量的市场空间。

（四）数字货币无物理状态将降低银行现金管理成本

数字货币作为基于虚拟空间的电子化货币，已经不是物理实体状态，不需要发行、印刷、流通，且数字货币不存在着折旧磨损，也不需要进行物理空间的储存，更不需要在地域空间之间的调运，其独有的运行特点极大减轻商业银行的人力资源、金库建设、保安管理等一系列现金货币的管理成本，从而更有利于商业银行的现金成本控制。但央行数字货币系统

整体庞大，其总体的成本情况尚须进一步观察。而由于数字货币交易支付的便利性提高，将能解决银行传统结算方面的客群分割、体验感差等问题，通过创新完善服务场景，能够进一步拓宽客户服务边界。

（五）跨境高度便捷化提高人民币国际化程度

随着数字货币交易支付的便利性的提高，以及我国人民币走出去的速度存在加速的趋势，数字货币的应用将提升人民币跨境结算的速度和安全性，将重塑我国对外贸易的货币结算体系，有助于人民币国际化的进一步发展。

（六）落地应用实施加速促进银行金融科技发展

数字货币对金融产业链、金融组织边界进行重构，未来影响深远，但目前我国数字货币采用二元运营模式，保留现有货币体系的制度和利益格局，减轻影响冲击现有的货币体系，在此模式下仍以商业银行为“货币分销商”，商业银行仍处于数字货币发行的主要环节，总体上使商业银行的负面影响最小化。在此情况下，能够有效维护商业银行的短期利益，有助于商业银行加速对接和发展金融科技的前沿技术，将驱使银行加大对最前沿金融科技的研究和投入，大力发展数字货币等金融科技力量，进一步促进商业银行的科技转型，提升商业银行服务质量和效率，以此适应全新的经营环境，推动金融行业整体科技水平的进步。

（七）数字货币的可溯源提高银行反洗钱精准性

商业银行在反洗钱工作中起到基础性的作用，但一直以来银行在反洗钱的工作中主要依赖的是人工甄别、上报、中止账户等传统方式，大数据挖掘以及系统自动化处理能力不足。在央行数字货币推出后，商业银行可以与央行进行数据共享，通过人工智能分析降低反洗钱工作难度，并实现数据的实时共享，提高反洗钱的应对能力。此外，央行数字货币的天然可追踪性能够有效实现货币流转的全流程追溯，能够及时甄别出资金的源头、去向以及中间传导过程，将原有隐蔽的洗钱活动透明化，从而强化央行的交易信息把控和反洗钱能力，提高银行反洗钱精准性。

五、相关展望

在央行数字货币的运行体系中，商业银行作为央行的“货币分销商”，在我国央行数字货币的运营中仍发挥着重要作用。但面对数字货币可能带来的重大影响，商业银行应尽早探索与之对应的经营措施以及经营模式，推动金融的升级转型，确保金融服务和金融产品更加智能化、业务场景更加紧密结合，以有效地抢占市场先机，确保数字货币的良好发展。

（一）调整经营战略部署

数字货币时代机遇与挑战并存，商业银行传统的现金业务以及以物理网点为主导的线下经营体系将面临加速推动转型的挑战，数字货币独特的流通方式也将会进一步重构银行的支付结算体系。为此银行应该尽早进行调研分析，积极进行经营战略部署，有效调整营业收入方向，通过发挥自身的优势，巩固行业地位；特别是大中型商业银行为数字货币的发行能够提供全链条配套服务、全渠道资金的综合金融服务，发挥同一控制体系的优势，为数字货币的顺利发行提供全面的保障；并利用数字货币发行的契机，创新金融产品、经营模式和业务流程，降低运营成本，实现更加高效的经营管理模式。

（二）调整新兴业务发展方向

数字货币的进一步发展，将可能加速商业银行的现金业务萎缩，进一步影响存款和结算业务量，从而可能导致商业银行存款的稳定性管理、资金流动性的调拨管理、资产负债的期限错配管理的难度上升。但其带动了“金融新基建”的投入、数字货币的配套衍生需求，相应也为银行带来新的业务机会，在表外业务方面将增加代理央行数字货币发行、银行数字货币钱包托管等一系列与数字货币相关的新兴业务，另外数字货币能够延伸互联网的金融服务辐射能力，进一步丰富金融产品类型，提高金融服务的附加值，也为商业银行的经营提供新的契机。为此，需要商业银行加强对数字货币新场景下的业务的研究分析，重视支付末端的差异化服务及场景建设，有效模拟新的业务场景，从而调整业务发展方向，制定相关业务措施，为客户提供整体的金融产品和服务，拓宽银行的经营边界，通过创新产品吸引潜在的金融客户。数字货币不需要通过银行账户即可进行资金支付的便捷化和高体验感，在一定程度上能够吸引银行体系以外的闲置资金，形成新的市场发展空间和业务场景。

（三）加强金融同业的合作

中国人民银行在我国央行数字货币开发过程中秉承着保持开发技术的中性原则，不会干预商业银行数字货币的研发技术路线。商业银行自行发展金融科技，只要达到央行的技术规范要求即可。为此银行应做好数字货币发行应用的路径设计和规划，把握数字货币发展的主动权；积极开展同业协作，优势互补，在基础设施、开放化业务系统建设、产品服务等方面，共同形成行业解决方案，制定统一技术标准，减少不兼容导致的重复开发和资源浪费，在减少同业不必要竞争的同时，也为数字货币发展奠定基础。同时还应加强与国际主要银行的交流协作，助力于我国数字货币的国际化进程，使我国数字货币在全球支付结算体系中具有话语权。

（四）加大金融科技的资源投入

目前我国商业银行的经营体系，特别是科技板块尚未完全适应数字货币等金融科技的发展趋势。商业银行应根据自身经营资源和战略，在科技研究、场景试验和商业应用等领域加大金融科技的整体投入，确保资源的有效配置以及持续性精准投入到对应的研发领域，实现金融科技发展预期效果。同时商业银行自身经营也须及时更新迭代，保持良好的适应性，形成整体经营合力，更好地适应市场竞争，激发科技与业务深度融合的创造力。

（五）加强数字货币人才队伍的有效培养

数字货币作为全新的应用范畴，目前银行从业人员认知度低，了解程度差。为应对数字货币的迅猛发展，银行从业人员亟须全面理解和掌握央行数字货币的常识、相关业务知识和流程。只有打造高质量的金融科技人才队伍，完善新技术研究等岗位的设置和规划，加强关键岗位的知识更新和技能提升，才能在后续的市场竞争中更容易获得客户的信任和认可，有能力推进数字货币相关业务的营销工作，在数字货币推行的初期取得市场优势地位。

参考文献：

[1] 陈泽鹏，黄子译，谢洁华，等．商业银行发展金融科技现状与策略研究[J]．金融与经济，2018（11）:22-28．

[2] 肖杰，陈泽鹏，郑诗捷，等．当前疫情影响经济情况及支持经济展望[J]．广东经济，2020（4）:28-33．

[3] 谢洁华，姜珊，李成青，等．商业银行有效支持粤港澳大湾区发展研究[J]．国际金融，2020（8）:32-38．

[4] 汤奎，陈仪珏．数字人民币的发行和运营：商业银行的机遇与挑战研究[J]．西南金融，2020（11）:32-34．

[5] 张姝哲，韩兴国．数字人民币运营模式、政策影响与发展建议[J]．经济与管理，2020（11）:50-58．

[6] 范一飞．关于数字人民币M0定位的政策含义分析[N]．金融时报，2020-9-15(001)．

课题组成员简介：

课题组组长　李成青　中国工商银行广东省分行授信审批部高级经理、高级经济师

课题组副组长　谢洁华　中国工商银行广东省分行信贷与投资管理部高级经理、高级经济师

其他人员　陈潇雅　中国工商银行韶关分行授信审批部

肖　杰　中国工商银行阳江分行副行长、高级经济师

陈泽鹏　中国工商银行广东省分行管理信息部总经理、博士、高级经济师

黄子译

专家评点：

本文梳理了数字人民币的来龙去脉、试点现状和未来应用前景，并探讨了它的潜在价值。特别地，作者细致地梳理了数字人民币对于商业银行业务可能产生的正反两方面影响，并针对性地提出了相关的策略建议，有很好的参考价值。

专家简介：

胡捷，上海交通大学上海高级金融学院实践教授、上海高级金融学院（南京江北新区）金融科技创新基地主任。

探索数据资源共享，做大做强场景化经营

■ 交通银行广东省分行

郑婉庆　钟晓峰　魏嘉铭　李冀　司徒伟杰

摘　要

2020年突如其来的新冠肺炎疫情成为冲击全球经济的最大不确定性，尽管疫情在国内已经得到有效控制，但目前在全球范围内新冠病毒仍然在持续蔓延。全球的经济发展在疫情这个“黑天鹅”事件的影响下都面临着巨大冲击。然而，即便处于当前突发的状况中，数字化技术驱动的技术和产业变革的发展仍未减速，大数据技术、产业和应用逆势而上，数据的作用不仅助力疫情防控大放异彩，同时在复工复产中也出尽风头，“数据驱动”的价值更加深入人心。

自2020年以来国家相继发布《关于新时代加快完善社会主义市场经济体制的意见》《法治政府建设实施纲要（2021—2025年）》和《关于全面推进乡村振兴加快农业农村现代化的意见》等一系列的指导文件，将“数据”提到与土地、劳动力、资本、技术同等高度，并提出“提升大数据等现代技术手段辅助治理能力。推进统计现代化改革”。数据的多场景多维度运用将对我国未来经济社会发展产生深远影响。

数据资源如何运用已经不再只是互联网独角兽的独门秘诀，它也成了金融业高质量发展的有力武器。谁能赢得新市场，开创新金融科技时代，就取决于谁如何能更快更高效地读懂读透甚至灵活运用各种数据。当下，各金融机构积极拥抱大数据，在客户营销和风险防控等领域都取得了局部进展，但在提升行业核心竞争力、有效整合线上线下信息、构建完整客户知识图谱实现精准营销等方面始终面临数据共享的瓶颈。

在隐私数据强监管的背景下，跨机构数据共享在多方安全计算、联邦学习、基于可信执行环境的安全计算等主流的隐私计算方案驱动下，有望成为多方数据深度融合，场景化经营的高效可行之路。

一、金融行业数据应用现状

在全球数字化转型的热潮中，金融行业一马当先。拥有庞大客户体量的金融机构，企业级数据仓库不仅包括客户详细资料、交易产品、操作习惯等大量交易数据，还存储了海量的语音、图像、视频等非交易数据。这些数据背后都包含了诸如客户消费习惯、行为偏好、活动范围等丰富全面的信息资源，成为金融行业数据应用的重要基础。

（一）大数据深刻改变了金融机构的经营模式

随着大数据技术在金融业务中逐步深入使用，数据价值的也在不断提升。更全面有效地利用数据不仅可以提升管理决策效率，更精准地对市场变化作出反应，促进业务效率的提升，还可以用于金融风险的防范、金融机构商业模式的创新以及金融科技模式下的市场监督。目前，金融大数据已在业务精准营销、交易欺诈识别、信贷风险评估、供应链金融、智能投顾、黑产防范、股市行情预测等诸多金融领域的具体业务中得到广泛应用。大数据的应用分析能力，正在成为金融机构未来发展的核心竞争要素。

（二）金融大数据的应用仍充满挑战

毋庸置疑，金融大数据拥有广阔的发展前景，然而金融大数据应用也面临着数据质量不高、数据获取方式单一、合规和安全风险严峻等一系列制约因素，金融数据的割裂和分散一直以来都是金融业发展的一个重要特征。长期以来，金融机构在自身经营发展的过程中积累了大量的业务数据，但是内部数据往往来源单一片面，无法支撑多样、深入、全面的数据分析需求。为了能够全面洞察客户需求、预测经营风险、支撑经营决策，引入外部数据实现跨机构间的数据融合变得尤为重要。

金融大数据的应用为数据安全带来新的风险。数据具有高价值、无限复制、可流动等特性，这些特性为数据安全管理带来了新的挑战。中国信通院发布的《2018—2019年度金融科技安全分析报告》显示，金融机构发生频率最高的风险事件是针对客户资料与企业重要业务数据的安全事件，占比达到44%。随着《数据安全法》《个人信息保护法》等法律文件的颁布，数据和信息安全已经提高到前所未有的地位，如何保障数据安全和确保其合规使用是当前金融行业急需解决的问题。

二、数据资源共享发展趋势

目前，金融大数据的相关标准与安全规范仍处于探索阶段，缺乏统一的的金融数据法规和行业标准，虽然监管机构相继出台了《银行业金融机构数据治理指引》《金融业数据能力建设建设指引》等法规，但落到实际的场景当中就会发现相互之间的契合度，以及对于业务本身的指导性可能会出现非常复杂的局面。在缺乏行业统一安全标准和规范的情况下，单纯依靠金融机构自身管控，会带来较大的安全风险。

作为重要的生产要素，在提升组织内部数据管理能力的基础之上，政府与企业之间、企业与企业之间自由有序的数据流通与共享是数据要素价值充分释放的关键。

金融数据共享有两种主要模式：

一是政府主导模式。政府在数据开放共享方面进展效果显著。相对企业数据而言，政府的数据种类更多规模更大，且事关各行各业经营活动、百姓生活的方方面面，数据的潜在价值巨大，政府数据的开放将为推进数字经济高质量发展有着举足轻重的作用。在顶层设计层面，各地政府陆续出台数据开放共享相关的规范文件。中国信通院的统计显示，截至2020年底，全国共有30多个省（区、市）出台了超过50份政府数据开放的相关政策文件。在确定数据共享开放内容方面，各地政府征求了各类行业协会、企事业单位、社会公众和行业主管部门的意见建议，形成了数据开放共享的目录清单，并动态调整。在数据共享开放范围方面，由政务数据扩展至企事业单位所涉及的公共数据。在数据共享开放的成果形式方面，提供了包括场景服务、创新研究成果等数据共享开放形式。在推进执行方面，各地政府数据开放共享的落地实施进展加快。据中国信通院的统计，截至2020年4月底，全国已有超过130个省级、副省级和地级政府上线了各类数据开放平台，具备包括数据检索、数据申请、数据获取和数据探索等基本功能，形成了省市分级维护数据资源、协同共享数据资源体系的局面。但政府数据开放仍处于发展阶段，还存在一些问题，如政府数据开放数量较少、覆盖不全面、使用场景窄以及公众参与数据开放利用程度低、数据创新氛围不高涨等，还须进一步完善政府数据开放体系。

二是市场主导模式，即依靠业界推动为主、监管为辅的一种自下而上的模式。以金融行业为例，各家银行都在推进开放银行的进程。借助开放银行发展之势，让中国银行业更好地走向开放，是中国商业银行数字化转型的必经之路，也是对银行整体价值链的重塑。通过自我赋能或者合作赋能的方式，银行搭建各类开放平台与政务、商业、教育、医疗等生态系统合作伙伴共享数据、算法、交易、流程或其他业务功能，共同实现“无处不在的银行服务”的终极愿景。同时，得益于生态场景的不断拓展、产品的不断丰富、API颗粒的不断细化、数据资产价值的不断挖掘，开放银行业态将实现降本增效、风控提升，最终获得规模化的商业价值。然而隐私泄露事件层出不穷，出于对数据归属、安全、隐私保护的顾虑，为使数据价值链不同环节之间流动顺畅，也需要隐私计算、联邦学习等技术赋能。

三、交通银行数据共享和业务应用实践

央行《金融科技（FinTech）发展规划（2019—2021年）》明确指出，要在切实保障个人隐私、商业秘密与敏感数据的前提下，强化金融与各行业的数据融合应用，加快推进服务系统互联互通，建立健全数据融合应用机制，实现数据资源有机整合与深度利用。多方安全

计算、联邦学习、基于可信执行环境的安全计算等主流的隐私计算方案，成为驱动跨机构数据共享、多方数据深度融合，从而丰富场景化经营服务的高效可行方案之一。

交通银行作为第一家全国性股份制商业银行，一直走在我国银行改革创新的前列，2015年完成“531”工程，实现了全行架构升级改造；近两年启动了“新531”工程，开启集团智慧化转型的进程，逐步建立多方面的数据流通、数据共享机制，进一步加强客户资源的管理和细分的业务管理，以打造数字化、智慧型交行为核心，更高效地关注各类业务发展，从市场的变化中快速挖掘机遇。

（一）大力发展线上业务，打造线上服务品牌

随着移动智能终端的普及，各种线上服务方式的崛起也颠覆了传统线下的金融业务市场格局，特别受到疫情的影响，手机更成为移动支付、线上业务办理的主要渠道。从2015年开始手机银行连续六年增长率保持两位数，日益成为金融科技前端主要输出产品及数字化转型的主抓手，2021年个人网上银行用户渗透率为63%，增长率7%。交通银行大力推广手机银行、网上银行，全面提高线上各系统的安全性、高效性，同时通过对用户数据的分析搭建用户体系，并根据操作数据通过低活、睡眠、长尾用户防流失拦截和新户复登，促进利用关键行为引导客户线上路径的打通，截至2021年第三季度交通银行手机银行活跃用户规模达到3788.79万户。在2021年10月交通银行发布了新一代手机银行，以“千面魔方”为设计理念，重点强化开放互联、财富成长、科技关怀三大数字服务能力，通过银行后台的数据支撑能力借助技术赋能升级服务能力，延伸服务触角，为亿级客户提供更为智能与个性的金融服务和更有温度的科技关怀。

交通银行与中国银联联合设计研发了基于多方安全计算的图像隐私保护产品，该产品通过将多方安全计算与数据图像识别技术相结合，在手机POS（销售终端）上提供商户责任人、收银员身份的数据验证服务，有效核实商户责任人和收银员身份，解决传统收单管理中设备、人工验证带来的管理漏洞，在保护商户责任人和收银员隐私安全的基础上有效提升收单机构反欺诈、反洗钱等风控能力，降低收单机构运营成本。基于多方安全计算的图像隐私保护产品，在不改变现有移动端验证流程和运行体验的前提下，提升客户端图像识别验证的隐私保护能力，降低信息泄露风险；而且，因对图像特征进行了随机切片、传输并存储至交通银行和中国银联两个独立的主体，任意一方都无法获得完整特征数据；同时通过双方的内部数据共享，在不泄露各切片的原始信息基础上不仅实现了对商户责任人和收银员身份准确识别，又有效保护了商户责任人和收银员隐私信息安全，降低了金融机构单独存储图像特征的风险。

（二）对接G端+C端，做大做强场景化经营

金融服务的趋势是“场景+金融”，尤其在零售银行领域，需要将金融服务对接到具体的

业务场景。目前在手机银行App上已经嵌入多种生活服务场景，取得良好的效果。除此之外，利用政府部门推出的数字政务平台的契机，以分行为作战单位积极参与政府对接和合作，在政务平台接入交通银行各类资金支付和收缴、公务卡还款、资金保值增值、账户和信息管控等业务。同时在合法合规的前提下积极探索数据资源共享模式，探索多方安全计算技术，以为客户提供优质、全面的服务为出发点，开拓经营客户新领域。对接企业和商户，则可以提供企业服务解决方案。

为深入贯彻习近平总书记关于“持续打造市场化、法制化、国际化营商环境”的重要指示精神，落实广东省委、省政府关于数字政府改革建设工作部署，提升银行业民生服务质效，交通银行广东省分行在2021年不仅与广东省政务服务数据管理局合作推出了个人“电子亮证”服务，同时成功对接广州市“一网通”平台，以数字化手段为广大群众提供更加便捷安全的金融服务。

1. 推出个人“电子亮证”服务

交通银行广东省分行与广东省政务服务数据管理局合作，于2021年9月正式上线个人“电子亮证”服务，成为广东省内首家在业务办理中应用个人电子身份证照的金融机构。

“电子亮证”服务是与广东省民生服务平台“粤省事”微信小程序进行对接。客户只须关注该小程序，通过验证添加关联证件信息生成电子证照授权码，即可在交通银行广东省分行指定营业网点扫码办理银行个人业务。与实体证照相比，电子证照不但具有携带便利的优点，而且由于使用了安全认证技术手段，电子证照使用均须本人授权，使用记录可追溯查询，有效防止了证件信息泄露和冒领冒用等风险。

在获得广东省政数局审批同意下，金融机构可依托广东“粤省事”移动民生服务平台对接广东省电子证照库的居民身份电子证照数据，探索如何将数据与银行业务更好地结合从而创新金融行业服务模式，助力金融服务便民化。

2. 推出企业开办“一网通”服务

交通银行广东省分行紧跟广州市市监局创新步伐，积极对接企业开办“一网通”平台，全力配合市监局实现企业设立登记、印章申请、税务办理、发票申领、银行开户预约等各类事项“一表填报”“一窗领取”，全面提升企业开办服务水平。

企业开办人在线上办理工商注册时，可以直接选择交通银行网点预约开户并完成商事注册后，“一网通”平台向交通银行推送企业客户注册信息，交通银行同步向平台实时反馈银行预设账号，全面提升企业开办效率。

银行机构在掌握“一网通”平台预开户情况后，可以利用数字化分析工具（如商业智能工具等）开发了“预开户数据分析看板”打通业务交易系统和数据分析系统之间的数据孤岛，通过多样的数据图形展现模式，使各级管理人员和营销人员能非常直观、及时地把握整体和细节的银行预开户业务发展情况，为营销和管理指明方向。

银行机构成功对接广州市“一网通”平台，是通过政府与金融机构将各自数据共享的方式。银行机构通过工商官方渠道实现线上获客，是数字化转型的成功实践，有力地提升了市场竞争力。一方面，对接政府平台，通过数字化手段从企业开办源头绑定客户，抢占市场先机。同时从政务平台获取企业开立等高价值外部数据，丰富了行内数据资产；另一方面，企业开办“一网通”更是银行机构紧跟数字政府改革建设步伐，积极配合当地政府优化营商环境、惠民利企，承担银行机构社会责任的重要体现。

3. 智易通推出广东政务服务

交通银行广东省分行积极响应省委、省政府关于数字改革建设的决策部署，主动加强银政合作，积极对接广东省自助政务服务一体机平台，实施“百项政务服务进网点”工程，着力推动群众办事就近办、自助办、随时办，助力政府打通连接人民群众的“最后一公里”。

目前，交通银行广东省分行已在全辖135个网点的智易通终端推出政务服务办理服务。政务事项涉及公积金、人社、司法、民政等多个板块的政务服务以及党史、生活百科、学习教育等知识宣传模块。市民带上身份证即可在智易通终端自助办理各项政务服务。

通过将政务服务嵌入网点智易通终端丰富了智易通终端功能，是落实“我为群众办实事”实践活动的重要举措，是协助网点培育业务新价值增长点的重要手段，是交通银行全面融入数字政府建设的重要突破。后续通过加大服务创新力度，持续扩大服务范围，丰富服务事项，将进一步提升广大群众在金融机构办事过程中的满足感和获得感。

通过在交通银行网点引入政务服务，打造差异化的金融服务场景，形成网点普惠金融领域的比较优势，提供客户增值服务，提升网点客户体验，增强客户黏性，为获取增量客户带来新的切入点。

交通银行广东省分行通过各种渠道与省、市级的政务服务平台展开合作，逐步实现日常业务线上化，通过打通行内与政府之间的内部数据池连接，通过数据共享的模式实现“1+1>2”的效用，实现为用户提供更好更便捷的服务。

（三）打造在线网点，全方位开启了“无接触”金融服务，银行服务“不打烊”

交通银行联合京东金融平台，将物理网点以流媒体互动形式（突破现有线上渠道平面化形式）在线上实现运营，依托5G和流媒体互动技术，将线下服务以互动方式线上化，通过线上线下交互引流，从运营空间和时间两个维度延伸网点服务，实现新的网点服务模式，为客户带来“沉浸式”的服务体验。线上客户服务的增强，自然蕴含更优质的数据流通，通过交行与京东金融的数据共享和客户偏好分析，又反哺了客户服务，为客户带来更切合需要的体验。

1. 在线网点技术特点

（1）在用户授权、合法合规的前提下，运用多方安全计算技术，交通银行和京东金融实现数据共享，综合利用客户的交易行为信息，构建客户金融产品风险偏好模型，提升客户服务体验。

（2）运用流媒体技术，实现客户与交通银行广东省分行客户服务经理的音视频交互，满足客户线上获取银行服务的诉求。利用加密技术保证客户与交通银行广东省分行音视频交互信息的安全性，确保客户的信息得到充分保护。

（3）借助虚拟现实（VR）技术，打造银行虚拟营业厅，为客户提供“沉浸式”、非接触式金融服务。

（4）在可信执行环境（TEE）中完成客户端设备鉴权，在用户连接频繁、应用程序数据大量交换的情况下，为客户提供端到端可信服务，构建安全可控的金融服务环境。

2. 在线网点的功能

在线网点打通了交通银行与京东金融的数据共享通道，借助双方数据的融合，实现了区域特征分析和客户交易行为分析，在为客户提供标准化服务之外，还可以给予差异化的优质服务。在线网点的服务除了基础金融服务，还创造出了场景金融服务、业务咨询服务、直播推介服务和公众教育等板块，是数据共享推动服务场景创设的典型实践。

（1）基础金融服务。基础金融服务为客户提供远程“屏对屏”音视频互动，并在线为客户办理金融服务，改变原有自助渠道完全依赖客户独立操作的模式，通过“以人为本”的服务增加线上金融的温情感和一对一服务体验。

（2）场景金融服务。通过互联网平台的流量优势和传统银行的金融优势相融合，围绕客户日常生活场景，将金融服务和交易打包形成模块服务，以生活场景驱动金融服务，通过第三方平台入口，无缝衔接交行在线人工金融服务，实现双方的资源互补和价值共创。

（3）业务咨询服务。在线网点分为智能客服及人工服务模式。智能客服可对接京东数科现有的智能客服平台及我行知识库系统，支持标准化、智能化问题解答；人工服务可由客户呼叫指定的客户服务经理，视频或语音交互进行问题解答。

（4）直播推介服务。在线网点通过图片和流媒体视频两种方式进行产品推介、转介服务。一种是客户自助模式，通过在线网点中嵌入图片或视频内容，进行产品信息、特征、优势介绍，以及必要的风险提示，支持客户随时自行认购；另一种是员工推介模式，借助 5G 网络和流媒体技术，通过直播方式推介产品，实现员工与客户的线上互动和实时答疑，增加产品透明度，客户可通过直播链接完成认购。

（5）公众教育。在线网点可通过视频和直播的方式发布公告信息，运用客户接受度较高的宣传模式，向公众传达最新银行资讯、各类反假诈骗信息、金融产品知识等，通过线上开放平台将公众教育延展到各类客户群体、偏远落后地区，切实履行国有金融机构社会责任。

3. 在线网点的价值实现

通过在线网点项目的开展，银行和互联网企业能够深入合作、形成共赢。

表2-1 在线网点合作共赢分析

	交通银行	互联网企业
客户经营	1. 借助互联网平台的客户行为数据，补充交行客户画像的维度和数据，融合的大数据分析更能体现服务的差异化，更有利于提升客户服务体验； 2. 增强客户引流，尤其是年轻客群的引流，优化交行客户年龄结构层次； 3. 通过线上线下一体化经营，强化活客手段，发掘优质的行外客户并转化为交行客户	1. 借助客户金融服务数据，补充互联网客户画像的维度和数据，融合的大数据分析更能体现服务的差异化，更有利于提升客户服务体验； 2. 通过金融性服务的补充，丰富互联网App的功能，提升MAU（月度客户活跃数）指标增长； 3. 通过金融服务的身份验证，增加互联网App客户的实名制认证比例，有助于风险防控和客户精细化运营
企业经营	1. 通过共享获取了更广阔的线上化经营渠道，突破物理网点时间和空间的限制，扩大经营半径，提升经营效能； 2. 为网点服务注入青春的基因，进一步重视网点服务青年团队的培养和发展工作； 3. 即使在疫情等突发事件情况下，通过“数据多跑路”实现了“客户少跑路”，仍能实现非面对面的优质金融服务	1. 通过共享获取了更丰富的客户金融服务，有助于推进互联网企业从自营业务往平台化发展的进程，形成规模效应； 2. 互联网持有的金融牌照有限，依托引入全方位银行服务，有利于补充互联网企业的对客服务范围
经营利润	1. 经营时间和空间的外延，增加新的获客渠道，优化客户结构； 2. 借助互联网流量和流媒体技术提升网点产品和服务的营销能力和产能转化，增加中间业务收入； 3. 通过活客手段加大零售客户账户资金留存，通过II类账户吸收存款，提升网点低成本负债规模	1. 银行理财、基金贵金属等产品销售的中间业务收入分润； 2. 通过金融服务场景化的优势，有助于平台商户的经营发展，从而增加互联网企业商户端的管理收入； 3. 通过与银行战略合作，实现其他方面（例如授信融资、存款投资、科技创新）的合作利益

（四）提升数字风控能力

在基于多方安全计算的新技术应用方面，交通银行创新地将图计算和多方安全计算技术进行有机结合，成功研发出基于多方安全计算的中小微企业融资服务。该产品项目通过融合多方安全图计算技术，建立融合关系图谱，融合了银行金融数据、政府民生数据、电信运营商等多项数据源，既确保各方原始数据不出域，又破除了数据壁垒，高效安全地识别企业集群间的复杂关系链条和欺诈风险，构建了平台级的银行风控能力。

运用风控平台的支撑能力，借助大数据平台的数据分析替代线下调查的繁琐工作，实现了线上初审、线下实地核实的银行中小微企业贷款审批风控流程。开户真实性意愿的审核工作，在纸质材料、现场走访审核的基础上，多方安全图计算等人工智能技术成为非常好的辅助手段，有效提升了银行普惠金融的时效性、安全性。

交通银行在“交银e 办事”服务中，综合运用数据融合应用和风控平台，从中小微企业融资、惠民服务两大类场景切入，打造线上线下一体化服务，实现信贷业务的在线申请、在线审批和在线签约，为客户提供高效的鉴权、增信服务。

基于多方安全计算的中小微企业融资服务，既提升了中小微企业的融资体验，也体现了交通银行提高普惠金融便利性、缓解中小微企业融资难问题、助力中小微企业复工复产的决心与能力。其在创新性方面主要体现为：

1. 银行风控模型精准化。融合图计算和多方安全计算技术，对参与方数据进行拓扑图分析，从单点式向集群性银行风险防控技术演进，解决信息不对称、计算结果不准确等问题。

2. 身份核验手段多元化。在开户真实性意愿审核方面，纸质材料、现场走访审核是传统的银行业操作，而多方安全计算等技术则能提供有效的辅助补充。

3. 线上融资服务差异化。满足客户差异化融资需求，既有赖于大数据和人工智能手段，同时也应当多维度纳入行内外数据，形成小微企业专属线上融资服务的产品标准化、风控数字化、运营集中化。

4. 普惠金融生态健康化。营造健康的金融普惠生态，打击伪冒申贷等扰乱金融秩序的行为，仅依靠银行内部的申贷数据仍显单薄，安全合规地引入客户电信网络信息，进行交叉比对分析和联合建模，能够形成更精准防范和打击能力。

四、交通银行对数据共享新应用的探索

（一）开展金融机构外部可信数据源评估项目

2021年3月，交通银行太平洋信用卡中心（以下简称“交行卡中心”）与中国信息通信研究院（以下简称“中国信通院”）云计算与大数据研究所合作推进的金融机构外部可信数据源评估项目第一批成果正式落地授牌。

金融行业本身具有大量的数字化数据，但行业内的金融机构是相互竞争的关系，其数据本身不可能简单地实现共享，那么，实现跨机构的数据融合与应用已成为各大金融机构提升核心竞争力的关键竞争要点。在具备强烈的外部数据引入需求的当下，数据质量如何评估、合规风险如何有效规避等痛点难以解决，金融机构在引入优质外部数据或外包数据服务时困难重重，金融机构都迫切需要完整的、行之有效的可信数据源评估方法与标准。

在此背景下，交行卡中心“金融科技联合实验室”与中国信通院云计算与大数据研究所

等各大金融机构联合，编写《可信数据服务金融机构外部可信数据源评估标准》，从堵点、痛点出发，在管理制度、业务流程、组织机制、技术保障等多个方面，建立起详细的评估指标体系，标准化数据提供方企业和标的数据的可信性。

金融机构外部可信数据源评估项目依据《可信数据服务金融机构外部可信数据源评估标准》，对数据源的可信程度进行符合性查验和指标项评分等两个环节的划分，划分出谨慎、合规、优化和可信等四个级别。

接下来，更多金融机构将加入到这项工作中来，积极推进外部数据合作企业进行可信评估，逐渐形成市场共识，建设合规有序的金融机构外部数据的引入规范，并为数据流通市场树立起行业标杆。

（二）建立金融机构多方安全计算金融应用技术规范

鉴于数据隐私保护的严格管控要求，如何引入外部数据源进行金融业务分析、金融风险管控的问题，也即如何在保证数据安全的前提下，解决互不信任的参与方之间协同计算的问题。具体而言，假设多个参与实体各自持有私有数据，各方希望以这些数据为输入共同完成对某函数的计算，而要求每个参与方除自身数据（和计算结果）外，不能得到其他参与方的预期泄露之外的私有信息。多方安全计算 Secure Multi-Party Computation（MPC）是当前具有较高实用前景的解决方案。

2021年9月，交通银行正式发布了《交通银行多方安全计算金融应用技术规范》(交通银行企业标准 Q/BOCOM 00001—2021)，规定了交通银行多方安全计算金融应用的技术要求。该标准涵盖的多方安全计算包括匿踪查询、隐私求交、联邦学习、基于可信执行环境的安全计算等主流的隐私计算方案，包括但不限于联合查询、联合建模、模型预测等功能，规范了在多方安全计算应用场景下交通银行行内应用的技术要求，并为合作的金融应用机构和方案提供商提供参考。

（三）参与金融数据综合应用试点工作

根据《中国人民银行办公厅关于组织开展金融数据综合应用试点工作的通知》，中国人民银行决定组织开展金融数据综合应用试点工作，充分激活数据要素潜能，加快金融业数字化转型，赋能金融服务提质增效。探索运用人工智能、大数据、物联网、隐私计算等新一代信息技术，在安全合规的前提下，加快金融业数据能力建设，推进金融数据分级分类、高效治理、安全共享，实现跨层级、跨领域数据融合应用。

广州银行电子结算中心是中国人民银行广州分行直属事业单位，是广东省金融科技学会秘书处常设单位。交通银行广东省分行与广州银行电子结算中心合作，联合各相关方，试点“基于珠三角征信链的数据融合应用”，探索运用大数据、区块链、联邦学习、多方安全计算等新一代信息技术，结合普惠金融场景，实现跨层级、跨领域数据融合应用，增强金融惠民利企能力。

试点方案涵盖以下三方面：

一是在“粤信融”的平台、业务服务和网络覆盖基础上，基于“征信+区块链”，建立首个面向珠三角区域金融机构、征信机构、监管机构等的“珠三角征信链”，为实现安全的数据价值传递提供基础设施。

二是在安全合规的前提下，基于大数据、区块链技术，融合来自政府、公共事业单位的替代性数据，以及多征信机构的产品服务，并利用数据和技术手段创新直达实体经济的金融服务，赋能普惠金融高质量发展。

三是在“珠三角征信链”平台上，以市场导向、需求驱动，探索利用联邦学习、多方安全计算等技术与金融服务更广范围、更深层次的融合应用，持续提升小微企业金融服务获得感。

交通银行广东省分行借助总行在区块链、多方安全计算、联邦学习等多项先进技术及征信风控应用等方面的应用经验，与广州银行电子结算中心以及各参与金融机构共同试点，一方面依托 “珠三角征信链”平台，共同研究数据融合应用，解决信贷、风控等业务场景的难点和痛点，研究数据融合应用可落地的场景和应用产品；二是借助各方在多方安全计算、联邦学习等先进技术方面的经验，结合结算中心在政务数据、金融数据等方面的优势，共同探讨试点银行间的合作模式，联通数据孤岛，促进数字技术与金融服务深度融合，增强金融惠民利企能力。

结语

在当今世界的社会经济发展中，数据逐渐成为不可缺少的战略资产，数据的生产要素特征也日益得到显现。我国是2020年疫情冲击下全球主要经济体当中唯一实现正增长的国家，我国的数字经济发展也已经走在全球前列，我国各地政府机构正在结合地区的经济特点，协调参与各方共同构建更加完善的数据安全保障体系，逐步推动建设数据要素市场，使数据在流动中产生价值。

我国“十四五”规划明确将“建立健全数据要素市场规则。统筹数据开发利用、隐私保护和公共安全，加快建立数据资源产权、交易流通、跨境传输和安全保护等基础制度和标准规范”。更广泛的、更具安全保障的数据流通已经在路上，基于数据共享的场景化经营也必将迎来更广阔的发展道路，从而为数字化转型发展提供新动力，推动数字经济与实体经济深度融合，促进中国经济的持续高质量发展。

参考文献：

[1] 中国信息通信研究院，平安金融安全研究院，普华永道．2018—2019年度金融科技安全分析报告[R/OL]．（2019-10-18）[2021-12-10].（http://www.caict.ac.cn/kxyj/qwfb/

ztbg/201910/P020191022429221604733.pdf.）

[2] 中国人民银行.金融科技（FinTech）发展规划（2019—2021年）.

[3] 中华人民共和国国民经济和社会发展第十四个五年规划纲要和2035年远景目标纲要.

[4] 交通银行股份有限公司.交通银行多方安全计算金融应用技术规范（交通银行企业标准 Q/BOCOM 00001—2021）.

课题组成员简介：

课题组组长	郑婉庆	交通银行广东省分行副行长
课题组副组长	钟晓峰	交通银行广东省分行金融科技部副总经理
其他人员	魏嘉铭	交通银行广东省分行金融科技部信息技术专员
	李冀	交通银行广东省分行金融科技部信息技术专员
	司徒伟杰	交通银行广东省分行金融科技部信息技术专员

专家评点：

本文从当前疫情带来的挑战、监管要求角度出发，结合交通银行总行技术创新，在做大做强场景化经营方面落地了多项成果。在可信数据源评估、安全计算标准方面进行探索，并积极参与应用试点工作，有较好的前瞻性。项目成果报告结构完整清晰，有较好的同业借鉴意义。

专家简介：

李峰，上海交通大学上海高级金融学院会计学教授、中国金融研究院副院长、上海高金金融研究院联席院长。

广发银行关于运维数字化转型方法的研究与探索

■ 广发银行

王兵 徐徽 吴基科 黎杰松 马海明 丘彬 叶明基 张和颖 范晴岚

摘 要

随着银行数字化时代的来临，云原生、微服务、分布式架构、业务敏捷创新等各种新技术和新形态不断给银行业的运维带来新的挑战和冲击。为此，广发银行持续开展运维数字化转型的研究，探索和践行运维数字化转型，实现质量可靠、效率提升、安全可控、成本降低的运维服务，助力银行数字化转型。

本次研究报告结合广发银行近年的运维数字化转型探索实践，创新性提出运维能力与运维对象的洞察数据体系，构建融合敏态和稳态的下一代运维模式——数字态运维模式，通过“坚守一个目标、构建两个洞察、推动三个演进”的数字化运维转型路径，为广发银行数据驱动的运维数字化转型指明深化和发展方向，也为银行同业的运维转型提供有益借鉴。

一、银行数字化转型中的运维变革

在数字化新常态下，金融科技与互联网技术快速发展，给银行数据中心整体运维环境带来了巨大改变。银行业务敏捷创新的脚步从未停止，稳健运维的监管压力从未减弱，银行运维面临的挑战日益增大。

在业务创新方面，银行坚持“以客户为中心”的发展思想，在业务产品快速迭代的同时，更加注重客户体验，要求数据中心在保障信息系统稳健运行的同时，快速响应业务诉求，提供按需而变的运维保障服务。

在技术演进方面，云计算、分布式、云原生、信创等新技术的不断涌现，使得银行信息系统架构发生巨大改变。运维对象从几十几百向几万几十万的数量级演进，而微服务、服务网格等架构的应用，更加剧了海量运维对象之间的关联性和复杂性。

在运维环境方面，从商业产品到开源技术再到信创技术，从集中式架构到分布式架构，银行信息系统从二十年前的系统大集中发展到现在，处于新老技术架构并存和三栈运行的状态，对银行运维人才的知识广度和深度提出了巨大的挑战。

无论需求、环境、技术如何变化，银行数据中心对“质量、效率、安全、成本”的目标追求始终没有改变。为迎接数字化转型的挑战，打造质量可靠、效率提升、安全可控、成本降低的运维保障服务，助力银行业务数字化转型，广发银行自2018年起开展运维数字化转型探索，旨在通过运维的数字化转型，为传统运维注入新动力，孕育新思路，优化传统运维工作模式。

二、运维数字化转型综述

银行数字化转型的浪潮席卷而来，银行业务通过数字化转型满足前端不断变化和创新的业务场景的同时，也要求承载支撑作用的基础设施更为灵活弹性多变，这对以稳健运行为核心任务的运维管理提出了敏捷交付的要求。各个银行数据中心通过组建完整高效的组织架构、管理流程方法论和运维支撑工具，构建了稳敏并重的双态运维模式，提供稳健第一的传统运维服务，也满足追求敏捷的新型运维诉求。

稳态运维，即传统运维，以ITIL（信息技术基础构架库）的规范性管理为核心，力求可靠稳健，将稳定性放在首位，使用与之匹配的成熟技术解决方案。

敏态运维，类似于互联网公司的开发模型与体系架构，以DevOps为核心，注重用户价值和体验，强调敏捷响应与快速迭代。

随着银行的数字化进程不断推进，以用户为中心的业务创新不断加速，业务应用逐步横跨稳态运维与敏态运维。在双态运维模式下，稳态运维与敏态运维存在相互割裂的情况，双态运维在面对运维新挑战时表现出了一定的局限。为了构建可以应对新挑战、适应新需求的运维服务能力，需要持续推动运维数字化转型，进一步打造稳态与敏态运维更加深度融合的运维服务模式，而数据作为贯穿运维全过程的核心要素，具备融合稳态与敏态、连接两者的

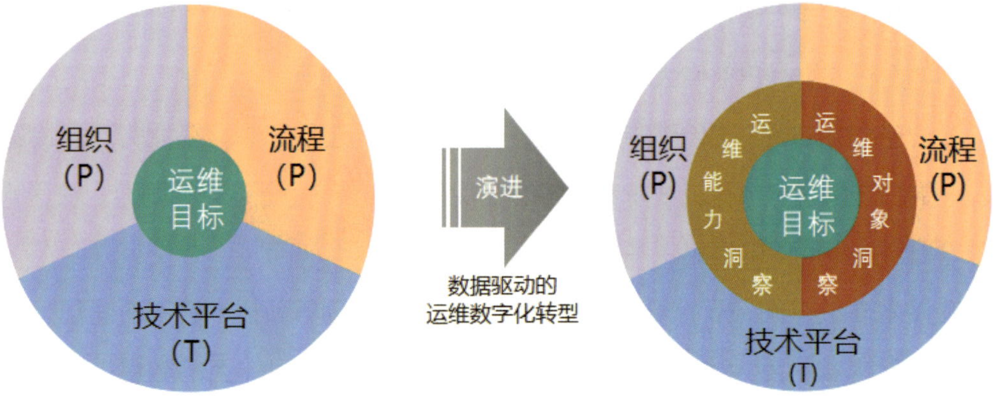

图 2-1　数据驱动的运维数字化转型

能力。因此，运维数字化转型的关键，在于加深运维数据的挖掘和运用。

管理专家Harold J. Leavitt在*Applied Organization Change in Industry*中提出了People（组织）、Process（流程）、Technology（技术）方法论（简称“PPT”），为企业的运营管理转型指明了落地方向，得到充分的验证，成为企业管理创新及组织变更的经典工具。多年来，各家银行数据中心也持续在组织、流程及技术方面开展运维转型的研究与实践。然而，PPT方法论只解决了“怎么转”的问题，对“从哪里转”“转向哪里”等问题没有给出有效的指引，须依靠各银行数据中心自行摸索与理解。

运维数字化转型，其实就是对“从哪里转”“转向哪里”“怎么转”等关乎数据中心运营管理变革问题的回答。广发银行数据中心经过多年的探索与实践，提出了“坚守一个目标、构建两个洞察、推动三个演进”的数字化运维转型方法，对这三个问题给予直接回应。

坚守一个目标，回答“转向哪里”的问题。不管运维如何转型，都需要坚守数据中心运维使命不动摇，即坚守“质量可靠、效率提升、安全可控、成本降低”的运维核心目标，充分发挥运维价值，有力支持业务数字化转型。

构建两个洞察，回答“从哪里转”的问题。运维数字化转型需要知己知彼，需要清楚知道目前数据中心整体运维能力处于什么水平、运维对象处于什么状态。如何对这两方面有全面客观的认知，是长期困扰各个银行数据中心管理层的难题。运维数字化转型，必须攻克这个难题，需要建立运维能力及运维对象两个洞察体系，实现对数据中心运维能力及运维对象的认知从表面到本质、从感性到理性的深化，为运维数字化转型策略的制定提供更加客观的输入。

推动三个演进，回答“怎么转”的问题。遵循People（组织）、Process（流程）、Technology（技术）组织变革方法论，通过组织、流程、技术平台的持续演进，落地实现运维数字化转型。

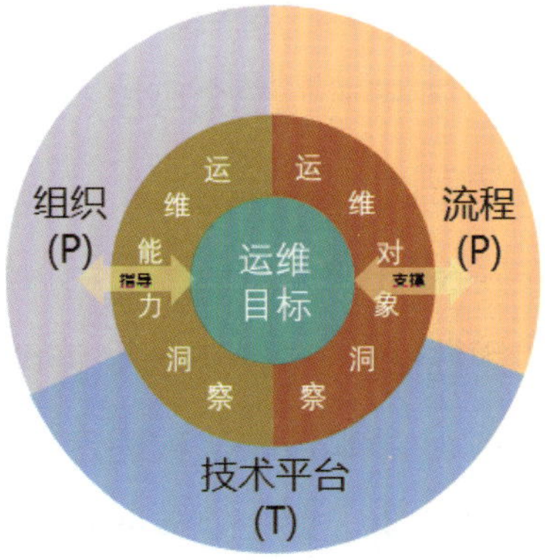

图2-2　运维数字化转型

一个目标、两个洞察、三个演进共同构成了运维数字化转型方法论的整体，两两之间相互促进、相互支撑。

以“两个洞察”与“三个演进”的关系为例，构建运维对象及运维能力的洞察，客观全面地识别数据中心整体运营水平及组织、流程、技术平台等方面的优势及短板，指导组织、流程及技术平台的持续演进。而组织、流程及技术平台的演进，又为运维对象和运维能力洞察体系建设提供更加有效完善的数据支撑。

目前已经很少业务由单个应用系统就能完整支撑。以某支付类业务为例，该业务至少同时横跨前端App（敏态系统）和支付网关（稳态系统），求稳的稳态运维与求快的敏态运维在一个业务的相关系统链条上同时出现，这将导致一定的冲突与割裂，如敏态系统的高频变更给该业务的稳定运行带来较大的潜在风险。

通过运维能力与运维对象的洞察，可以从数据层面客观地识别双态运维之间的矛盾和关系，最终寻找融合和平衡点。如从运维对象的角度看，可以识别该应用系统的需求数量、变更数量、变更导致的故障数、变更成功率等；从运维能力的角度看，可以识别数据中心的变更能力、故障应急能力等。通过数据，可以进一步洞察问题本质所在，为进一步通过组织完善、流程改进、技术平台优化实现双态融合提供数据支撑。

三、运维数字化转型研究

广发银行通过数年实践，探索了“坚守一个目标、构建两个洞察、推动三个演进”的数字化运维转型方法，回答了“从哪里转”“转向哪里”“怎么转”的问题，即在坚守运维目标不动摇的前提下，充分利用运维数据，以数据为驱动，构建对运维能力与运维对象的数字洞察，深化对运维能力与运维对象的认知，推动组织、流程、技术平台的持续演进，最终实现运维模式的数字化转型。

（一）坚守一个目标

不管运维模式如何转型，运维的初心使命始终是，在合理的成本前提下，保障生产的安全稳健运行，提供敏捷高效的运维服务，这也是运维数字化转型的核心目标。在运维数字化转型中，要始终坚持“质量可靠、效率提升、安全可控、成本降低”的核心目标不动摇，发挥运维价值，有力支持业务数字化转型。

在质量方面，强调技术架构高可靠、业务服务高可用、用户满意。始终坚持采用合理稳健的技术架构，构建多层次的高可用性保障，为用户提供连续、稳定、符合预期的服务。

在效率方面，实现故障发现快、应急响应快、根因定位快、价值交付快、业务响应快、技术创新敏捷。通过技术、流程快速演进，聚焦“快速发现、快速处理，价值交付快、变化响应快”，不断提升运维服务效率。

在安全方面，确保技术自主可控、数据安全可靠、合规防范到位。IT（信息技术）及其应用场景迅速演进，带来系统架构和技术架构急速演化，金融IT需要坚持把关键核心技术掌握在自己手中，坚持技术自主可控，保障系统稳定运行和快速应急能力，从根本上保障国家金融安全。业务融合创新和新兴技术发展，增加了数据的安全风险以及防护难度，为做好运维数字化转型，需要构建安全体系保障数据安全可靠。为实现海量运维对象的运维管理，引入自动化批量操作、人工智能分析及自愈操作等，也带来运维操作风险，需要制定和采取及时有效的补偿策略和应对方法，确保合规防范到位。

在成本方面，实现资源利用的不断提升以及时间成本逐步降低。通过扩大云计算运用实践，推广使用分布式、微服务、容器等技术框架，实现应用服务编排，提升资源利用效率，降低资源交付时间成本。通过加强运维感知能力、执行能力、洞察能力建设及运维数据沉淀，实现数据辅助决策和任务执行，降低出错概率，避免资源浪费。借助价值流程图（Value Stream Mapping, VSM）辨识不产生增值的活动，精简运维管理流程。

在日常运维管理的不同时期、不同阶段、不同环境及不同对象下，运维核心目标的四个方面会呈现不同的侧重。如在重要时点保障期间，质量是第一目标，在数据安全管控运维场景下，安全是第一目标。

（二）构建两个洞察

银行数字化时代运维对象众多，技术栈复杂，双态运维模式并存，对运维支持能力的需求多变，多种矛盾的叠加，让数据中心的运维保障工作在应对数字化时代运维新挑战时显得捉襟见肘。

“知己知彼，百战不殆”。数据中心要想赢得运维数字化转型这一攻坚战，不仅需要清楚“往哪里转”，更要知道“从哪里转”“怎么转”，这就要求数据中心建立对现状的清晰认知，客观了解运维组织自身运维能力成熟度，全面洞察运维对象的设计形态、运行情况等信息。

所谓“知己”，指构建运维能力认知数据体系，建设运维能力评估模型，客观全面了解数据中心服务能力优势及短板。所谓“知彼”，指构建运维对象认知数据体系，建设运维对象洞察指标体系，深入全面了解运维对象的实际情况。通过建立运维能力和运维对象在数字世界的数字孪生，对运维能力与运维对象的深入洞察，实现对运维能力及运维对象全面、客观的认知，是稳定和敏态运维融合及进一步转型的基础。

1. 构建运维能力洞察，全面客观地描述运维服务能力

为了全面客观地洞察数据中心的运维服务能力，识别运维服务能力的短板和不足，广发银行数据中心基于数据中心服务能力成熟度模型，构建运维能力认知数据体系，建设运维能力评估模型，开展运维能力成熟度的量化评估。

第一，通过建立运维能力认知数据体系，构建运维能力评估模型。广发银行数据中心以

数据中心服务能力成熟度模型为基础，结合对运维服务能力的实际理解和需要，扩增运维数据管理能力项，建立包含战略发展、运营保障、组织治理共三个能力域，战略管理、监控管理、绩效管理等34个能力项的运维能力认知数据体系。

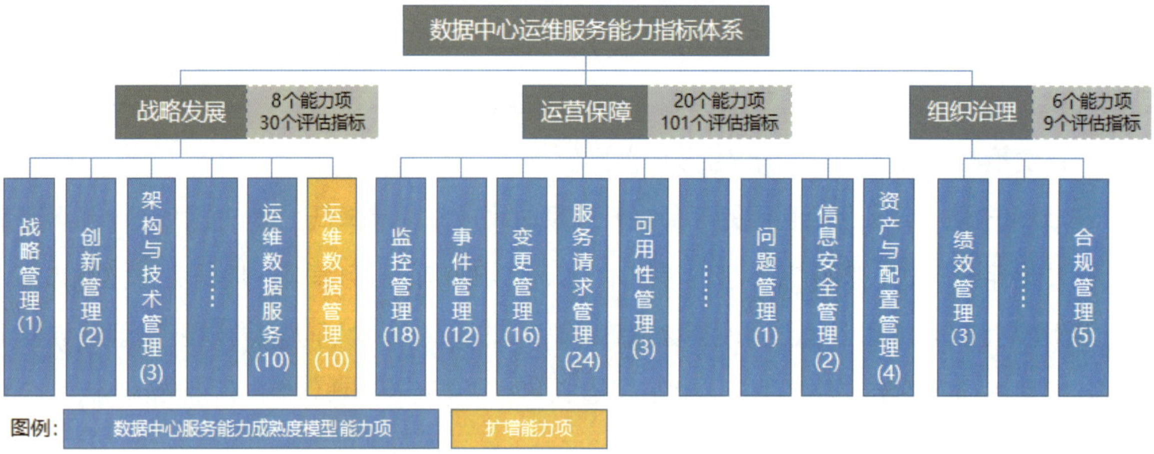

图2-3 运维能力认知数据体系示例

在运维能力认知数据体系中，广发银行数据中心针对每个能力项共定义了140个指标，实现对34个服务能力的量化评估。战略发展能力域（8个能力项共30个评估指标）示例如下：

表 2-2 服务能力评价指标示例

服务能力项	服务能力目标	量化评估指标示例
战略管理	通通过数据中心相关方诉求的分析，制定符合数据中心目标的战略，并通过战略执行和评价，提升数据中心的战略管理能力，确保数据中心发展合理、科学	智能运维整体满意度评分
项目管理	围绕数据中心的战略目标，开展项目范围、进度、质量、成本的控制，保证项目的有效执行，落实战略目标	1. 项目计划完成率 2. 项目成功上线率 3. 项目后评价执行率 4. 项目收益达成率
知识管理	通过知识的创新、共享及应用，确保数据中心实现知识在服务生命周期内的积累与传承	1. 条目更新数量 2. 条目每百条人工查阅率 3. 条目每百条系统查阅率 4. 条目每百条提错率 5. 运维知识查询耗时
创新管理	运用新思路、新技术、新方法创造有价值的成果或进行持续的改进，提升数据中心价值	1. 年申请专利数 2. 全行级及以上荣誉个数

续表

服务能力项	服务能力目标	量化评估指标示例
财务管理	通过数据中心预算和核算管理，在财务合规的基础上，提高资金使用效益，提升投资回报率	预算执行率
人力资源管理	规范数据中心人力资源的选育用留的管理，确保人员任前、任中、任后能够满足数据中心要求	1. 人均运维OS数 2. 每员工月均加班时长 3. 变更窗口人均加班时长 4. 年均人员流失率
架构与技术管理	对数据、应用、基础设施等架构与技术实施生命周期管理，在架构与技术引入的风险与使用的风险之间取得平衡	1. 每月架构缺陷引发故障数 2. 每年架构相关研究课题数 3. 应用上云率
运维数据管理	构建数据中心的运维数据服务能力，打造运维数据采集、加工、消费、治理的服务链路，赋能其他员工开展数字化运维创新工作	1. 实时采集结构化表占比 2. 实时采集非结构化文件占比 3. 日均采集数据数量 4. 日均采集数据量 5. 数据集成接口数量 6. 服务集成接口日均消费次数 7. 服务集成接口平均耗时 8. 元数据自动采集比例 9. 数据字典数 10. 运维指标数量

第二，通过对运维能力量化评估，全面了解数据中心服务能力优势及短板。通过定义每个指标的计算口径、量化评分规则及权重，形成数据中心运维能力量化评估模型，对数据中心服务能力现状进行客观全面了解的同时，更为进一步的持续改进指明方向。

2. 构建运维对象洞察，刻画运维对象全景画像

通过梳理数据中心的运维对象，设计运维对象逻辑模型，构建运维对象认知数据体系，建设运维对象洞察的评价指标体系，打造运维对象全景画像，对运维对象进行统一标识、统一刻画、统一评价，深入全面了解运维对象。

第一，建立运维对象逻辑模型。数据中心运维对象类型复杂，对象数量繁多，随着银行业务创新发展，交易链路越来越长，服务调用关系越来越复杂。因此，运维对象的洞察不能仅局限于设计情况、运行状况，更要关注部署状态及价值信息。

为了全面客观了解运维对象，广发银行数据中心设计了运维对象逻辑模型，模型包含“设计态、部署态、运行态、价值态”四个维度，实现从静态信息、部署情况、运行情况以及运维对象的运维价值等方面深入运维对象洞察，精准刻画、全面了解运维对象。

设计态模型：刻画运维对象的静态设计视图，描述运维对象的架构设计、业务功能以及

设计阶段定义的运维对象间的各种交互关系及调用关系等。设计态指标定义了运维对象的设计蓝图，有效化解了运维对象从研发到运维的信息不对称。

部署态模型：刻画运维对象的物理部署视图，描述运维对象设计蓝图转换为实际物理部署的节点及每个节点上的配置等情况，以及设计阶段定义的运维对象间及运维对象内部的关联关系在物理部署上的映射等。部署态指标呈现的是运维对象的物理部署架构，有助于对运维对象从逻辑设计到物理部署的全面洞察。

运行态模型：反映运维对象的实时运行状态，主要通过运维对象运行时产生和被捕获的各类指标状态表现，是运维感知结果的综合体现。运行态指标主要实现运维对象运行状态的实时感知，是运维监控的重要抓手。

价值态模型：描述运维对象财务成本、运维价值和业务价值的指标和标签，辅助评估运维工作的实际成效，识别运维管理的不足，通过不断的改进以达成质量、效率、安全、成本等运维目标。价值态指标将运维对象的财务成本、运维价值和业务价值进行量化，实现运维对象运维价值与运维核心目标的统一。

第二，设计运维对象指标体系。以运维对象逻辑模型为基础，广发银行数据中心按照基础设施、标准软件、应用软件及业务服务四个分类，分别设计了每一个运维对象的指标标签，以此构建运维对象洞察的指标体系。

以应用系统为例，该运维对象的指标标签设计如下：

表 2-3　应用系统指标标签示例

模型	指标标签
设计态模型	业务模块、业务调用关系、系统名称、主管部门、研发及运维处室、恢复点目标RPO、恢复时间目标RTO等应用系统静态属性指标
部署态模型	系统的部署节点及节点配置指标、部署节点的关联关系、应用的关联关系等指标
运行态模型	部署节点的CPU（中央处理器）使用情况、内存使用情况、交易耗时情况、交易全链路成功率、全链路耗时等指标
价值态模型	涉及软件、网络资源、系统资源相关的财务成本指标，变更成功率、事件数量等质量方面的运维价值指标，平均故障处理时长、服务请求响应时长等效率方面的运维价值指标，交易量相关的业务价值指标

基于应用系统的指标标签，构建数据中心每一个应用系统的全景画像，实现对每一个应用系统的全面、深入、客观的洞察。

（三）推动三个演进

运维数字化转型，就是坚持运维核心目标不动摇的前提下，通过建立运维能力及运维对象的洞察数据体系，建立对数据中心现状的全面客观认知，并推动数据中心在组织、流程及技术平台逐步演进的过程，最终实现数据驱动的数字态运维。

1．推动组织演进，打造敏捷、高效、创新的学习型运维组织，为运维数字化转型提供组织保障

组织是运维数字化转型成功与否的重要保障，包括组织战略、组织架构、员工能力、组织文化等。在数字化转型的过程中，要自上而下，从员工培养、组织架构、组织文化等方面推动组织演进，打造敏捷、高效、创新的学习型运维组织。

首先，员工培养方面，通过构建员工能力评价体系，一方面为员工的发展作出明确的指导；另一方面通过与员工共同规划职业发展方向，组织在不同发展阶段通过调整能力评价指标，促使员工能力动态匹配组织发展要求。

员工能力评价体系，是从通用能力、专业能力和工作效果三个维度出发，刻画员工能力画像，清晰识别员工能力强项及短板，有效指导员工职业发展。同时，建立组织目标与员工能力画像的关联，通过调整员工绩效指标权重，实现组织目标与员工职业发展相统一的指挥棒作用。

通用能力：从领导力、业务导向、知识广度和深度以及职位族素质等四个方面，描述人员能力提升所具备的要素，作为员工能力发展的参考。根据能力阶梯可划分为初学者、有经验者、骨干、专家、资深专家五个级别，并搭建通用能力提升地图，员工可根据能力提升地图参加学习培训并完成指定工作任务，以得到相应的能力提升。

专业能力：由各个专业条线根据岗位职能需要制定知识与技能要求，同样对每项技能按能力阶梯划分为了解、熟悉、掌握、熟练、精通五个级别，并搭建专业能力提升地图，员工可通过完成培训和认证考试获得能力提升认证。

工作成效：根据组织目标对不同的岗位职能设计多维的工作指标，结合两个洞察的详细数据，评价员工在该岗位不同维度所达成的实际工作效果。

通过员工能力评价体系能客观评价员工的技术能力情况，了解员工须改进的能力领域，从而提供有针对性的技能培训，并明确员工努力方向，提高专业能力，最终实现员工能力提升与数据中心经营发展双赢。数据中心根据不同阶段的组织目标动态调整工作效果个人指标的权重，使员工及时调整工作重心，使数据成为组织目标的指挥棒。

其次，组织架构方面，打破组织壁垒，重塑组织模式，通过组建敏捷的虚拟团队等形式，打造高效的组织架构。为满足运维数字化转型过程中对组织敏捷、高效行动力的要求，需要打破组织壁垒，重塑组织模式。从“流程机器”运作的职能型组织到生机勃勃、不断进化的“有机体”，各个专业团队既要在专业技术条线深耕，又要紧密合作，能够为实现共同目标快速分离重组，按需组建敏捷型虚拟团队。

以数据中心运维工具建设为例：对于运维工具的建设，需要从整个数据中心层面来统筹规划，协调资源，统一建设，因此可从应用、系统、网络条线抽调具备项目经验和开发能力的专业技术人员，组建智能运维虚拟团队专职运维工具建设工作。

再次，组织文化方面，着重培育数据文化、协作文化、学习文化的建设，强化员工的数字化思维能力、数据协作能力与持续学习能力。在数据驱动的数字化转型过程中，技术迭代快，数据依赖高，数据中心须从数据文化、协作文化、学习文化等角度开展创新性组织文化的建设，要求各层级运维人员具备更加多元化的技术背景和较强的学习能力，向更动态、更全面的能力进行转型。

数据文化：通过建立数据可视化平台，将数据展示出来，让员工触及并感受数据价值，培养员工用数据说话的能力和习惯；通过运维管理决策数据化，让员工理解并应用数据价值；工作流程、绩效评价等管理工作数据化，注重数字文化培育。

协作文化：以数据为载体，加强运维与业务、运维与开发、运维内各专业条线的融合。数据中心应紧紧把握业务需求和技术趋势，以技术能力推动业务创新，如通过数据创建业务运营视图，为业务部门提供业务价值；运维人员开展运维工具开发工作，打通研发和运维的工具链，践行DevOps，主动运维前移，通过收集应用系统历史运行状态，结合趋势预测，与同类标杆应用系统进行多维比较，主动向研发中心提供应用优化建议；在统一的智能运维框架下，应用、系统、网络等专业条线运维人员通力合作，协同开展场景式运维的建设和运营工作。

学习文化：在技术、架构知识快速更迭的背景下，数字化演进更需要打造一支学习型队伍，通过对业务知识、技术知识、管理知识、数据分析与应用的持续学习，培养出能够发挥科技创新引领作用的核心人才队伍，员工在组织中得到成长，组织整体的价值得到提升。

2. 推动流程演进，为客户提供极致的客户体验，为科学决策提供数据基础，为运维数字化转型赋能

数字态运维模式要求运维流程除了满足稳态运维的求稳需要，更要兼顾敏态运维的敏捷交付需求，这就要求运维管理流程要以客户为中心，按需而变，快速交付。同时，需要侧重考虑运维流程数据的留存与沉淀，为进一步的运维管理提升丰富数据基础。因此，在运维数字化转型过程中，运维管理流程需要从管理视角向服务场景视角转变，围绕“客户化、数据化、敏捷化”进行流程设计和优化，提升运营效率，同时也为客户提供更优质的体验，助力运维数字化转型。

首先，基于服务场景构建和优化业务流程，需要坚持客户化，以为客户提供极致的客户体验为目标。

坚持以客户为中心，满足客户完整的活动需求。流程设计由过去的单个运维工单视角转

为以客户为中心。围绕客户的核心需求，设计完整的场景服务，杜绝“一个需求，N张工单”的情况，聚焦为客户提供完整的价值交付，带给客户顺畅、端到端的良好体验。

坚持持续改进，为客户提供可靠服务。建立与客户便捷交互的触点，如各运维服务下均提供问题反馈、满意度评价等。通过分析客户旅程，减少非必需环节，提高流程并行，从而提升服务效率和满意度，最终通过持续改进，为客户提供更扁平、更便捷、更高效的服务。

为客户提供推荐服务，满足客户“更懂我”的期望。通过对客户群体分析和使用情况进行分析，进行场景化的流程设计，基于客户角色和高频使用线索等进行智能服务推送，营造峰值体验。

其次，流程设计及优化需要数据化，通过数据沉淀，用数据直观展示和描述运维工作；对数据适当地分析，针对性地优化流程和辅助决策，为运维数字化转型赋能。

坚持业务数据化，沉淀和收集业务流程产生的数据，使各种流程运行过程和用户的行为能被数据化和存储，成为可用的数据资产，便于后续的流程优化分析和再利用。

坚持数据业务化，加强数据整合和利用，用数据驱动流程和场景建设，释放数据价值，支撑业务发展。如运用监控、运营、安全、运维服务等指标体系产生的各种数据，指导运维工作，建设运维场景，提升服务质量。

再次，为支持运维数字化转型，需要聚焦“价值交付快”和“变化响应快”，敏捷交付，快速响应客户需求，提升运维服务效率。

坚持价值交付快，流程演进以运维动作标准化、自动化为前提，实现动作与流程的融合；流程演进须打破边界，将合作公司、客户、业务协同部门纳入流程体系，推动部门和合作伙伴的合作。从客户在特定场景的需求出发，建立一套有效的整体规划，通过端到端的流程实施方案，为客户提供无断点、端到端的价值交付。

坚持变化响应快，流程演进需要系统支持自定义设计和灵活配置，可通过快速组装满足运维价值交付的需要；流程梳理和优化需要精简不必要的环节，精简不必要的人员，增加授权规则，从而减少协调量，降低沟通成本。

3. 推动技术平台演进，为运维数字化转型提供平台的支撑

运维数字化转型，需要组织架构、员工能力、团队氛围、企业文化等方面的保障，需要高效、按需而变的运维管理流程的支持，也需要相关技术平台的支撑。

在运维数字化转型过程中，为了实现“质量可靠、效率提升、安全可控、成本降低”的运维核心目标，技术平台需要具备更加实时的感知能力和智能的洞察能力，以更快发现系统运行风险；需要具备更加高效的执行与调度能力，以更快进行应急响应与服务交付；需要具备更加可靠的安全能力，使数字态运维模式下的合规风险与信息安全更加有保障。

一是打造更全、更快、更智能的感知能力，及时发现运行风险。

建立横纵结合、全面深入的数据采集与监控指标体系，实现对数据中心运维对象的无死角感知，获得更全的感知能力。横向上，依托服务化与全链路交易日志，刻画服务链路调用关系，支持全局级、业务级、应用级、接口级、IP级的逐级交易量、成功率、平均耗时等业务性能监控能力以及交易链路基线监控、错误码监控等。纵向上，建立从机房环境、网络设备、服务器到基础软件、应用服务的全栈数据采集与监控指标体系，构建树状应用全栈监控视图，各监控对象的关系及运行状态一目了然。

在运维对象的全生命周期提升感知能力的时效性，获得更快的感知能力。一方面，依托ITIL流程自动化和监控自动化，打造从运维对象生命周期的初始环节就纳入到数据中心感知体系的能力；另一方面，不断丰富高速的数据采集方式，如全链路日志、网络数据抓包等，结合使用FLink等流式计算的实时数据处理引擎，使毫秒级的数据采集、指标数据的秒级告警和指标数据查询秒级返回等成为可能。

监控中心采集和产生的海量且价值极高的各种监控时序数据、告警数据、日志数据，在自动化的技术支撑和数据沉淀两个积累的基础上，基于大数据、机器学习算法，建立智能监控、异常检测等获得更智能的感知能力。

二是打造敏捷、服务化的执行能力，提高运维操作效率。

在数据驱动的数字化转型过程中，运维技术平台可通过服务化结合业务构件的方式实现运维场景快速编排，为运维感知、洞察结果提供敏捷的执行能力。

通过持续对运维技术平台公共能力的服务化改造，将公共原子能力以API形式发布到服务网关，实现运维能力的服务化输出。同时，建立无代码或低代码开发平台，将API服务封装为业务构件，降低运维场景开发门槛，实现运维场景的灵活编排、定制开发和敏捷交付。

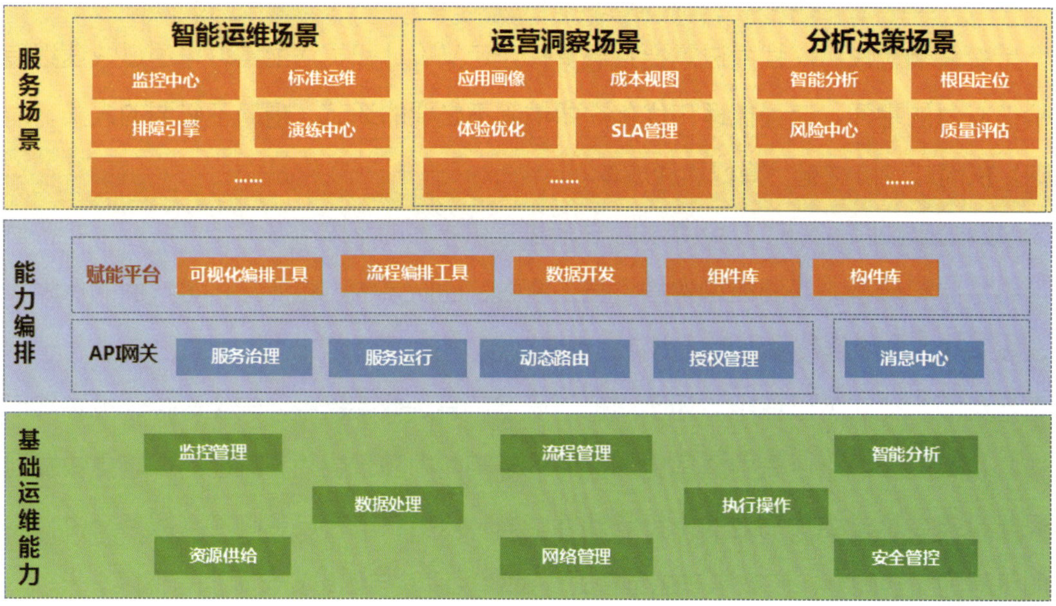

图2-4　运维场景赋能方案

在上述运维赋能方案规划中，基础运维平台的建设在以自身能力提升、效率提高、范围扩展的基础上，强化运维服务能力的API化设计；服务集成网关则负责将基础运维平台的公共能力的服务化、开放化；赋能平台专注运维场景开发的共性需求，将开发前端共性组件、后端公共构件封装为业务构件，通过编排引擎，实现运维场景编排、配置式开发；在最上层，运维人员从自身需求出发，聚焦运维场景定制，无需高深的代码开发能力即可深度参与运维微应用开发。

三是通过进一步增强关系数据识别能力、补全事前预测能力、提升事中决策效率，增加运维洞察能力。

提升运维洞察能力是数字化运维技术平台能力演进的关键，需要综合处理运维感知能力相关平台采集的各方面的数据，形成具备知识梳理、机器学习、运维决策的“大脑”，辅助指导运维执行能力各个平台开展运维工作。同时，通过感知平台采集辅助指导的执行效果，通过持续反馈不断增强运维洞察能力。

提升运维洞察能力，需要数据中心的运维数据的全面整合。通过将存量数据和准实时的增量数据采集相结合，全面采集各运维感知能力平台和运维执行能力平台产生的数据，整合稳态和敏态两种模式产生的运维数据，实现运维数据的准实时处理和分析，形成基于运维对象和运维事件的关系圈，深入刻画运维对象画像。综合运用演练中心、专家经验、机器学习模型和实时处理引擎，将分析结果运用到运维各项管理工作中，赋能各个运维团队以自助的方式调用数据服务，全面完善提升洞察能力。

关系识别：基于大数据的机器学习模型，基于全面的数据整合，将设计态和运行态的数据进行综合分析，自动识别业务服务接口级的调用关系，形成业务全链路视图；结合部署态和运行态的数据，形成包括基础设施、基础软件、应用软件和业务服务的全技术栈的关联关系，大大增强运维对象的关系数据识别能力，提高关系数据应用能力。

事前预测：基于混沌工程的演练中心，提供真实、安全、易用的演练能力，验证应用和基础架构的健壮性，检验故障响应机制的有效性，能够提早发现技术架构和运维管理工作的不足。通过运维决策引擎建设风险中心，将专家经验和机器学习模型和算法相结合，对运维对象进行全面、有效的运维量化风险分析（如离群检测、容量预测等），形成有效的风险整改清单并持续跟进，有效地增强了事前的预测能力。

事中决策：在故障事件发生时，通过整合运维对象画像、规则引擎和机器学习模型运算结果，为运维人员提供实时的异常分析、关联分析和辅助故障根因定位等智能决策，大幅提升运维处置效率，有效缩短故障影响时间。

四是通过强化数据安全、防范执行和集权风险，提升平台的安全能力。

提升平台的安全能力，需要完善数据安全管理体系，加强数据安全保护。建立数据分级分类，实现数据规范管理。根据法规和监管要求，结合运维数据的敏感程度和受影响的程度划分数据分级分类登记。根据运维场景消费需求不断完善数据分类。明确数据保护策略，建立访问控制矩阵。针对分级分类的数据制定相对应的安全策略，形成数据分级与用户角色的访问控制矩阵。通过对数据的闭环管理，建议数据安全保护的合规文化氛围。落实技术保护措施，确保预防控制到位。通过数据标签系统、知识图谱、国产加密、防泄漏（DLP）、零信任等技术，提升数据使用和数据资产管理的安全性。

提升平台的安全能力，需要强化系统安全管理，确保运维执行操作安全。加固建设集权系统，避免运维安全风险。完善监控类、操作类等集权类系统页面、服务、进程、端口的网络访问权限控制；加强服务接口鉴权；增加对操作身份校验，落实传输加密等。此外，须增加执行动作校验，提升容错能力。对自动化操作使用的目标场景、用户权限、执行时间窗口进行校验，谨慎执行全自动海量运维操作；生产环境执行的操作，须在测试或模拟环境验证通过；自动化操作必须有完整的审计和记录日志，以便进行回溯。制定和采取及时有效的补偿策略和应对方法，提升应急处置能力。工具建设初始，自动化操作须建设具备执行失败回滚的能力；制定运维方案时，须重点评估安全相关内容，制定回切等应急预案，建立自动化操作失效后的人工操作补偿能力。

四、进一步展望

自2018年起，广发银行数据中心持续开展运维数字化转型的探索与实践，组织架构不断完善，运维流程不断演进，技术平台持续优化，运维保障能力得到持续加强，初步形成数字态运维，有力支撑广发银行数字化转型。

随着运维数字化转型的推进和深化，广发银行数据中心还将在以下方面进行持续改进：

1. 将在监管部门和行里的整体的指导下，不断优化整体架构和体制机制设计。同时，加强运维数字化转型过程的检查评估，将过程评估和结果导向相结合，全力推动运维数字化转型的落地。

2. 根据组织、流程及技术平台的演进情况，不断沉淀运维数据，丰富运维能力认知数据体系和运维对象认知数据体系，让洞察发挥更大价值。

3. 运维数据的重要性和价值正不断凸显，加强运维数据的治理，将是下一步需要研究与攻关的课题。

参考文献：

[1] Leavitt, H. J. Applied Organization Change in Industry: Structural, technical and human approaches[J]. New Perspective in Organizationrl Research.

[2] 中华人民共和国国家质量监督检验检疫总局，中国国家标准化管理委员会．GB/T 33136—2016 信息技术服务数据中心服务能力成熟度模型．

[3] 中国银行保险监督管理委员会．中国银保监会关于银行业保险业数字化转型的指导意见．

课题组成员简介：

王　兵　广发银行副行长

徐　徽　广发银行数据中心总经理

吴基科　广发银行数据中心副总经理

黎杰松　广发银行数据中心应用维护处高级经理

马海明　广发银行数据中心应用维护处经理

丘　彬　广发银行数据中心应用维护处高级主管

叶明基　广发银行数据中心系统管理处高级主管

张和颖　广发银行数据中心应用维护处高级主管

范晴岚　广发银行数据中心系统管理处高级主管

专家评点：

数字化转型，是技术和业务互动的深刻而全面的变革。在这个过程中，数据中心运维成为变革过程中各种矛盾和冲突的汇聚点——它既要提供对业务的敏捷能力的支持，又不能牺牲任何的业务稳定性要求。广发银行提出的“坚持一个目标、构建两个洞察、推动三个演进”的数字化运维转型路径，为运维转型指明深化和发展方向，也为银行同业的运维转型提供有益借鉴。本文创新性提出运维能力与运维对象的洞察数据体系，以数字化转型的方法来支持数字化转型，本身又成为数字化转型中的一个有益尝试。本文体系清晰，论述严密，有丰富的实操经验的积淀，有很强的借鉴和推广价值。

专家简介：

李峰，上海交通大学上海高级金融学院会计学教授、中国金融研究院副院长、上海高金金融研究院联席院长。

发展产业（数字）金融，助力广东省制造业数字化转型

■ 浦发银行广州分行

刘冰岩 李宗宁 肖丽 扶珉君 郭均林

摘 要

全面推进制造业数字化转型，促进全省战略性支柱产业集群和战略性新兴产业集群高质量发展，是广东省政府关于加快数字化发展的战略部署。发展产业（数字）金融，将有助于推动广东省制造业数字化转型。浦发银行广州分行围绕二十大战略产业集群，以政策为导向，明确业务发展的思路和方向；以行业经营和数字赋能为手段，服务实体经济企业发展的全生命周期和全业务链条；经探索实践，归纳总结产业（数字）金融模式的三个层次：一是做大以行业经营为核心的服务模式，以行业研究为基础，深入开展行业客户经营；二是做深以供应链金融方式的服务模式，具体包括四种场景合作模式，即与核心企业合作模式、与平台合作模式、与产业集群合作模式、与政府数据合作模式；三是探索以科技手段赋能产业金融的服务模式，以数字手段拓展行业生态圈，围绕广东省的制造业数字化升级转型机遇、企业上云上平台，输出银行科技能力，嵌入行业生态圈提供服务。

一、广东省制造业数字化转型带来的机遇与挑战

为推动制造业数字化转型，围绕二十大战略产业集群，广东制定了《广东省制造业数字化转型实施方案（2021—2025年）》，目标是到2025年，战略性支柱产业集群和战略性新兴产业集群数字化水平显著提升，广东省工业互联网国家示范区引领作用显著，推动超过5万家规模以上工业企业运用新一代信息技术实施数字化转型，带动100万家企业上云用云降本提质增效，以数字化引领制造业质量变革、效率变革、动力变革，形成大

中小企业融通发展的产业生态。

该方案明确了数字化转型及赋能重点方向、四条转型路径、九项政策措施，以工业互联网的方式链接产业链各方，发展路径清晰，深度契合当前国际国内形势和党中央对于广东省和粤港澳大湾区的发展要求。仅2021年上半年，广东省二十大战略性产业集群的16.12万个企业，就已实现增加值2.2万亿元，占地区生产总值比重为38.8%，增加值同比增长17.6%。在制造业数字化方面，重点解决中小制造企业“不会、不敢、不想”数字化问题，推动1.7万家规上工业企业上云上平台，带动55万家中小微企业上云用云。

围绕广东省二十大战略产业集群，深耕粤港澳大湾区发展，银行加快金融数字化转型发展的同时，要充分了解广东省推进制造业数字化转型所带来的机遇与挑战，并结合自身银行发展的战略规划，切实服务实体经济企业发展，以助力广东省制造业数字化转型。

（一）广东省推进制造业数字化转型给银行带来的机遇

广东省推进制造业数字化转型，重点聚焦战略性支柱产业集群和战略性新兴产业集群，以深化新一代信息技术与制造业融合发展为主线，以行业龙头骨干企业、中小型制造企业、产业园和产业集聚区、产业链供应链的数字化转型为切入点。围绕二十大战略产业集群谋发展，银行业迎来了千载难逢的机遇。一是深耕行业经营，做深做透行业龙头骨干企业，由点带面，拓展至上下游乃至终端企业客户的合作，做大业务规模，做深客户服务，拓展业务合作场景；二是借助金融科技数字化技术，连接制造业的全产业链、全价值链，充分利用行业数据的价值，赋能产业转型升级，实现银行客户经营数字化转型；三是针对中小型制造企业及专精特新企业，制定批量方案，挖掘一批有潜力的企业客户，培育一批高价值、优质的龙头或骨干企业；四是围绕产业园和产业集聚区，打造API无界开放银行输出能力及以客户体验为核心的定制化金融服务能力，联合园区及企业打造数字化生态场景；五是基于物联网、区块链、大数据和人工智能等技术组合运用，掌握产业链中物流、商流、信息流、资金流，使得原来金融服务过程中潜在的风险显性化，实现信息的可穿透、可实时跟踪、可及时预警、可提前处置。

（二）银行在广东省推进制造业数字化转型中面临的挑战

广东省推进制造业数字化转型，银行迎来机遇的同时，也综合自身的发展面临一系列的挑战。一是要加快数字化对于金融服务基础设施的改造，支付结算和线上融资等领域，要实现业务链路的线上化和数字化；二是要建立面向产业互联网模式的信用体系，包括建立行业分析、企业客户画像，精细化动态风评风控模型，推动从主体信用向数字交易信用模式的转变；三是要打造面向行业的企业数字化解决方案，针对不同数字化成熟企业，形成可模块化、轻量化部署的解决方案；四是要加强IT基础能力平台建设，打磨AI（人工智能）、流程协同工具等，能快速开展应用集成与个性化研发实施；五是要解决数据的使用和安全问题，政府数据、企业经营数据和银行数据之间，未能实现有效融合，亟须打破数据孤岛问题，发挥数据的最大价值。

面对机遇与挑战，银行应如何通过提升自身的数字化转型，进一步发挥金融科技的优势，助力广东省制造业数字化转型？发展产业（数字）金融，是现阶段及未来都在探讨的一个方向和思路。浦发银行广州分行（以下简称“分行”）围绕二十大战略产业集群，持续深化推进分行工作方针的整体部署，结合产业数字化转型升级契机，将探索产业金融经营模式作为今年的工作重点之一，并明确从行业经营和数字赋能两个路径实施。

二、发展产业（数字）金融，助力广东省制造业数字化转型的探索

产业（数字）金融，其本意就是为产业提供金融服务，所谓的金融服务包括但不限于支付结算、直接融资（产业基金、股权融资）、间接融资（银行信贷）。随着数字化技术的应用，产业金融和数字科技结合后，更大地拓展了产业金融的服务内容，形成了产业链生态圈和数字化平台经营新模式。

紧密结合区域经济，聚焦广东省二十大战略产业集群，深入发展产业数字金融，服务实体经济企业发展的全生命周期和全业务链条，旨在重点解决客户在哪里、如何拓展客户和做深客户，从而打造客群基础扎实、业务结构合理、市场地位领先的“南粤样本”。产业（数字）是基础，金融是手段，科技是升华，因此研究产业、创新机制、配置资源、运用科技是分行实践产业（数字）金融的核心，也是我行近两年探索业务转型的阶段性总结。

（一）加强顶层设计，自上而下推进产业金融整体工作

一是在分行层面成立行业经营领导小组和数字化经营领导小组。领导小组全面统筹行业客户经营、数字生态经营，落实推进客户结构和经营模式“两个转型”，小组成员覆盖了横跨各板块关键部门主要负责人，制定并统筹推进分行行业经营战略，明确行业经营方向、策略、措施，同时建立快速有效的跨部门联动行业经营机制。二是分行将行业经营和产业金融纳入分行年度工作规划。在组织架构、考核体系、人才队伍、资源配置等方面提供了有力保障。设立行业经营中心，配置行业经理岗位专业经营重点行业。将行业经营和产业金融项目纳入考核激励范围。三是构建了跨板块的融合推进机制。针对产业金融重点项目建立跨部门融合推动机制，公司板块、零售板块、信息科技板块和风险板块形成“倒三角”工作团队，以“一户一团队”“一周一汇报”的形式，支持经营机构重点客户、重点项目落地。全面实行行业专业化审查审批模式，由分行授信管理部按行业划分审查审批团队，实施行业审查审批模式，制定行业审批指引。

（二）推动模式落地，促进客户结构与经营模式转型

经过探索实践，分行将行业研究、生态圈经营和数字化转型有机整合，沿着服务广东

省二十大战略性产业集群，为处于不同生命周期的客户提供服务，为客户价值链的不同部分提供服务，将金融服务和科技赋能内嵌于产业链和客户发展过程中。在推进产业金融的过程中，分行总结了发展产业金融的三种模式，围绕这些模式深入探索、应用和复制。

1. 做大以行业经营为核心的服务模式

分行以广东省二十大产业集群为基础，自上而下、主动选择，确定重点行业、目标客户、推进策略和实施路径。根据湾区机遇、行业特点和政府规划，在行业研究的基础上，制定目标客户名单和产品服务方案，重点开拓六个传统行业、三个新兴行业和五个地方特色行业，形成客户经营目标及评价体系，并分解到经营机构。其中两个认知门槛高和经营潜力大的行业设立行业经营中心。该模式以行业研究为基础，按照名单制拓客，按行业审批，提供行业金融综合解决方案，打响浦发行业经营的品牌，重点解决我行在广东市场的客户偏少、经营不深的问题。

案例及成效：

（1）“9+5”重点行业经营全面铺开。截至目前，总计新增近200户已用信“9+5”行业授信客户和450多户有价值客户。新增一般性存款年日均约60亿元，低成本结算性存款约14亿元，贷款余额超50亿元。

（2）消费电子、医药两个行业拓客上量。两个行业存款和贷款规模合计分别突破150亿元和130亿元，积累了超过100个生态渠道，储备了一批半导体、医药、生物等领域优质项目，为后续我行在区域金融服务中能够打出行业专营的浦发品牌奠定坚实基础。

（3）打造专属产品服务制造业数字化转型。围绕佛山制造业智能化数字化转型，分行推出“数字贷”系列专属融资产品并发布于佛山市政府“金融超市”平台，目前正在营销多家储备客户，年内力争完成投放10亿元制造业项目贷款目标。

2. 做深以供应链金融方式的服务模式

分行在探索供应链金融模式的过程中，已逐步形成“与核心企业合作、与平台类合作、与产业集群合作、与政府数据合作”的四种场景合作模式。重点针对头部客户，以供应链金融和经销商融资嵌入客户上下游，综合运用交易银行产品、小企业批量方案等手段，同时跟着以中企云链、简单汇平台为代表的数字债权凭证开展供应链保理拓客，重点解决客户下沉风险大、战略客户收益低的问题。

案例及成效：

（1）与核心企业合作：围绕核心企业开展“1+N”供应链批量方案，前三季度，已对接核心企业约30户，拓展上下游客户200多户，带动结算存款日均12亿元。

（2）与平台类合作：将中企云链、TCL简单汇模式复制推广，已新建在线供应链条约10条，新增拓展在线客户数40多户，累计业务量17亿元。

（3）与产业集群合作：传统行业的数字化改造是省里制造业转型发展的重要方向，广东省已形成专业镇超过425个，如花都狮岭箱包皮具、丹灶五金、揭阳不锈钢、佛山家电等众多特色产业集群。分行围绕中山华艺灯饰、花都狮岭箱包皮具等产业集群，已拓展在线客户数近百户，累计投放超1亿元。

（4）与政府数据合作：利用中征平台，合作“政采e贷”项目，探索与政府数据合作供应链金融，目前已储备客户24个，正陆续发起增加“政采e贷”品种的变更流程。

3. 探索以科技手段赋能产业金融的服务模式

以数字手段拓展行业和客户生态圈。主要围绕广东省的制造业数字化升级转型机遇、企业上云上平台输出我行科技能力，嵌入客户生态圈进行服务，重点解决服务客户数字化转型升级、产业互联网升级的问题。

案例及成效：

（1）南网“电费贷”项目：通过与南网服务平台对接，推广我行小微金融及普惠金融产品。目前该项目正在加快推进，计划2021年12月中完成系统对接投产、协议签署等工作，争取年内实现投放3000万元。

（2）人力资源灵活用工场景：与人力资源企业或技术平台企业合作，输出我行“e存管”、银企直连等产品，为客户提供出入金监管、支付结算、代发等业务场景。截至10月中，“e存管”系统实现支付结算量5亿多元，力争年内实现“引入人力企业70户、全年支付结算量达10亿元”的目标。

（3）浦慧园区：产业园区作为重点区域的特色型工业互联网平台在“块状经济”产业的集聚区，是围绕资源共享、协同制造、场景共建等方面开发并推广先进适用数字化解决方案的实验区。目前大多数园区正处在从1.0迈向2.0的阶段，即由信息化（碎片化、烟囱式、单系统建设）转变为数字化（园区资产SaaS服务管理，“人、空间、设备”的互联，园区企业互联网+线上企业服务）；广东作为沿海发达地区，已逐步开始3.0建设，迈入产业协同发展（打通园区数据，促进产业发展；园区多业态统筹建设，数据协同、业务创新、一体化运营）新阶段。通过打造园区流量入口，提升数据资产服务能力，构建园区综合服务生态，实现园区产业协同发展，深入园区的资产信息、招商规划、招商管理、租赁合同、运营管理、收费结算、财务核算等核心业务流程，以平台的方式协同园区实现数字化运营，面向不同类型企业，提供产业生态赋能。

（4）浦慧云仓：借助物联网、区块链、人工智能等技术感知仓库货物进出状态，结合订单、关单、物流仓储等外部数据的对接，形成对仓库货物的有效识别、标记、管控，并以此为基础，提供融资撮合服务的系统平台。云仓有效解决了传统存货质押业务的痛点，包括：货权不清晰、货物控不住、监管成本高、处置变现差等。以某冷链食品供应商为核心企业，针对下游经销商小企业在线融资批量方案：下游经销商向核心企业采购货物并存放在云仓，以该货物作为动产质押；通过云仓平台加强辅助风控手段，可控制经销商的货物提货权；银行为符合条件的经销商提供融资，用于向核心企业支付货款；核心企业为云仓平台支付一定的保证金，下游经销商到期末归还的融资本息将即时从保证金中扣划，并在约定期限内，由核心企业对质押货物承担调剂销售并补足保证金的责任。

上述三个层次是将行业经营、生态圈经营和数字化转型有机整合的产业金融服务范围，是沿着二十大战略行业深化客户经营，为处于不同生命周期的企业提供服务，为客户价值链的不同部分提供服务，将金融内嵌于企业客户的发展过程。

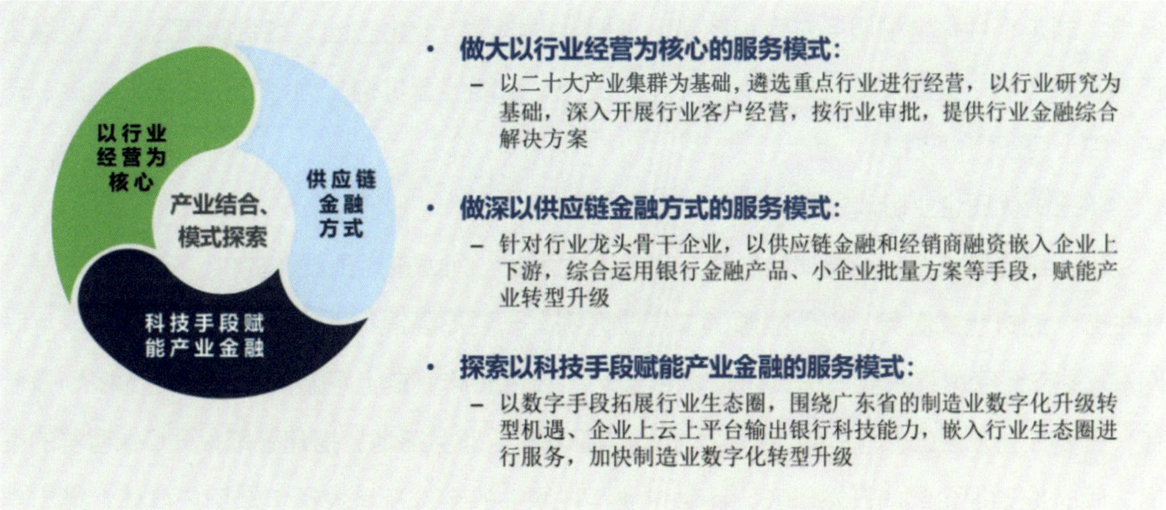

图2-5　探索“产业金融”模式的三个层次

三、发展产业（数字）金融，助力广东省制造业数字化转型建议

发展产业（数字）金融，助力广东省制造业数字化转型，要进一步做精垂直行业，做透产业链生态，创新行业服务模式，筑造生态化经营发展新平台，为进一步探索“产业生态”新模式做尝试。

（一）扎根区域优势产业，顺应趋势选准行业

2021年前三季度广东省地区生产总值达到8.8万亿元，同比增长9.7%，其中，规模以上工业增加值2.67万亿元，同比增长12.1%（支柱行业较快增长，电气机械和器材制造业增加值同比增长20.5%，汽车制造业增加值增长12.1%；现代产业发展较快，新能源装备制造增长27%，生物药品制造增长43.1%；战略性新兴产业重点产品产量增势良好，新能源汽车同比增长176.8%，服务机器人和工业机器人同比增长67.1%）。围绕广东二十大产业集群，优选契合政府发展规划和全行总体战略规划的产业，深入探索行业生态发展新模式。

（二）设立行业经营中心，创新经营推动机制

设立行业经营中心，在人员配置上，要设立行业经理岗位，并联动相关前中后台部门，建立“客户经理+行业经理+授信审查审批人”的铁三角团队；在经营思路上，要深做透行业研究，根据区域产业链布局，绘制园区、客户视图，制定作战地图，要以平台化思维、数字化支撑、分层分类服务行业客群，构筑端到端的产业服务平台；在行业专业化经营机制上，一要遴选有行业经营客户基础的支行为重点试点机构，并成立行业青年突击队，沿着产业链拓圈拓链，并引导提供客户全生命周期综合服务，培养团队识别优质潜在行业隐形冠军、未来独角兽的能力；二要围绕行业空间链和产业链布局，实行“一龙头一策”“一行业一策”“一园区一策”“一链条一策”，紧跟政府政策导向，沿产业链上下游，了解行业客群痛点，制定个性化金融服务方案和产品；三要全面构建行业生态圈，融合政策导向、投融资资源、产业孵化渠道及行业技术支撑等渠道资源，赋能经营机构，为经营机构客户触达、营销、综合经营提供支撑。

（三）优质企业切入先行，生态经营模式复制

银行选择制造业行业要加强研究，筛选优质企业，列为重点工程，提供“金融+科技+产业生态”的打包式服务。以新能源汽车行业为例，一要提高银行授信额度占比；二要以互联网+车生态经营思路深化汽车集团整体合作，介入企业产业链上下游及周边产品的多场景合作；三要大力发展C端汽车金融业务，推动“新车贷”业务落地，搭建获取优质C端客群的渠道，同时推动银企共同开发研究，针对企业科技属性的定位及其大量年轻用户群体，推出契合企业文化的支付结算产品；四是加快绿色及碳排放业务合作，推出碳金融产品，引导和协助汽车企业更好理解新能源金融政策，通过碳排放积分等兑现收益，成为企业在新能源业务的战略合作伙伴。

（四）加强融合协同作战，打造生态金融品牌

围绕产业（数字）金融的三种模式深入探索、应用和复制，在客户结构和经营模式“两个转型”方面取得了一定成绩，在推动过程中认识到生态圈经营的关键是“一点介入、多点经营、协同融合、全行服务”。一是通过信贷撬动和资源投入撬动，对行业的核心企业、核心环节、核心场景，集中资源投入，以点带面实现跳跃式发展；二是上下游拓展生态，从线上、线下沿着产业链及核心企业，链接头部企业、零售客群以及合作伙伴，通过供应链批量获客；三是以“公司+零售+金市”融合服务，全面切入，尤其对行业核心企业提供全方位全覆盖的金融方案；四是融合全行前中后台服务体系做支撑，集结科技、运营、风险、合规等各板块力量协同作战，提升整体协同作战能力，科技赋能，构筑生态服务支撑平台。

参考文献：

［1］2019年11月，广东省政府印发《关于推动制造业高质量发展的意见》.

［2］2020年5月，广东省政府印发《关于培育发展战略性支柱产业集群和战略性新兴产业集群的意见》.

［3］2021年3月，广东省政府印发《广东省加快先进制造业项目投资建设若干政策措施》.

［4］2021年6月，广东省政府印发《广东省制造业数字化转型实施方案（2021—2025年）》.

［5］2021年10月，广东省政府发布“2021年前三季度广东经济运行情况”.

［6］《广东省制造业数字化转型若干政策措施》.

课题组成员简介：

刘冰岩　浦发银行广州分行党委委员、副行长

李宗宁　浦发银行广州分行见习副行长

肖　丽　浦发银行广州分行公司业务部总经理

扶珉君　浦发银行广州分行公司业务部副总经理

郭均林　浦发银行广州分行公司业务部资深经理（产业数字金融岗）

专家评点：

本文以客观数据为基础，对广东省在推进制造业数字化转型中，银行发展产业（数字）金融的机遇与挑战进行了翔实的分析。本课题分析和研究的五种机遇，都抓住了数字化转型的重点和要点。其中，第二部分和第三部分给出了具体的规划和实施方案，通过大量的具体项目进行支撑与说明，具有很强的理论和实践指导作用。

专家简介：

李峰，上海交通大学上海高级金融学院会计学教授、中国金融研究院副院长、上海高金金融研究院联席院长。

构建数字物联网，实现汽车监管新模式

——平安银行关于“十四五”科技金融的实际应用设想

■ 平安银行广州分行

陈结文　黄玉　汤博宇

摘　要

2021年是我国“十四五”开局之年，推进金融、科技和产业的良性循环，是促进我国供给端循环、提升科技创新和产业链竞争力的关键所在，是形成国内大循环的重要内容。面对经济发展新格局、新形势，商业银行应切实落实党的十九届五中全会精神，按照“创新、协调、绿色、开放、共享”的新发展理念，其中包括积极发展科技金融，推动金融数字化、智能化转型，打造金融科技高地。

金融科技促使银行构建一个“开放、合作、共赢”的生态圈。加强与第三方的合作，通过平台互联的方式为客户提供全方位服务，也可以通过线上线下一体化方式，加强联动服务和产品创新，搭建一体化的金融生态场景。如今，金融科技在我国商业银行各项业务上均得到不同程度的应用。平安银行在信贷管理、智能风控方面，也紧跟金融科技前沿技术，推进金融科技探索与创新，并将其应用到业务流程的各个环节，实现智能管理的更新迭代。

根据“十四五”对商业银行提出的科技金融新课题，本文以平安银行的汽车业务监管模式为例，提出“汽车7×24小时智能监管”的创新应用设想，从项目背景与目的、项目概述及涉及的技术、具体操作流程、新旧模式对比、可达成的成果等五个方面阐述数字物联网将如何落实“十四五”规划中科技金融的思路与决策。

一、背景与目的

“橙e网”（即橙e融资平台）是平安银行致力于推动“互联网金融生态圈+产业金融生态圈”，打造的供应链生态平台和金融电商平台。自2000年起，平安银行坚持“跳出银行办银行”，不断推动资源跨界整合，打造精品金融、智慧金融和生态金融“三大名片”。在生态金融方面，平安银行推进物联网技术在金融领域的新应用，致力于创新电商金融的新模式；构建商流、物流、资金流、信息流“四流合一”的综合服务平台及多元化的投融资体系，推动电商产业加速转型升级。平安银行物联网金融在钢铁、汽车等领域的运用，实现了对传统仓库的物联网化改造，大幅降低了大宗商品等领域的融资风险。

自从2008年构建“汽车总对总”业务模式、2014年升级至橙e网操作以来，平安银行对经销商的汽车押品的监管方式一直都是采取传统监管模式，即委托第三方监管机构派驻监管员在经销商店内进行押品管理。驻店监管员的主要职责包括：根据上游厂家的发货明细接收汽车合格证及实物押品入库，录入平安银行系统；日常巡库、盘点押品明细；根据平安银行系统发出的放货指令进行合格证释放等。

经过十三年来的操作，上述传统监管模式已形成固定流程，为平安银行的“汽车总对总”业务提供重要支持。但随着汽车业务规模增长，目前与平安银行广州分行合作的经销商数量已达到1350家，而现有的监管模式也逐渐凸现了一些不足之处：

（一）监管费用日渐提高，且只升不降

传统监管模式需要第三方监管机构向每家经销商至少派驻一名监管员进行管理，随着经销商数量的增加及社会用人成本提升，监管费用越来越高。而由于营销客户的需要，监管机构的人力成本和管理成本已不能转嫁到经销商身上，将最终转化为银行成本。目前，北上广深等一线城市的监管费用达到单个监管员6000元/店，其他城市也达到5000—5500元/店的水平。更换监管方来降低成本的做法只是权宜之计，驻店监管这种需大量人力的传统模式已无法避免监管费用的不断上涨，而高昂的监管费用终将成为银行的负担。

（二）操作步骤繁复、限制条件多，无法保证时效性

传统监管模式下，在入库环节，主要靠监管人员一台一台扫描登记车辆后录入系统；在盘库环节，监管员在核对到店车辆或核对在库车辆时，也必须对车辆押品进行逐台盘点，即便使用目前较为先进的手机App核对方式，也无法避免重复机械的操作，耗费大量时间，效率十分低下；在赎货（含出库）环节，必须待监管员接收到平安银行系统发送的放货指令后方可操作放货，把赎货流程绑定了银行中台人员、驻店监管员的人工操作。

以上三个环节均体现出两个主要问题：一是监管员操作效率低的问题，由于驻店监管员并非稳定性高的岗位，当人员流动变更后，新的监管员需要重新熟悉操作系统、店方环境，往往存在操作失误或效率低下的情况。二是经销商无法在非工作日入库、盘库、赎货的问题。传统操作模式下，入库、盘库须监管员操作，而赎货环节，在经销商提交赎货申请后必须先经过平安银行中台人员审核通过，再经监管员放车，因此在非工作日，经销商就无法提交赎货，给销售带来滞后的问题。

（三）监管模式大量依靠人工操作，风险系数相对较高

传统监管模式各个环节基本依靠人工操作，包括银行中台的初审、复核以及驻店监管员的系统放证、车辆赎货等主要流程。随着业务量增大，人工操作为主的监管模式带来了以下风险：1. 操作失误风险，为了保证业务效率，有限的人力资源需要承担更多的工作量，准确率将难以得到保证；2. 监管人员道德风险，流动性相对较高的监管员岗位一旦出现问题，可能会导致合格证二次抵押、私自移动/售卖不报等情况；3. 系统数据与实际操作不同步的风险，对经销商合格证的使用数据滞后或缺失，无法做到规范监管。因此，过分依赖人工操作，对平安银行的风险管控带来了更大的压力。

（四）不符合后疫情时期对金融科技的要求

在新冠肺炎疫情影响下，银行体系面临考验。过去传统银行贷后管理以现场交接为基础。而在此次新冠肺炎疫情的影响下，突发隔离逐渐成为日常情况，一旦经销商所在地成为中高风险地区，汽车合格证的现场交接将变得难以实现，从而对涉疫地区的汽车供应链业务带来极大打击。在当前全球疫情的新形势下，各行各业都在迅速发展出远程办公、非接触交易的方式，这对于银行贷后监管来说同样是必要且紧急的任务。

综上所述，目前的传统监管模式已开始限制平安银行汽车业务的发展。针对费用高、时效低、风险大等问题，为了进一步提高平安银行作为汽车供应链大行的专业程度及竞争力，贯彻“十四五”规划中对商业银行提出的金融创新要求，结合当前已有的电商技术，可开发出“汽车7×24小时智能监管”的新型汽车监管模式。

二、概述与技术

“汽车7×24小时智能监管”（以下简称“新监管模式”）是通过整合平安银行橙e融资平台的“7×24小时监管+7×24小时赎货+OBD远程监控+‘蜜蜂箱’智能快递柜模式+车辆图像识别技术”的智能合格证管理柜等技术，实现对汽车经销商包括锁车、监管车、放车等环节的24小时技术监管；而监管方则不再逐户派驻监管员，改为片区负责形式，只承担接车入库、盘库等功能，从而降低监管费用，提高效率，并通过系统运行代替人工操作从而减少误差、提升风险管控水平。

实现新监管模式需要以下四项技术支持：

（一）OBD远程监控设备

OBD（On-Board Diagnostic）设备是安装在车辆OBD诊断接口，并通过后台软件对设备进行功能设定后，通过公用的无线网络、GPS（全球定位系统）定位技术将车辆状态进行实时传送的一种远程监控设备。OBD技术可提供实时卫星定位、电子围栏、异常移动及车辆低电压报警，在安全的情况下实现远程锁车、断油等辅助监控功能；且设备技术较成熟，

目前已有监管机构使用升级至第五代OBD技术的设备。同时，由于已投入较广泛的应用，价格处于合理范围，可通过对设备押金、租金等组合，进一步沟通下调空间。OBD设备远程监控技术可以代替监管员人工监管车辆，为新监管模式提供硬件保障。

（二）“蜜蜂箱”模式的智能快递柜

智能快递柜（俗称“蜜蜂箱”）是随着快递业不断发展而派生的新产品，是目前物流末端与智能设备相结合的最优形态，目前已在民生快递领域大量普及应用。在新监管模式下具备以下特点：可24小时无人值守，经销商在获取平安银行放货指令后可以方便地直接提取；通过权限控制开门，没有权限的人无法开箱接触汽车合格证，保证了财产安全；多种方式开门，指纹、刷卡、验证码等方式，更加灵活。如有需求，还可选择目前市面上已出现的汽车合格证专用的智能管理柜，具有更多特性，包括：在每个需要管理的汽车合格证上植入RFID（射频识别）芯片，实时监测每个汽车合格证的状态信息，能做到快速定位搜索；柜子本身可以定位，如果非法离开固定的位置，系统进行报警；内部集成多个传感器，受到非法开门会进行报警提示；支持手机、电脑多端操作等。智能快递柜技术顺应了物流市场对效率、安全的追求，同时为新监管模式提供了必要条件。

（三）车辆图像识别技术

一种类似目前高速公路出入口ETC（电子不停车收费系统）通行车辆图像识别技术及装置，应用于高速高等级公路收费站、门禁、安全防范、城市交通等各大领域。基于机器视觉技术、图像压缩、接触或非接触通行卡读写技术，并配合车辆牌照自动识别技术，实现车辆身份认证和提高车辆管理效率。本技术和装置能精确地进行出入口车辆图像对比，能够准确识别车辆身份，可杜绝各种私自移动行为；具有满足实际应用，系统实时作业、系统开放、使用方便、易于维护、优异的性价比等优点，可适用于4S店车辆押品快速盘点、定位等需求。

（四）7×24小时赎货功能

平安银行已于2020年5月投产橙e平台的7×24小时赎货申请自动审核功能，当经销商在橙e平台提交的赎货申请同时满足如下条件时即可免除中台人工审核：1. 还款金额≥赎货折后价值；2. 还款账号余额≥还款金额。此前，经销商提交的赎货申请必须由平安银行中台人工初审、复核，在非工作日则无法赎货提车。如今7×24小时赎货功能的上线，满足了经销商随时随地赎货的需求，也为新监管模式提供了先决条件。

三、流程与步骤

新监管模式在四项技术的支持下，与传统监管模式最大的区别在于是否需要监管员驻店管理。传统监管模式下，每一家经销商都需要至少一名监管员驻店，才能进行赎货等操作；而在新监管模式下，监管机构只须在片区内布置两三名监管员（根据实际情况安排），监管员只负责接车入库、盘库的工作（通过图像识别技术可快速准确核实盘点）；由于赎货提车流程完全由经销商自助操作，因此已无须监管员一对一驻店，监管员人数可以得到精简。具体操作流程如下：

（一）押品到货、接车入库

1. 上游汽车厂家根据订单发车后，向平安银行、经销商、监管方发送发车通知及发车明细。

2. 经销商、监管方根据物流信息，通知负责该片区业务的监管员提前到店准备接车、入库等手续。

3. 车辆到店后，监管员根据发车明细，通过图像识别技术快速核对车辆及合格证，无误后进行以下操作：

（1）将已识别的车辆信息上传至银行系统，实现厂家、银行、经销商、监管方的四方信息共享。

（2）在车辆上安装OBD等设备并进行相关设置，当获取平安银行系统放货通知后OBD等设备自动失效。

（3）将合格证放入智能快递柜并进行相关设置，当获取平安银行系统放货通知后通过指纹、刷卡、验证码等形式授权经销商提取合格证。

该步骤流程图如下：

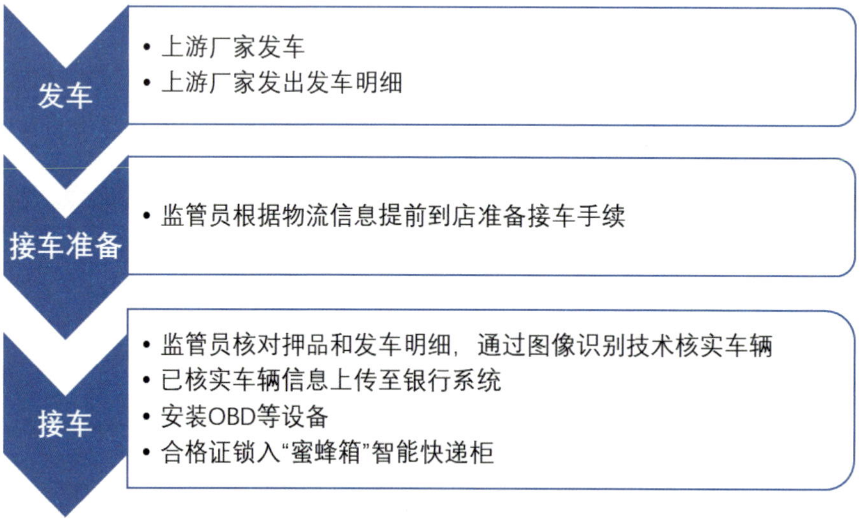

图2-6　发车接车流程图

（二）监管员盘库

与传统监管模式相同，监管员负责日常盘点在库车辆押品情况，并将盘查结果形成日报表提交至平安银行进行风险管理工作。与传统监管模式的区别在于盘库技术的提升，传统模式下的监管员只能逐台车记录或扫描登记，新模式下的盘库使用图形识别技术，只须批量拍摄押品照片，即可通过技术识别出每台押品的车架号等信息，极大提高了操作效率。

该步骤流程图如下：

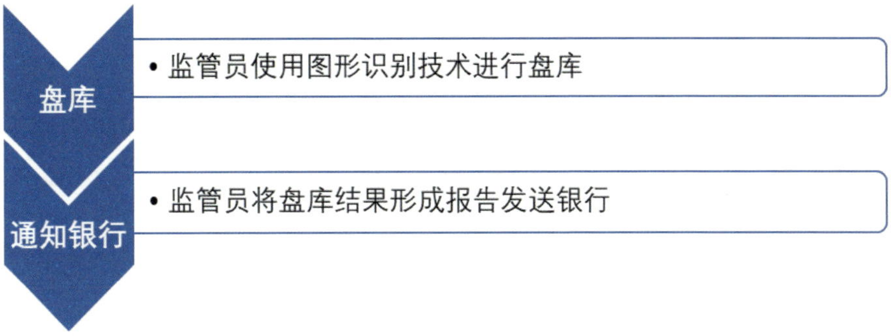

图2-7　盘库流程图

（三）定期/不定期巡库（当达到一定管理水平时取消巡库）

与传统监管模式相同，非三方协议中的另一家监管方根据定期或不定期到经销商店内进行在库车辆巡核查，并将盘查结果形成报告提交至平安银行，以作为平安银行风险控制的重要参考。传统监管模式的区别在于盘库技术的提升，新模式下使用图形识别技术批量拍摄押品照片，通过技术识别出每台押品的车架号等信息，极大提高了巡库效率。

该步骤流程图如下：

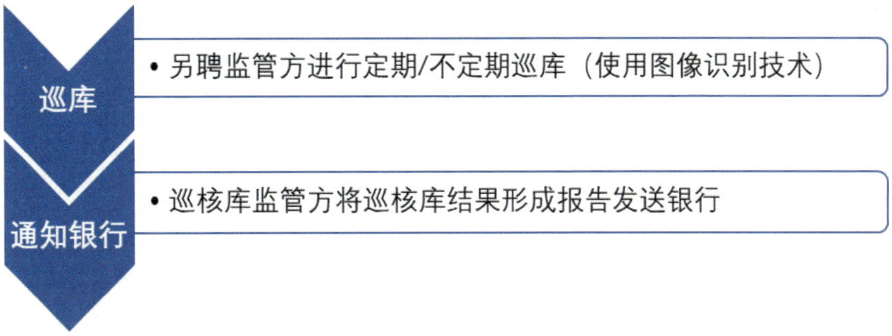

图2-8　巡库流程图

（四）赎货申请、释放车辆

1. 经销商在橙e平台提交赎货申请，在符合“还款金额≥赎货折后价值”“还款账号余额≥还款金额”两个条件情况下，系统自动审核并发送放货指令。

2. 经销商根据平安银行系统放货指令的授权，自行在智能快递柜提取对应的汽车合格证。

3. OBD等设备在获取平安银行系统放货指令后自动失效，经销商直接提车；亦可通知监管员到店拆除OBD等设备。

该步骤流程图如下：

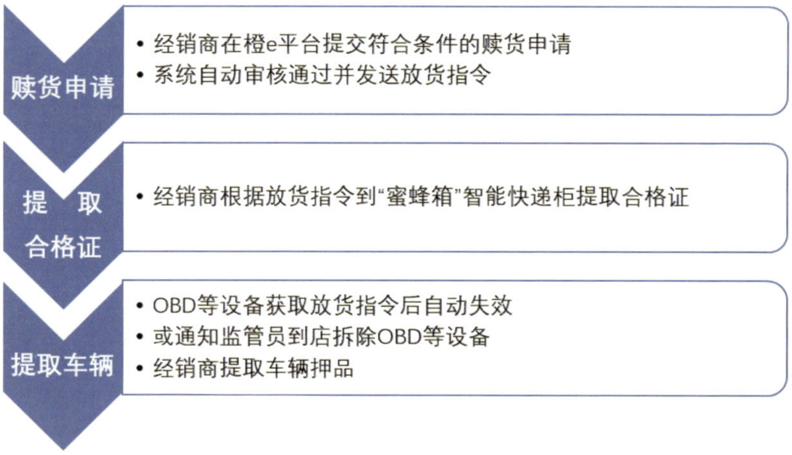

图2-9　赎贷、提车流程图

四、新旧监管模式对比

通过对新旧监管模式直接对比，可发现主要区别体现在具体操作步骤中的关键环节（如是否须监管员驻店、盘库使用技术、经销商赎证便捷程度等），以及操作流程中体现出来的五个维度（包括风险系数、监管方依赖度、费用成本、时效性、准确性）。具体对比如下：

表2-4　新旧监管模式对比表

		新模式	旧模式
操作步骤	入库	1. 片区监管员赴店接车； 2. 已核对车辆信息上传至三方互联系统； 3. 将合格证锁入智能快递柜； 4. 安装OBD等设备	1. 驻店监管员接车； 2. 逐台登记/扫描； 3. 手工录入到货明细； 4. 自行保存车辆合格证
	入库单次耗时	约5分钟/次 （按16台车估算平均值）	约4小时/次 （按16台车估算平均值）
	盘库	1. 片区监管员赴店盘库通过图形识别技术批量盘点； 2. 形成日报表提交给银行	1. 驻店监管员逐台登记/扫描； 2. 形成日报表提交给银行
	盘库单次耗时	约20分钟/次 （按500台车估算平均值）	约1天/次 （按500台车估算平均值）
	出库	1. 经销商在橙e提交赎证申请； 2. 符合条件的申请由系统自动审核通过，并发送提货通知； 3. 经销商根据提货通知自行从快递柜提取合格证； 4. 车辆押品OBD等设备自动失效，经销商自行提取车辆押品	1. 经销商在橙e提交赎证申请； 2. 银行中台人工审核通过，系统发送提货通知； 3. 监管方根据提货通知交付合格证； 4. 监管方释放车辆押品
	出库单笔耗时	约5分钟/笔 （7天×24小时随时可操作）	约20分钟/笔 （休息日无法操作）

续表

		新模式	旧模式
操作步骤	巡库	1. 银行另聘监管方进行定时/不定时巡库； 2. 巡库监管方形成报告提交给银行	1. 银行另聘监管方进行定时/不定时巡库； 2. 巡库监管方形成报告提交给银行
	巡库单次耗时	约20分钟/次 （按500台车估算平均值）	约1天/次 （按500台车估算平均值）
汇总	操作流程中可能出现的差错	风控及准确率可达95%	1. 监管员未及时发现经销商私自售卖/私自移动押品； 2. 监管员录入错误押品数量； 3. 监管员录入错误押品型号
维度对比	风险系数	低	高
	监管方依赖度	低	高
	费用成本	低	高
	时效性	高	低
	准确性	高	低

五、预期与展望

汽车总对总自构建以来逐渐成为平安银行对公领域最重要的业务之一，而监管环节则是汽车总对总业务重中之重的一环。随着“十四五”开局、全球疫情常态化等新课题的来临，新的形势对商业银行的汽车监管模式提出了新的要求。新监管模式通过整合运用平安银行内外的新设备、新技术，顺应物联网时代的潮流，符合“十四五”规划中重点提及的发展科技金融的要求，大胆对已固定操作了十三年的汽车总对总监管模式作出改变，将会为平安银行、甚至各大商业银行的汽车业务注入一针强心剂。新监管模式将能够达成这些成果：

（一）降低人力、管理成本

新监管模式下，要求监管方采取片区式管理，无须监管员驻店操作，极大程度上减少了监管员人数；同时，由于新监管模式下的监管方已覆盖巡核库功能，因此平安银行无须像传统监管模式那样，需要一家监管方操作日常业务，另外还需要一家监管方进行巡核库。体现在具体操作流程中，即在入库、盘库和赎货环节，由监管员驻店模式改进为监管员非驻店、片区监管模式（约占费用成本80%），从而使监管费用得以大幅下降，有利于经销商操作。在新监管模式下，按照目前1350家经销商，以每四家经销商为片区配备一个监管员来估算，每年将可以节约总监管费用逾4000万元；若把7000—8000家二级网点的监管费用也纳入预估的话，节省的费用将更加可观。

（二）提高押品流转效率，提升经销商满意度

新监管模式下，通过结合"7×24小时监管+7×24小时赎货+OBD远程监控车辆押品+'蜜蜂箱'智能快递柜"监管合格证，经销商可以在任何时候进行赎货提车（满足条件下），实现了真正的随时随地赎货。节省了人工审核环节后，随着押品流转率的提高，经销商销售效率也会和满意度一样提升。结合上述监管费降低、满意度提升，将有利于提高经销商与平安银行合作的黏度。

（三）降低人工操作风险

新监管模式下，减少了人工操作部分，如盘库、巡库使用图形识别技术代替人工逐台扫描，极大地提高了登记押品的准确性和效率；又如赎货的赎货环节中平安银行中台的人工审核、监管方的释放押品等操作，通过物联网技术实现真正的汽车24小时不间断监管，并且通过系统标准化程序运行来代替人工操作，可在最大程度上规避人为失误甚至人员道德问题带来的风险，有利于提高平安银行对于汽车押品的风险控制水平。

（四）适应后疫情时期的操作要求

新监管模式符合非现场、非接触的新型防疫业务要求，减少了汽车厂商、经销商、监管员的现场交接机会，降低了疫病传播的风险；同时提高了突发疫情隔离政策的应对能力，有利于汽车业务的平稳发展。

（五）提高平安银行汽车业务竞争力，引领商业银行的科技创新

与十三年前相比，平安银行已从汽车供应链业务的首创者，变为同质化的竞争者。根据"十四五"规划提出的"金融科技"思路而开创的新监管模式下，将能达成上述降低成本、提高流转效率、降低人工操作风险三大成果；而传统监管模式下遇到的过多人工操作带来的一系列痛点，也将会在新监管模式下迎刃而解，并大幅提升平安银行的汽车业务竞争力，作为商业银行的领头羊，平安银行将为"十四五"发展科技金融、推动金融数字化、智能化转型的规划作出表率作用。

参考文献：

[1] 平安银行橙e网简介，http://www.orangebank.com.cn/cejs-newlife.

[2] OBD系统，https://baike.baidu.com/item/OBD%E7%B3%BB%E7%BB%9F/8440008?fr=aladdin.

[3] 汽车合格证管理方案——上海烨煊信息技术有限公司[EB/OL].（2021-08-13）. http://www.kakashine.com/solution/shownews.php?id=31.

[4] 李一民，潘晓露，柯晓兵. 车辆图像识别方法（专利）——昆明利普机器视觉工程有限公司[EB/OL]. https://wenku.baidu.com/view/18428e8a1cd9ad51f01dc281e53a580217fc5031?fr=xueshu20001.

课题组成员简介：

课题组组长　陈结文　平安银行广州分行副行长

课题组副组长
核稿负责人　黄　玉　平安银行广州分行交易银行部副总经理

其他人员　汤博宇　平安银行广州分行交易银行部供应链操作平台总对总操作中心负责人

专家评点：

平安银行在数字化和物联网的新发展趋势下，在“汽车总对总”领域做了创新实践。项目有机结合了OBD车联网技术、智能快递柜物联网技术、图像识别AI技术和App等数字化能力，重构了入库—盘库—出库整个管理运营流程，从监管员驻店升级成为监管员非驻店模式，大幅提高了效率，减少了人力物力成本。本课题对自身和行业都具备积极意义，是金融科技在汽车金融行业的典型成功应用。

专家简介：

李峰，上海交通大学上海高级金融学院会计学教授、中国金融研究院副院长、上海高金金融研究院联席院长。

后疫情时代之银行数字化转型发展挑战与机遇

——中小银行如何借助金融科技赋能业务发展

■ 广州银行

丘斌 袁星侯 郭聪会 赵志东 曾敏丽 朱国腾 彭珊瑚 吴云侠

摘 要

以人工智能、区块链、云计算、大数据为代表的科技应用日趋成熟，加速了金融业务的线上化、移动化、智能化。在社会经济产生新变革的后疫情时代，银行数字化转型面临着新的挑战与机遇。如何加快改革金融科技创新步伐，打造新的业务增长引擎，是当前中小银行须审视的思考方向。结合广州银行数字化转型经验，我们认为中小银行可通过“守”“破”“立”三个维度的能力锻造，全方位拥抱金融科技创新，加速现代科技能力与传统银行业务的深度融合。在产品定制、交叉互惠、跨界融合方面发力，形成“守”势，利用科技赋能服务本土经济；围绕地域突破、空间升级、流程重构，打造“破”势，带来创新驱动；以渠道中台、数据中台、风控中台构筑“立”势，以快速应对市场变革。为此，银行要坚定地走数字化转型之路，充分发挥金融和科技有效融合的发展机制，助力区域经济逾越发展藩篱，撬动业务持续发展的新杠杆。

一、后疫情时代背景

新冠疫情扰乱了全球的生产与生活，对世界经济带来深刻影响。疫情常态化防控要求减少聚集等政策要求，让网点业务量减少，偶发的隔离管控政策将大部分业务提到线上化运行。疫情把一个个未来银行的场景提前呈现，成倍地提升了金融行业对数字化技术重要性的认识。后疫情时代，各种金融创新与成果转化获得了广阔的发展空间，营销获客、业务办理、风险控制突破了网点限制，人脸识别、电子签名突破了面签的障碍，逐渐形成了“非接触式银行”理念。

面对后疫情时代的变革，中小银行如何借助金融科技驱动业务升级，以深挖区域增长潜力、助力区域内实体经济高效发展；如何利用科技创新成果，突破传统模式限制，探索金融服务创新的“深耕”“细分”和“下沉”，打造新的增长点；如何加快数字化转型，减少疫情突发事件对业务有效开展的影响，保障业务的持续发展和稳定经营……这些已成为后疫情时代中小银行创新、开放、发展必须考虑的问题。

二、中小银行发展面临的问题

整体来说中小银行的分支机构数量、资产规模与盈利还在持续增长，运行较为稳健，但是随着经济下行压力的加大，金融监管和去杠杆持续推进，中小银行面临较大转型压力。

（一）从外在冲击来看问题

一方面，新冠疫情与经济进入下行周期相叠加，加上金融监管力度加大等因素，中小银行累积的风险逐渐浮出水面。特别是此次疫情对中小企业的影响较大，进而影响到以中小企业为主要服务对象的中小银行。可能带来中小银行盈利空间收窄、资产质量下行。

另一方面，近年来90后与00后开始成为中国消费市场的主力军，线上消费占比越来越大，追求金融服务体验和消费便利性。随着支付宝、微众银行、京东金融等科技驱动型公司在金融领域的扩张，传统银行固有的盈利模式被打破。加上疫情的持续影响，银行客户行为和消费习惯已悄然变化，传统网点线下业务增长乏力。

（二）从内部原因来看问题

首先是规模不经济的挑战。中小银行规模普遍较小，业务结构较为单一，压缩了利润空间。为了提高效率，降低成本，中小银行更加趋向于进行数字化转型，利用数字技术丰富自身金融产品，扩大业务规模。但技术投入需要中小银行前期花费大量资金作为支撑，数字科技与金融结合存在投入过大，成本过高，开发时间长等特点。目前仍依靠人工传统业务为主的中小银行相比起大型银行，在资金投入、人员规模方面竞争力不足，进而造成了中小银行持续的规模不经济。

其次是中小银行往往缺乏稳定的客户群。中小银行存在依靠抵押和跟随当地大型银行放贷额度放款的“跟贷”策略现象，这在一定程度上造成了中小银行信贷存量客户中存在“中型企业”占比高，“中档客户”占比高。在有足值抵押且还款能力强的优质客户上同业激烈竞争，而中小银行受资金成本影响，收益要求较高，这导致在“价格战”中往往缺乏优势。同时由于贷款市场中逆向选择风险，较高收益要求和抵押物要求也可能导致存在部分借款人有足值抵押但“还款能力弱”的劣势。另外因为不是支持企业的主办银行，中小银行想要获得合作企业的综合效益（比如代发工资、结算流量、投行外汇业务等）较难，甚至在企业产生风险时，维护债权方面能采取的措施也比较有限，上述这些都会影响中小银行可持续发展。

最后是产品缺少融合力，思维方式需要改变。商业银行的传统思维是“产品思维”，这种以标准化产品为思路的理念易造成与应用场景的脱节及客户体验不够流畅，在这种运营模式下难以根据客户个性化需求及时提供适用性服务。新形势下银行需要的是“用户思维”，将用户作为服务导向。与此同时，创新思维也需要改变。受规模、技术、人员等因素影响，部分中小银行还存在创新思维不够开阔，创新力不足，缺少足够的创新文化氛围等现象。

三、科技赋能业务发展思考

针对上述发展痛点，结合我行实践探索，我们认为可以从“守”“破”“立”三个维度，破局以上发展问题，以科技孵化银行创新，多措并举重构银行服务能力，助力业务做强做大。

（一）守——科技赋能，服务本土经济

中小银行的优势在于本地化，为此应以服务自身的核心客群为抓手，本地化深耕运营。通过倡导科技业务敏捷协同模式，革新研发管理流程，引入精益创新文化促进研发效能提升。以广州银行为例，围绕《关于金融支持粤港澳大湾区建设的意见》，我们力争依托区位优势，立足广州、深圳两大湾区核心区域，通过加强科技创新金融服务和大力发展金融科技，打造服务大湾区的区域特色化经营模式。

1．产品定制，提高区域市场竞争力

随着信息的共享，越来越多的银行服务和产品趋于同质化，寻求差异化发展成为后续探索之路。为形成产品化模式，银行可以引入敏捷文化和精益方法，致力打破“业务部门给IT提需求，IT被动响应”的传统流程，构建起科技与业务“1+1＞2”的高效协同工作机制。通过产品经理模式，分别从不同业务领域上进行产品定制，构建多层次的产品体系，针对不同层级客群，构建配套产品体系，满足用户差异化的金融需求。

广州银行从2019年开始在不同业务条线推行试点，选派技术骨干向业务管理部门主动输出产品经理，推行敏捷项目管理模式，采用迭代研发模式提升研发效能，在“智慧食堂”、财政统发工资等项目上取得了较好的成效，更好地发挥科技引领业务的助推力。如消费贷款方面，围绕不同领域消费场景，以信用卡业务为抓手，推进业务与场景的深度融合。同时不断个性化贷款产品，支撑我行贷款业务账户全生命周期管理，大力推广自主风控模式下的线上消费贷款，根据区域特色、行业特色、客群特点等，分体系打造专属型、线上化、自动化、批量化个贷产品，在现有“广银e贷”产品基础上，结合税务系统、社保系统、银联渠道，持续创新e贷系列产品，如普税贷、社保贷。基于供应链金融场景打造“政采贷”业务。支付结算方面，推动智慧城市与金融支付融合发展，加大与公共服务类、行政事业缴费类、保险投资理财类、第三方支付平台类企业合作，将支付结算产品和服务进行场景化嵌入。另

外为满足集团客户资金管理的个性化需求，让集团成员现金归集和联动支付业务更灵活、更多样化，升级现金池产品，实现企业个性化资金自动归集和联动支付功能。打造企业网银公医分摊台账功能，为市民提供便捷暖心服务，为市属公费医疗超支分摊款征收工作提供配套服务，较好地促进我行企业形象和良好服务口碑的提升。通过产品定制模式，整体提升我行支付结算产品在交通、医疗、商旅等消费场景的支付结算聚合能力，打造广州银行一系列“智慧+”金融服务口碑，实现个性化定制、多样化营销。

2. 交叉互惠，合作共赢建设产业链

中小银行可以以“优势互补、互利共赢、共同发展”为目标，开展全方位的深度合作，促进金融服务创新以及银行业务转型。

一是要推广供应链金融，深化生态合作，赢取企业级大客户。中小银行融入产业链金融是一条较好的合作共赢发展道路。广州银行力推产业链上合作，对接了广东省财政厅、广东省政府采购网，并首批在广东省政采网上发布“政采贷”产品信息，实现客户在线扫码申请预约，精准对接政府采购供应商融资需求，切实发挥政府采购扶持中小微企业发展的政策功能，缓解中小微企业融资难、融资贵问题。今年我行新成立了供应链金融部，与多家集团进行了供应链金融的合作对接，通过打通业务上下游链条，从资金监管到融资理财，助力我行对重点客群进行营销突破。另外我行自主建设的企业财资智慧管理平台，不仅能加强国企资金风险监控，引导推动国企合理调配闲置资金，同时还通过资金池实现头寸共享，通过线上委托贷款平台，实现企业间的资金融通，降低国企总体融资成本，大幅度提高客户资金收益。

二是要大力发展普惠金融，拓展新场景创新，扩展中小微客户。以金融科技应用为支撑，融入客户生产经营场景，搭建平台金融新生态。不断扩充和升级普惠金融产品超市，推进小微企业大数据体系建设，基于大数据平台构建，逐步将线下标准化产品推至线上，借助金融科技覆盖小微、“三农”、“双创”等领域长尾客户。通过线上线下联动，以低成本的方式将服务延伸至其后端长尾客户，帮助解决小微企业融资难问题。

构建合作资源体系须久久为功，下一步，中小银行可通过大数据、区块链、电子签名等技术构建全方位全流程的供应链金融。如引入区块链技术进行资产登记、交易确权、交易溯源；对接物流或监管企业平台物联网技术，在系统上实现监控、监管供应链进度情况，在线辅助贷后管理，实现动产质押业务的信息流、资金流和实体流合一的风险管理框架。

3. 跨界融合，构建生态布局

《粤港澳大湾区发展规划纲要》指出，要推进金融创新，发展创新型金融服务，建设优质生活圈。中小银行可向多元场景融合的经营模式升级。一是要践行“开放银行”理念，加强跟第三方的合作，探索“生活场景+金融元素”模式，深化与医院、校园、产业园区、旅游业务合作。二是要立足中心长远发展，积极做好项目储备，以大流量大平台合作为抓手，与多家持牌消费金融公司、头部电商、第三方支付机构等利用资源互通、支付合作、业务协同等多种方式实行跨界经营发展。三是要深挖居民需求促转型，不断延伸金融服务链条，拓展至客户生活各个领域，形成以金融服务为核心，以开源服务为支撑的服务模式。

对此，广州银行正把握区域发展机遇，在跨界经营模式下，通过科技支持构建融合金融与服务于一体的生态系统，助力广州银行在同业间以及跨界平台、跨界企业中释放服务能力和数据价值，逐步完善各类标准产品的创设以及结合不同行业及场景进行个性化开发。加快推进不同行业的金融业务场景应用落地。比如，由广州银行与广州城投住房租赁发展投资有限公司共同打造上线了广州市首个社会保障性住房“智慧住房”项目，通过“城壹宜居”线上住房租赁平台为城投租赁打造了一站式线上房屋租赁平台，聚合了公租房房源、个人房源、品牌人才公寓、中介房源等多种房源，以住房租赁业务为切入点，依托云计算、大数据、物联网、人脸识别等技术，市民可在手机或电脑终端实现从注册、房源发布、找房看房、签约支付、物业缴费的线上房屋租赁交易全流程。再如，广州银行于2019年率先与广东省电子口岸推出了电子口岸单一窗口系统，通过对接银行系统协助企业在进出口时进行网上申报，打造开户、结售汇、汇款汇入一体化功能，为企业客户进行海关申报提供便利化服务。

（二）破——创新驱动，升级传统模式

行业先行者布莱特·金在《银行4.0》中提出：“未来银行将无处不在，就是不银行。”在科技创新变革的推动下，银行服务将融入各类生活场景，金融服务无处不在，而传统的网点模式将逐渐弱化，甚至变得不存在。微众银行、网商银行、新网银行等互联网民营银行均为无网点银行，而是将银行服务融入具体场景中。为此，中小银行在监管政策和制度规范内，借助金融科技创新，从地域、空间、流程等方面升级传统经营模式。

1. 地域突破

央行于2019年印发的《金融科技（FinTech）发展规划(2019—2021年)》中指出银行业要“加强金融科技战略部署、强化金融科技合理应用”，2020年央行、银保监会等五部门联合发布《关于进一步强化金融支持防控新型冠状病毒感染肺炎疫情的通知》，提出“金融机构要加强全国范围特别是疫情严重地区的线上服务，引导企业和居民通过互联网、手机App等线上方式办理金融业务”。受疫情影响，银行可结合“宅经济”理念，在监管范围内，打出“远程视频银行+电商直播频”的组合拳。

远程视频银行方面，借助5G、视频流、人脸识别、智能风控等技术的运用，一种采用视频模式随时随地连接客户与行员的“远程视频银行”开始火爆。既让客户享受到移动化随时随地服务的便捷性，又能感受到等同网点临柜有人服务的温暖体验，同时银行也可以有效核验客户身份，防范业务风险。2020年年初以来的疫情更是推动远程视频银行在银行业的运用，如招商银行、南京银行已打造线上视频营业厅，借此突破网点服务半径限制，提供远程

"非接触"金融咨询服务。2021年广州银行将远程视频银行作为新型线上业务平台，在我行手机银行嵌入远程视频银行服务入口，打造账户管理和金融服务咨询功能，既让客户享受到移动化随时随地服务的便捷性，也让客户足不出户也能感受到等同网点临柜有人服务的温暖体验。

电商直播方面，随着5G时代开启，视频直播凭借其独特的趣味性、丰富的表现形式和多元化的内容赢得了广大用户的喜爱，成为当下的潮流。银行业也开始探索如何利用视频直播真实性强、体验直观等特点，为客户提供优质的金融服务。银行的视频直播平台正是直播热潮和金融科技背景下的一次全新探索和实践，直播平台支持音视频直播、点播、弹幕、评论等基础和交互功能，可满足银行营销推荐、行内培训、宣传直播等场景和服务需求。我行也在积极探索直播服务，2021年建立"广银直播间"，发起进行了多场理财销售直播，触达上万名客户，在让客户了解专业金融知识和产品信息的同时，便捷营销各类理财产品。下一阶段，中小银行可不断试水电商模式，从坐商转型为行商，依托直播的即时互动性来经营线上场景，实现便捷金融服务。

2. 空间升级

智慧的概念已逐渐融入传统网点。各行通过科技手段，打造互联互通的一站式智能服务，树立标杆网点，将其中适合推广的部分，包括模式、设备、流程等快速复制到各网点。尤其在"金交会""未来网点"等展示区已实实在在地让人感受到各种智能设备在未来的变革作用。升级转型非一蹴而就，中小银行可以"智能柜台+移动营销设备"为中心，辅助智能叫号机，为客户开启"自助+智能"面对面的一站式智慧厅堂，同时将智能理念与产品创新、服务创新、流程创新相结合，实现交易处理自助化与离柜化，业务流程一站式与精简化，为网点释放人力创造条件，助力网点轻型化、智能化建设升级和网点提质增效。

为突破网点转型发展的瓶颈，2018年以来广州银行围绕"以客户为中心"，通过引入智能化硬件与软件，打造智慧厅堂，将智能理念与产品创新、服务创新、流程创新相结合，实现交易处理自助化与离柜化，业务流程一站式与精简化。首创"以身份证触达全部交易"的"1+N"业务办理模式，客户只用携带一张身份证，无须携带银行卡，只要经过一次刷脸身份验证，即可通办全部业务。在给客户带来"自助+智能"的全新感受的同时，为网点释放人力创造条件，助力网点轻型化、智能化建设升级和网点提质增效。广州银行网点经过三年多的陆续升级改造，实现90%以上的支行覆盖率，整体带动网点厅堂智慧化。在借记卡开卡、客户信息维护、医保社保业务、账户管理、理财、电子银行签约、转账等方面实现全面分流，可替代交易分流率达近80%，部分网点分流率超90%，网点开始由"交易处理型"向以效能为导向的"服务营销型"转型。

3. 流程重构

银行业务流程增多的同时，系统管控类需求也逐渐增多，即需要越来越多的人去操作系统，人力资源趋于紧张。在内部办公、业务运营等领域存在一些跨系统对接或繁琐人工操作的痛点，使得员工不得不进行大量重复、跨系统复制、对比、按步骤操作等机械事务工作，耗费了大量的工作时间，还存在显著的人因风险。如各金融机构都有些跨系统的表单需要手工下载、按规则转换加工、复合校对、手工录入上传，该类业务重复度较高。为使员工从繁琐的流程中解放出来，可以通过“流程银行”和“流程自动化机器”来降本提效。

流程银行方面，流程银行理念，用公式表示即为：流程银行 = 流程 + 银行。银行还是那个银行，但流程不是以银行为中心的流程，而是以客户为中心的流程。企业可以通过用流程来认识自身、管理自身。广州银行2021年启动集中作业升级项目，旨在将业务操作流程化、平台化，实现柜面端集中作业。比如客户向柜面提交跨行转账服务申请，柜面人员审核客户凭据无误时，扣划客户款项形成待发送往账，业务受理回执交付客户，后台集中作业人员根据客户凭据影像，背靠背复核录入交易关键要素后提交系统处理，完成往账的发送。

流程自动化方面，据Gartner分析，未来金融工作里，有四成的可能性会被机器人等自动化程序设备替代。为此不少银行布局试水虚拟员工，即引入流程自动化机器人系统（Robotic Process Automation，RPA）。RPA模拟员工在电脑上的操作行为，可将重复性高、有明确规则的手工操作工作实现自动化，从而释放人力、拉动工作效能。广州银行2021年结合人工智能等技术，在经营服务上，打造出代理财政集中支付机器人、单位账户开立报送机器人、发票查验机器人，这些“员工”可不间断工作。在内部效率提升上，提炼出报表加工机器人、办公收发文机器人，缩减手工操作时间，释放出新的劳动价值。

（三）立——中台能力，快速应对变革

中台是一种企业级能力复用战略，在应对快速变革的场景下，能有效支持业务发展。银行业务中台以共享服务单元的架构设计，将金融服务架构组件化，形成各类业务系统相互衔接，实现对新产品和应用的多层次驱动。建设银行、广东农信社、微众银行、湖南三湘银行等行均借助中台这种技术战略去拥抱变化。

基于前、中、后台分层规划思想，广州银行打造出“薄前台、厚中台、稳后台”的架构模式，在中台层，根据业务领域，抽象出通用的、公共的业务服务，建立共享能力中心，打造三大中台：渠道中台、数据中台、风控中台，形成业务数据化、数据资产化、资产价值化的驱动闭环，为各业务条线向差异化转型发展提速助力。

1. 渠道联动整合化，打造渠道中台

由于历史系统碎片化建设，不少银行仍存在“竖烟囱”式应用系统，以渠道为例，网点柜面、手机银行、直销银行、微信银行等多个渠道相互独立，存在客群分散、产品体系相对隔绝、营销资源分散、运营成本高昂等问题。为提供信息共享性，各行借助渠道整合的契机，建设渠道中台，对外形成统一的品牌认知，在获客、渠道拓展、客户服务等各个方面形成合力。通过服务复用化、流程标准化，线上线下联动，提供“前店后厂”快速敏捷的业务集成能力，赋予业务快速创新和试错能力。

在外部渠道整合上，广州银行当前正在实施的广州银行App和渠道中台项目，基于统一的移动平台，从视觉交互、产品布局、业务场景、前后协同等方面进行统筹考虑，通过整合我行线上业务的入口，融合出一个全新的App，形成产品综合管理、渠道创新、客户统一、风险统筹、金融开放等五大能力中心，实现对消费金融和场景金融的有力支撑，为不同需求的用户带来舒适的用户体验，完成我行渠道整合战略的能力落地。

在内外渠道联动上，充分利用行内移动办公“广信”App实现线上移动办公。总、分行授信审批关键岗位人员通过手机就可以对公信贷业务、结构化融资等业务的授信审批、贷款发放审批进行即时服务。目前约35%以上的信贷审批工作通过移动审批完成，有效地提升了业务开展效率，迅速解决疫情防控期企业和个人资金需求。

2. 数据资产价值化，夯实数据中台

工欲善其事必先利其器，银行要围绕数据的“存、通、用”下功夫，加强数据治理和数据应用。“存”上要加强数据积累，推进业务数据化，沉淀数据资产，刻画出客户精确画像，更好地了解客户。“通”上要统一数据标准，不断提升数据质量，强化内外部数据交互共享，有效破除数据烟囱，建立全景数据视图，持续保证数据可信好用。“用”上要建立客户统一视图，构建数据驱动和洞察能力，助力“数据驱动客户经营”落地，通过用户画像和行为数据，借助数据建模能力，实现高效引流，精准获客，打造“千人千面”个性化产品服务推荐。

广州银行通过对数据资源有效整合与深度利用，生成用户画像和标签并加以分类，借助CRM（客户关系管理）系统，构建客户统一视图，同享和完善客户数据信息，保证信息的准确性和一致性，达到精准营销和提高风险管理能力。借助数据分析平台，提高大数据分析能力，利用数据发现商机、拓展客户、识别风险、管控成本，推进业务、产品和服务创新。

3. 风险管理精细化，完善风控中台

中小银行要聚焦数字化风险管控。打造智能化的全面风险管理模式，实时防控新服务模式的衍生风险，实现数字风险研判、数字风险预警、以机控代人控。完善全面风险管理架构，打造“自动、实时、精准、敏捷”的科技风险管理体系，将量化分析与精细化管控能力渗透入贷前、贷中与贷后各环节。着力数字化风控能力建设，依托大数据风控等科技手段，实现风控流程标准化、策略精准化、管理体系化。根据监管政策要求，健全贷款业务的风险治理机制，提升自主风控能力，提升信贷业务中台支撑能力，建立贷款审批、放款、催清收等批量化处理的集中运营平台，实现风险管理集约化、风险化解多样化、风险处置常态化。

在我行全面风险管理体系规划中，大数据风控系统作为第一道风险防线，支撑业务条线贷前准入、进件申请、授信审批、贷中监控、贷后跟踪等信贷全生命周期的风控管理。日均联机决策数万笔，贷款规模数百亿，不良率1%以下。另外通过风险预警系统建设，强化资产预警和监控，实现风险早发现、早处置。

四、保障机制建设

后疫情时代，中小银行应研判新的行业趋势，高度重视数字化转型。我们可从战略、组织、人才等方面做好保障，以适应新的商业运营模式，增强自身竞争力。

统筹规划先行，巩固顶层设计。通过锚定行业标杆，比学赶超、学长补短，培养竞争意识，转变科技部门作为成本中心的定位，与业务部门进行利益捆绑，在资源投入方面，转变以往的“成本考量导向”为“战略考量导向”。持续加强全行金融科技、数字化转型意识的培养，强化培训与交流，建立形成“科技兴行”的文化氛围。

深化业技融合，打造敏捷组织，可通过加强业务、技术两者的利益捆绑、协同作战，充分发挥金融科技对银行业务的引领和促进作用。从业界实践分析，无论采用部落制、金融科技事业部制，还是采用科技人员前移、业务人员后置等局部优化手段，都从某种程度上证明了敏捷组织的有效性。敏捷组织强调自主性，产品创新能力更强，更加适应快速迭代、复杂多样的金融服务需求。在具有多个敏捷组织的情况下，可通过虚拟组织或轻量级的职能组织建设，加强管理制度创新，确保标准和规范的有效执行，实现统一的质量控制和风险管理。

锤炼复合型人才队伍，人才是企业核心竞争力，“得人才者得天下”。要将科技人员分布精细化管理，强调科技人员总占比例提升的同时，应细化到各部门的占比，即业务部门也要有科技岗位或者懂科技的人才。人才输送可以采用科技部门培养，定期向业务部门输送的模式，打造一支自己的金融科技孵化创新团队，形成银行金融科技课题研究和产品研发高地。

五、展望

未来已来，唯变不变。后疫情时代的中小银行可抓住数字化转型发展机遇，通过“守”“破”“立”三个维度的提升，赋能业务发展。路漫漫其修远兮，我们将持续调整顶层战略设计、夯实基础建设，依托地域特色、行业特色，守好差异化转型之路；加强创新体系建设，积极探索和研究新技术、新方法的试用与推广，破出新的增长点；重塑架构体系，升级中台模式，助力敏捷变革，立出金融新境界。

参考文献：

[1] 赵志东．科技赋能　广州银行助力湾区经济发展[J]．中国金融电脑，2020(6):18-22.

[2] 朱鸿举．新冠肺炎疫情对商业银行的影响及对策[J]．商场现代化，2021(14):138-140.

[3] 于菁．粤港澳大湾区数字普惠金融发展现状、存在问题及对策建议[J]．时代金融，2021(23):26-27+39.

[4] 董希森．“非接触银行”的创新与银行人的应对[J]．当代金融家，2020(Z1):79-82.

[5] 谈新艾．坚持科技赋能，广州银行数字化转型实践探索[J]．金融科技时代，2020(1):21-23.

[6] 孙爽．打造粤港澳大湾区精品上市银行：访广州银行党委书记、董事长丘斌[J]．银行家，2021(05):36-39.

[7] 李苓苓．金融赋能：银行支持科技金融创新发展研究[J]．中国商论，2020(21):39-40.

课题组成员简介：

课题组组长	丘　斌	广州银行董事长
课题组副组长	袁星侯	广州银行岭南金融研究院常务副院长
	郭聪会	广州银行岭南金融研究院执行副院长
	赵志东	广州银行金融科技部总经理
成　　员	曾敏丽	广州银行岭南金融研究院专职副院长
	朱国腾	广州银行金融科技部副经理
	彭珊瑚	广州银行资产保全部
	吴云侠	广州银行金融科技部

专家评点：

本文深入分析了中小银行面临的竞争环境，紧紧围绕国家粤港澳大湾区发展战略，顺应金融科技和数字经济发展趋势，通过“守”“破”“立”三个维度的能力锻造，全方位拥抱金融科技创新，加速现代科技能力与传统银行业务的深度融合，构建符合中小银行特点的发展方向和发展路径。论文观点新颖，分析严谨，措施务实可行。

专家简介：

李峰，上海交通大学上海高级金融学院会计学教授、中国金融研究院副院长、上海高金金融研究院联席院长。

面向金融数据的隐私安全保护的协同技术研究与应用

■ 广东省农村信用社联合社

李海涛 戴一挥 丁一航 龚练 张钰 靳樱子

摘 要

大数据及人工智能技术目前在金融领域的风控、营销、运营等场景中得到了广泛应用，金融机构往往需要引入大量外部数据与自身金融业务数据相结合，以提升数据完备程度，提高人工智能技术应用效果。但随着国家对用户隐私及安全管理愈发重视、数据监管政策的逐步完善，数据收集方与使用方之间的数据转移、交换、与交易行为的合规性保障成为重中之重。如何在保证用户数据隐私安全保护的前提下实现跨机构的数据协同，成为金融智能化转型新的挑战，而联邦学习与多方安全计算技术的应用也许将成为破题之法。

本文将从隐私安全保护相关技术的整体发展趋势、其在金融科技领域的应用现状以及基于本行真实业务场景的应用实践三方面展开论述，对隐私计算及协同学习技术在金融领域落地的可行性进行研究，总结该项技术当前应用优缺点，并展望其未来发展前景。

一、隐私安全保护技术整体发展趋势

“隐私计算”概念于2015年12月份由李凤华等学者首次提出①。他认为“隐私计算是面向隐私信息全生命周期保护的计算理论和方法，是隐私信息的所有权、管理权和使用权分离时隐私度量、隐私泄漏代价、隐私保护与隐私分析复杂性的可计算模型与公理化系统”。（李凤华，2016）通俗来讲，隐私计算技术即一项以现代密码学为核心，由可信硬

① 2015年12月第一届隐私计算学术研讨会，李凤华研究员作了题为“隐私计算研究范畴与未来”的主题演讲，正式宣告了“隐私计算”定义及理论体系的诞生。

件技术做支撑，能在保证原始数据安全及隐私性的同时对数据进行传输、计算、分析的技术，是在当前数据共享合规性要求愈发严格的情形下解决数据“可用不可见”问题的一个突破口。

近年来，隐私计算技术在数据共享领域逐步进入工业化应用阶段。隐私计算的相关技术理论研究可回溯至20世纪八九十年代，包括安全多方计算（1982）、同态加密（1977）、零知识证明（1989）等密码学技术，21世纪以来也诞生了如差分隐私（2006）、可信执行环境（2006）、联邦学习（2016）等新型隐私计算技术。多方安全计算技术作为隐私计算中密码学技术的代表，本身不依赖特定硬件且具备较高的安全性，而其性能低的缺点也随着算法协议与计算资源性能的优化提升被逐步弥补，目前与联邦学习、可信执行环境共同构成了当下隐私计算技术产业化发展的三大技术路线。

随着有关数据安全及隐私保护法律框架逐步完善，传统跨机构数据协作面临挑战。2021年6月10日第十三届全国人民代表大会常务委员会第二十九次会议表决通过了《中华人民共和国数据安全法》（简称《数据安全法》），将于2021年9月1日起施行。《数据安全法》将与2017年颁布的《网络安全法》、2020年发布的《个人信息保护法（草案）》共同组成国内信息及数据安全领域法律框架，为国内人工智能应用过程中数据安全和个人隐私安全保护提供法律依据。

同时，国家支持数据安全与协同应用的平衡发展。《数据安全法》明确指出：“国家保护个人、组织与数据有关的权益，鼓励数据依法合理有效利用，保障数据依法有序自由流动，促进以数据为关键要素的数字经济发展。”这意味着数据安全并非指否决机构间数据协同合作途径，而是需要改变过去暴露式的数据协作方式，通过数据安全技术与业务模式的创新结合以开拓新的合作模式，达成数据安全保护与开发利用的平衡。隐私计算技术应运成为产学研多方关注热点。

二、跨机构数据协作风险点剖析

以银行为首的传统金融机构在向“智慧金融”深化转型过程中，一方面全面发挥自身产品、网点、客户基础等优势，在对产品进行创新；另一方面积极运用大数据和人工智能技术全面提升智能风控、智能营销、智能运营等能力。为达成目标，银行需要更加了解客户，这促进了银行对外部数据融合应用的需求增长。在业务开展过程中，银行积累大量客户基础数据与金融业务数据，但用户在银行业务中的表现特别是在单一银行的行为表现，往往不足以刻画用户的金融行为全貌，进而无法有效把握其金融需求。例如，个人信贷业务的风险识别，需要第三方的个人行为数据进行补充；小微信贷风控中，作为小微企业财务信息的补充，银行需要收集物流、仓储、税务、财务数据等外部数据进行交叉验证；在消费贷营销场景中，则需要分析用户资金交易行为判断其资金需求，通过“投其所好”针对性设计营销活动，从而提高效率，降低成本。

当前银行等金融机构与外部数据服务商数据合作模式主要有指标/标签查询、客户画像查询、联合建模三种。指标/标签查询通常用于信贷风控场景，客户画像查询常用于精细化营销与广告投放等，联合建模作为深度定制化服务在风控与营销场景中都有普遍应用。但不论选择何种合作模式，银行方都面临客群暴露的风险，因为银行必须将客户身份标识（身份证号、手机号等）传递给合作方以获取指定返回信息，在这个过程中，合作方实际获得了银行方的客户身份要素，特定场景下甚至可以判断被查询对象与银行的业务往来情况。在合作方客户覆盖面大于银行方客户覆盖面的不对等数据合作中，这类风险尤为明显。

除客群暴露风险外，在联合建模合作模式下银行方还会面临客户特征泄露与定制模型/规则被挪用的风险。第一，为了进行模型定制，银行与合作方分别提供内部数据组成融合样本进行模型训练，银行方至少需要提供业务数据作为训练样本的y值；若希望模型中结合更多客户的业务表现特征，银行方还需要提供更多基于内部数据的客户特征，与合作方对应特征共同组成训练样本。因此，若样本融合以及模型训练环境不在银行内部平台中进行，则可能存在银行客户特征泄漏的风险。第二，若模型/规则在合作方上线①，由于定制模型/规则其本身具备业务价值，合作方可以在未授权情况下与其他金融机构合作采用迁移学习的方式继续使用该模型。

三、解决方案对比

面临跨机构数据协作中客群暴露、特征泄露、定制模型/规则被挪用的三大风险，通过引入隐私计算技术，业界提出了匿踪查询与分布式加密协同建模的合作模式，在数据不出域前提下进行信息共享，以保护协作中各参与方数据安全。

目前隐私计算技术产业化发展的三大技术路线分别为可信执行环境、多方安全计算、联邦学习。其中，可信执行环境通过硬件技术对数据进行隔离保护，运算速度快，开发语言门槛低，应用灵活性和算法通用性强，适合商业落地及大规模应用，但由于此项技术强依赖于硬件设备，对制造厂商及服务商信誉要求高，目前市场供应以Intel、AKM等国外厂商为主，并且可信执行环境技术在设计上限定了隐私数据相关密钥只能在一个硬件设备中使用，因此基于可信执行环境的隐私计算方案推广存在中心化合作模式下信任难、新增及替换成本高昂、安全缺陷修复速率存疑、可用性差等若干问题；联邦学习基于“任一参与方都无法通过中间模型参数推断出原始数据”这一假设，提供了参与方数据不出本地仅依靠中间模型参数交换来完成协同模型构建的数据安全保护解决方案，但其基础假设缺乏密码学支持，在工程化、产品化过程中通常会结合密码学技术进一步保证中间结果的传输安全；多方安全计算不依赖特定硬件、系统、服务商或供应商，由严格密码学理论提供安全性证明，在多方数据融

① 根据预测模型上线位置不同，银行方需要获得的返回结果不同。具体来说，如果模型在银行端上线，则合作方需要为银行提供模型预测所需特征；如果模型在合作方上线，那么合作方直接向银行提供模型结果。

合运算过程中的数据隐私安全保护领域有独特的优势，然而，如何在大规模多方参与的融合运算下控制运算时效增长是多方安全计算产品在技术研发中面临的难题，同时计算性能与运算时延也是银行等金融机构在规划设计自身隐私计算能力时需要考量的重点。

四、本行实践

为验证基于隐私计算技术的跨机构数据合作在金融业务场景中的应用效果，广东农村信用社联合社选用某多方安全计算技术的协同学习平台产品，在真实业务场景进行了联合建模的探索实践。

从行业应用角度出发，我联社在实践中主要考察基于隐私计算的协同学习带来的效果提升度。与数据汇集后进行本地学习的传统联合建模方式相比，隐私计算技术解决了协同学习过程中数据转移的问题，但同时会导致一定程度的信息损失，从而影响模型最终效果。因此，为论证该技术在实际场景中的应用价值，须将其与我联社当前上线模型进行效果对比。

此外，从外部数据应用的合规性角度出发，我联社通过事后流量审计，对训练过程中是否存在客户数据泄露进行了验证。

（一）背景与步骤

本次验证基于广东农村信用社联合社某线上贷款产品营销场景，以预测单个客户营销转化概率作为建模目标，将协同学习模型作为实验组、本地模型作为对照组展开对比实验。其中，本地模型仅使用我联社自有客户特征，协同学习模型则使用协同双方共同提供的400个客户特征。

建模过程分为各节点本地数据导入、加密样本融合、融合样本特征分析、模型训练四个步骤。在数据导入环节，各参与方将计划参与数据合作的数据导入本地节点，经过同态加密、秘密分享分片等密态处理后形成样本数据集；在样本融合环节，参与方实现约定求交字段，基于加密的用户样本对齐技术，在不公开各自数据的前提下确认双方的共有用户，在不暴露互不重叠用户的前提下，联合多方特征形成融合样本；在融合样本特征分析环节，进行如缺失值处理、特征转换、特征分箱等特征预处理工作；在训练环节，使用协同学习平台及本地学习平台分别采用传统逻辑回归、LightGBM两种算法进行模型训练，得到本地LR、本地LightGBM、协同LR、协同LightGBM共四个模型及对应模型性能指标。此外，出于事后审计需要，在协同学习进行过程中需要使用IT审计工具抓取各节点之间的交互流量。

（二）结果分析

数据安全方面，在协同学习过程中，前端页面中各参与方可以在合作方授权后查看数据集表结构，包含字段名称与字段类型，但无法观测到表内容；对抓取流量的审计结果显示，后端各节点间服务器的流量交互中没有检测到客户数据相关明文数据存在。

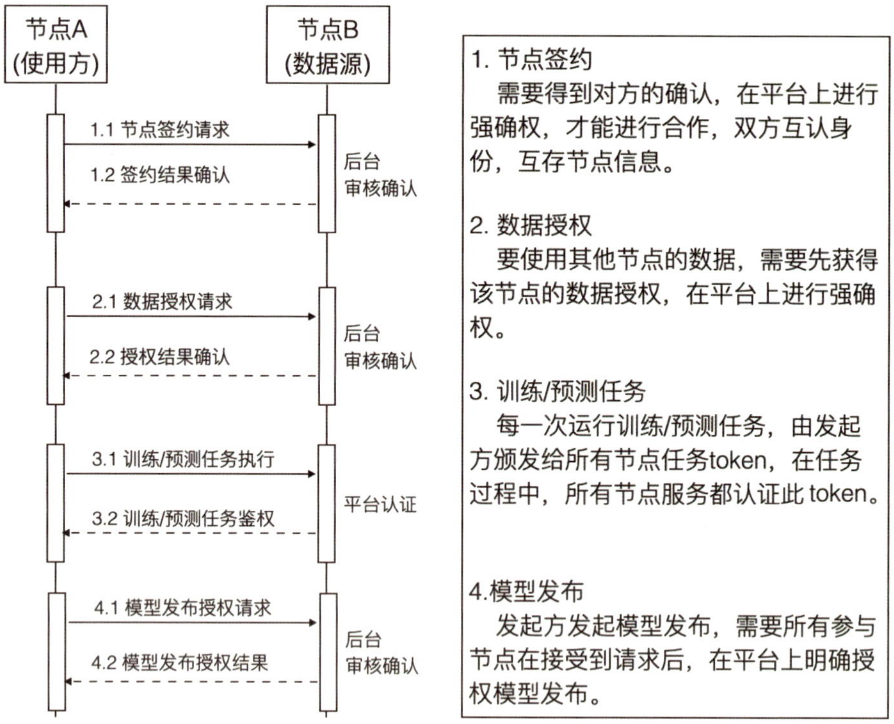

图2-10　跨机构协作数据保护机制

模型性能方面，本次验证中模型性能对比情况如下列图表所示（表2-5，图2-11—图2-14）。从图表中可看出，在逻辑回归算法中，协同学习模型较本地训练模型ks提升36%，auc提升7.9%；在LightGBM算法中，协同学习模型较本地训练模型ks提升14.7%，auc提升8%。综上可得出，协同学习模型的区分能力优于本地训练模型。

表2-5　模型性能指标对比

	协同学习		本地训练	
	ks	auc	ks	auc
LR	0.808	0.952	0.596	0.882
LightGBM	0.868	0.952	0.757	0.879

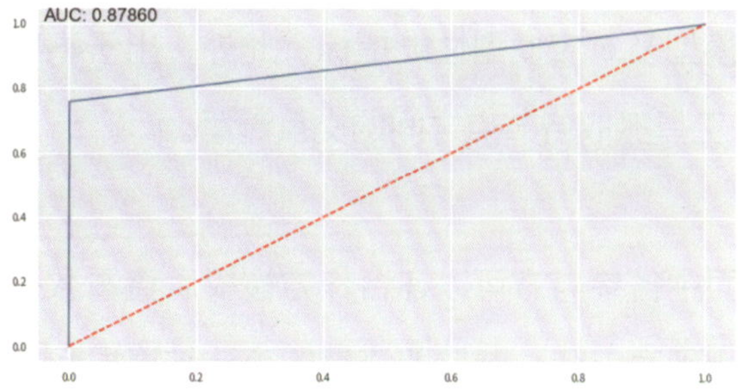

图2-11　本地lgb模型ROC曲线

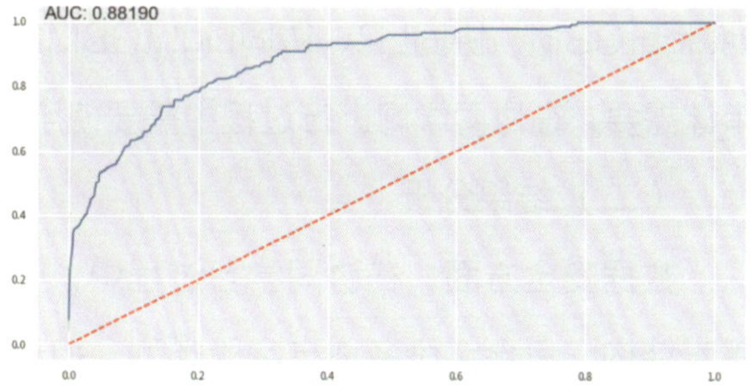

图2-12　本地逻辑回归ROC曲线

图2-13　协同逻辑回归模型ROC曲线

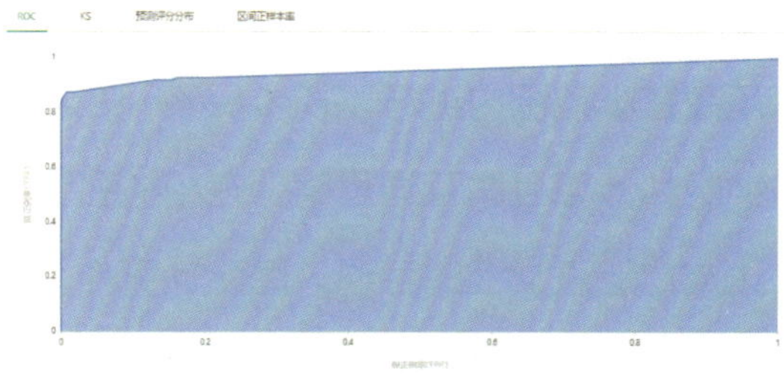

图2-14　协同lgb模型ROC曲线

五、总结与展望

我联社在本次实践中评估了基于多方安全计算技术的协同学习技术在真实业务场景里的应用效果。本次实践结果表明，以一定程度的运算效率及信息损失为成本，合作双方可以在原始数据不出库的条件下完成协同模型的搭建，并且协同模型在模型效果上较本地模型有显著的提升。这说明尽管为保证隐私安全牺牲部分信息，但在协同模式下多个参与方数据的整合所带来的信息提升足以覆盖这部分信息损失。结合此次实践，我联社认为，对加强跨机构数据合作中的数据安全保护来说，引入隐私计算技术在外部数据应用中具备实际推广的可行性。

与此同时，我联社在实践中认识到，隐私计算技术在金融行业的落地还有很长的路要走，主要体现在对监管政策的解读及技术标准体系构建两个方面。

一方面，在跨机构数据协作中引入隐私计算技术并不意味数据的完全安全，银行需要及时调整自身金融数据管控制度与规范以响应法律法规号召。现有协同学习方案，包括 Google 在内的联邦学习，在遇到恶意服务方/合作方时依然存在泄露风险。MIT（麻省理工学院）实验室在 NeurIPS 2019 大会上发表了*Deep Leakage from Gradients*一文，证明了在联邦学习中，共享梯度会导致训练数据的泄露。面向金融行业的协同学习，对隐私数据的保护要求更加严格，训练数据集需要更强的隐私保护与管控技术。因此，我联社认为在银行等金融机构参与协同学习时，在隐私计算技术之外仍需要注意建立两道防线：第一道防线是对内部大数据管理平台的出口进行安全管控，通过数据分级分类，建立本地参与协同学习的数据资源目录，根据实际业务需求和隐私保护要求，识别出适合参与协同学习的数据类型及相应的处理方式；第二道防线是在内部协同学习系统与外部合作方连接之间的安全管控，通过严格的权限控制与留痕处理保障事后全路径追溯的可行性，采取的措施包括但不限于网络通信端口的控制、白名单机制、多层级授权机制等。

另一方面，建立隐私计算技术框架和标准体系，实现异构平台间实现互联互通，成为进一步推广技术落地应用的关键一环。在协同学习应用场景拓展与技术选型调研过程中，我联社认识到不同的隐私计算平台间因为接口、通信及采用技术的差异，往往独立不可互联，其问题核心在于各隐私计算平台技术自治产生的差异性，导致短期内难以形成统一标准，具体包括底层技术路线、平台架构、算法设计、代码实现等方面的技术差异。目前，业内已有部分厂商在小范围内进行了初步探索，在特定场景、算法或有限产品间组成联盟，但由于存在多种隐私计算互联互通思路，在相关名词定义和术语概念上也尚未统一认知，行业内还远远未达成广泛意义上的互通。隐私计算作为解决数据合规流通问题的关键技术，需要在行业整体形成一份具有普遍共识且可落地性强的标准规范，达成行业共识，实现不同隐私计算平台的连接合作，降低协同学习模式下各方对接工作量与系统建设成本，提升合作效率，方能真正打破“数据孤岛”问题，实现多方共赢。

参考文献：

[1] 李凤华，李晖，贾焰，等. 隐私计算研究范畴及发展趋势[J]. 通信学报，2016，37(4):11.

[2] 周传鑫，孙奕，汪德刚，等. 联邦学习研究综述[J]. 网络与信息安全学报，2021，7(5): 77-92.

[3] 宁振宇，张锋巍，施巍松. 基于边缘计算的可信执行环境研究[J]. 计算机研究与发展，2019，56(7): 1441.

[4] Archer D W, Bogdanov D, Lindell Y, et al. From keys to databases—real-world applications of secure multi-party computation[J]. The Computer Journal, 2018, 61(12): 1749-1771.

[5] Zhu L, Han S. Deep leakage from gradients[M]//Federated learning. Springer, Cham, 2020: 17-31.

课题组成员简介：

李海涛　广东省农村信用社联合社银信中心总裁助理

戴一挥　广东省农村信用社联合社银信中心信息技术部副总经理（主持工作）

丁一航　广东省农村信用社联合社银信中心信息技术部数据二室副经理（主持工作）

龚　练　广东省农村信用社联合社银信中心信息技术部数据二室产品经理

张　钰　广东省农村信用社联合社银信中心信息技术部数据二室数据分析师

靳樱子　广东省农村信用社联合社银信中心信息技术部数据二室数据分析师

专家评点：

在当前促进数据协同和保护数据安全使用的大背景下，隐私计算作为一门新兴的技术已经在一些领域有了不错的应用。本文针对金融行业的需求场景，对多方安全计算技术的能力和安全性做了深入的探索和研究，并得出相当正面的结论。隐私计算的发展日新月异，希望持续关注，最终落地为成功的商业解决方案。

专家简介：

李峰，上海交通大学上海高级金融学院会计学教授、中国金融研究院副院长、上海高金金融研究院联席院长。

细雨润物
普惠万家

碳达峰、碳中和与商业银行绿色信贷发展

■ 中国工商银行广东省分行
周杰 徐晓飞 孙小霞 李成青 谢洁华

摘 要

2020年9月22日，习近平主席在联合国大会一般性辩论上宣布了中国力争于2030年前使二氧化碳排放达到峰值，并争取2060年前实现碳中和（以下简称“30·60目标”）；同时在2020年底的中央经济工作会议也提出做好碳达峰、碳中和[①]的重点工作，为绿色金融的发展带来了新动力。金融是现代经济的核心，产业发展离不开金融的资源调配支持，为此在助力我国实现碳达峰、碳中和目标中，金融行业将发挥关键的支持作用，而绿色信贷是绿色金融的重点实践，为此我国商业银行应将“30·60目标”纳入银行的经营发展战略，做好顶层设计，完善政策体系和管理制度，通过形成绿色信贷发展共识、加强绿色信贷业务的管理、加强绿色信贷产品创新等举措，积极发展绿色信贷，进一步争取外部政策配套支持，有效发展绿色金融。

一、引言

我国已经成为全球首个由中央政府推动构建绿色金融体系的国家。2020年9月，习近平主席在联合国大会一般性辩论上宣布了中国二氧化碳排放的“30·60目标”，本次确定的碳排放目标是关系我国经济发展的战略问题。虽然到2060年前我国才需要实现碳中和的目标，目前看起来还有40年的时间，但实际上要实现该目标，我国经济发展转型以及绿色金融发展将面临很大压力（如欧盟实现碳达峰用了71年时间，美国用了45年时间）。为实现碳达峰、碳中和的目标，我国将会在经济发展方式、产业行业结构、能源

① 碳达峰，就是指在某一个时点，二氧化碳的排放不再增长达到峰值，之后逐步回落。碳中和，是指企业、团体或个人测算在一定时间内直接或间接产生的温室气体排放总量，通过植树造林、节能减排等形式，以抵消自身产生的二氧化碳排放量，实现二氧化碳“零排放”。

结构、投资结构、生活方式等一系列方面做大幅度变化调整。根据中金证券测算，在2020—2060年期间，碳中和目标将给我国带来平均每年万亿元以上的绿色经济投资以及每年约7万亿元的年产值规模。

截至2020年末，我国的绿色信贷余额已近12万亿元，连续多年位居世界第一；绿色债券存量8132亿元，位居世界第二；清洁能源产业在2020年末首次余额突破3万亿元，已超过同期钢铁、煤炭、有色等三个主要高耗能领域贷款总量；绿色贷款不良率低于银行业贷款不良率1.6个百分点，连续三个季度保持在0.5%以下。2021年上半年，国内各项贷款新增13.5万亿元，其中主要银行绿色信贷增加超过1万亿元。虽然我国绿色信贷发展已取得较好的发展成绩，但2020年末我国绿色贷款余额仅占全部金融机构贷款余额的6.74%，第一季度21家主要银行绿色贷款余额占其全部贷款的9.3%，绿色贷款占比仍较低，绿色信贷仍然具有极大的发展空间。中国人民银行行长易纲认为，在碳中和约束条件下，要实现碳中和需要巨量投资，需要以市场化的方式，引导金融体系提供低碳投资所需要的投融资支持。由此可见，我国要实现碳排放目标，完善绿色金融市场体系，推动绿色金融工具创新，目前资金瓶颈仍然是我国绿色经济发展的一大挑战。

绿色信贷是当前绿色金融的重点实践工作，商业银行是我国经济中的重要金融机构，因此“30 · 60目标”对商业银行的绿色信贷发展以及低碳化、可持续经营提出了更高要求。为此我国商业银行更需要未雨绸缪，尽早将“30 · 60目标”纳入银行的发展战略，做好顶层设计，制定碳排放测算标准，完善政策体系和管理制度，通过积极发展绿色金融，建立信贷资产绿色低碳化发展路径，加大低碳金融产品创新力度，坚持将绿色经济作为重点支持领域，积极助力生态保护和环境治理，致力于打造绿色银行，并将有效资源合理分配到绿色产业中，为实现碳达峰、碳中和目标作出实际贡献。

二、碳达峰、碳中和目标对我国绿色信贷发展提出新要求

“30 · 60目标”给我国绿色经济转型设定了远期目标，由此产生的绿色政策约束和产业变化均会对我国的金融市场形成重大影响，这也为碳交易、气候投融资、生态环保等相关领域的投融资带来了机遇与挑战。目前国家相关部委已逐步采取一系列措施，推进经济结构的低碳转型，从而有效推动我国气候治理体系和治理能力的建设，这产生了大量新的投资机会。为此，地方经济、绿色企业和金融机构等市场主体都能够在“30 · 60目标”中挖掘巨大的发展机会。

（一）绿色产业投资持续加大

我国要实现“30 · 60目标”需要进行大量绿色、低碳的项目投资，为此在“30 · 60目标”下我国将从加大压降高碳排放项目力度、加快发展低碳行业等两个方面入手加强碳排放

目标发展管理。根据国家气候战略中心测算，为实现碳中和目标，到2060年我国新增气候领域投资需求规模将达139万亿元人民币，平均每年均有万亿元以上的绿色经济投资，而大部分的项目需要通过金融体系特别是商业银行联动社会资本实现投融资，以此实现金融资源的有效配置。在此背景下，商业银行的市场空间将有极大的拓展，并将成为新的利润增长点。

（二）加快促进碳市场发展

作为绿色金融体系的重要组成部分，碳市场是实现碳减排的关键基础性要素，特别是健全交易机制、构建成熟完善的碳市场是实现碳达峰、碳中和的重要实现路径。通过有效的市场机制对绿色产权进行交易定价，实现碳减排的正向效应，能够有效促进碳技术和资金转向低碳发展领域，推动企业节能减排创新和产业结构优化升级，整体实现以较低的成本完成我国的碳减排目标，其对推动经济绿色低碳发展、促进实现碳达峰碳中和目标具有重要作用。但2013—2019年期间，我国碳排放权交易试点地区的碳排放交易量仅为我国同期碳排放量的0.54%，交易量极低，碳市场发展仍不活跃，需要在碳市场发展规划、顶层设计方面进行全盘考虑和统筹布局，将碳市场建设和发展有效地纳入我国的绿色金融体系整体框架，促使碳市场成为绿色金融的重要组成部分，以此带动绿色金融发展，加快实现碳中和目标。

（三）促进碳产业的金融产品创新

"30 · 60目标"对我国绿色金融发展提出新的要求，根据新形势下不同的绿色金融发展形式和发展要求，商业银行作为绿色金融的主要实践主体，须将绿色金融发展要求纳入整体的经营战略规划，加快绿色信贷业务结构调整，积极探索创新绿色信贷业务模式。近年来，虽然金融机构已经有多种低碳概念的绿色金融产品创新落地，但低碳产业涉及面广、链条长，当前我国商业银行的绿色金融产品的创新程度以及产品丰富程度尚未能够完全满足"30 · 60目标"的发展需要，再加上商业银行现有的存量信贷尚须大量进行绿色化改造，对金融产品的需求多样化程度高，为此，银行仍需要加大绿色金融产品的创新力度和创新服务方式、绿色信贷经营模式，才能更好地把握碳中和带来的绿色发展广阔机遇，有规划性地加大绿色信贷的投放力度，提高绿色金融业务占比等，以实际行动推动我国绿色经济发展，助力构建我国多层次、高水平的绿色金融体系。

（四）进一步完善我国绿色金融政策体系

目前我国的绿色金融标准体系与"30 · 60目标"尚未能够完全匹配起来，如我国《碳排放权交易管理办法（试行）》在2021年2月才正式实施，部分绿色金融界定标准不完全符合碳中和对净零碳排放的要求。特别是前期我国颁布的绿色金融制度大多为规章和规范性文件，缺乏全国性标准和法律规定，如在2021年3月1日实施我国首个地方绿色金融条例——《深圳经济特区绿色金融条例》，我国整体的绿色金融政策比较零散，特别是绿色金融的环境评估标准、行业指导目录、信贷披露机制和信息共享机制等相关制度尚须明确完善，整体的政策支持体系仍须进一步根据“30·60目标”进行完善和改进，达到有效配套“30·60目标”要求。此外，绿色信贷的政策激励机制仍有待改进，对绿色信贷运用税收、贴息等激励手段效果仍不明显，在一定程度上影响了商业银行发展绿色信贷的主动性和积极性。

2021年7月1日起实施新的《银行业金融机构绿色金融评价方案》（同时废止2018年出台的《中国人民银行关于开展银行业存款类金融机构绿色信贷业绩评价的通知》），进一步提升金融支持绿色产业发展的能力，并将绿色金融评价结果纳入央行金融机构评级等中国人民银行政策和审慎管理工具，鼓励探索拓展银行业绿色金融评价结果应用，进一步完善银行业的绿色金融体系，激励金融机构加大绿色信贷投放。

（五）加强环保信息通报及公示制度

充分的环境信息披露是金融体系能够引导资金投向绿色产业的重要基础。目前我国的环境违法信息查询平台建设有待完善，环境信息披露的要素和水平尚未完全达到碳中和的要求。企业自身披露相关的环保信息较少。而作为银行方面，在获取、掌握企业涉环保、安全等情况时仍存在渠道少、信息量不足、更新不及时等情况，尚须加强环保信息通报及公示，必要时可以将管理碳排放纳入环境与社会风险管理流程，要求披露碳排放和碳足迹信息，争取尽早修改和完善我国的气候和环境信息披露相关法律法规、管理办法以及相关配套细则，更好地明确披露主体、披露内容、监督管理等相关的信息披露要求，形成常态化工作机制；通过研究和尝试将碳排放相关信息纳入社会责任报告或环境信息披露专题报告，以此更好地促进绿色金融的发展。

三、碳达峰、碳中和目标对商业银行的经营提出新的挑战

（一）对商业银行信贷质量管控形成较大挑战

当前，我国商业银行的存量贷款中尚有大量的非低碳类的贷款，随着碳排放标准的提高，国内高碳排放的企业和行业将面临整体经营成本上升（特别是环保处理成本的上升）、有效的市场空间收窄、经营收益下降以及融资成本上升等风险，导致高碳排放的企业还款能力下降，严重的情况下可能导致企业亏损或倒闭，从而提升商业银行发生信贷风险的违约概率，引发银行信用风险，银行可能遭受损失，为此“30·60目标”在一定时期内将对商业银行的存量贷款的资产质量产生较大的负面影响，对银行信贷风险管理形成较大的经营挑战。

（二）商业银行信贷结构将持续优化

在“30·60目标”的长期影响下，我国经济将逐步向低碳经济转变，绿色信贷是商业银行信贷业务的发展方向，随着绿色信贷规模的不断扩大，优质绿色贷款的增加，将持续正向影响商业银行的信贷结构。碳排放目标通过对商业银行的信贷资金流向进行合理的配置，一方面增加对绿色经济、循环经济的实体发放贷款，一方面逐步压缩“两高一低”行业以及项目贷款的发放和管理，腾出相应空间持续用于发展绿色信贷，长期逐步优化商业银行的信贷

结构，提升银行信贷资产质量。

（三）商业银行盈利增长点有效增加

当前我国商业银行盈利模式仍主要是依靠存贷利差，并主要呈现依赖资本消耗以及亲经济周期的特点，在“30·60目标”下，商业银行将逐步减少高贷款利率的非低碳类信贷业务，使更多信贷资金投入低碳类信贷业务，在短期内将阶段性影响商业银行的盈利能力。但一方面商业银行能够通过以量补价，不断增加绿色信贷总量，弥补息差损失；另一方面发展低资本消耗的绿色信贷业务，通过持续进入低碳类信贷业务，有助于银行减少资本消耗，进一步节约资本，提高信贷资金使用效率，进一步优化信贷业务空间；再加上低碳类信贷企业经营情况较为良性，通过发放低碳类信贷业务，能够进一步提高信贷资产质量，相应减少银行的财务消耗，节省经营成本，从而增加银行利润。同时商业银行可通过适度降低对短期利润增长的过高要求，向实体经济让利，使我国的经济金融保持良性发展，并通过延伸特色绿色服务体系和绿色产品体系，以此促使转变银行的盈利模式，逐步提升商业银行的盈利能力，实现可持续性发展。

（四）对商业银行绿色信贷经营能力的挑战

当前绿色产业的链条长且子行业多，各行业以及各种产品之间的差异程度大，特别是当前商业银行对核电、太阳能发电、风电、海上风电、氢能、生物质能以及碳捕集、碳汇、资源循环利用等全新的领域和产业的了解认知程度不够，且对绿色产业的技术路径较为陌生，未能对绿色产业的市场以及技术更迭的不确定性作出有效判断分析，造成绿色信贷业务难度高。在具体的项目评审中，商业银行缺少有效的绿色产业的评估体系、量化工具以及相应的评估方法，难以有效地量化分析和评估低碳项目及其减排收益，也较难形成方法估算高碳资产的潜在风险，商业银行对绿色产业整体的评估手段和评估能力有限，造成对绿色信贷业务形成较大的发展制约。

四、相关绿色信贷发展建议

我国商业银行须根据国家宏观经济调控导向和经济发展情况，坚持将绿色经济作为重点支持领域，积极助力生态保护和环境治理，致力于打造绿色银行，有效发展绿色金融。

（一）形成绿色信贷发展共识

商业银行需要形成全行统一的绿色信贷发展共识，全行整体战略须进一步向绿色金融发展，形成完善的绿色信贷长效发展机制，并将其融入企业愿景、发展战略、信贷文化、政策制度、管理流程、产品服务等各个环节。一是在组织架构层面上，确保具备自上而下的绿色信贷发展职责，各层级都按照绿色信贷的要求和宗旨有序高效发展。二是在绿色信贷政策层面上，要形成全行业全覆盖的绿色行业信贷政策体系，鼓励和引导全行将信贷资源优先投向绿色经济和能效节约领域。

（二）加强绿色信贷业务的管理

1. 严格绿色信贷的准入要求，实现绿色信贷对整个信贷流程的全覆盖。自上而下确定银行整体的绿色信贷基本原则，明确绿色贷款的调查、审查、审批、合同签订以及贷后管理阶段的管理要求与关注重点。特别是对钢铁、煤炭、有色金属、造纸等可能存在环境风险隐患的重点行业，需要进一步确定高要求的行业绿色信贷政策，明确行业绿色信贷准入标准，环保依法合规，项目选址或厂址、污染物排放以及资源消耗等方面要符合有关部门的要求，并从信贷总量控制、信贷准入、贷前审查、贷后管理等方面作出相对明确的要求和规定，确定标准有效进行信贷管理。

2. 控制环境风险较高贷款，加快退出风险贷款，腾挪额度用于支持绿色领域。对于从监管或主管部门共享信息等渠道查询到的存在环保违规情况且未整改合规的客户，商业银行要及时列入信贷退出计划，制定压退方案退出风险贷款。严格控制污染物排放和环保压力大、能源消耗高、环境和资源负面影响大的环境敏感型行业贷款在公司客户贷款占比每年降低。同时对节能减排、生态保护、清洁能源、资源综合利用等领域的贷款，按照“积极支持、稳步推进”的信贷原则，逐步扩大其在全部公司贷款中的比例，在同等风险、收益下，优先支持该领域内企业或项目融资需求，积极改善信贷结构。

3. 借助科技手段，加强监测、严格考核，确保绿色信贷成效。建立动态的企业环保信息库，通过查询相关权威信息，在信贷台账系统中标注“企业环保信息”，建立客户环保信息数据库，并根据国家环保总局有关环保标准和环境违法处罚的规定，按环保风险轻重程度，将贷款客户进行分级分类管理，对高耗能、高污染行业里的退出类客户实施业务系统的刚性锁定，加大退出力度。在贷后管理中，定期在国家、省环保部门网站和其他媒体网站查询监测企业有无环保违规的通报，另外对于国家和地方环保部门不定时公布的企业违法信息也需要及时核查并根据核查结果调整信贷策略。

（三）加强绿色信贷产品创新

商业银行应结合“30·60目标”，不断创新并丰富低碳的绿色信贷产品，提升低碳评估能力，积极融入国家的低碳大循环发展。积极探索创新碳排放权质押贷款、低碳设备融资租赁业务、国际碳保理融资、碳收益支持票据、新能源汽车贷款、小额环保升级改造项目等绿色信贷产品。通过创新抵质押方式，接受企业的碳额度作为质押品，扩大押品范围。同时，积极探索绿色业务模式创新，加大绿色信贷的投放力度，提高绿色金融业务占比。

（四）争取外部政策配套支持

监管部门需要建立绿色金融政策支持体系，可以科学设置绿色金融资产的风险分类标准以及权重，引导商业银行积极发展绿色信贷业务；适当放松绿色金融资产的银行资本管理要求、减少绿色贷款的拨备计提、下调拨备覆盖率要求，增强银行的绿色信贷投放能力。政府部门可以制定绿色信贷风险补偿机制，符合标准的企业可以享受税收优惠、财政贴息、风险补助等相关的优惠政策，提高企业的风险应对能力。地方政府可制作区域内的优质绿色产业名录，及时更新、披露有关绿色企业的立项、环评等信息，有利于银行针对建设进度、运营情况、融资需求等与企业进行衔接、沟通。

参考文献:

[1] 陈泽鹏，黄子译，谢洁华，等．商业银行发展金融科技现状与策略研究[J]．金融与经济，2018（11）:22-28.

[2] 钱立华，方琦，鲁政委．碳中和与绿色金融市场发展[J]．武汉金融，2021（3）:16-20.

[3] 肖杰，陈泽鹏，郑诗捷，等．当前疫情影响经济情况及支持经济展望[J]．广东经济，2020（4）:28-33.

[4] 毛春梅．碳中和目标下绿色金融的发展问题研究[J]．农场经济管理，2021（3）:22-24.

[5] 谢洁华，姜珊，李成青，等．商业银行有效支持粤港澳大湾区发展研究[J]．国际金融，2020（8）:32-38.

课题组成员简介：

课题组组长 周 杰 中国工商银行广东省分行副行长

课题组副组长 徐晓飞 中国工商银行广东省分行高级专家、授信审批部总经理

其他人员 孙小霞 中国工商银行广东省分行授信审批部副总经理

李成青 中国工商银行广东省分行授信审批部高级经理、高级经济师

谢洁华 中国工商银行广东省分行信贷与投资管理部高级经理、高级经济师

专家评点：

碳达峰、碳中和目标的提出对我国商业银行的绿色信贷发展具有深远的影响，本文从几个方面进行详细深入的剖析，包括对我国绿色信贷发展提出新的要求，对商业银行的经营提出新的挑战，直达问题的本质，剖析深刻细致。在此基础上对相关绿色信贷发展提出建议，既有微观层面的建议，也有宏观层面的建议，对商业银行发展绿色信贷业务具有重要的指导意义。

专家简介：

周开国，中山大学岭南学院金融系教授、博导，国家社科基金重大项目首席专家。

贯彻新发展理念，以绿色金融创新助力银行业转型升级

——广东银行业绿色金融发展策略研究

■ 中国银行广东省分行
孟建宇 许浩 何力锋 黄翔 袁灿 谢华宁 刘佳 张殷儿

摘 要

“创新、协调、绿色、开放、共享”的新发展理念是习近平新时代中国特色社会主义思想的重要内容。习近平总书记高度重视生态文明建设，提出“绿水青山就是金山银山”的绿色发展理念，为全面推动绿色可持续发展提供了根本遵循；2020年9月，习近平主席在第七十五届联合国大会一般性辩论上指出“中国将提高国家自主贡献力度，采取更加有力的政策和措施，二氧化碳排放力争于2030年前达到峰值，努力争取2060年前实现碳中和”，描绘出中国实现“双碳”目标的宏伟愿景。贯彻新发展理念、支持产业绿色发展和低碳转型是“十四五”期间国家经济社会高质量发展的重要任务，也是金融机构的责任和使命。课题组从梳理绿色金融政策沿革和发展脉络出发，总结近年来全国及广东绿色金融发展情况和金融同业的实践经验，结合广东区域实际，探索广东银行业在完善绿色金融架构、产品创新、场景建设、专业队伍培养等方面的思路和建议。

一、绿色金融政策沿革及发展概况

绿色金融，是为支持环境改善、应对气候变化和资源节约高效利用而开展的经济活动[①]。2004年以来，我国绿色金融相关政策体系不断健全，绿色金融尤其是绿色贷款和绿

① 2016年8月31日，中国人民银行、财政部等七部委联合印发《关于构建绿色金融体系的指导意见》。

色债券两大领域持续高速发展。截至2020年末，我国绿色贷款余额达11.95万亿元人民币，绿色债券累计发行规模约1.4万亿元人民币，碳排放权交易市场交易量达4340.09万吨。

（一）绿色金融发展阶段

我国绿色金融的发展主要分为三个阶段：

1. 政策框架初步建立期（2004—2015）

国家“十一五”规划加大对环境保护和节能降耗工作的重视力度，政府部门开始采取多部门合作的方式，将环保产业政策与金融政策相结合，并逐步探索绿色贷款、绿色债券等多类型的金融产品。

2. 构建绿色金融体系时期（2016—2020）

2016年8月，央行牵头印发《关于构建绿色金融体系的指导意见》，标志着我国开始构建绿色金融体系。2017年起，国务院先后在全国“六省九地”[①]设立绿色金融改革创新试验区，加大绿色金融实践探索。在多方的共同努力推动下，我国成为全球首个建立比较完善绿色金融政策体系的经济体。

3. 绿色金融规模化发展时期（2020—至今）

2020年9月，我国提出碳达峰、碳中和的“30 · 60目标”，开启绿色金融制度体系建设的新阶段。2021年7月，全国碳排放权交易市场上线，发电行业成为首个被纳入全国碳排放权交易市场的行业，碳金融市场建设全面提速。

（二）广东省绿色金融发展历程

广东作为改革开放的前沿阵地，在绿色金融发展上先行先试、精耕细作，为其他地区提供了经验借鉴。2011年10月，广东获批成为全国首批碳排放权交易试点城市，开展碳交易实践探索。2017年6月，《广东省广州市建设绿色金融改革创新试验区总体方案》出台，广州成为全国首批绿色金融改革创新试验区。经过多年努力，广东省在绿色金融体系建设、产品服务模式创新等多方面取得了一系列成果，绿色金融发展实现新突破。截至2020年12月末，广东省绿色贷款余额9780亿元，同比增长52.27%，远高于全国增幅；绿色债券发行222.5亿元，发行规模居全国第二；广东省碳排放权交易市场成交量1948.86万吨，成交量在全国8个碳权试点地区中居首位。2020年，《关于金融支持粤港澳大湾区建设的意见》出台，提出完善大湾区绿色金融合作工作机制，将“广东经验”向全国推广。

（三）绿色金融发展对银行业的影响

发展绿色金融既是银行业落实国家战略、助力经济社会绿色化转型的内在要求，也是服

① “六省九地”分别是浙江（衢州市、湖州市）、广东（广州市）、江西（赣江新区）、贵州（贵安新区）、新疆（克拉玛依市、昌吉州、哈密市）、甘肃（兰州新区）。

务实体经济、推进自身高质量发展的必然选择。

1. 绿色发展的导向为银行优化调整业务结构带来新机遇

随着国家加快推进绿色发展，以清洁能源、新能源汽车、绿色建筑、节能减排等绿色环保产业为代表的新兴产业将进一步崛起，得到政策支持和市场关注；而高污染、高耗能等传统落后产业将面临越来越大的成本压力和转型风险，甚至被市场淘汰。在产业结构变新、发展模式变绿、经济质量变优的过程中，银行客户及业务结构的绿色化转型将是大势所趋。“双碳”背景下，国家战略和监管政策将引导更多金融资源向绿色产业倾斜集聚，为商业银行优化结构、实现高质量发展带来机遇。

2. 广阔的市场前景为银行融资业务扩面上量创造新蓝海

在产业绿色化转型过程中，无论是传统高耗能产业技术改造和转型升级，还是清洁能源、环保材料、绿色交通等新兴产业发展，都需要银行业的资金和服务支持。从金融统计部门公布的预估数据看，我国实现“30 · 60目标”，每年资金缺口约为3.1万亿元至3.6万亿元，从目前投入绿色领域的资金规模来看，每年的资金缺口超2万亿元[①]；从广东来看，随着粤港澳大湾区和两个合作区建设的深入推进，粤港澳三地绿色金融市场互联互通程度将进一步加深，清洁能源、绿色交通等绿色产业投资力度将进一步加大，庞大的资金需求除政府投入外，更需要依靠金融机构以市场化方式予以融资支持，这为银行业绿色贷款及债券的扩容上量带来了巨大潜力。

3. 多元化的市场需求为银行深化金融创新开辟新空间

企业乃至产业的转型涉及众多的市场主体，决定了融资方式和金融服务需求的多元性。与此同时，转型也离不开技术创新，新场景和新技术必将催生丰富多元的需求，这些都需要银行业紧跟市场趋势，加强绿色金融产品服务研发，不断创新金融供给手段和模式。比如绿色科技的研发和运用具有项目投资周期长、市场前景不确定、收益率偏低等特点，传统信贷业务往往难以满足其需求，需要创新运用股权投资等方式予以支持；又如，随着全国统一碳交易市场的建成和发展，碳权交易的投资和融资行为将快速增加，围绕碳排放权交易所衍生的绿色金融产品创新必将迸发出更强的活力。

二、银行业绿色金融发展现状

当前，银行业绿色金融产品主要集中于绿色贷款和绿色债券，资金主要投向交通运输和清洁能源领域，融资主体主要为国企。

① 我国实现“碳中和”目标的 12 条政策建议 [EB/OL]，新华财经，2021-02-26.

（一）绿色贷款

近年来我国绿色贷款规模快速增长，增速高于银行业贷款总量的平均增速，绿色贷款资金主要投向交通和能源行业。

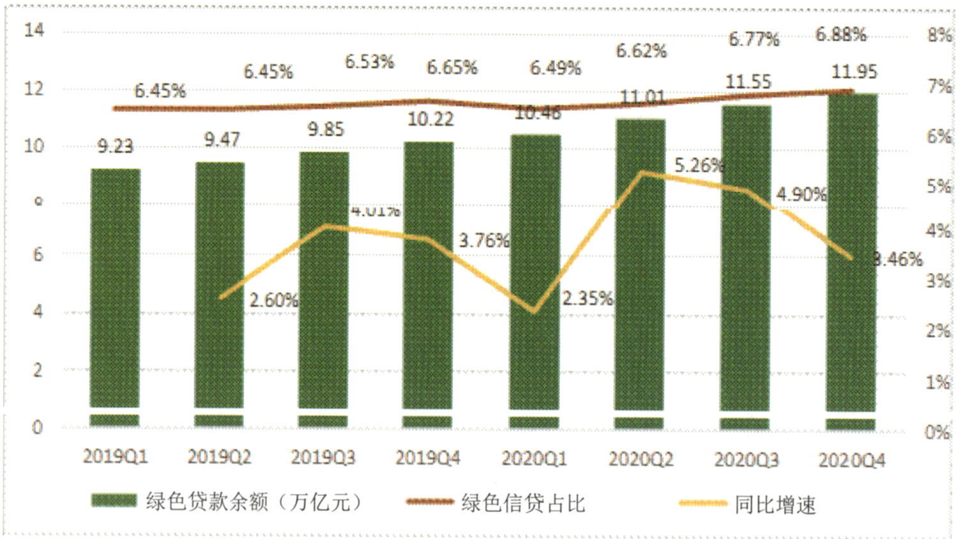

图3-1　2019—2020年全国绿色贷款发展情况

从全国来看，2020年末，我国银行业绿色贷款余额同比增长17%①，2019—2020年期间绿色贷款余额年均增幅达20.55%，较银行业贷款总量平均增速（12.65%）高7.9个百分点。2020年末，绿色贷款在贷款总量中的占比为6.88%，较2018年末（6.04%）提升约0.84个百分点（见图3-1）。从广东来看，2020年末，广东省绿色贷款余额同比增长52.27%，高于全国平均水平35.27个百分点，绿色贷款在广东本外币贷款总量中的占比约5%。从资金投向看，2020年末，全国银行绿色贷款中“交通运输、仓储和邮政业”余额3.62万亿元，占比30.29%；“电力、热力、燃气及水生产和供应业”余额3.51万亿元，占比29.37%，两大类行业合计占比近60%。

（二）绿色债券

2016年以来绿色债券发行数量和融资规模整体保持较快增长，银行业承销绿色债券数量和规模低于券商机构。

从全国来看，2020年，中国境内外发行绿色债券239只（2016年60只），年发行规模2786.62亿元（2016年2314.18亿元），其中境内市场发行绿色债券221只（含贴标绿色债券、资产支持证券），发行规模约2290.67亿元，当年发行绿债中信用评级达AAA的占比近

① 周小松．2020年中国绿色信贷市场现状与信贷结构分析 贷款主要投向交通运输、仓储和邮政业[EB/OL]. (2021-02-12)[2021-04-07]. https://www.qianzhan.com/analyst/detail/220/210208-650757b9.html.

50%；中资主体赴海外发行绿色债券18只，规模折人民币约500亿元①。2020年，参与境内绿色债券承销的金融机构共81家，其中：23家为银行机构，累计承销金额637.55亿元；58家为证券公司，累计承销金额1645.92亿元②。银行业承销规模约占境内市场发行总量的28%，承销规模排名前三的银行机构分别为兴业银行（88.78亿元）、中国银行（87.76亿元）、工商银行（64.35亿元）（见图3-2）。从广东来看，2020年，广东发行绿债的规模和数量排在全国前列，发行绿色债券18只，规模222.5亿元，居全国第二，低于北京（413亿元），略高于江苏（222.4亿元）③；发行主体多为交通运输业的大型国企，主要有广州地铁集团（60亿元）、深圳地铁集团（45亿元）、广州市公共交通集团（27.5亿元）、广东省环保集团有限公司（18亿元）等。

单位：亿元

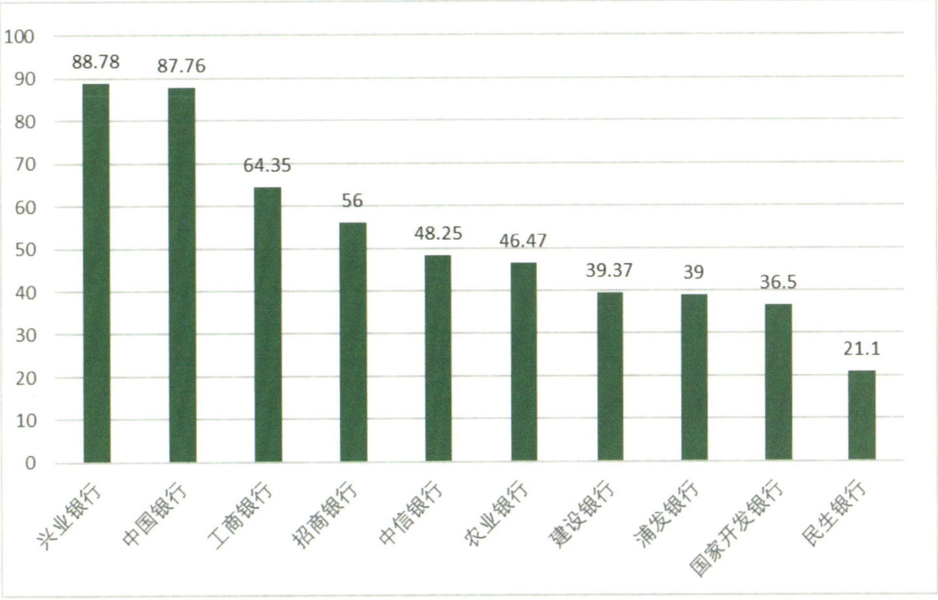

图3-2　2020年银行业承销贴标绿色债券、绿色资产支持证券排名

三、银行业绿色金融创新的实践探索

（一）在绿色信贷领域创新融资模式，延展服务对象，积极支持绿色交通发展和企业绿色转型

1. 以融资租赁保理为城市绿色交通赋能

为响应国家低碳出行号召和推动城市绿色交通建设，2018年广州市开始引入纯电动的新

① 郝春旭，董战峰，葛察忠，程翠云，龙凤，李晓亮．国家环境经济政策进展评估报告2020[J]. 中国环境管理，2021,13(02):10−15.DOI:10.16868/j.cnki.1674−6252.2021.02.010.

② 云祉婷．中国绿色债券市场2020年度分析简报[EB/OL]. (2021−01−20)[2021−04−07]. http://iigf.cufe.edu.cn/info/1012/3676.htm.

③ 智研咨询． 2020年中国绿色债券市场发行规模及行业未来发展建议分析[EB/OL]. (2021−02−10)[2021−04−07]. https://www.chyxx.com/industry/202102/931087.html.

能源公交车，并计划在两年内以新能源公交车全面替换原有的燃油燃气公交车。首批新能源公交车的购置和运营由广州市某公共交通集团（简称“GJ集团”）实施，由于GJ集团是长期专营公共服务领域的国有企业，公益性强于营利性，所以从财务融资的角度，GJ集团面临大规模购置固定资产但又难以前期垫付大量自有资金，同时也希望尽可能降低融资成本。在此背景下，中国银行通过融资租赁保理的新模式成功支持和服务GJ集团顺利实现了广州首批新能源公交车的购置和运营（见图3-3）。具体流程：（1）承租人（GJ集团）与出租人（某融资租赁公司）签订融资租赁合同，出租人与供货商（公交车生产企业）签订采购合同，购买租赁物（纯电动公交车）并获得所有权，出租人将其从供货商（公交车生产企业）处取得的公交车出租给承租人（GJ集团）使用。（2）银行向出租人发放融资，出租人将对承租人的应收租金权益转让给银行，即承租人直接将租金支付给银行，用于分期归还出租人的融资。这种创新的融资模式使得GJ集团无须先行垫付自有资金，应付租金不计入承租企业的负债，可税前列支用于抵税，并且融资成本低于传统固定资产贷款成本，达到了“零首付”、优化报表、降低成本的效果，同时也成功实现了企业运营的绿色转型。

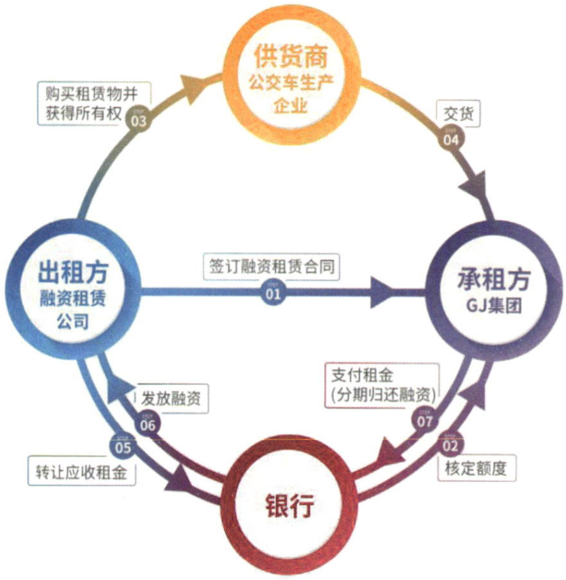

图3-3　广州市首批新能源公交车融资租赁保理

2. 以“绿色金融+供应链服务”融合模式支持企业生产绿色转型和新能源产品销售

企业绿色转型不但涉及技术升级和自身资金投入，还需要畅通上游的新材料采购和下游的环保产品销售，这就决定了银行绿色金融支持的对象不仅限于生产企业，还应围绕生产企业所处产业链上下游给予支持。在此基础上，各银行机构均做出围绕供应链全周期与绿色金融理念相结合的尝试，探索绿色供应链金融服务新模式，如中国银行就通过为某汽车生产企业（简称“GQ集团”）的产业链相关下游企业提供供应链融资（见图3-4），有效支持了车企新能源汽车的销售。传统模式下，GQ集团在整车销售时采用“先款后货”的销售模式，下游经销商须先向GQ集团支付货款取得汽车，完成销售后才能获得回款，回款时间长短不一，这对经销商形成较大的自有资金占用压力。为支持企业的生产和销售，中国银行针对GQ集团下游的优质经销商提供了供应链融资服务，按照GQ集团推荐名单和建议额度，为其优质经销商提供快捷融资：银行根据经销商提供的订单直接将货款（融资款）支付至GQ集团，通过委托第三方监管公司对融资项下的车辆及对应合格证进行监管，在有效保障银行资产安全的同时，以银行融资批量缓解经销商资金占用压力，有效助力国家新能源汽车的推广。

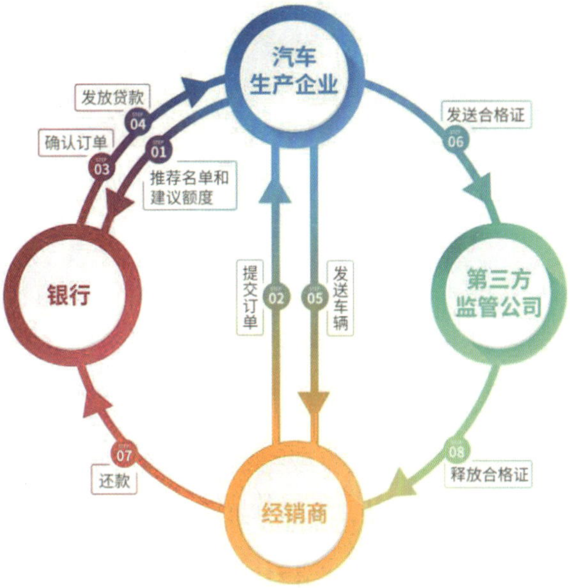

图3-4　汽车生产企业“绿色金融+供应链服务”融合模式

（二）紧扣碳排放权交易市场建设，探索和开展碳金融产品创新，助力国家实现“双碳”目标

随着碳权交易市场的不断完善，各商业银行加快碳金融产品的创新和实践。目前包括四大国有银行在内的多家银行已试点的碳中和债及碳排放权质押贷款、兴业银行推出的挂钩“碳中和”债券指数结构性存款、浦发银行针对广碳所境外会员机构的账户结算产品“易碳通”，都是各商业银行围绕碳金融做出的创新探索和实践尝试。以兴业银行为例（见图3-5），早在2016年，兴业银行就与航空公司、碳资产管理公司试水碳资产出售回购业务。航空公司出售碳配额给资产管理公司获得资金，将资金委托给银行进行财富管理，获得收益分享给航空公司与资产管理公司，实现碳资产增值①。

① 袁野．国内首单碳配额卖出回购业务落地 兴业银行深耕碳市 [EB/OL]. (2016-03-25)[2021-04-07]. https://www.chinanews.com.cn/fortune/2016/03-25/7811981.shtml.

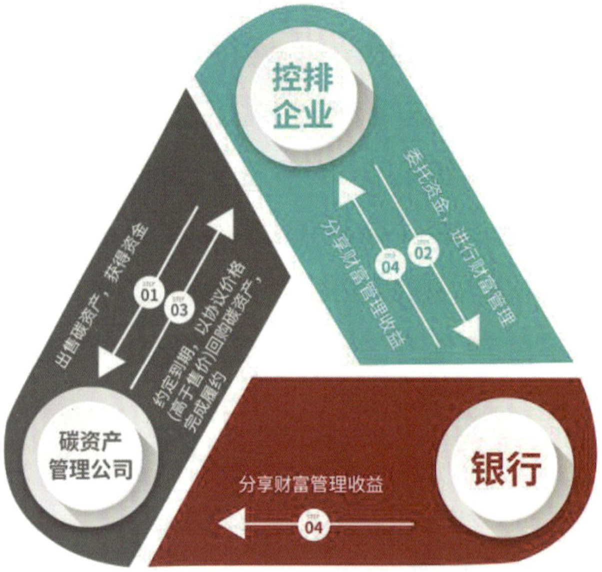

图3-5 碳资产售出回购示意图

（三）开展综合经营跨领域协作，为绿色金融发展赋予更丰富的内涵

通过整合银行集团综合经营优势，开展跨领域协作，为企业提供包括融资、保险、期货、理财资管在内的综合化金融服务，逐步成为银行业绿色金融实践的新趋势之一。如建设银行推出绿色金融支持生猪"保险+期货+银行"综合金融服务项目（见图3-6），生猪养殖企业购买保险公司生猪期货价格保险，为了转移风险，保险公司向期货公司购买被保标的期权，期货公司在期货市场上对相应大宗商品进行价格风险对冲，银行根据客户经营情况和结

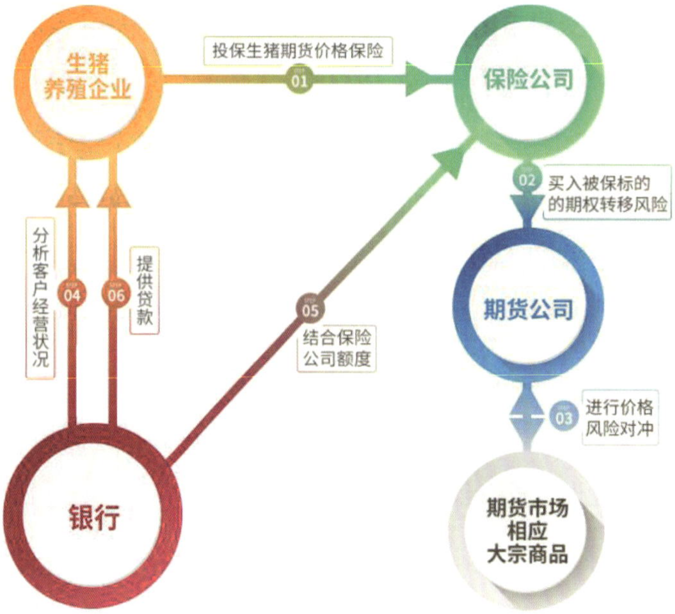

图3-6 "保险+期货+银行"综合金融服务项目

合企业生猪期货价格保险发放贷款，最终构成从生猪价格风险转移到融资支持的服务闭环①。该模式在产品设计上试水打通了银行与保险和期货公司之间的联动通道，提供全方位服务方案，满足客户综合性需求。

四、当前银行业绿色金融发展面临的问题及挑战

（一）绿色金融产品和服务范围有待拓展

虽然近年来商业银行纷纷加大绿色金融产品多元化创新力度，但总体来看银行业的绿色金融工具和服务群体仍显单一。在产品方面，主要集中于绿色贷款、绿色债券等，在绿色股票指数、绿色证券、绿色资产证券化、绿色消费信贷等方面的开拓创新不够。在服务客群方面，绿色贷款和绿色债券多集中于轨道交通运输和可再生能源等领域的大型国企，服务客群以对公客户为主，个人绿色金融业务有待进一步开发。

（二）绿色治理架构和政策框架有待完善

在宏观战略层面，部分银行对绿色金融发展缺乏总体规划，未能结合国家政策和业务实践出台明确的战略和目标，绿色行业分类标准不够精细、具体业务细则不够明确、激励机制不够到位，导致绿色金融发展内生动力不足。在组织架构层面，部分银行仍主要按传统的总分支行的模式开展绿色金融业务，没有针对绿色金融建立专门的组织架构，导致存在条块竖井、创新不足、反应不快等问题，难以适应绿色金融高质量发展需要。

（三）人才资源“软实力”相对缺乏

绿色金融的高质量发展离不开专业化的人才队伍支撑和源源不断的智力支持。但当前大多数金融机构从事绿色金融业务的人员基本是从原来信贷、保险等从业人员转型而来的，虽具备一定的业务基础，但大都没有经过绿色金融方面的专业培训，对环保政策法规、绿色金融产品设计、气候环境风险管理等方面的知识了解掌握较少，制约了绿色金融的创新发展。

五、关于广东银行业绿色金融发展的思考建议

基于上述对全国及广东银行业绿色金融发展情况的分析及思考，我们既总结了金融机构绿色金融业务发展的创新经验，也发现了当前存在的薄弱问题，结合广东区域实际，课题组对广东银行业绿色金融高质量发展提出有关建议。

---

① 刘强．建行四川省分行成功落地生猪养殖“银行＋保险＋期货”项目 [EB/OL]. (2021-03-01)[2021-04-07]. http://sc.people.com.cn/n2/2021/0301/c379469-34598882.html.

（一）把握粤港澳大湾区发展机遇，积极做大绿色贷款和绿色债券规模，为构建新发展格局和实现国家绿色发展战略贡献金融力量

粤港澳大湾区是目前我国经济发展最快、对外开放程度最高的区域之一。根据大湾区规划纲要，未来粤港澳大湾区将建成“多中心世界级城市群”和“一小时经济圈”，这一定位的实现要建立在实现湾区内交通基础设施互联互通的基础之上，未来粤港澳大湾区的绿色交通建设必将迎来战略性机遇。与此同时，粤港澳大湾区还具有“全球影响力的国际科技创新中心”和“内地与港澳深度合作示范区”两大定位，为经济社会绿色发展提供了科技支撑和坚实基础。广东银行业应紧贴粤港澳大湾区产业升级布局，为新兴绿色产业发展和传统产业升级提供全方位的金融服务支持，在推动实现国家战略的同时，优化自身业务结构，实现可持续发展；应把握粤港澳三地互联互通机遇，加强与港澳金融机构、监管部门、行业协会的跨境合作和信息互通，引入国际先进的理念、制度和技术，完善和统一绿色产业及绿色金融相关标准。

（二）以创新促发展，不断丰富完善绿色金融产品体系，积极加强碳金融领域业务创新和实践探索

创新是引领发展的第一动力。广东银行业应不断提升绿色金融产品供给能力，满足经济社会绿色发展中日益增长的多元化需求。如紧盯绿色企业扩大融资来源的核心需求，探索基于碳排放权、林权等的新型融资产品和资产管理类产品；开发和推广绿色资产支持票据，推动绿色资产证券化后一级和二级交易市场扩容；积极参与碳市场建设，加快与碳交所业务合作步伐，探索碳资产抵押贷款、碳结构性存款、碳信托、碳托管、碳拆借、碳理财等碳金融产品；延伸产业服务链条，完善面向绿色产业链上下游的“绿色+供应链金融”服务体系；积极发展个人消费类绿色金融产品，通过个人经营性贷款、消费贷款、银行卡分期支持个人客户购买绿色节能类住房、新能源汽车及电动车等。

（三）充分利用绿色金融改革试验区政策红利，构建和完善银行绿色金融组织架构，加快绿色金融人才储备

健全的组织架构是业务健康发展的重要保障。目前，国内主要银行金融机构总行纷纷出台绿色金融发展规划，相继成立绿色金融专营部门，尤其是在“六省九地”绿色金融改革创新试验区所设立的绿色分行、专营部门、碳中和网点等，在区域绿色金融发展中正发挥越来越重要的标杆示范作用。广东银行业应把握国家级改革试验区的各项政策红利，加快完善内部协同机制和简化流程，将绿色产业相关的新项目、新模式、新产品引入改革试验区，先行先试取得成功经验后再向大湾区其他地区复制推广。同时，应加快培养与绿色金融战略相匹配的专业人才队伍，从绿色金融政策法规、绿色产业专业技术、碳资产交易市场等领域，引进和培养产业分析、产品设计、风险评估和控制等方面的人才，全面提升银行绿色金融队伍的专业水平，为绿色金融的可持续发展提供人才动力。

参考文献：

[1] 关于构建绿色金融体系的指导意见．2016-08-31．

[2] 潘为红．拥抱绿色金融[J]．时代金融．2016(10)．

[3] 我国实现“碳中和”的12条政策建议[EB/OL]．新华财经，2021-02-26．

[4] 周小松． 2020年中国绿色信贷市场现状与信贷结构分析 [EB/OL]．(2021-02-12)．

[5] 郝春旭，董战峰，葛察忠，程翠云，龙凤，李晓亮．国家环境经济政策进展评估报告2020[J]．中国环境管理，2021,13(02):10-15.DOI:10.16868/j.cnki.1674-6252.2021.02.010．

[6] 云祉婷．中国绿色债券市场2020年度分析简报[EB/OL]．(2021-01-20)．

[7] 智研咨询．2020年中国绿色债券市场发行规模及行业未来发展建议分析[EB/OL]．(2021-02-10)．

[8] 袁野．国内首单碳配额卖出回购业务落地 兴业银行深耕碳市[EB/OL]．(2021-04-07)．

[9] 刘强．建行四川省分行成功落地生猪养殖“银行+保险+期货”项目[EB/OL]．(2021-03-01)．

课题组成员简介：

课题组组长	孟建宇	中国银行广东省分行党委委员、副行长
课题组副组长	许 浩	中国银行广东省分行办公室负责人
	何力锋	中国银行广州市绿色金融改革创新试验区花都分行党委书记、行长
其他人员	黄 翔	中国银行广州市绿色金融改革创新试验区花都分行党委委员
	袁 灿	中国银行广东省分行办公室研究创新团队负责人
	谢华宁	中国银行广州市绿色金融改革创新试验区花都分行公司金融部主任
	刘 佳	中国银行广州市绿色金融改革创新试验区花都分行综合管理部主任
	张殷儿	中国银行广东省分行管培生、中国银行广州市绿色金融改革创新试验区花都分行公司金融部助理

专家评点：

绿色金融对银行业的发展具有重要意义。本文从绿色金融政策沿革及发展概况、银行业绿色金融发展现状、银行业绿色金融创新、当前银行业绿色金融发展面临的问题及挑战、关于广东银行业绿色金融发展的思考建议五个方面进行探讨，剖析了绿色金融对银行业转型升级的重要作用。本文结构清晰、观点鲜明、语言流畅，丰富了绿色金融发展的理论及银行业转型升级的实践，对银行业更好的发展绿色金融具有重要的借鉴意义。

专家简介：

周开国，中山大学岭南学院金融系教授、博导，国家社科基金重大项目首席专家。

积极响应“十四五”规划，大力推动普惠金融业务高质量发展

——以中国民生银行广州分行授信服务为例

■ 中国民生银行广州分行
梁俊峰　胡建新　田学辉

摘　要

“十四五”规划金融机构积极支持实体经济发展，增强金融普惠性。普惠型小微企业作为实体经济的中坚力量，金融扶持普惠金融业务发展对构建高水平社会主义市场经济体制至关重要。中国民生银行广州分行作为扶持普惠金融业务发展的标杆银行，很具有代表性。本研究报告以该分行的授信服务为例，研究我国金融扶持普惠金融业务发展的过程中的典型措施、存在的问题，并提出相关建议，其中的典型措施主要涵盖设立专项信贷计划、制定考核激励措施、产品服务创新、制定利率优惠措施、尽职免责制度、疫情帮扶措施等内容；提出的问题主要涉及小微企业抗风险能力较弱、银行不良资产处置较被动等内容；相关建议主要包括政府部门牵头建立大数据共享平台解决信息不对称等问题，政府部门牵头建立协调机制解决银行不良资产处置效率不高等问题，银行机构通过创新产品和服务等差异化战略提升综合竞争力等内容。

“十四五”规划提出，“把新发展理念贯穿发展全过程和各领域，构建新发展格局，切实转变发展方式，推送质量变革、效率变革、动力变革，实现更高质量、更有效率、更加公平、更加持续、更为安全的发展”“坚持把发展经济着力点放在实体经济上，坚定不移建设制造强国、质量强国、网络强国、数字中国，推进产业基础高级化、产业链现代化，提高经济质量效益和核心竞争力”“构建金融有效支持实体经济的体制机制，提

升金融科技水平，增强金融普惠性”。普惠型小微企业作为实体经济的中坚力量，金融扶持普惠金融业务发展对构建高水平社会主义市场经济体制至关重要。

一、中国民生银行广州分行普惠金融业务发展概况

中国民生银行广州分行作为扶持普惠金融业务发展的标杆银行，很具有代表性。该行2008年推出小微特色产品——商贷通，专门服务于小微企业信贷融资。作为小微金融服务的首倡者、引领者，该行始终坚定不移地将小微金融作为全行战略深入推进，以客户为中心，持续完善小微金融服务体系，拓宽小微企业的融资渠道，全面助力小微企业成长，这与政府提出的支持实体经济，支持小微企业，发展普惠金融的政策方针高度契合。

二、中国民生银行广州分行普惠金融业务的主要支持措施

（一）专项信贷计划

该行成立了普惠金融事业部牵头负责普惠金融业务的开展。为更好地开展小微业务，该行2021年初制订了50亿元的全年小微企业信贷增量计划，截至2021年6月末，该行普惠型小微企业信贷增量已达48亿元，完成全年计划的96%。

（二）产品服务创新

1. 产品业务创新。聚焦新模式、新客群，该行推进产品线上化、场景化，加快业务转型。推进线上化：基于税务、发票、结算等与客户经营密切相关的数据信息，开发统一的线上信用类产品，如该行的“微型信用贷”“新网乐贷”等线上信用贷款产品，有效助力小微企业业务发展；推动标准抵押贷款的线上化作业转型，如该行的云快贷产品实现了抵押贷款的线上申请和审批。拓展新客群：在条件成熟的区域和风控能力较强的机构，面向成长型小微企业，开发多种产品组合的高阶授信产品。聚焦新模式：包括基于平台、供应链等特定场景，开发线上场景的供应链金融产品；基于区域特色，开发线下，线上+线下结合类业务等。比如，为进一步贯彻落实监管政策对普惠金融的工作要求，该行与国家融资担保基金有限公司牵头的政府性融资担保服务体系开展小微银担批量担保业务合作，根据该行小微授信政策制度与《国家融资担保基金银担“总对总”批量担保业务操作指引（试行）》，特制定了中国民生银行小微银担批量担保业务指引。该指引主要支持普惠金融，担保业务对象主要包括小微企业、“三农”、创业创新市场主体、战略新兴产业类企业。

2. 服务模式创新。为进一步提升抵押、贷款、放款效率，该行与广州市规划与自然资源局合作，推出“不动产登记+金融服务”的服务模式（“e登记”），实现了客户在银行网点、家里或公司均可以远程办理抵押登记手续，最快可以实现一天放款；还款方式多样化，客户可根据经营周期灵活选择还款方式，减轻客户还款压力；优质客户还可以享受无还本

续贷业务，大大降低资金周转压力；该行实行的贷前、贷中、贷后标准化作业流程，大大提升了作业效率。

（三）利率优惠措施

该行普惠金融贷款定价机制是按照保本微利基础上的成本加成定价，并根据总分行战略导向和市场变动情况，适时调整普惠金融贷款指导定价的模式。为进一步解决普惠小微企业融资贵的问题，该行通过内部资金转移定价优惠等方式引导降低小微企业贷款融资成本。

（四）激励考核措施

在机构考核层面，按照《中国银保监会办公厅关于2020年推动小微企业金融服务“增量扩面、提质降本”有关工作的通知》（银保监办发〔2020〕29号）以及《关于进一步强化中小微企业金融服务的指导意见》（银发〔2020〕120号）等相关绩效文件的指引要求，该行严格执行综合绩效考核指标中的普惠金融权重，将其提升至10%以上的要求，进一步突出“普惠金融”在绩效考核中的重要地位。对“普惠金融资产质量”进行考核时，要求其不良率容忍值设置值明显高于其他贷款业务水平，从而鼓励经营机构的普惠业务增长。

在个人考核层面，该行针对个贷客户经理考核，小微贷款增量指标完成率占比为50%，对客户经理服务小微企业起到了明显的引导作用。

同时，在对个贷客户经理考核中，小微贷款规模增长的积分标准为各项指标中的最高值，有效地激发了客户经理推动小微贷款的积极性。

（五）尽职免责制度

为严格落实监管部门关于“细化小微企业不良贷款容忍度和授信尽职免责”机制，“提高基层‘敢贷’‘愿贷’积极性”的要求，该行进一步细化不良管理机制和尽职免责机制。

小微贷款不良容忍度方面：一是优化小微不良容忍度考核指标，单独设置“普惠型小微企业贷款不良容忍度”专项考核指标；单独设置小微贷款不良率、逾期率考核指标。二是适度提高小微业务不良容忍度，适时调整各经营机构资产质量考核指标。三是在整体风险可控的情况下开展线上信用贷款业务，并逐步探索建立小微线上信用贷款产品的专项不良考核机制。

小微授信尽职免责方面，该行为落实《关于进一步强化中小微企业金融服务的指导意见》要求，同步发布了相关文件，进一步提高了小微信贷从业人员免责比例。

（六）疫情期间对小微企业的帮扶措施

新冠疫情期间，为最大限度地减少疫情对客户的影响，该行成立了小微贷款业务处理小组，建立并启动快速审批通道，加大疫情期间对小微企业的信贷支持。经过风险条线与推动部门及支行充分论证，在确保畅通、高效、合规的前提下梳理优化业务流程，切实解决好非现场业务办理的难点，尽量减少不必要的现场环节。进一步调整优化了疫情期间特定客户的授信政策及作业标准，具体包括：

1. 加大对存量客户的对接服务，通过主动为客户办理续授信、展期、调整还款计划等方式为客户减轻资金压力。针对受疫情影响较大的批发零售、住宿餐饮、物流运输、文化旅游等行业以及有发展前景但受疫情影响暂遇困难的小微企业，该行坚决不盲目抽贷、不压贷、不断贷；通过贷款延迟还款、展期、无还本续贷、阶段性调整贷款利率、调整还款方式等措施，同步增加信用贷款、中长期贷款等方式，支持客户开展生产经营自救，战胜疫情灾害影响。

2. 对受疫情影响出现的本金或利息已逾期的贷款，该行通过用短信、微信、电话提醒还款等方式开展逾期及不良贷款的管控工作。在符合重整管理办法相关规定要求的情况下，尽可能采取借新还旧等措施缓解客户资金周转困难。

3. 受本次疫情影响，在假期期间无法按时还款或贷款到期无法至该行办理续贷导致贷款出现临时性逾期的贷款，该行提供征信保护，予以罚息减免支持，避免企业产生罚息和影响客户征信。

4. 加大对存量客户以及防疫类企业的政策倾斜，积极运用高抵押率和信用授信政策，为存量客户脱困和防疫类企业扩大生产提供资金支持。

5. 加快推进远程视频技术在客户调查和抵押物核查方面的应用，通过线上非现场方式为客户提供更加便捷的融资服务。针对小微续支用业务量大的实际情况，该行加快推进线上自助支用及自助转期续贷服务，制定详细操作指引指导支行作业及客户线上支用。

三、普惠金融业务发展中遇到的困难与问题

（一）小微企业经营规范性不强，抗风险能力较弱

银行目前对小微企业的经营情况分析，主要采用实际控制人及其企业的资产、主营业务收入、营业时间、信用记录、资产负债比，以及提供的银行流水等规范的参数判断，而无法直接对客户的还款意愿、民间借贷情况、隐形债务、家庭人员关系等进行判断，由于小微企业没有大企业那样的报表可以直接体现企业的经营状况和未来发展潜力，且小微企业抗风险能力相对较差，行业周期波动对其生产经营有较大的影响，部分小微企业诚信意识不强，逃废银行债务时有发生，无有效担保抓手，银行资产保全难，坏账损失率较大。

（二）银行处置不良资产时效较长，处置工作较为被动

对于抵押客户来说，目前银行通过诉讼清收处置不良贷款约需两年半，诉讼流程包括诉讼立案、开庭、判决、申请执行、执行裁定、财产搜索、财产评估以及财产拍卖回款阶段。其中，执行慢是不良资产处置耗时较长的主要制约因素。

在执行过程中，通常借款人涉及债务较多，其财产往往被多次查封，而财产的拍卖处置进度仅能由首封法院推进，即使债权银行拥有抵押权，亦只能等首封法院执行拍卖后，才能

对拍卖款项申请参与分配，不能主动推进清收进度。而首封债权人由于不具有抵押权和优先受偿权，因此通常对案件进度推进不太积极。鉴于以上情况，银行不良清收较为被动。

四、发展普惠金融业务的相关对策建议

（一）依靠科技赋能，建立大数据共享平台

为更好地解决小微企业信息不对称的问题，建议政府部门将征信记录、非银行机构的授信信息、纳税信息、水费、电费、燃气费、物业费等信息整合成一个大数据平台，便于银行机构获得更多关于授信主体的经营场景或交易场景信息，并将相关信息应用到标准化审查审批工作中，一方面有利于银行机构综合评估客户的负债水平、还款能力和经营能力，提高作业效率；另一方面有利于小微客户规范化经营，快速获得贷款，提升服务体验。

（二）建立由政府牵头的协调管理机制

建议政府部门牵头同业公会协调相关司法机构，落实最高人民法院《关于首先查封法院与优先债权执行法院处分查封财产有关问题的批复》，协商把案件优先处置权移交优先债权的执行法院，如此一来，该债权银行能主动推进案件执行进度，加快拍卖进度及回款进度，提高不良贷款处置效率。一方面有利于企业盘活资产，解除司法执行，另一方面加快银行不良资产处置，利于银行资产回收和不良考核。

（三）实施差异化战略，提高市场竞争力

第一，产品差异化。银行对当前业务进行整合和创新，迎合数字金融潮流，构建线上或线上线下相结合的产品体系，并针对不同目标群体设计专项金融产品，在此基础上丰富产品门类，形成多产品组合，进而形成不同客户适用不同产品组合的定制化、高端化产品服务体系。第二，服务差异化。银行不断优化流程，提升服务内容和品质，为小微客户创造优质的服务体验。如中国民生银行广州分行推出的小微金融不动产登记线上办的“e登记”服务、线上自助转期、自助支用及远程视频面签等金融服务，实现“云上放贷”，大大提升了小微客户的贷款便利性和时效性。

课题组成员简介：

梁俊峰　中国民生银行广州分行副行长

胡建新　中国民生银行小微金融事业部广州分部总经理

田学辉　中国民生银行小微金融事业部广州分部产品经理

专家评点：

本文以中国民生银行广州分行授信服务为例，研究我国普惠金融业务发展过程中的典型措施、存在的问题，并提出相关建议，介绍典型措施时提供了多个视角，并且内容详细，分析问题直击痛点，提出的建议涵盖政府部门和银行自身各自可行的路径，分工明确，可操作性强，对于我国商业银行如何发展普惠金融业务具有明显的参考价值。

专家简介：

周开国，中山大学岭南学院金融系教授、博导，国家社科基金重大项目首席专家。

对农光互补光伏项目土地“痛点”的思考与建议

——从金融机构的视角

■ 上海浦东发展银行广州分行
刘冰岩 李宗宁 周玲 王启明 杜婷婷

摘 要

大力发展光伏和风电作为可再生能源，是国家“30·60目标”战略目标实现路径中能源结构调整重要的一环，预计2025年光伏+风电的发电量将超14,500亿千瓦时。随着光伏发电在应用场景上与不同行业相结合的跨界融合趋势愈发明显，全国各地正加大力度推广“农光互补”的光伏+农业综合利用模式，广东省内韶关、河源、清远、江门等多地已建成多个农光互补光伏发电项目，并在“十四五”规划中要求积极发展光伏发电，提出拓展分布式光伏发电应用，大力推广太阳能建筑一体化，支持集中式光伏与农业、渔业的综合利用。但据课题组与多家农光互补项目建设主体的沟通，由于省内土地资源紧张，项目的用地审批往往耗时较长，甚至无法取得正式的用地审批，这也成为金融机构为农光互补项目提供融资服务时的“梗阻”。本文从金融机构的角度，从政策层面和实操层面分析农光互补项目的用地审批“痛点”，并提出相关建议。

一、全国及广东省太阳能发电行业的发展现状

（一）2021年前三季度全国及广东省太阳能电力生产情况

根据国家统计局发布的数据，2021年9月全国太阳能发电量为148.3亿千瓦时，同比增长4.5%；1—9月累计发电量为1362.2亿千瓦时，同比增长10.2%，占总发电量的2.24%。

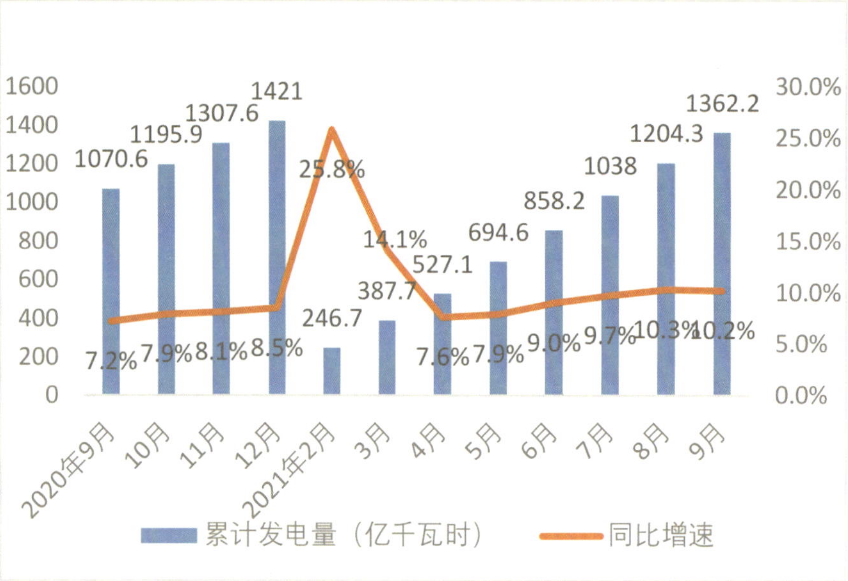

数据来源：国家统计局、观研报告网整理

图3-7　2020年—2021年9月全国太阳能发电量统计图

广东省2021年9月太阳能发电量为4.54亿千瓦时，同比增长38%；1—9月累计发电量为34.89亿千瓦时，位居全国31个省区市（不含港澳台）第16位，同比增长27.8%，增速排名第3位，占总发电量的0.66%。

表3-1　2021年1—9月全国各省区市太阳能发电量统计表

省区市	9月当月值/万千瓦时	1—9月累计值/万千瓦时	同比增速/%	累计增速/%
北京	1084	11,582	-12.9	2.8
天津	5992	66,052	-24.2	2.0
河北	82,703	948,550	-21.9	7.4
山西	82,671	894,558	-17.1	9.8
内蒙古	110,639	1,061,921	0.4	2.3
辽宁	21,171	215,019	-9.5	15.6
吉林	22,817	222,611	24.0	7.7
黑龙江	27,484	259,821	36.8	20.8
上海	1183	10,696	23.8	23.8
江苏	71,499	618,166	1.1	11.4
浙江	51,252	384,669	24.4	8.0
安徽	71,847	590,301	0.5	2.6

续表

省区市	9月当月值/万千瓦时	1—9月累计值/万千瓦时	同比增速/%	累计增速/%
福建	4120	30,493	25.3	3.8
江西	42,478	268,268	22.5	-0.8
山东	54,663	561,815	-21.1	5.6
河南	54,345	500,723	-8.2	1.2
湖北	50,959	369,598	13.7	-2.8
湖南	20,046	112,425	66.5	18.6
广东	45,396	348,893	38.0	27.8
广西	18,429	129,855	70.7	56.3
海南	4881	47,211	3.1	1.5
重庆	4585	33,836	50.6	4.7
四川	21,627	213,000	35.2	13.7
贵州	69,715	489,978	117.0	53.3
云南	29,141	273,874	25.6	4.7
西藏	7057	63,277	-8.8	7.1
陕西	56,574	634,509	-12.6	4.1
甘肃	99,656	855,435	8.1	0.6
青海	105,100	1,253,930	-13.6	25.5
宁夏	103,720	989,216	9.8	16.3
新疆	139,758	1,161,661	15.7	8.7

数据来源：国家统计局

（二）2021年前三季度全国及广东省光伏建设运行及发电情况

目前国内太阳能发电方式包括光伏发电与光热发电，全国太阳能装机容量中光伏发电占比99.8%，光热发电占比0.2%（截至2021年8月末数据），光伏发电是我国太阳能发电的主流方式。

2021年前三季度，我国新增光伏并网容量2555.6万千瓦，其中集中式光伏电站915万千瓦、分布式光伏电站1640.6万千瓦。截至9月底，我国累计光伏并网容量为27,782.6万千瓦。

从各省份新增数据来看，广东省前三季度新增光伏并网容量127.4万千瓦，居全国31个省区市（不含港澳台）中第6位。截至9月底，广东省累计光伏并网容量为897.5万千瓦，居全国31个省区市（不含港澳台）中第15位。

表3-2　2021年1—9月全国各省区市光伏建设运行统计表

单位：万千瓦

省区市	2021年前三季度新增并网容量			截至2021年9月底累计并网容量		
		其中：集中式光伏电站	其中：分布式光伏		其中：集中式光伏电站	其中：分布式光伏
总计	2555.6	915.0	1640.6	27,782.6	18,383.5	9399.1
北京	7.5	0.4	7.1	68.6	5.1	63.5
天津	10.3	0	10.3	173.9	118.8	55.0
河北	368.1	79.7	288.5	2558.4	1524.1	1034.3
山西	51.5	12.5	39.0	1360.2	1041.0	319.1
山东	594.2	85.5	508.7	2868.3	895.2	1973.1
内蒙古	99.5	90.0	9.5	1331.8	1228.5	103.2
辽宁	24.7	5.5	19.2	423.3	286.2	137.1
吉林	3.5	1.0	2.5	341.3	262.8	78.5
黑龙江	22.7	20.0	2.6	340.3	255.0	85.3
上海	19.2	4.4	14.8	155.8	24.1	131.8
江苏	124.5	10.1	114.5	1812.3	909.7	902.5
浙江	153.0	46.8	106.2	1665.2	491.9	1173.3
安徽	141.6	42.2	99.4	1511.3	867.8	643.5
福建	43.7	1.0	42.6	246.0	39.2	206.8
江西	74.7	40.4	34.4	841.9	508.4	333.6
河南	199.2	16	183.2	1373.8	619.9	753.9
湖北	127.1	112.1	15.0	821.7	594.9	226.9
湖南	26.1	7.8	18.3	416.4	198.1	218.3
重庆	1.6	0	1.6	68.7	59.7	9.1
四川	2.5	0	2.5	193.6	169.0	24.6
陕西	99.5	84.5	15.0	1183.5	1045.0	138.5
甘肃	15.1	12.2	2.9	981.2	904.3	76.9
青海	23.3	23	0.3	1600.7	1584.8	16.0
宁夏	83.1	78.5	4.6	1280.2	1200.5	79.7
新疆	15.5	15.0	0.5	1233.5	1217.1	16.4
新疆兵团	0	0	0	39.0	39.0	0
西藏	2.4	0.2	2.2	138.7	136.5	2.2

续表

省区市	2021年前三季度新增并网容量			截至2021年9月底累计并网容量		
		其中：集中式光伏电站	其中：分布式光伏		其中：集中式光伏电站	其中：分布式光伏
广东	127.4	42.4	84.9	897.5	427.6	469.9
广西	54.1	50.3	3.7	261.2	214.8	46.4
海南	0.3	0	0.3	143.0	127.1	15.9
贵州	33.4	33.4	0	1056.6	1037.6	19.0
云南	6.5	0	6.5	394.7	349.9	44.8

注：以上统计不包括港澳台地区

数据来源：中国电力企业联合会、国家可再生能源中心

2021年1—9月，广东省发电总量位居全国各省市第1位，但太阳能发电总量仅排在第16位，太阳能发电量占比仅0.66%，较全国平均水平低1.58个百分点，而前三季度广东省新增光伏建设并网容量位居全国各省区市（不含港澳台）第6位，表明广东省内的光伏发电仍存在很大的发展空间。

二、农光互补光伏项目运行的背景、政策及“痛点”

（一）农光互补光伏项目运行的背景与特点

近年来，随着对新能源的不断重视和扶持，我国光伏发电技术突飞猛进，成为全球年装机量最大的国家。但同时，我国可利用从事光伏电站建设的荒地、荒山、荒滩以及屋顶等资源越来越少，已经远远不能满足光伏发电快速发展的需要，光伏产业面临转型升级。另外，农业也在不断寻求自我突破。光伏农业这个新产业开创性地将光伏发电与农业开发及节约资源相结合，实现“光伏+农业”的新模式。相比其他光伏项目，农光互补光伏项目主要具有以下优势。一是土地利用优势：棚上光伏发电、棚下生态养殖、种植，提高了土地的综合利用率。二是节能优势：一部分光伏发电量可就地消纳，减少了输电线路上的损耗。三是光伏扶贫优势：国家扶贫办要求各地因地制宜，利用贫困地区荒山荒坡、农业大棚或设施农业等建设光伏电站，直接增加贫困人口收入。四是项目选址优势：农光互补项目可利用一般农田，在不改变土地利用性质的前提下，实现光伏电站的建设，实现“板上光伏发电，板下现代农业”共同发展，有效地解决发展光伏发电项目征占大量土地的瓶颈问题，具有显著的节能减排效益，同时又实现创新农业发展新模式，还可以推动当地能源结构优化，创造良好的社会和经济效益。

（二）国家及广东省对农光互补光伏项目的支持政策

1. 国家层面出台政策，支持光伏发电尤其是高效利用的创新型光伏发电建设，快速提升发电规模。

2021年3月，《中华人民共和国国民经济和社会发展第十四个五年规划和2035年远景目标纲要》发布。文件提出构建现代能源体系，推进能源革命，建设清洁低碳、安全高效的能源体系，提高能源供给保障能力。加快发展非化石能源，坚持集中式和分布式并举，大力提升风电、光伏发电规模，加快发展东中部分布式能源，非化石能源占能源消费总量比重提高到20%左右。为完善风电、光电发展机制，释放消纳空间，优化发展环境，给行业和企业更加明确的预期，切实增强市场主体信心，促进风电、光伏发电实现大规模、高比例、高质量跃升发展，实现到2030年非化石能源占一次能源消费的比重达到25%左右，风电、太阳能发电总装机容量达到12亿千瓦以上等目标。

2021年5月，国家能源局发布了《关于2021年风电、光伏发电开发建设有关事项的通知》。该文件就2021年风电、光伏发电项目开发建设提出目标要求，也着眼长远，建立了三方面的长效机制：一是建立消纳责任权重引导机制。国家通过下达各省年度可再生能源电力消纳责任权重，引导各地据此安排风电、光伏发电项目建设，推进跨省跨区风光电交易；二是建立并网多元保障机制。保障性并网与市场化并网模式结合确保风电、光伏发电项目建设完成后顺利并网。三是建立保障性并网竞争性配置机制。根据消纳责任权重确定保障性并网规模，由各省级能源主管部门通过竞争性配置确定享受保障性并网的项目。

2021年10月，国务院印发的《国务院关于印发2030年前碳达峰行动方案的通知》指出：一是全面推进风电、太阳能发电大规模开发和高质量发展，坚持集中式与分布式并举，加快建设风电和光伏发电基地。加快智能光伏产业创新升级和特色应用，创新“光伏+”模式，推进光伏发电多元布局。积极发展太阳能光热发电，推动建立光热发电与光伏发电、风电互补调节的风光热综合可再生能源发电基地；二是推进农业农村减排固碳。大力发展绿色低碳循环农业，推进农光互补、“光伏+设施农业”、“海上风电+海洋牧场”等低碳农业模式。

2. 在省级层面，农光互补光伏项目被列为“十四五”规划的支持方向，加大建设的同时重点解决并网问题。

2021年4月，《广东省国民经济和社会发展第十四个五年规划和2035年远景目标纲要》发布，要求积极发展光伏发电，提出拓展分布式光伏发电应用，大力推广太阳能建筑一体化，支持集中式光伏与农业、渔业的综合利用。

2021年6月，广东省能源局发布《关于2021年风电、光伏发电开发建设有关事项的通知》，通知要求各市加快大幅提升光伏发电装机规模，明确了光伏项目的并网及消纳原则，支撑光伏项目在省内的建设规模。

可见，从国家到省级层面，对于光伏项目的建设及发电规模快速上量、光伏项目的综合利用均表示了明确的支持态度，广东省在土地资源紧缺、能耗需求巨大的情况下，农光互补光伏项目必定是未来能源结构转型中重点发展的选择。

（三）农光互补光伏项目的土地“痛点”

根据光伏电站项目各设备设施的实际情况，参照原国土资源部《光伏发电站工程项目用地控制指标》的规定，光伏发电站工程项目用地包括光伏方阵用地、变电站及运行管理中心用地、集电线路用地和场内道路四大部分。具体各用地情况梳理如下：

第一，光伏方阵用地，包括组件用地、逆变器室及箱变用地、方阵场内道路用地等。通常而言，该光伏方阵用地根据光伏项目现场情况连成一个区域，或集中在几个区域。

第二，变电站及运行管理中心用地，系永久用地，包括变电站用地和生活服务设施用地。变电站用地包括生产建筑用地和辅助生产建筑用地，生活服务设施用地包括职工宿舍、食堂、活动中心等设施用地。

第三，集电线路用地，指光伏发电站项目区内集电线路用地。光伏发电站集电线路一般采用直埋电缆敷设方式，其用地与光伏方阵用地衔接。如果光伏发电站集电线路采用架空线路时，其杆塔基础用地通常为永久用地。

第四，场内道路用地，是指保证项目生产运营的场区内部运行道路，项目建成后主要用于维护、检修的通行，通常场内道路宽度不超过4米。

表3-3 光伏发电项目用地情况

光伏发电站功能	具体用地情况	是否占用永久性用地
光伏方阵	光伏方阵用地包括组件用地、逆变器室及箱变用地、方阵场内道路用地等	否
变电站	变电站用地包括生产建筑用地和辅助生产建筑用地。生产建筑用地包括升压设备、变配电设备、变电站控制室（升压设备控制、变配电设备控制、其他设备控制）用地；辅助生产建筑用地包括光伏发电站中控室、计算机室、站用配电室、电工实验室、通信室、库房、办公室、会议室、停车场等设施用地	变电站用地为永久用地
运行管理中心	生活服务设施用地包括职工宿舍、食堂、活动中心等设施用地	运行管理中心用地为永久用地
集电线路用地	光伏发电站项目区内集电线路用地。用地面积与光伏方阵用地已经合并，用地指标不再另行计算 光伏发电站集电线路采用架空线路架设时，只计算杆塔基础用地	杆塔基础用地为永久用地
场内道路的用地	保证项目生产运营的场区内部运行道路	否

根据《中华人民共和国土地管理法》，国家实行土地用途管制制度。按土地用途，将土地分为农用地、建设用地和未利用地。光伏电站项目涉及的土地类型一般包括建设用地、未利用地（戈壁、荒漠、荒草地等）及农用地中的林地。农光互补等新型光伏电站项目用地，指的是光伏电站项目的建设与农业种植等相结合，共用农用地但不对原土地用途产生重大改变的用地方式。关于该类项目用地是否需办理农用地转用手续，目前国家层面的规定主要包括：

原国土资源部等发布的《关于支持新产业新业态发展促进大众创业万众创新用地的意见》（国土资规〔2015〕5号）明确规定，对于光伏、风力发电等项目使用戈壁、荒漠、荒草地等未利用土地的，对不占压土地、不改变地表形态的用地部分，可按原地类认定，不改变土地用途的，在年度土地变更调查时做出标注，用地允许以租赁等方式取得，双方签订好补偿协议，用地报当地县级国土资源部门备案。对于项目建筑永久性占用未利用地部分，应依法按占用建设用地办理手续。

根据《国土资源部　国务院扶贫办　国家能源局关于支持光伏扶贫和规范光伏发电产业用地的意见》（国土资规〔2017〕8号文）规定，对深度贫困地区脱贫攻坚中建设的光伏发电项目，以及国家能源局、国务院扶贫办确定下达的全国村级光伏扶贫电站建设规模范围内的光伏发电项目，变电站及运行管理中心、集电线路杆塔基础用地按建设用地管理，各地在编制土地利用总体规划和年度土地利用计划中应予以重点保障，并依法办理建设用地审批手续；场内道路用地可按农村道路用地管理；光伏方阵使用永久基本农田以外的农用地的，在不破坏农业生产条件的前提下，可不改变原用地性质；采用直埋电缆方式敷设的集电线路用地，实行与项目光伏方阵用地同样的管理方式。

按照上述规定，农光互补项目中的光伏方阵由于不涉及破坏农业生产条件，可用租赁的方式取得，而变电站、杆塔基础用地为永久用地，则需要依法办理建设用地审批手续。然而，农光互补光伏项目的建设企业表示，项目的用地预审意见中明确“建设项目禁止占用基本农田，如涉及使用新增建设用地或临时用地，还须依法依规完善相关用地手续”，变电站这种特定伏数的变压变电设备，被列入工业类的建设，所属用地必须为工业一类用地，如果所在建设用地是农地或者其他工业用地等，就需要进行土地属性调整，需要经过预审、环评、委员会评估等约13个流程进行调规直至取得最终国土证，从农地转为工业一类用地用时最长，部分项目有可能用时超过3年，实际建设时无法等到用地的正式批复后才开始施工。申请确认建设用地使用指标到获得国土证、获得符合土地利用总体规划说明，共需要13个流程，简单整理如下：

表3-4 用地审批环节及流程梳理（根据企业反映粗略整理）

序号	项目成果	流程及内容	负责单位	具体事项备注
1	前期准备	确认使用指标	市规划和自然资源局	—
2		确定用地红线	业主单位、 市规划和自然资源局	—
3		权属地类表	市规划和自然资源局	核对现状表、报批表
4		高标准农田核对	市规划和自然资源局、 农业农村局	县农村农业局出说明
5		征求相关部门意见	市规划和自然资源局	—
6		去函县政府请示确定用地批次	市规划和自然资源局、 县政府	—
7		去函人力资源和社会保障局	市规划和自然资源局	—
8		启动公告	市规划和自然资源局、 县政府	公示
9		补偿安置公告	市规划和自然资源局、 县政府	公示
10		勘测定界报告	用地单位	出具勘测报告材料
11		社会风险稳定评估	用地单位	出具社稳报告材料
12	土地所有权证书/国有土地说明	土地所有权证书、登记造册表、国有土地说明	市规划和自然资源局、 市不动产登记中心	土地所有权证书、登记造册表、国有土地说明
13	规划说明（土规、城规）	出具符合土地利用总体规划说明以及城市建设规划说明	市规划和自然资源局	—

因此，农光互补项目建设用地的审批手续在实际办理时审批流程长、环节多，不同部门之间的政策可能错位，导致建设用地审批手续迟迟无法办妥，“土地”合法使用的问题已经成为农光互补光伏项目发展的系统性障碍。

三、从金融机构的视角对农光互补光伏项目土地“痛点”的建议

农光互补项目的用地审批问题，直接影响了项目的快速推动，其中的矛盾体现在两方面：一是在企业层面，用地审批耗时长，导致项目无法开工或者违规开工，后续面临拆除的风险；二是在金融机构层面，由于项目用地预审意见中明确了须取得用地正式审批的要求，无法满足授信审批合规性的要求。在国家和省里均鼓励加快农光互补光伏项目建设的背景下，要快速推进项目建设，提升光伏发电规模，以下从金融机构的角度，对农光互补项目的

用地审批问题提出两方面的建议：

第一，简化用地审批流程，加快审批速度。农光互补光伏项目是广东省能源结构转型的重要方式，2021年广东省发改委下达的广东省2021年重点建设项目计划中，涉及10多项续建光伏项目和2项预备项目，其中包括农光互补、渔光互补、光伏复合类型的项目。由于农光互补光伏项目具有建设期短、投产快、施工风险较小等特点，而且需要办理正式用地审批的仅变电站或杆塔基础用地两部分，占地面积较小，建议简化用地审批的流程和环节，或在办理用地审批的过程中加入临时施工许可等合规证照作为补充，对于进入省重点建设项目计划的项目，设置绿色通道优先审批。

第二，进一步研究论证农光互补项目用地审批的必要性和实操性。农光互补项目中变电站或杆塔基础用地占地面积较小，且没有实质性改变土地的性质，项目运营结束拆除后可恢复农田用地。在此基础上，建议政府部门进一步研究论证农光互补项目用地审批的必要性和实操性，在原规定的基础上，制定差异化的灵活审批政策，充分考虑项目用地审批进度与建设进度的匹配，解决政策层面对推动农光互补光伏项目快速上量的“痛点”和难点。

课题组成员简介：

课题组成员 刘冰岩 上海浦东发展广州分行党委委员，副行长

李宗宁 上海浦东发展广州分行见习副行长

周　玲 上海浦东发展广州分行投资银行部总经理

王启明 上海浦东发展广州分行投资银行部副总经理

杜婷婷 上海浦东发展广州分行投资银行部绿色金融产品经理

专家评点：

本文对农光互补光伏项目的优势分析透彻，对国家层面和省级层面的支持政策的介绍比较全面，对农光互补光伏项目的土地利用的“痛点”分析到位。本文亦从金融机构的角度，对农光互补光伏项目的用地审批问题提出了两个方面的建议，其一是简化用地审批流程，加快审批速度；其二是进一步研究论证农光互补项目用地审批的必要性和实操性。本文提出的土地“痛点”问题和建议都具有很强的实用性，有效解决这一“痛点”问题对于农光互补光伏项目的健康发展能够起到推动作用。

专家简介：

周开国，中山大学岭南学院金融系教授、博导，国家社科基金重大项目首席专家。

粤港澳大湾区商业银行绿色金融助力碳达峰、碳中和现状、挑战及应对措施

■ 东莞银行股份有限公司
李启聪 吴惠 张小林 袁齐

摘 要

作为全球最大的碳排放国，我国于2020年确定“2030年前实现碳达峰、2060年前实现碳中和”目标，粤港澳大湾区作为我国的先行示范区，碳达峰、碳中和目标也将助推粤港澳大湾区产业低碳和脱碳的转型需求。粤港澳大湾区商业银行绿色金融发展将面临投资需求巨大等重大机遇，然而，在产业向低碳及绿色转型的过程中，银行业也面临资产投向结构调整，以及风险管理能力要求更高等挑战。

本课题先是探讨了粤港澳大湾区碳排放的现状，梳理粤港澳大湾区当前实现碳达峰、碳中和目标的必要性及迫切性，接着分析粤港澳大湾区商业银行绿色金融发展面临的机遇与挑战，以及发展现状。研究发现，目前粤港澳大湾区商业银行绿色金融还存在顶层设计有待建立和完善、产品创新以及风险管理能力有待提升等问题。粤港澳大湾区商业银行应该充分借鉴国内外先进经验，联合监管机构加强顶层制度建设，提高绿色金融产品创新能力，建立绿色金融特色人才培养机制，完善绿色金融风险管理体系和绿色金融发展机制，助推粤港澳大湾区商业银行绿色金融更好地发展。

一、引言

气候变化是21世纪人类共同面临的挑战，全球已经达成合作共治应对气候变化的共识。作为全球最大的碳排放国，我国于2020年确定“2030年前实现碳达峰、2060年前实现碳中和”目标，2021年该目标也首次被写入政府工作报告之中。粤港澳大湾区作为我国经济发展的先行示范区，早在2019年《粤港澳大湾区发展规划纲要》中就已经对其

能源结构的优化和布局提出了相关要求和机制安排，碳达峰、碳中和目标也将助推粤港澳大湾区产业低碳和脱碳的转型需求，在今后较长的一段时间内，实现社会经济向绿色、高质量转型都将是政府及全社会的重大工作任务之一。

实现碳达峰、碳中和目标需要大量的绿色低碳投资，广东省及各地政府也先后出台了绿色金融支持大湾区率先实现碳达峰、碳中和的政策，粤港澳大湾区商业银行绿色金融业务的发展在此背景下将面临重大机遇。然而，在产业向低碳及绿色转型的过程中，银行业也面临资产投向结构调整，以及风险管理能力要求更高之类的挑战。充分利用机遇，应对挑战，推动大湾区商业银行借助绿色金融更好地服务于碳达峰、碳中和目标实现的前提是，对大湾区碳排放和绿色金融服务现状、面临的机遇和挑战有充分的了解和认识，这也是本文的研究核心内容。

基于全球和国家的现实诉求与战略背景，本文先是探讨及分析粤港澳大湾区碳排放的现状，梳理粤港澳大湾区实现碳达峰、碳中和目标所面临的必要性和迫切性；其次，分析粤港澳大湾区商业银行绿色金融在助推碳达峰、碳中和目标实现中面临的机遇和挑战，找出大湾区商业银行可以进行突破的地方；再次，以大湾区的商业银行为研究样本，整理绿色金融的制度安排和产品体系构成，分析绿色金融的支持效果，找出大湾区商业银行绿色金融在助推碳达峰、碳中和目标中存在的不足；最后，为粤港澳大湾区商业银行绿色金融的发展提出相应的政策与建议，以引导其更好地服务于碳达峰、碳中和目标的实现。

二、研究背景及意义

改革开放以后经济的高速发展给生态环境造成了一定的压力，气候变暖等问题日益凸显。2021年8月，根据中国气象局发布的《中国气候变化蓝皮书》，全球气候仍然在持续变暖，相比工业化前（1850—1900），2020年全球平均温度提高了1.2℃，全球平均气温在1951—2020年期间以0.15℃/10年的速度上升，而我国气温上升速度为0.26℃/10年，明显高于全球平均水平。近几年强降水、高温等极端气候事件风险进一步加剧。1961—2020年，我国平均降水量呈增加趋势，降水变化区域间差异明显，高温、强降水等事件明显增多，海平面呈现加速上升趋势，山地冰川处于消融退缩状态，全球主要温室气体浓度仍在持续上升。气候变化是21世纪人类共同面临的挑战，全球已经达成合作共治应对气候变化的共识，作为全球最大的碳排放国，我国于2020年确定“2030碳达峰、2060碳中和”目标，该目标也在2021年首次被写入政府工作报告之中。

粤港澳大湾区作为我国经济发展的先行示范区，早在2019年《粤港澳大湾区发展规划纲要》中就已经提出了要对其能源结构和布局进行优化的要求和工作安排，在碳达峰、碳中和目标下，粤港澳大湾区产业向低碳和脱碳的方向转型也显得更为迫切和必要。广东

“十四五”规划明确碳达峰、碳中和方案，率先推动实现碳达峰，在今后较长的一段时间内，实现社会经济向绿色、高质量转型都将成为政府及全社会的重大工作任务之一。2021年1月，广东省地方金融监督管理局提出，携手港澳制定金融标准，开发绿色金融产品，推动粤港澳大湾区率先实现碳达峰、碳中和。银行业作为经济发展的核心中介，也是我国践行碳达峰、碳中和目标的主要金融机构，商业银行在碳达峰、碳中和背景下将发挥重要的作用。在此背景下，探讨粤港澳大湾区商业银行绿色金融业务发展所面临的机遇及挑战，找出其发展中存在的不足之处，为最大化商业银行在助力粤港澳大湾区率先实现碳达峰、碳中和目标中的作用和效果，提出具有针对性的建议和举措具有重要研究价值，其研究成果对于粤港澳大湾区经济的转型发展，以及尽早完成世界级城市群建设具有重要的意义。

三、商业银行绿色金融助力碳达峰、碳中和的国内外经验借鉴

（一）先进经验

1. 渣打银行经验借鉴

（1）坚持绿色原则

2019年4月，渣打银行等27家金融机构在第二届“一带一路”国际合作高峰论坛上签署了《“一带一路”绿色投资原则》，旨在将低碳和可持续发展议题纳入“一带一路”沿线国家的项目中，这些沿线国家的二氧化碳排放量占全球的55%，为商业银行绿色金融发展带来了巨大发展空间。据渣打银行估算，在2060年前，中国在碳达峰、碳中和项目中投资约127万亿—192万亿元，绿色信贷、绿色债券和绿色股权融资等拥有巨大的潜力，因而渣打银行集团、金融机构及商业银行部均明确金融机构有义务为坚持绿色原则的“一带一路”项目服务，将推动绿色金融作为自身发展的使命和责任。

（2）创新绿色金融产品

根据联合国下达的可持续发展目标，发展中国家若要达到该目标，每年的资金缺口预计会达到2.5万亿美元，填补这一缺口，仅仅依靠绿色信贷难以完成。渣打银行于2007发行首支绿色债券，募集资金超过千亿美元，用以支持风能、太阳能和水处理等项目发展，之后各国商业银行开始模仿渣打银行发行绿色债券；渣打银行为个人提供绿色信用贷款、绿色金融房地产还款，为小微企业提供绿色金融支持，从而推动产业结构转型以及个人环保意识提升。

（3）绿色金融风险防范

绿色金融面临的风险较为复杂，较一般风险识别难度大，渣打银行对绿色金融风险始终秉持严谨的把控策略，对统一类别的客户设置统一的信用额度范围，根据客户分类的不同层次和客户能力，在额度内设置不同的信用额度等级，实行灵活的信用额度管理。当客户需要

调整额度时，必须接受一系列的评估与认定，若评估结果反映可以上调额度，则渣打银行会调高商业银行相应额度。同时，渣打银行密切关注市场信息，定时对市场信息进行收集反馈并作评估，检测市场风险。

2. 工商银行经验借鉴

中国工商银行作为我国规模最大的商业银行，积极响应国家关于发展绿色金融的精神和指示，保持较高的社会责任感。2007年在国内率先开展绿色信贷，之后在投资产品和保险产品等领域不断加强创新，将绿色金融发展纳入银行重要的经营战略中，推进绿色金融绩效考核，不断加大绿色金融发展，截至2020年末，中国工商银行绿色贷款余额1.8万亿元，规模在商业银行排名中第一。

（1）不断加强绿色金融产品创新

中国工商银行积极响应绿色金融发展理念，在绿色金融业务发展过程中不断创新，为需求者提供多元化的金融产品和服务。目前推出的绿色金融产品和服务主要有债券承销、贷款、理财投资和财务顾问等，绿色债券主要涉及企业债券、短期融资券等多个品种。截至2020年末，中国工商银行承销的绿色债券规模达到155亿元，机构拥有的绿色债券规模超过210亿元。

（2）绿色金融风险防范

在行业准入方面，中国工商银行对于污染排放超标、检查不合格的企业进行严格检查与控制，对于绿色环保的新兴产业给予优惠与激励措施，不断促进产业转型；在风险控制方面，产品推行前对市场进行全面综合的市场调研，在贷款和产品推行后期，及时了解资金投向，使得资金能够在预先确定的范围内使用。中国工商银行不同部门设置了相应的风险动态检测和预警机制，对出现风险的业务给予一票否决，不留余地，全面遏制风险的发生。

（3）重视复合人才的培养

在绿色金融业务开展之初，中国工商银行就在全球范围内公开招募了一批拥有15年以上绿色金融业务工作经验的专业管理团队，这些管理团队主要从大型基金管理公司、投资顾问公司和大型环保公司进行筛选，不仅经验丰富而且对绿色产业具有较为深入的研究，目前中国工商银行已经拥有超过40名顶级绿色金融顾问。另外，中国工商银行定期会对从事绿色金融业务的客户经理和相关工作人员进行集中培训，让他们更多地了解绿色金融知识和绿色行业相关的信息，使其时刻保持对绿色金融和绿色行业的敏锐度。

3. 兴业银行经验借鉴

兴业银行是我国首家开展绿色金融业务的股份制商业银行之一，目前兴业银行绿色金融业务处于行业领先地位，截至2020年末，绿色金融融资余额11 558亿元，近五年年均增长率为23.62%，绿色金融资产在总资产中的比重从7%提高至14.64%。为了更好地支持绿色金融业务发展，2009年兴业银行成立可持续金融部，也是国内首家设立专门绿色金融业务发展部门的银行。2012年该部门上升为总行一级部门。兴业银行参与了首批两项绿色金融行业标准（《金融机构环境信息披露指南》和《环境权益融资工具》）的起草工作，兴业银行绿色金融业务得到监管机构及同业机构的一致认可。

（1）实施绿色金融战略

在顶层设计上，兴业银行最早提出“寓义于利”的发展观，明确将绿色发展作为长期的经营理念，绿色金融也在2015年被其确定为七大战略核心业务之一，提出绿色金融业务的发展方向及目标。兴业银行也是最早在总行成立绿色金融推动部门和小组的商业银行，旨在推动其从绿色银行到绿色金融集团的跨越式发展。

（2）注重产品创新

兴业银行集团拥有券商、基金和期货等多个牌照，凭借自身的“商行+投行”优势，积极开发新产品，目前服务绿色金融的产品主要包括绿色债券、绿色资产证券化、绿色基金、绿色信托、绿色融资租赁、绿色理财、绿色按揭贷款等多种产品。兴业银行将来还打算扩大绿色金融覆盖范围，在绿色信贷和绿色债券发展的基础上，努力担当权益做市商，积极推动绿色金融供应链、绿色零售和绿色投资多业务的协调发展，为绿色产业提供更加丰富的金融服务方案。

（3）重视专业人才培养

兴业银行在总行设有绿色金融部，在绿色金融部内设有行业研究和产品及营销开发与设计的专业团队，主要职责为开发和设计绿色金融的产品及业务，统筹及协调关于营销与品牌建设等方面的工作。各个分行设立了绿色金融分部或相关职能部门，每个分部配套专门从事绿色金融业务的客户经理。在平时业务推广的过程中，兴业银行高度注重专业人才的培训与培养，以提高绿色金融相关从业人员的专业素养和实际操作能力为目标，举办多次内部培训。截至2020年末，兴业银行共举办与绿色金融或环境风险管理主题相关的培训超过400场，累计培训员工数量超过5万人次。

（二）经验启示

根据渣打银行、中国工商银行和兴业银行绿色金融发展经验，粤港澳大湾区商业银行要做好绿色金融业务，需要从以下三个方面入手：一是，根据国家及大湾区碳达峰、碳中和目标，以及为实现相关目标的政策落地情况，前瞻性地预测产业结构调整趋势及其对现存高碳排放产业的影响，逐步压缩对高碳排放行业的投资，加大对低碳排放产业的投资，以降低未来风险资产的规模和占比；二是，建立适合当前市场和自身发展的风险预警机制和风险监测模型，通过对环境与气候风险进行情景分析和压力测试，建立专门的客户管理资源库，根据风险情景分析和压力测试结果，对客户进行筛选和评级，定期将不符合条件的客户从库中移除；三是，完善人才引进与培养机制，由于粤港澳大湾区商业银行总部较少，证券、基金和期货管理公司等机构总部也比北京和上海少，在引进高级专业人才方面竞争力有限。因而大湾区商业银行要通过提高薪酬福利水平、增强人才发展空间的明确性等方式加大绿色金融专业人才的引进力度。

四、粤港澳大湾区碳达峰、碳中和现状及动因

（一）粤港澳大湾区碳排放现状

目前官方尚未公布碳排放相关数据，根据《中国能源统计年鉴》和《广东省统计年鉴》公布的能源消耗相关数据，借鉴联合国政府气候变化专门委员会（IPCC）指定的化石燃料燃烧计算方法，计算广东省及大湾区各城市碳排放数据。2000—2019年广东省碳排放数据见下图。

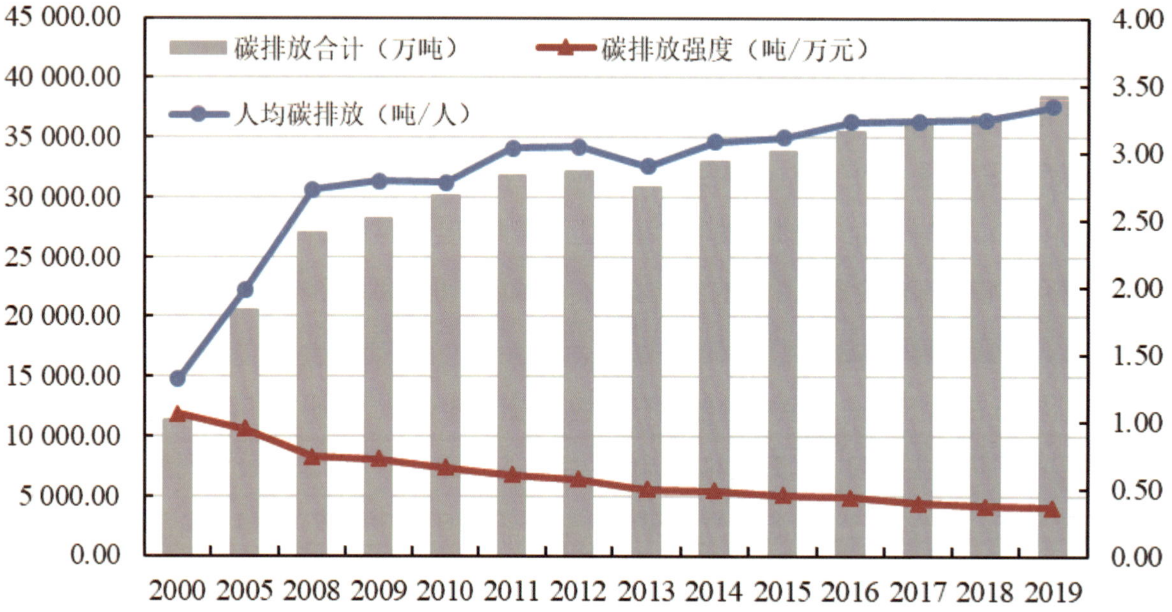

数据来源：《中国能源统计年鉴》和《广东省统计年鉴》，参照论文（王东、吴长兰，2015）的计算方法得出

图3-8　2000—2019年广东省碳排放变化趋势

根据2000—2019年广东省碳排放变化趋势图可知，自2000年以来，广东省碳排放总量以12.59%的增长率稳步提高，2008年以前增长速度维持在较高的水平，相对增长率保持在10%以上。2008年以后，增长速度明显放缓，2011年为5.82%，2012年之后增长速度的均值为2.47%。从碳排放强度（碳排放总量/地区生产总值）来看，广东省的碳排放强度呈现逐渐下降趋势，从2000年的1.05吨/万元下降至2019年的0.36吨/万元，2019年为2000年的三分之一。但从人均碳排放来看，除个别年份年度以外，广东省人均碳排放始终保持增长的态势，从2000年的1.31吨/人提高至2019年的3.34吨/人，20年期间人均碳排放提高接近1.55倍。

从粤港澳大湾区的内地9个城市碳排放情况[①]来看，根据国务院印发的《“十三五”控制温室气体排放工作方案》要求，“十三五”期间广东省碳排放强度必须下降20.5%，目前广东省已经完成该目标（“十三五”期间碳排放强度下降21.2%）。其中，有6个城市超额完成目标，分别是广州、佛山、东莞、中山、江门和肇庆。佛山和东莞在“十三五”的前三年（2016—2018年）碳排放强度分别下降24.06%和25.53%，提前完成“十三五”减排目标。2016—2018年惠州市碳排放强度不但没有下降，反而有所提升。

粤港澳大湾区内各个城市之间的碳排放强度差异明显。2018年，广东省碳排放强度约为0.37吨/万元，粤东西北地区碳排放强度明显高于全省平均水平和珠三角其他区域，广州、深圳、佛山和中山低于全省平均水平，其他5个城市均高于广东省平均水平。其中，惠州市碳排放强度最高，为1.24吨/万元，是碳排放强度最低值（深圳为0.22吨/万元）的5.64倍，是全省平均水平的3.4倍。广州市碳排放强度已经接近发达国家水平，深圳市碳排放强度甚至远低于一些发达国家水平。

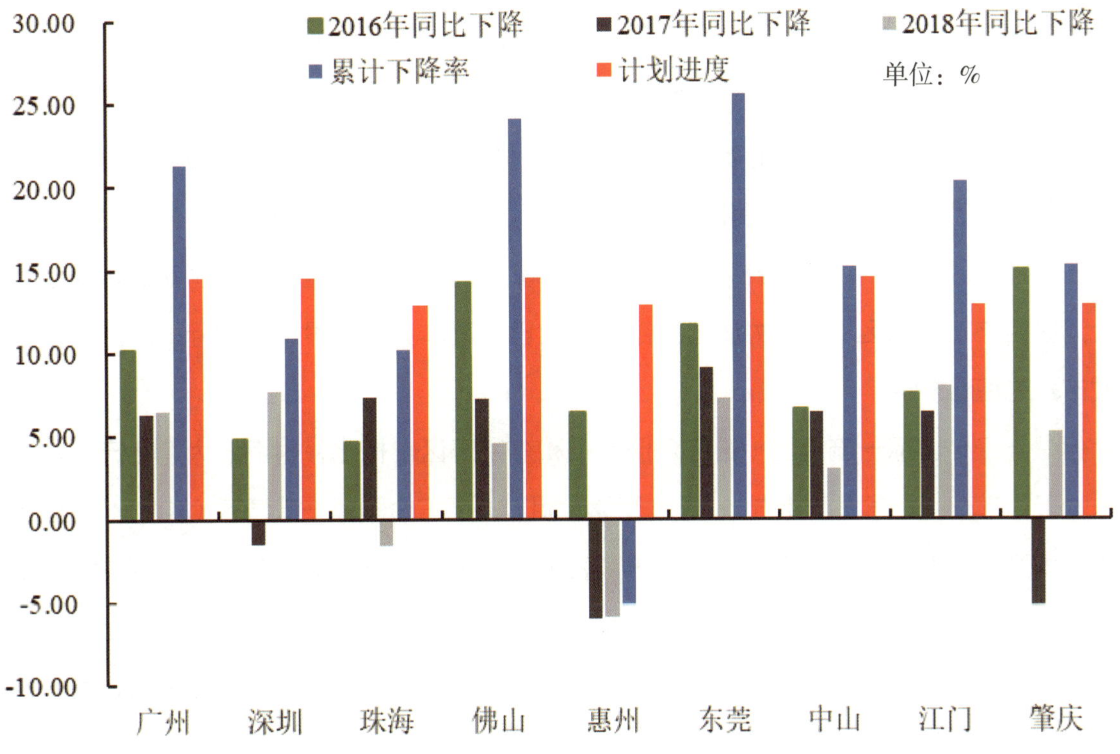

数据来源：刘凯，晏为谦．广东省各地市“十三五”以来碳强度下降形势分析[J]．广东科技，2020(10):54–57

图3-9　2016—2018年大湾区各个城市碳排放强度指标完成情况

① 由于各个城市碳排放相关数据只收集到2018年底，故在各个城市碳排放分析中运用了截至2018年的数据。

（二）粤港澳大湾区实现碳达峰、碳中和的必要性和迫切性

1. 推进碳达峰、碳中和是粤港澳大湾区的现实选择

我国于2016年9月3日正式宣布加入《巴黎气候变化协定》，和全球一同推进节能减排及降低碳排放工作。习近平总书记在第七十五届联合国大会一般性辩论上向国际社会作出“二氧化碳排放力争于2030年前达到峰值，努力争取2060年前实现碳中和”的郑重承诺，在气候雄心峰会上提出了具体目标，即承诺二氧化碳排放总量在2030年前达到最大值之后逐年降低，到2060年前使得排放的二氧化碳被绿色植物和碳汇技术等全部吸收，实现碳中和。近几年碳排放、碳中和目标在中央工作会议上也多次被提及并作为重点工作部署，2021年该目标也在政府工作报告中首次被列为政府工作的重点工作之一，明确提出要制定2030年前碳达峰行动方案，优化产业结构和能源结构，大力发展新能源，加快经济社会发展全面绿色转型的步伐，主动承担应对气候变化的国际责任，推动构建人类命运共同体。“十四五”发展规划中明确提出要更好地支持低碳发展，为构建新发展格局提供有力支撑。

粤港澳大湾区包括两个特别行政区（香港和澳门）以及内地的9个城市（广州、深圳、珠海、佛山、惠州、东莞、中山、江门和肇庆），覆盖的总面积为5.6万平方公里，2020年末经济总量达11.5万亿元，总人口超过7260万人。大湾区是我国开放程度最高、经济活力最强的区域之一。改革开放以来，粤港澳合作不断深化，2019年《粤港澳大湾区发展规划纲要》的出台更是筑牢了粤港澳大湾区深化合作的基础。“一带一路”建设的逐步推进，为粤港澳大湾区在国际市场上竞争力的提升，以更高的水平参与国际合作与竞争提供了新的机遇。近几年大湾区经济实力和区域竞争力明显提高，目前已经基本具备建设成为国际一流湾区和世界级城市群的基础条件。

但是与三个国际一流湾区（纽约、旧金山和东京湾区）相比，粤港澳大湾区产业发展仍然依赖于第二产业，第三产业占比（51.33%）明显低于三个国际一流湾区（均大于80%）的占比，大湾区产业结构调整空间广阔。研究表明，碳排放与产业结构有较大的相关性，第二产业比重每下降1%，碳排放总量将会降低1.27%，目前大湾区产业结构为碳排放留下了较大的空间，以碳达峰、碳中和为抓手，不仅是助推大湾区产业结构转型的重要举措，也是助力大湾区产业发展与国际湾区接轨的必由之路。

2. 粤港澳大湾区实现碳达峰、碳中和的迫切性

世界经济当前不确定、不稳定因素增多，保护主义倾向抬头，经济运行仍然存在产能过剩、供给与需求结构不平衡、不匹配等突出矛盾和问题，经济增长内生动力有待增强。《粤港澳大湾区发展规划纲要》作为巩固并完善“一国两制”实践的重大示范，由于粤港澳三地社会制度、法律制度和税收管辖区域不同，实现协同发展尤为迫切，而目前粤港澳三地区域发展差异依然较大，部分区域存在同质化竞争和资源错配的现象。据统计，香港于2014年已

经基本实现碳达峰，力争到2050年实现碳中和，澳门碳排放量也已经进入碳排放峰值波动区间，广州和深圳因现代服务业和高技术制造业占比较高，碳排放水平较低，而江门、惠州和肇庆等城市的碳排放强度明显高于全国和大湾区平均水平。各个城市积极开展碳达峰、碳中和目标，也是更好地助力粤港澳三地协同发展的现实需要。因而碳达峰、碳中和工作开展较好的城市要继续做好模范带头作用，尽早完成与国际湾区城市的接轨，将成功经验分享至湾区其他碳达峰、碳中和实现较为缓慢的地区，进展缓慢的地区需要加快进度，尽快实现预定目标，为大湾区协同发展打好基础。

五、碳达峰、碳中和目标下粤港澳大湾区商业银行绿色金融面临的机遇和挑战

实现碳达峰、碳中和目标的主要措施包括降低高碳排放能源消耗，发展低碳或非碳能源，开发零碳排放技术甚至负碳排放技术，技术的转型升级以及新能源的开发都离不开资金的支持。绿色金融作为支持能源消耗模式转变和碳中和技术转型升级的支撑条件，碳达峰、碳中和目标背景下，大湾区商业银行绿色金融将面临重大的历史机遇，但是技术转型升级过程中带来的投资风险评估以及融资成本控制等一系列问题也将为大湾区商业银行绿色金融发展带来诸多挑战。

（一）面临的机遇

1. 投资需求巨大

截至2020年末，粤港澳大湾区的地区生产总值为11.5万亿元，在全国经济总量中占比为11.32%，而人口和土地面积在全国占比中，大湾区人口占比（为5%）和土地面积占比（仅为0.58%）较低，大湾区经济创造能力位居全国前列，经济增长速度较快，未来将成为引领中国经济增长的核心引擎，发展空间巨大。根据大湾区各个区域产业结构的构成情况，香港和澳门第三产业占比超过90%，与国际一流湾区产业结构相当，而内地9个城市仍然对第二产业的依赖程度较高，即使第三产业占比较高的广州和深圳，其第三产业占比仍未超过80%，与世界一流湾区仍然存在一定的差距。

大湾区产业结构在今后的转型升级过程中，低碳环保产业，如清洁能源、绿色交通和建筑将得到快速发展，同时，产业绿色升级依托技术创新，低碳技术将加速发展，低碳技术领域投资需求明显提升，碳捕捉、碳封存技术也将面临新的发展机遇，商业可持续发展将得以实现。这些产业以及技术升级将会产生巨大的投资需求，银行信贷业务将面临较大的调整空间，资金将逐渐向低碳产业倾斜，加大对绿色低碳产业的支持力度。根据清华大学气候变化与可持续发展研究院的估算，未来30年，碳中和将为中国带来138万亿元的投资机遇。

粤港澳大湾区作为中国未来经济的核心增长极，将产生大量的绿色金融投资需求。其中一小部分可由政府资金解决，大部分投资需求还需要社会资本来解决。据中国人民银行官方

数据，截至2020年末，我国绿色贷款为11.95万亿元，存量规模位居世界第一，但占贷款规模的比重仅为7%，与碳达峰、碳中和所需要的百万亿投资规模相比，目前信贷规模较小，未来绿色信贷市场空间巨大。

2. 金融产品创新空间加大

碳达峰、碳中和目标将为商业银行资产负债业务以及中间业务收入带来新的机会，有利于资产负债规模的增加，中间业务创收能力的提升。在碳达峰、碳中和目标下，部分商业银行积极发展碳排放权质押贷款，发行碳排放信用卡、绿色住房贷款等业务，创新了原有贷款业务模式，更好地促进资产结构调整和规模增长。同时，发行碳中和主题债券、碳中和借记卡的商业银行逐渐增多，引导资金逐渐向低碳产业投资，商业银行负债规模扩张也能取得积极突破。在中间业务收入方面，近年来以可持续发展为核心的ESG（环境、社会、公司治理）投资市场发展迅速，大量商业银行都先后加入ESG投资市场。截至2020年底，我国与ESG主题相关的基金投资额度和数量已经分别超过1172亿元和124只，同比增长率分别超过50%和10%，代销和研发ESG基金的商业银行逐渐增多，未来ESG投资市场将面临更大的空间。

3. 将助推商业银行高质量发展

我国当前所面临的环境挑战不仅仅是环境治理的问题，从根本上是经济结构和产业结构的问题。在碳达峰、碳中和的目标下，金融体系发展绿色化、低碳化业务是推动经济可持续发展重大战略目标实现的必然选择。正外部性在绿色产业发展中的表现较为突出，往往存在需求大于供给而导致供需失衡的矛盾。而绿色金融可以根据各个绿色产业属性的差异实施不同的定价机制，使得收益和成本传导给实体经济，促使产业的投资回报机制发生改变，最终对产业的经营和投资决策行为产生影响。据统计，截至2021年第一季度末，我国绿色金融业务突破13万亿元，同比增长24.6%，各项贷款增长明显，且在今后较长的一段时间内仍将保持稳步上升的趋势。商业银行通过推进绿色金融业务发展有利于引导更多的资金流入低碳产业，促进经济增长方式和产业结构的转型，帮助商业银行树立新发展理念，逐步构建自己的竞争优势，深化品牌价值的提升。

（二）面临的挑战

1. 政策标准和体系尚不完善，制约商业银行发展绿色金融的意愿

商业银行目前主要通过提供绿色信贷、参与绿色债券发行以及开发或销售碳达峰、碳中和主题理财产品等方式助力碳达峰、碳中和目标的实现，而关于绿色产业和绿色信贷标准，绿色基金和绿色债券的界定标准，以及市场准入标准、风险管理机制和业绩评价方法等标准尚未统一，部分绿色金融领域还存在政策空白，加大商业银行参与绿色金融市场的难度。如环境风险评估标准尚未形成，参与绿色金融的商业银行只能根据自身的情况制定标准，各家

银行间的标准可能存在较大差异，有的标准也可能不符合实际情况，导致部分机构钻漏洞，当风险发生或政策变化时滋生更大的风险。即使可以制定参与方较为认可的政策标准，受专业技术人才、技术支持等因素的制约，当前商业银行参与绿色金融市场的意愿普遍不高，而参与绿色金融对于风险管理能力本来就不强的中小商业银行的吸引力更是有限。

2. 产业结构转型升级导致风险资产上升

产业在向低碳转型的过程中不仅会面临政策和市场不确定性的风险，还要承受突破技术的压力，这些不确定性和压力可能导致转型产业面临业绩下滑或被淘汰的风险，若商业银行将资金投入转型失败或转型不及预期的产业，资金就可能会遭受损失。同时，高碳排放业务投资比较大的商业银行在向低碳产业转型的过程中，可能会面临较高的转型风险。如果政府政策、技术变革以及消费者和投资者偏好等方面发生转变，高碳排放项目面临搁浅的风险，创收能力下降，原来投向这些产业的商业银行因贷款结构不能及时调整，可能面临贷款不能及时收回的风险。另外，碳排放比较高的企业在替换和升级技术和减排设备时，可能会导致营业成本增加，挤压营业利润，甚至可能导致企业亏损，如果再叠加市场需求的降低，会进一步降低企业的收入水平，导致商业银行的资产违约。

3. 对信息披露要求更加严格

随着碳达峰、碳中和的推进，商业银行将面临更加严格的信息披露要求。因气候变化带来的风险比较复杂，中国人民银行和监管机构对该问题的关注度也逐渐提升，2020年中国人民银行和全球50多家中央银行及监管机构共同发布《金融机构环境风险分析综述》和《环境风险分析方法案例集》等，对金融机构的气候风险和机遇分析框架搭建提供了建议，并指出未来会由此发布一系列的监管要求。2020年国际资本市场协会发布《气候转型金融手册》，要求发行气候转型债券的金融机构应该从发行人的气候变化、公司治理战略、商业模式环境重要性、气候转型战略以及实施透明度等几个方面进行信息披露。同年，我国银保监会发布《关于推动银行业和保险业高质量发展的指导意见》，提出在鼓励商业银行大力发展绿色金融的同时，也要对其环境与社会风险管理体系的建立进行严格的规范，强化信息披露。2020年11月深圳市发布《深圳经济特区绿色金融条例》，要求金融机构对资金投向所产生的环境影响信息进行披露，未来大湾区商业银行绿色金融发展可能面临更加严格的信息披露制度和要求。

六、粤港澳大湾区商业银行绿色金融发展现状及存在的问题

（一）粤港澳大湾区商业银行绿色金融发展现状

1. 绿色金融制度建设情况

当前通过发展绿色产业推动经济转型是我国需要重点开展的课题，中国人民银行和财政

部等机构于2016年联合发布《关于构建绿色金融体系的指导意见》，指出要鼓励金融机构通过绿色金融业务加大对绿色产业领域的支持。随后，大湾区各个城市先后出台相关的实施方案和意见，如2017年广州市的《广东省广州市建设绿色金融改革创新试验区总体方案》，要求广州市率先开展绿色金融改革试点，花都、黄埔和从化区等区域也相继出台了实施意见。2018年深圳市出台绿色金融体系实施意见，2020年深圳市发布《深圳经济特区绿色金融条例》，推动深圳建立绿色金融发展先行示范区，香港和澳门也先后出台了绿色金融相关政策。

从大湾区各地绿色金融政策及实际推动情况来看，各个区域目前还存在较为明显的差异。广州、深圳、东莞、中山、肇庆、香港和澳门等地均出台了关于绿色金融发展规划或绿色金融实施意见，但部分区域仍未出台相应的措施为绿色金融发展给予支撑，导致各个区域绿色金融发展差异较大。香港和澳门本身绿色金融发展基础较好，绿色金融发展能够维持较高水平，广州和深圳因其第三产业和高技术产业占比较高，绿色金融发展也较为迅速，东莞、佛山和珠海等地因经济体量大，产业基础良好，绿色金融发展势头较好，而肇庆、惠州和江门等地因为缺乏专业人才和技术等，绿色金融发展处于大湾区较低水平。

2. 绿色金融产品及服务现状

目前粤港澳大湾区的绿色金融产品主要有债券、信贷、理财产品以及保险和信托产品等。但是在实际业务推进过程中，绿色金融仍然依赖于绿色信贷和绿色债券发行规模的增长，广州和深圳绿色信贷均取得了较快的增长。近几年绿色保险等业务也取得积极进展，广州试验区大力推广环境污染责任保险、安全生产保险等传统保险产品，积极创新试点绿色保险产品，如“绿色农保+”等，但相比绿色信贷和绿色债券，绿色保险目前发展规模仍然处于较低水平。绿色基金发展仍然处于起步阶段，发展规模较小，且地区差异明显，珠三角9市发行的绿色基金产品中，由深圳市发行的超过八成，深圳市在绿色基金产品发行方面具有绝对的优势和资质。

3. 绿色金融发展规模增长情况

自从《绿色信贷指引》发布以来，我国绿色金融扩张迅速，粤港澳大湾区作为我国经济发展的排头兵，绿色金融也得到了较快的发展。2019年全国发行符合CBI（气候债券倡议组织）国际标准的绿色债券313亿美元，位居全球第二，绿色信贷余额超过10万亿元，存量规模位居世界第一。粤港澳大湾区绿色金融发展水平整体领先于全国，2019年香港地区发行260亿美元绿色债券，在亚洲地区排名第三，广东省2019年发行绿色债券规模也达422亿元。粤港澳大湾区中，香港绿色信贷余额占贷款余额的比重接近一半，广州占比接近四分之一，深圳排名第三。截至2020年末，广东省绿色信贷规模为11,062亿元，比2019年提高了37%，增长速度明显高于贷款增长速度。其中，广州市超过3800亿元，深圳市接近3500亿元，同比增长16.8%，在贷款中的占比为5.1%。除了绿色债券和绿色信贷之外，粤港澳大湾区部分企业也积极参与绿色保险，开设“绿票通”转贴现业务，支持绿色项目再贴现。

（二）粤港澳大湾区商业银行绿色金融发展存在的问题

1. 顶层设计和绿色标准有待统一与完善

粤港澳大湾区在“一国两制”、三个关税区和三种货币运行的特殊情形下，行政区划壁垒依然存在，使得绿色金融发展中会受到体制制约的影响。而目前大湾区还比较缺乏明确的绿色金融顶层设计，金融制度差异和行政壁垒难以突破等矛盾和问题的存在放缓了绿色金融的发展步伐，在一定程度上制约了发展规模和质量。同时，由于粤港澳三地监管要求的差异，三地协同发展绿色金融业务的机制尚未建立，相同的金融产品在三地的推行和使用过程中可能面临不同的监管需求，导致绿色金融监管有效性降低，不利于三地的绿色金融协同发展。目前各个行业对绿色金融的定义尚未统一，认定标准也尚未建立，粤港澳三地绿色金融、经济发展水平、产业结构和金融监管要求存在较大差异，对绿色金融的认定标准不统一、不清晰，绿色投资评估标准不健全等问题可能会降低绿色金融环境评估效率，产生信息不对称，难以实现绿色金融的规模化发展。

2. 产品和服务模式创新水平有待提高

粤港澳大湾区各个城市在经济、产业结构等方面的差异，导致每个区域对绿色金融的需求存在差异，而湾区内大型商业银行总部较少，创新研发人才投入力度和能力有限，粤港澳大湾区商业银行目前推出的绿色金融产品以绿色贷款和绿色债券为主，绿色理财产品较少，推行绿色衍生产品的积极性和力度更小。西方发达国家商业银行绿色金融产品不仅包含绿色贷款、债券，还包含期权和期货等绿色衍生产品，绿色金融产品几乎覆盖了整个行业。对比来看，目前粤港澳大湾区商业银行绿色金融产品种类较少，导致融资渠道较为单一，绿色金融产品创新能力和水平不足。同时，粤港澳大湾区三地商业银行绿色金融产品同质化严重，尚未针对不同地区产业发展和金融监管差异制定差别化的绿色金融产品，使得绿色金融产品难以满足市场需求，放缓了大湾区绿色金融发展速度。

3. 风险管理能力有待提升

粤港澳大湾区商业银行在绿色金融的风险管理方面整体较为薄弱，部分机构对绿色金融风险的重视度不够。同时，由于绿色金融风险评估涉及因素较多、程序复杂，能对绿色金融风险进行识别的专业人才较为缺乏，尚未建立专门针对绿色金融风险预测及追踪的机制。关于绿色金融风险监测更多要求商业银行自行搜集数据进行评估，由于缺乏相应经验，当面临多种风险时，商业银行难以及时对风险进行预警和把握。另外，目前环境信用数据库尚不完善，粤港澳大湾区商业银行推行绿色金融主要根据政府发布的白名单和黑名单对客户进行筛选，政府黑名单公布具有一定的滞后性，而自身又缺乏相应的数据库对潜在风险较大的企业和行业进行识别，使得商业银行难以对风险进行及时检测和控制，从而可能加大商业银行风险资产规模。

七、粤港澳大湾区商业银行绿色金融助力碳达峰、碳中和的政策与建议

（一）加强顶层制度建设

粤港澳大湾区三地在税收、金融监管和货币政策等方面的差异短期内难以改变，但顶层设计是粤港澳大湾区绿色金融发展的基石，可以试图依托现有的粤港澳大湾区绿色金融联盟平台，协调并监督各个城市绿色金融发展在业务处理、决策机制以及突发事件防范等方面的各项工作。绿色联盟应该结合大湾区各个区域的特点及国家关于绿色金融的制度规定与标准，尽早建立商业银行绿色金融的统一准入标准和评估机制及方法，实现三地绿色金融标准和评估结果的互联互通及相互认可。例如，构建大湾区项目绿色评估体系，定期发布绿色项目负面清单，建立信息共享机制，使得绿色信用评价体系和方法保持一致，可探索三地共建绿色金融监管规则和指引，实现监管标准与制度的统一。

借助粤港澳三地各自优势，建立绿色金融协调机制，在粤港澳三地形成合作联动、分工明确及特色突出的协同惯性。充分利用香港的资本市场优势，澳门与葡萄牙语系的紧密联系，以及内地9个城市的产业优势，引导港澳地区运用自身的优势与内地9市产业绿色转型紧密联系。

（二）提高绿色金融产品创新能力

目前粤港澳大湾区商业银行绿色金融产品相对较为单一和集中，产品以绿色信贷为主，要不断加强绿色金融产品创新，为绿色金融发展提供新动能，在市场中获取更多的市场份额，形成差异化竞争优势。首先，以传统业务产品为基础，推动发展绿色信贷担保产品、绿色信贷中间业务产品、绿色项目基金等；其次，商业银行根据自身优势，创新投放产品，形成错位竞争。中小商业银行由于难以和大型商业银行竞争获取大型绿色项目的市场，可以针对中小型绿色项目，适当减少抵押担保产品，实行差异化准入标准，形成差异化竞争优势；再次，充分利用在产业链上的客户资源优势，大力推广绿色供应链金融产品，逐渐增加客户群体，扩大业务范围；最后，针对个人和家庭，创新绿色金融产品，可适当推出绿色信用卡，绿色按揭、绿色理财产品等，不断提高零售业务绿色产品的占比。

（三）建立绿色金融特色人才库

目前粤港澳大湾区绿色金融人才普遍较为缺乏，处理绿色信贷业务和绿色债券业务的大多为以往普通信贷和债券从业人员，对绿色金融的认识尚不深入，因而要建立针对绿色金融的专业化人才队伍，具体可以从以下三个方面着手：一是参考兴业银行的模式，根据实际情况，设立绿色金融专门服务机构或专门服务岗位，引进高端绿色金融人才。二是注重内部

复合型人才的培养与选拔，注重有环保、化工、技术类复合型人才的选拔与培养，平时做好专业人才储备。三是加强人才培训与交流。可通过与专业培训机构或监管机构合作培养的方式，定期组织绿色金融从业人员了解和学习国内外商业银行发展绿色金融的先进经验，总结粤港澳大湾区可以学习和借鉴的地方；建立常态化交流与培训机制，对于绿色金融发展较好的银行，鼓励其对先进经验进行分享，或者通过交换挂职锻炼的方式学习绿色金融发展经验，提升绿色金融专业从业人员素质和业务处理能力。

（四）完善绿色金融风险管理体系

由于绿色金融风险复杂而且较为综合，必须建立一套完整的风险体系，保证绿色金融长期稳定发展。坚持赤道原则，提升绿色金融事业，将“两高一剩”作为节能减排融资的重点支持领域，增加对企业技术改造与升级的支持，从源头遏制金融风险发生的隐患；粤港澳大湾区商业银行可考虑联合构建环境信息披露机制，各家商业银行的绿色金融发展情况，以及各个绿色产业和项目的相关运营情况，及时在共享平台上进行公布，将行业尽职调查结果、授信情况及时在平台进行共享，提高大湾区商业银行绿色金融服务效率，各家商业银行要通过内部开发或者借鉴地方金融机构评级方法或机制的方式建立绿色金融评级体系，对不同的客户进行分层管理，通过提高对高污染、高排放行业的贷款利率，调低授信额度等方式，引导资金投向低碳产业和项目；根据行业或服务项目环境风险的不同程度建立差异化的贷后管理机制，对于风险较高的项目，提高风险监测频率，对于风险已经超过预警值的项目，立即终止合作或采取其他保全措施。

参考文献：

[1] 王东，吴长兰．广东碳排放现状及预测研究[J]．开放导报，2015（6）:91-94．

[2] 刘凯，晏为谦．广东省各地市“十三五”以来碳强度下降形势分析[J]．广东科技，2020（10）:54-57．

[3] 李双锁．绿色金融要作碳达峰碳中和目标的引领者、推动者[J]．河北金融，2021（4）:1．

[4] 张诚．江苏银行绿色金融发展案例研究[D]．湘潭：湘潭大学，2020:31-45．

[5] 肖营．金融支持粤港澳大湾区绿色发展的机制研究[J]．经济研究导刊，2021（4）:41-43．

[6] 胡文娟．碳达峰、碳中和目标对银行意味着哪些机会与挑战？[J]．可持续发展经济导刊，2021（3）:15-18．

[7] 赵先立．实现碳达峰、碳中和：精准把握绿色金融发展的机遇和挑战[J]．甘肃金融，2021（3）:1．

[8] 张伟，刘雪梦．绿色金融创新助力碳达峰碳中和[N]．中国社会科学报，2021（3）．

[9] 刘爱军．绿色金融助力绿色低碳高质量发展[N]．江西日报，2021（6）．

[10] 雷博雯，方建珍．我国农村商业银行绿色金融发展策略探究[J]．经济研究参考，2020（11）:120-128．

[11] 凡多．信托为绿色金融发展助力[N]．金融时报，2021（8）．

[12] 郑屹．我国商业银行绿色金融业务发展策略研究[J]．长春金融高等专科学校学报，2017（6）:23-26．

[13] 刘智群．我国商业银行绿色金融发展策略探讨[J]．商场现代化，2019（5）:133-134．

[14] 习近平．决胜全面建成小康社会 夺取新时代中国特色社会主义伟大胜利——在中国共产党第十九次全国代表大会上的报告[N]．人民日报，2017-10-28．

[15] 徐高峰，任娇蓉．绿色金融对股份制商业银行盈利能力影响的实证[J]．东华大学学报（社会科学版），2020（2）:203-208．

[16] 刘尧．我国绿色金融发展机制及路径创新研究[D]．昆明：云南财经大学，2020:17-38．

[17] 汪惠青，李义举．金融支持碳达峰、碳中和的国际经验[J]．中国外汇，2021（9）:20-22．

[18] 隗斌贤．绿色金融：经济增长新引擎[N]．浙江日报，2016-10-12．

[19] 钱立华，方琦，鲁政委．碳中和对银行意味着什么？[J]．中国银行业，2020（12）:97-99．

[20] 莫锋．粤港澳大湾区绿色金融标准化体系建设的思路和路径[J]．广东经济，2020（10）:64-71．

[21] 刘倩．银行需主动适应碳中和经济发展新变革[N]．中国城乡金融报，2021-08-06．

[22] 林耿华，王遥，金苗根，等．粤港澳大湾区背景下绿色票据实施路径创新研究[J]．南方金融，2020（8）:60-70．

[23] 商瑾．推动粤港澳大湾区“实质绿”债券发展[J]．债券，2021（3）:41-45．

课题组成员简介：

李启聪　东莞银行股份有限公司党委委员、副行长、董事会秘书

吴　惠　东莞银行股份有限公司董事会办公室副总经理（主持全面）

张小林　东莞银行股份有限公司董事会办公室研究人员

袁　齐　东莞银行股份有限公司董事会办公室研究人员

专家评点：

本文详细探讨了粤港澳大湾区碳中和、碳达峰的现状，梳理粤港澳大湾区当前实现碳达峰、碳中和目标所面临的必要性及迫切性，分析粤港澳大湾区商业银行绿色金融发展面临的机遇和挑战，探讨粤港澳大湾区商业银行绿色金融发展现状及问题，通过国内外先进经验的介绍，提出粤港澳大湾区商业银行绿色金融助力碳达峰、碳中和的政策。本文视角前沿、结构框架完整、论述清晰，能够将理论与案例结合，对粤港澳大湾区发展绿色金融具有良好的指导意义。

专家简介：

周开国，中山大学岭南学院金融系教授、博导，国家社科基金重大项目首席专家。

南海某银行绿色金融发展现状及下一步计划

■ 南海农商银行
余志海 秦伟新 孙逊 谢振国

摘 要

随着我国经济的快速发展，近年来，“绿色金融”已逐渐兴起。绿色金融对于推动经济发展，实现环境和经济的可持续发展，具有十分重要的作用，绿色金融发展模式也将是金融行业发展的必然趋势。过去，我国经济的发展一定程度上以环境恶化为代价，国家需要投入大量人力、物力、财力进行环境治理，项目资金缺口必将以绿色金融进行弥补，而环保产业和新能源新技术的开发也需要大量资金的投入。总而言之，绿色金融需要以有效的信贷调控手段进行引导，促进经济、社会和生态效益的共同发展。本文从地方农商银行的角度尝试对银行业支持绿色金融发展对策进行研究，增强社会对绿色金融的认同，推动我国绿色金融快速发展。

一直以来，南海某银行主动承担地方金融机构的社会责任，力求实现企业经济效益和企业社会责任的共赢，积极探索绿色金融发展之路。

一、不断强化政策导向

该行在2015年已提出绿色金融发展理念，将社会效益、环境效益融入中期发展战略规划，要求推动绿色金融发展，大力拓展绿色金融等重点领域业务，积极为碳达峰、碳中和做好战略引领。同时，一方面，通过年度授信政策传导绿色信贷思想，专辟板块针对绿色金融制定授信指引政策，倾斜资源积极推进新能源、新材料、节能环保装备、绿色农业等产业发展。另一方面，将绿色发展融入企业文化，培育“绿色低碳”的生活方式，倡导低碳生活、绿色办公，反对铺张与浪费。

二、积极推进绿色信贷发展

近年来，该行积极响应政府和监管机构号召，践行绿色金融发展理念，紧跟国家“十四五”规划和“30 · 60目标”，在2020 年制定的《南海某银行中期（2021—2025年）战略规划》中将绿色金融发展提升到战略高度，重点支持产业绿色转型升级和绿色产业发展，在清洁能源、污染防治、清洁交通、适应气候变化和生态保护等绿色产业项目中投入大量资金。截至2020年12月末，该行累计推出6个绿色金融产品。作为佛山市首家发行绿色金融债券的法人银行，该行积极运用绿色金融债券发行募集资金支持绿色产业的发展。截至2020年12月末，该行绿色信贷余额14.18亿元，对比2019年上升20.44%，增速比各项贷款平均增速高3.81个百分点，绿色信贷业务导向成效明显。

（一）完善绿色信贷管理流程

1. 印发了《绿色产业项目管理办法》。通过制度层面明确绿色产业项目的筛选标准、授信决策和贷款立项流程及投后管理等要求。

2. 形成了绿色产业项目库。加大项目储备，对于经认定的绿色产业项目，全部纳入绿色产业项目库统一管理，并设专人专岗跟踪主管部门的最新政策文件，及时更新入库项目标准和具体储备。

3. 优化审批流程。

（1）审查。该行将环保信息纳入授信准入的关键要件，规定被政府纳入环境违法企业名单的客户，被环保部门评定为环保红（黄）牌的企业列为授信业务禁止介入类，不得新增授信，存量部分也要逐步压缩直至退出。

（2）审批。结合行内“一行一策，一镇一品”开展情况，启动预议机制，为绿色优质项目审批搭建绿色通道。

（二）创新绿色信贷产品

1. 发行绿色金融债券。自2017年起，连续3年发行3期累计15亿元的绿色金融债券，募集资金投放项目符合绿色债券支持项目目录的要求，资金投向涵盖绿色债券支持项目目录中“污染防治”“资源节约与循环利用”“清洁交通”“清洁能源”和“生态保护和适应气候变化”的绿色产业项目共27个，是市内首家、省农信系统中发行首单绿色金融债券的银行。截至2020年12月末，该行绿色金融债券已累计向绿色产业项目投放资金达30.38亿元。

2. 推出“政银保”产品。于2018年先后推出“三水区政银保”“南海区政银保”产品。“政银保”产品模式是我国首例通过银保监部门审批推出的合作农业贷款模式，通过政府、银行、保险（担保）三方机构风险共担机制，针对“三农”提供免抵押、低利率普惠金融服务。截至2020年12月末，南海区政银保、三水区政银保分别累计发放贷款2770万元、1600万元。

表3-5 南海区政银保、三水区政银保扶持对象

产品	扶持对象
南海区政银保	从事农业种植等领域的个体农户和农业生产经营主体，重点扶持获无公害农产品、绿色食品、有机农产品、农产品地理标志认证的农业企业，被认定为“菜篮子”基地的经营主体等
三水区政银保	从事农业种养业、农业生产资料生产、加工、仓储运输、销售流通等行业的佛山户籍种养农户，以及各类涉农生产经营主体和农村集体经济组织

3. 推出“广东农业担保合作贷款”产品。该产品以农户、家庭农业等作为重点扶持对象，着重满足从事粮食生产和农业适度规模经营的农业经营主体的贷款需要，主要满足粮食生产经营、粮食加工及流通、重要或特色农产品种植加工流通等方面的资金需求，由广东省农业融资担保有限责任公司提供担保，着力解决农业发展融资难、融资贵、缺担保的难题。截至2020年12月末，广东农业担保合作贷款累计发放贷款1010万元。

4. 推出“光伏乐”个人消费贷款产品。针对购买或安装光伏发电设备的个人发放个人消费性贷款，主要客户群体是居住于农村自建出租或自建自助的农村居民，最长期限8年，最高额度50万元，佛山本地户口可执行零首付。截至2020年12月末，“光伏乐”产品累计发放贷款4828.5万元。

5. 创新推出底层资产均为绿色产业的债券融资计划。2020年9月，该行以主承销商的身份，协助广东绿金融资租赁有限公司成功挂牌发行南海某银行-广东绿金租赁2020年度第一期绿色应收账款债权融资计划，经外部评定，其底层资产全部对应绿色产业领域。该产品备案金额15亿元，首次挂牌发行金额1.86亿元，期限3+2年，是国内首单租赁类绿色债权计划，也是粤港澳大湾区首单绿色债权融资计划。

三、搭建完善绿色服务体系

该行积极迎合行业技术发展趋势，着眼服务质效和业务转型，通过技术创新，改造和丰富线上服务，推广无纸化、自动化、移动化服务，减少客户到店需要，提高服务效率的同时，降低能源消耗，响应绿色低碳倡导。

（一）完善线上渠道功能

发布手机银行5.0版，上线新个人网银系统，开发企业版手机银行，提供智能转账、账户信息查询和修改、贷款申请、生活缴费（如学费、党费）、理财、保险、信用卡、电子社保卡、代发工资等服务，客户足不出户即可办理业务。

（二）推进无纸化服务

加强线上线下设备优化升级，利用自助设备监控系统实现自助设备流水无纸化；利用超

级柜台实现“免填单、免复印、免盖章、免纸质存档”；优化新柜面业务，通过证件影像采集、柜外清、电子签名等科技手段，替代客户填单、证件复印、纸质凭证打印确认的业务办理形式，大大减少柜面业务纸质凭证资料。截至2020年末，该行投产上线新柜面交易共519个，柜面纸质凭证从2019年的1886.7万张减少到2020年的1419万张，降幅达24.76%。

（三）推出上门金融服务

在风险可控和满足可操作条件的情况下，为单个客户上门办理各项个性化业务，或为单位客户上门集中业务办理，2020年累计外拓服务700多人次，彰显良好服务形象。

四、开展绿色宣传

该行深入开展形式多样的绿色宣传活动，多渠道促进各方正确认识绿色金融。

1. 利用企业微信、南海某银行公众号、南海某银行微刊订阅号等网络宣传平台，累计推送《我们倡议：将“光盘行动”进行到底！》《珍惜每一粒粮食，拒绝“舌尖上的浪费”》《绿色金融，助推地区高质量发展！》《南海某银行与清华大学五道口金融学院开展战略合作交流，共推绿色金融发展》《南海某银行举办“绿色金融的前沿进展”专题讲座》等绿色推文5次，严格落实绿色金融宣传推广工作。

2. 联合人行佛山中支、佛山银保监分局以及佛山市金融工作局，举办以“绿色金融的前沿进展”为主题的新时代经济金融高质量发展专题讲座，搭建了地区绿色产业与金融机构的沟通桥梁，促进了本地市场对国家绿色产业政策和绿色金融政策的理解和认同，为下一步深入开展多层次、广渠道的绿色金融探索奠定了基础。

五、下一步计划

下阶段，该行将结合近年来绿色金融的实践经验，全面探索研究地方中小银行绿色金融和环境信息披露管理体系，闯出一条适合该行绿色金融发展的特色道路，具体将在如下几方面着力推进：

（一）组织架构搭建

1. 加强绿色金融战略研究，研究制定符合地方特色的绿色金融发展规划，打造特色鲜明的农商绿色金融品牌。

2. 着手搭建绿色金融治理架构，研究设计与建设绿色金融治理结构和运作机制体系，加强行内与绿色金融发展先进同业、第三方机构的交流、合作，为该行绿色金融工作的开展赋能增效。

（二）制度体系完善

1. 完善绿色信贷制度体系，强化授信政策指引的业务导向作用，建立绩效管理及统计管理相关制度及配套机制。

2. 逐步建立和完善办公能源使用及碳排放管理体系，建立监测机制，在移动办公、基建、采购、绿色宣传、水电、油耗、纸张等能耗重点领域探索节能减碳内部管理新模式。

（三）产品和服务创新

加强绿色信贷服务及管理创新，注重向“三农”领域，有利于节约资源、保护生态环境的行业或企业客群倾斜，为绿色产品开发、推广和审批等建立“绿色通道”，综合运用金融科技手段创新绿色信贷金融产品开发与服务模式革新。

1. 探索搭建特色产品品牌“绿贷通”，重点围绕节能、清洁交通、清洁能源、资源循环利用四大产业配套绿色金融产品。

2. 积极投资绿色主题的金融资产，有效借助北京金融资产交易所债权融资计划主承销商资格帮助绿色环保主体发行债权融资计划。

3. 推进网点向绿色化、智能化转型，推进新柜面业务无纸化工作，强化中后台线上化服务。引进AI（人工智能）、云计算等数字化技术，接入“粤省事”“南海通”小程序，丰富线上金融服务渠道与场景。

（四）环境风险管理

1. 探索搭建环境风险管理机制，构建环境风险管理组织架构，建立信息沟通和共享机制，加强环境风险管理文化建设。

2. 逐步建立环境风险识别、评估、监测、控制或缓释流程，将客户环境风险管理纳入绿色金融全流程。充分吸收第三方专业机构系统功能、技术工具等，持续提升环境风险管理技术管理水平。

3. 适时开展环境风险量化评估，适时引入第三方或借助相关工具开展环境风险计量、情景分析及压力测试等量化分析工作。有效掌握第三方专业机构关于资源能耗的计量方法，全方位展示该行绿色金融取得的成效。

（五）绿色金融系统建设

1. 打造绿色金融数据化管理平台，对接政府环保平台数据，开展绿色金融数据采集、汇聚、整合和治理，向绿色金融应用及系统提供数据支撑。

2. 建设RPA（Robotic Process Automation，机器人流程自动化）技术平台，引入自动化运营技术和理念，大幅提升无纸化、自动化作业场景，实现节能减排。

3. 建设费用控制管理系统，打造智能、绿色财管平台。

（六）绿色运营推广

探索节能减碳内部管理模式，完善信息化办公系统建设。

1. 以监管体系为基础，在移动办公、绿色宣传、水电、油耗、纸张等能耗重点领域探索节能减碳内部管理新模式。

2. 运用电子化手段深入推动无纸化办公，节省各环节用纸量（尤其是纸质方案、纸质印章使用申请环节），在全行范围内倡导合理利用办公资源，减少办公用纸的使用，达到节能减耗的目的。

3. 推动以计算机网络为基础的档案信息化管理，并通过数字化电子化的方式实施，不断提高档案管理综合水平。

4. 探索制定切合该行实际的绿色运营管理制度，设立环保准则，指引全行节能低碳办公、绿色运营工作的有序开展。

课题组成员简介：

余志海　南海农商银行党委委员、副行长

秦伟新　南海农商银行董事会办公室主任

孙　逊　南海农商银行战略规划部高级专业主任

谢振国　南海农商银行董事会办公室经理

专家评点：

本文详细介绍了南海某银行积极推进绿色信贷发展、搭建完善绿色服务体系、倡导绿色运营发展、开展绿色宣传等诸多方面的举措，继而提出下一步计划，全面探索研究地方中小银行绿色金融和环境信息披露管理体系，闯出一条适合该行绿色金融发展的特色道路。提出的计划涉及多个方面，从宏观到微观，从制度体系建设到产品服务创新，从绿色金融系统建设到绿色运营推广。本文围绕绿色金融发展，思考问题比较深邃，分析比较全面，实操性较强，对其他银行也具有一定的借鉴意义。

专家简介：

周开国，中山大学岭南学院金融系教授、博导，国家社科基金重大项目首席专家。

回归本源 服务实体

以金融力量助推广东制造业高质量发展

——广东省战略性产业集群调研报告

■ 广东省工业和信息化厅 中国建设银行广东省分行
涂高坤 刘军 姚德洪 邓波 孙青林 邓天泽
林启光 黄建伟 杨颖瑜 郭景辉 朱小良 吴凯

摘 要

为贯彻落实党中央、国务院关于推动制造业高质量发展的决策部署，以金融力量助推广东制造业高质量发展，根据广东省政府和中国建设银行总行领导的指示精神，广东省工业和信息化厅与中国建设银行广东省分行联合成立调研组，对广东省战略性产业集群进行调研。调研组通过走访政府部门、金融机构、企业，开展线上问卷调查收集资料、统计数据等方式开展调研。调研活动从2021年3月开始，历时3个月，走访了全省20个地市政府（除深圳之外）及相关部门、重点实验室、科技产业园及先进制造业企业等，覆盖调查人次3000余人、涉及企业2000多家。

调研组梳理了产业集群发展与金融支持理论、战略性产业集群特点，分析了广东省战略性产业集群企业的特点和发展现状，提出广东省战略性产业集群企业的机遇与挑战；实地考察广东省战略性产业集群企业金融支持现状、特点及存在问题等，深入分析，揭示战略性产业集群企业融资面临的主要问题，包括新兴产业融资难度大，融资模式与需求不匹配，风险投资和资本市场支持力度不够，中小微企业融资难、融资贵、融资慢，以及社会风险分担机制不健全等问题；此外，在制造业贷款占比方面，广东省与江苏、浙江、山东等制造业先进省份比较相对落后，还须采取措施加以提升。

在此基础上，调研组创新性地提出了分析战略性产业集群先进制造业的逻辑框架图，给出了广东省战略性产业集群企业金融解决思路，对广东省政府以金融力量推动战略性产业集群发展提出了一些建议。

一、广东省战略性产业集群企业的机遇与挑战

（一）广东省二十大战略性产业集群企业布局

二十大战略性产业集群企业广泛分布全省，多数聚集在珠三角区域，包括高端装备制造、新材料、新能源、电子信息、互联网、人工智能、生物医药等产业；粤东粤西沿海地区包括绿色石化、海上风电、核电、海工装备、现代农业等产业；粤北山区包括金属冶炼和非金属矿物制品业、先进材料、绿色生态等产业。

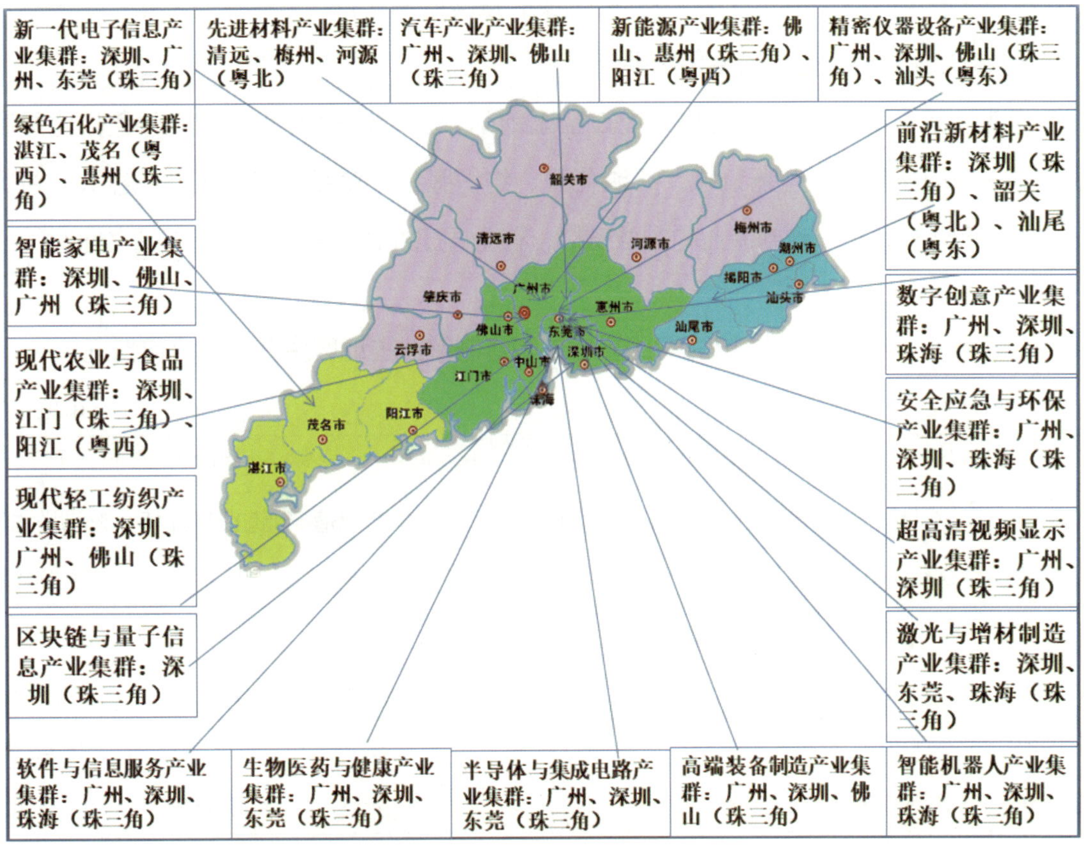

图4-1　广东省二十大战略性产业集群企业全省布局情况

（二）优势与发展机遇

1. 区位交通条件优越

2019年2月，《粤港澳大湾区发展规划纲要》发布，提出要加快发展先进制造业，推动互联网、大数据、人工智能和实体经济深度融合，以珠海、佛山为龙头建设珠江西岸先进装备制造产业带，以深圳、东莞为核心在珠江东岸打造具有全球影响力和竞争力的电子信息等世界级先进制造业产业集群，与战略性产业集群的重点发展领域有所重合，产业集群将借助广东省区位优势实现快速发展。

交通资源方面，广东省海岸线超过4000公里，具备多个优越的港口条件，海运优势突出，交通运输能力发达，有助于石化等战略性产业集群的高质量发展。截至2020年末，广东

省高速公路通车里程在全国率先突破1万公里，连续7年居全国第一；“十三五”期间，广东铁路路网布局持续优化，20个地级以上市通高速铁路，便利的交通环境与区位条件有利于吸引高精尖人才以及引入发达地区的先进技术，为战略性产业集群的发展提供了保障。

2. 产业发展基础雄厚

（1）工业体系完备

广东省工业体系完备，工业门类齐全，大类行业基本实现全覆盖，目前拥有40个大类工业行业（全国有41个），规上工业企业超5万家，居全国第一。

（2）制造业规模领先全国平均水平

近年来，广东省制造业规模始终处在全国前列，且制造业占地区生产总值的比重高于全国。广东省电子信息、电器机械、石油化工、纺织服装、食品饮料、工业机器人、生物医药、汽车等产业成为广东省制造业的主要支撑，在全国工业体系中具有举足轻重的地位。

表4-1　全国制造业占GDP比重与广东省制造业占地区生产总值比重情况

单位：亿元

指标	全国			广东		
	GDP	制造业增加值	制造业占比	地区生产总值	制造业增加值	制造业占比
2016年	746,395	209,509	28.07%	82,163	28,792	35.04%
2017年	832,036	233,877	28.11%	91,649	30,047	32.78%
2018年	919,281	255,937	27.84%	99,945	29,367	29.38%
2019年	990,865	264,137	26.66%	107,671	30,600	28.42%
2020年	1,015,986	265,944	26.18%	110,761	30,134	27.21%

数据来源：国家统计局、广东省统计局

（3）产业集聚效应显现

广东省战略性产业集聚效应逐步显现，产业集群化发展具备良好基础。新一代电子信息产业主要分布在珠三角地区，占全省该产业集群工业增加值的比重高达95%以上；石化产业高度集聚，有6个市石化产业的主营收入及惠州大亚湾、茂名两大炼化基地的主营收入均超千亿元，规模优势明显；智能家电产业已形成深圳、佛山、东莞、珠海、中山、惠州、湛江为聚集地的集群，具有全球规模最大、品类最齐全的产业链；汽车产业、现代轻工纺织业和先进材料产业均主要集中分布在珠三角核心区，上述三个产业在该区域实现的增加值分别占全省对应产业增加值的95%、80%和70%以上。

3. 市场应用前景广阔

广东省毗邻港澳，市场主体数量多，应用需求量大，外贸出口总量全国第一，处于应用市场前沿。石化产品、家电产品、轻工纺织产品等均属于在生产生活中消耗较快的产品，市场需求始终较大。随着5G的广泛应用、技术创新的不断发展以及市场需求的更新迭代，新型电子产品、超高清视频显示设备、智能机器人、增材制造装备等产品的需求将快速扩大，从而带动相关产业集群高质量发展。

4. 对外开放带来的机遇

近年来，我国对外开放程度不断提高，2020年11月，《区域全面经济伙伴关系协定》（RCEP）的签署不仅有助于我国参与全球贸易规则制定，助力国内国际双循环相互促进的新发展格局，还有力推进了亚太区域经济一体化进程。RCEP协定在货物贸易方面整体开放水平达到90%以上，将有助于广东省战略性产业集群重点产品的出口。在海外新冠疫情仍较严重，广东省对外开放水平不断提高的背景下，战略性产业集群将迎来广阔的市场机遇。

5. 政策支持带来的机遇

近年来，广东省层面先后出台“制造业十条”、“制造业十九条”、“1+20”战略性产业集群政策、“制造业投资十条”等文件，推出支持制造业高质量发展的若干政策，明确了二十大战略性产业集群的发展目标和重点任务，在产业结构、重点产品、企业发展、财税融资支持等方面提出了具体措施，为二十大战略性产业集群的发展提供了政策支持。

（三）存在的问题与挑战

1. 技术创新能力不足，“卡脖子”问题突出

改革开放以来，尽管广东省产业经济发展先行一步，但广东仍存在发展支撑点不多、新兴产业支撑不足、关键核心技术受制于人等问题。一是部分关键零部件、关键原材料、核心技术等与发达国家相比存在较大差距，对外依存度较高，“卡脖子”问题仍然突出，产业链、供应链的安全可控性亟待提升。问卷调查数据显示，有9.69%的受访企业受关键零部件、核心技术“卡脖子”的影响，导致难以正常经营，可能关闭或转产；有17.76%的受访企业表示短期（1年内）影响不大，中长期严重制约；有10.19%的受访企业表示短期影响大，中长期难以恢复。

2. 产业结构不均衡，部分领域处于产品价值链中低端

广东省战略性产业集群间的发展较为不均衡。以战略性支柱产业集群为例，根据统计局发布的2020年前三季度新一代电子信息、现代轻工纺织、先进材料、绿色石化、智能家电、汽车产业集群相关数据，六大产业集群的工业总产值占全省规模以上工业总产值的比重分别为29.1%、17.6%、14.4%、9.4%、8.7%、5.6%。其中，新一代电子信息产业集群规模最大，汽车产业集群规模最小，两个产业集群的工业总产值占比相差高达23.5%。

3. 规模优势不明显，国际品牌产品较少

广东省十大战略性支柱产业集群和十大战略性新兴产业集群的整体规模较大，2019年营业收入分别达到15万亿元和1.5万亿元，但其中部分产业集群仍然存在规模优势发挥不明显等问题。例如绿色石化产业集群，广东省虽然有发展石化产业的天然优势，且布局了五大炼化基地和园区，但产业总体规模并不大，发展联动效应不足，规模优势效应发挥不明显。

4. 逆全球化蔓延，产业技术壁垒升级

广东省作为中国改革开放的桥头堡，对外开放程度较高，中美贸易摩擦以来，广东省受到了一定冲击，而疫情使全省外部环境进一步恶化。在贸易摩擦中，美国主要针对信息通信技术、人工智能等高端制造业，对国内相关行业企业的发展产生了极大影响。问卷调查数据显示，受贸易摩擦和全球疫情等外部环境影响，有26.84%的受访企业表示缺少国际订单，产品出口受阻，有20.53%的受访企业表示会导致其国际供应链中断，有15.64%的受访企业表示国外技术人员等进不来。

5. 人才结构性矛盾突出，人才缺口较大

当前，广东省产业人才结构性矛盾突出，前沿理论、关键共性技术等方面的领军型人才，既懂软件技术又熟悉业务流程的复合型人才和云计算、大数据、人工智能、区块链等高技能人才缺口较大。

二、广东省战略性产业集群企业融资存在的主要问题

（一）新兴产业企业融资难度较大

战略性新兴产业中企业的知识产权等“软资产”多，固定资产等传统抵押品少。中小企业多，大型垄断企业少。产业领域发展不确定性较多。

（二）主导融资模式与新兴产业集群金融需求不匹配

目前银行贷款资金仍占到企业融资的2/3以上，企业融资方式以银行贷款为主，融资方式相对单一，融资渠道相对较窄，融资结构体系有局限性。然而银行主导的间接融资模式存在天然缺陷，与战略性新兴产业集群形成阶段的金融需求不匹配，制约了新兴产业集群的发展壮大。问卷调查数据显示，74.24%的受访企业主要融资来源是银行贷款，能实现债券融资和股权融资的合计约5%。商业银行的资金具有期限短、风险容忍度低的特点。当前我国战略性新兴产业集群尚处于形成发展阶段，整体风险较高，超出了银行的风险承受能力，难以获得充足的信贷资金支持。

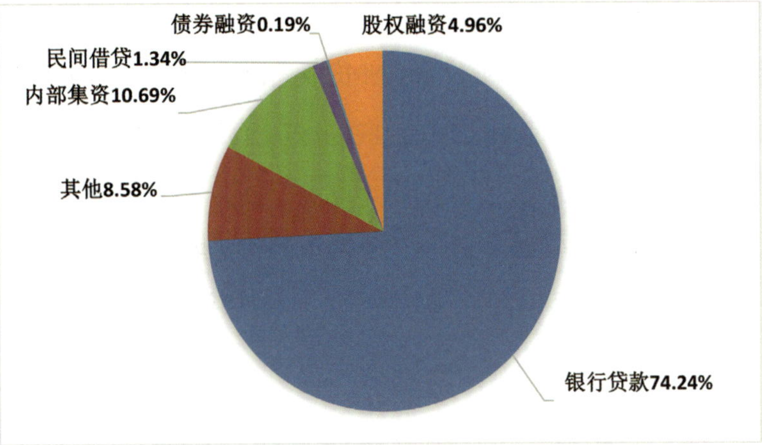

图4-2　受访企业主要融资来源分布图

（三）风险投资和资本市场支持力度不足

风险投资和资本市场的投资方向、投资方式与战略性新兴产业集群形成、发展阶段特征高度契合，但目前我国风险投资和资本市场的人才、机制和结构尚待完善，制约了其推动新兴产业技术创新、行业布局和集群发展的功能。问卷调查数据显示，只有9.81%的受访企业在直接融资方面获得过风险投资的支持。

（四）中小微企业融资难融资贵融资慢问题有所缓解，但仍然存在

对于商业银行而言，中小微企业生命周期短，盈利水平不稳定，信息难掌握、不对称，因此对中小企业“惜贷”“慎贷”。近年来，各商业银行加大信息科技资金投入，不断加强与互联网、大数据的融合，将“跑数”的数字化信息和“跑街”的社会化信息相结合，降低信用风险，增加小微信贷投放，并且通过大数据、云计算、人工智能等新技术的应用，为小微企业融资难、融资贵问题的缓解提供了新的路径和解决方案。五家大型银行均成立了专门的金融科技公司，金融服务的可获得性和便捷性明显增强。问卷调查数据显示，全部受访中小微企业认为银行融资难具体表现主要是：手续繁琐或所需资料较多（55.52%）、缺乏抵质押物（41.86%）、借款准入门槛较高（30.81%）；认为融资慢具体表现主要是：审批层级较多（51.45%）。50.29%受访小微企业认为银行融资贵具体表现主要是融资利率较高。

（五）社会风险分担机制仍须完善

融资风险尚未能在政府、银行业金融机构和融资担保机构之间合理分担。商业担保机构在费率较高的情况下，担保范围比较窄，担保配套机制、担保合理补偿等体系尚须完善。

（六）制造业贷款余额占比提高空间较大

通过对全国及广东、江苏等几个制造业发达省份数据进行分析发现，2016年以来，全国及几个主要省份制造业贷款规模不断扩大，但2016—2019年制造业贷款占总贷款及对公贷款比重持续下降。广东省制造业贷款规模占比低于全国五大商业银行平均水平。

在2020年初新冠疫情暴发的大背景下，扩大制造业贷款占比的政策持续推进，全年新增制造业贷款2.2万亿元，超过前5年总和，制造业贷款占比实现近10年来首次提升。预计金融支持制造业的效果将进一步显现，制造业贷款规模及占比有望持续增长。

表 4-2　全国及广东、江苏等省份制造业贷款规模情况

指标	2016年	2017年	2018年	2019年	2020年
全国					
金融机构本外币贷款余额/万亿元	112.06	125.61	141.75	158.60	178.40
对公贷款本外币余额/万亿元	74.47	81.02	89.03	98.37	110.53
本外币工业中长期贷款余额/万亿元	7.71	8.10	8.59	9.18	11.01
本外币工业中长期贷款占总贷款比重	6.88%	6.45%	6.06%	5.79%	6.17%
本外币工业中长期贷款占对公贷款比重	10.35%	10.00%	9.65%	9.33%	9.96%
国有银行（中农工建交）					
贷款余额/亿元	454,967.23	500,023.71	544,033.96	573,691.77	647,312.89
对公贷款余额/亿元	276,314.23	302,561.83	315,517.87	318,127.23	364,921.55
制造业贷款余额/亿元	60,302.93	60,952.01	59,292.53	55,926.92	62,328.20
制造业占总贷款比重	13.25%	12.19%	10.90%	9.75%	9.63%
制造业占对公贷款比重	21.82%	20.15%	18.79%	17.58%	17.08%
广东					
金融机构本外币贷款余额/万亿元	11.09	12.61	14.52	16.80	19.57
对公贷款本外币余额/万亿元	6.39	6.95	7.93	9.17	10.92
制造业单位贷款余额/万亿元	1.16	1.19	1.34	1.49	1.78
制造业占总贷款比重	10.45%	9.43%	9.23%	8.87%	9.10%
制造业占对公贷款比重	18.15%	17.12%	16.90%	16.25%	16.30%

续表

指标	2016年	2017年	2018年	2019年	2020年
江苏					
金融机构本外币贷款余额/万亿元	9.3	10.4	11.78	13.51	15.66
对公贷款本外币贷款余额/万亿元	6.56	7.09	7.85	8.81	10.06
制造业本外币贷款余额/万亿元	1.53	1.59	1.65	1.70	1.95
制造业占总贷款比重	16.45%	15.29%	14.01%	12.58%	12.45%
制造业占对公贷款比重	23.32%	22.43%	21.02%	19.30%	19.38%
山东					
金融机构本外币贷款余额/万亿元	6.52	7.09	7.78	8.63	9.79
对公贷款本外币贷款余额/万亿元	4.67	4.89	5.17	5.53	—
制造业本外币贷款余额/万亿元	1.70	1.70	1.61	1.46	—
制造业占总贷款比重	26.07%	23.98%	20.69%	16.92%	—
制造业占对公贷款比重	36.40%	34.76%	31.14%	26.40%	—
浙江					
金融机构本外币贷款余额/万亿元	8.18	9.02	10.58	12.18	14.36
对公贷款本外币贷款余额/万亿元	5.35	5.59	6.27	7.07	8.21
制造业本外币贷款余额/万亿元	—	2.10	2.20	2.40	2.70
制造业占总贷款比重	—	23.28%	20.79%	19.70%	18.80%
制造业占对公贷款比重	—	37.57%	35.09%	33.95%	32.89%

三、广东省战略性产业集群企业金融解决思路

战略性产业集群先进制造业分析框架图如下：

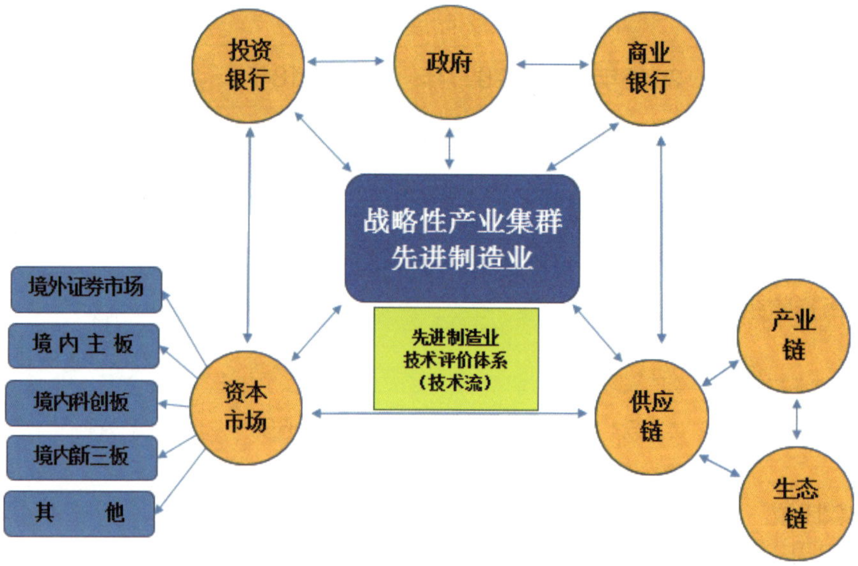

图4-3 战略性产业集群先进制造业分析框架图

（一）提高融资投入比重，优化产业、区域投向结构

当前广东省制造业贷款占比均低于江苏省、浙江省及山东省，更低于全国五大商业银行平均水平。广东省应持续加大对先进制造业支持力度，制定与广东省制造业发展相适应的融资目标，明确“提高制造业贷款比重”和“保持高技术制造业中长期贷款及信用贷款合理增速”的目标和任务，以及扩大股权、债券融资规模，加大对广东省先进制造业金融资源的投入规模和力度。

（二）政府全面统筹协调，多措并举推动落实

1. 完善财税金融政策支持体系，加大社会资源投入

（1）增加财政支出比重，建立财政支出稳定增长机制

广东省政府财政应重点投向具有战略性长远利益的科学研究领域，为战略性产业集群发展提供可靠的技术支撑。

（2）积极运用税收政策，推动战略性产业发展

广东省政府部门需要充分发挥税收政策的激励作用，促进战略性产业的快速发展。相关部门须制定针对税收优惠政策的监管制度，出台一系列政策以明确税收的范围及方式，建立规范化的税收优惠制度。

（3）加大资金投入，健全多层次担保体系

加快建立包括政府资金和社会资金投入在内的多层次担保体系。在政府资金方面，一方面要加快组建政策性担保机构，这些担保机构的服务对象要以战略性产业集群为主。另一方面，已有的政策性担保机构要适度调整业务范围和方向，主动介入战略性产业集群，为其提供融资担保服务，以支持战略性产业集群的发展。

2. 推进多层次资本市场建设，多措并举拓展融资渠道

政府部门应进一步完善多层次资本市场，加快战略性产业集群内金融机构及相关中介服务机构的引进，为集群提供专门化、特色化服务。

3. 推动国有资本与战略性产业发展协同联动

第一，应鼓励国有资本投资、运营主体坚持战略性产业全产业链布局，以投资、收购、兼并等方式推动国有资本向战略性产业链的关键领域、优势企业集结，补齐战略性产业链建设的短板。第二，应引导国有资本向战略性产业集群的基础层、技术层聚集。

4. 推进工业互联网、绿色低碳等新兴焦点领域建设，促进制造业高质量发展

政府应建立数字产权、安全立法，建立国有数字资产公司和共性技术服务平台，引导各行业建立符合自身产业特性的工业互联网平台。政府应科学设计绿色产业政策体系和市场建设体系，利用有效的激励机制，将碳减排、碳中和转化为经济增长的动力。

5. 出台差别化政策，降低企业融资成本

为有效降低战略性产业集群企业的融资成本，政府可对战略性产业集群企业实施差别化政策。一是通过"投贷债补"，包括财政贴息、风险补偿等手段，引导商业银行与创投机构加强投贷联动、债贷联动等合作，为相关企业，特别是初创企业提供综合化金融服务。二是积极引导和督促大型银行提升服务制造业的战略层级，加强监督评价考核，加大融资支持力度；加强对商业银行的辅导，共同推动制造业企业降低融资成本。三是鼓励银行成立科技支行或先进制造业特色支行等机构，专门服务战略性产业集群。

6. 搭建投融资及数字化服务平台，构建产业集群生态圈

政府应搭建投融资及数字化服务平台，与金融机构建立对接机制，引导金融机构主动对接产业集群的企业和项目，推动战略性产业企业与金融机构合作，并建立融资监测和督导机制，保证政策落实执行。政府应联合商业银行等金融机构，共同打造依托技术流的先进制造业评价体系，建立统一的评价标准，广泛推广使用，使科技企业的创新能力和创新水平得到科学评价，同时，政府应出台知识产权质押融资方面的鼓励政策，建立和完善知识产权登记、交易平台，解决知识产权、专利技术的估价和质押问题，使知识产权、专利技术成为科创企业融资的有效手段。

（三）明确金融主体职责，合力助推融资落地

1. 商业银行角度

（1）发挥信贷主渠道作用，提高贷款投入比重

继续发挥商业银行信贷主渠道作用，利用固定资产贷款、流动资金贷款、并购贷款等成熟信贷产品，支持大型企业和重点项目。保障战略性产业的信贷客户数、信贷规模存量及增量占比与广东省战略性产业发展趋势相适应，战略性新兴产业信贷增速要高于传统产业，中

长期贷款及信用贷款增速高于对公贷款增速。

（2）大力发展投贷联动，支持科创企业发展

“投贷联动”融资模式可对接科初创、“专精特新”小巨人、单项冠军和“隐性冠军”等企业融资，一方面为企业带来长期的资金来源，解决企业不同阶段的资金需求；另一方面，让参与“投”和“贷”的资金实现有效衔接，降低风险，提高收益。

（3）大力发展普惠金融，进一步缓解融资难题

发展普惠金融，解决中小企业融资问题，既是国家政策要求，也是商业银行自身转型发展的需要。商业银行普遍设立普惠金融专营机构，组建专业团队，加大资源投入发展普惠金融业务。

（4）发展住房租赁金融，解决人才住房问题

国内主要城市为稳定人才、留住人才，政府陆续出台了人才新政，解决人才安居问题。在这方面，政府应积极引导，支持商业银行市场化运作、社会化管理，在产业园区、人才聚集区为人才公寓的建设、租赁和买卖提供贷款支持，并以“市场价、明补贴、有期限”为原则进行租赁和管理，解决人才在创业初期的短期租赁需求。商业银行可向房企、租赁公司提供住房租赁支持贷、购买贷、经营贷、抵押贷、应收账款质押贷等金融产品。

（5）积极开展跨界合作，拓展融资融物渠道

与政府部门开展合作，共同创立风险池基金，由三方共担风险，通过与政府财政平台形成合力与互补，更好地利用和放大财政资金以及其他扶持资金的效能，或通过与地方政府设立风险补偿基金的模式，为银行分担贷款违约风险。充分运用中央和地方对小微企业信用保证保险支持政策，通过“政府+银行+保险”合作方式，建立小微企业信用保证保险基金，用于小微企业信用保证保险的保费补贴和贷款本金损失补贴。

2. 投资银行角度

（1）利用资本市场，提升企业核心竞争力

利用多层次资本市场(主板、科创板、新三板等)，推动战略性企业挂牌和上市，加大力度扩大上市公司企业数量和融资规模，做大做强有核心竞争力的优势企业，特别是解决急需大量资金突破核心技术卡脖子问题。重点跟进在审企业，拟培育上市企业，培育合格融资主体，拓展融资渠道，推进企业转型升级。壮大场外市场挂牌企业群体，引导和鼓励成长型、科技型制造企业到新三板和区域性场外市场挂牌融资。

（2）积极发展风险投资，支持初创企业发展

以拨款、财政补助、建立政府引导基金和风险投资基金补偿机制、税收优惠等多样化方式对战略性产业进行必要的扶持。积极引入各类境内外大型风投机构进入风险投资，鼓励金融机构积极参与，并可通过提供金融产品的方式将民间资本引入产业基金，支持初创科技企

业发展。加强风险投资退出机制的建设，使风险资本及时退出进行下一轮投资，促使更多的风险资本投向战略性新兴产业。

（3）大力扩大发债规模，拓宽资金来源渠道

充分利用国内外债券市场，扩大发债规模支持先进制造业企业发展，除企业债券、公司债券、中期票据、超短期融资券、短期融资券、中期票据等传统融资工具，还应大力发展绿色债券、专项债券等创新融资工具，提升直接融资比例。

（四）精准对接需求，创新金融产品

1. 产业园区融资

金融机构与园区管委会建立对接机制，搭建金融信息共享平台，从园区建设和招商引资开始，设立专门团队负责整个产业园区的金融服务工作。金融机构为整个产业园区提供金融产品服务，包括为园区基础设施及配套设施建设运营以及园区所在企业提供一站式全套金融解决方案。

2. 科创企业融资

产业集群中的科创企业多处于初创期和成长期，代表经济发展和技术创新的未来，具有科技含量高、创新能力强、成长快等特点，但同样具有产品不成熟、市场不稳定、现金流少、抵押物少等特点。这类企业需要精准帮扶，政府基金体系可为企业提供政策性融资保障，搭建服务平台为企业提供全方位的公共服务，涵盖创业辅导、融资担保、管理咨询等方面。金融机构按照企业不同生命周期特点和需求，适配不同的金融服务方案。

3. 产业链融资

当前，产业链的地位越来越凸显，产业链的强链补链工程既重要又紧迫，对主导产业链的强链企业和核心技术卡脖子的补链企业，提供有力的金融支持尤为重要。政府应与金融机构建立对接机制，共商提供包括金融措施在内全方位服务。

4. 产业项目融资

支持重大项目建设、重大装备购买资金需求，提供固定资产贷款、设备融资租赁、发债、资本市场募资等金融服务。

5. 绿色产业融资

持续加大对绿色、低碳、循环经济相关产业的支持力度，满足绿色产业项目建设资金需求。创新“节能贷”等新兴绿色贷款业务，积极提供绿色信贷、绿色债券、绿色资产支持证券、绿色产业发展基金等综合金融服务。

（五）全面科技赋能，聚焦难点破解

1. 打造产业链金融，提升产业链竞争力

当前，增强产业链供应链自主可控能力，在关键时刻不掉链子，优化和稳定产业链、

供应链，围绕“铸造产业链长板，补齐产业链短板”，推进数字化产业服务创新，已成为政府、银行、企业共同的发展目标。

2. 围绕龙头核心企业打造供应链金融，服务上下游中小微企业

产业集群中聚集的多是相关行业的同一类型企业，以龙头企业为核心，连接上下游企业，形成产业供应链。商业银行运用互联网、物联网、大数据、区块链、人工智能等思维及技术，与核心企业及第三方服务平台合作，整合物流、资金流、信息流，为核心企业所在产业集群供应链上的中小微企业，甚至遍布全国的产业链多层供应商提供全流程在线融资服务，是服务产业集群企业的重要金融解决方案。

3. 通过数字化经营，打造平台生态，进一步缓解中小微企业融资难问题

中小微企业数量众多、质量参差不齐，具有“低、小、散、弱”特点，融资难问题一直难以解决。近年，在国家政策要求及社会各方努力下情况已大为改观。其中，金融机构利用科技手段，通过数字化经营，打造平台生态，已成为大力发展普惠金融，缓解中小微企业融资难的主要抓手。

4. 建立先进制造业技术评价体系，解决专利技术评估、质押难题

在政府、高校和科技创新企业的支持下，中国建设银行广东省分行以大数据为依托，在全国银行业首创推出了评价科技企业科技创新实力的“技术流”专属评价体系，破解科创企业融资难题。2020年2月，国务院办公厅下发了《关于推广第三批支持创新相关改革举措的通知》，明确提出要在全国推广“建立科创企业信贷审批授信专属流程、信用评价模型和‘技术流’专属评价体系”。“技术流”评价体系是作为企业原有的银行信用评级的辅助评价维度，解决知识产权、专利技术评估和质押问题，两者有机结合、相辅相成。

（六）切实择优扶强，有效防控风险

金融机构要坚持收益与风险平衡原则，要确保风控体系建设始终能够支撑业务可持续发展，要增强防范化解金融风险的前瞻性和主动性，牢牢守住不发生区域性、系统性风险的底线。择优支持有核心竞争力的产业园区和企业，注重从源头把控风险，重点支持符合产业升级趋势、高质量发展要求的企业；而对于产能过剩、发展粗放的企业，则要逐步退出。通过联合授信、银团贷款等方式，形成融资协同效应，切实防止多头授信、过度授信，避免一哄而上、重复建设形成新的过剩产能。

四、建行解决方案——智造之光

“智造之光”是中国建设银行广东省分行紧密对接省政府提出的20大战略性产业集群培育计划，是中国建设银行总行与广东省政府签订支持广东省先进制造业发展战略合作框架协议，为广东省先进制造业打造的专属金融服务品牌。中国建设银行广东省分行成立了由省分

行党委委员为链长的产业集群链金融服务团队，省分行领导及部门负责人于2021年5月开展了为期10天，以“调结构、促转型，支持制造业高质量发展”为主题的“专新致智”活动。活动期间，团队拜访了广东省各地级市政府及相关部门领导，走访当地省实验室、重点实验室、省级以上高新技术产业开发区以及当地龙头骨干和“隐形冠军”企业，了解当前产业项目孵化、企业孵化、园区建设、成果产业化等方面的情况，了解产业升级过程中的困难与诉求，对接企业金融需求，以金融力量助推广东省制造业高质量发展。

（一）近年来建设银行广东省分行制造业贷款快速增长，制造业贷款近5年平均增速19.7%，同比高于各项贷款平均增速17.5%，且明显高于全省金融机构制造业贷款近5年平均增速9.4%，制造业已成为中国建设银行广东省分行第一贷款行业。

（二）依托“技术流”，建立先进制造业企业专属评价体系，创新科技支持广东先进制造业发展。在中国建设银行已有的科技企业“技术流”评价体系基础上，抢抓数字经济发展新机遇，进一步延伸“技术流”成果在先进制造业领域的应用，全力推动先进制造业与数字化、网络化的融合发展。5年来，中国建设银行广东省分行已累计服务辖内高新技术企业超32,000家，实现辖内科创板上市企业服务全覆盖，累计提供金融支持超5000亿元，知识产权质押融资累计办理量近200亿元，帮助湾区企业化“智本”为“资本”。

（三）根据中国建设银行总行与广东省政府签订的支持广东省先进制造业发展战略合作框架协议，中国建设银行将向广东省制造业给予10,000亿元综合融资支持，其中将向广东省战略性产业集群企业给予综合融资6000亿元，包括提供贷款、贸易融资、投资、债券等综合融资服务。建设银行将提供专属政策包，包括资源保障、利率优惠、期限合理、减免费用、绿色通道、先行先试、专项激励等7项政策；打造专属产品体系，全方位满足先进制造业企业技术研发、技术改造、并购、上市、跨境资金交易等多方位金融需求，包括智造-集群、智造-研发、智造-并购、智造-绿色、智造-跨境、智造-创业等“六智六+”专属产品体系。

参考文献：

[1] 张倩．我国战略性新兴产业发展的现状及对策探讨[J]．现代金融导刊，2020.

[2] 黄耀樟．财政金融支持我国新兴产业发展研究[J]．经济与管理，2019.

[3] 涂永红、李胜男．金融创新支持新兴产业集群发展[J]．中国金融，2020.

[4] 陈涛．制造业金融需求新特点与金融支持路径[N/OL]．金融时报—中国金融新闻网，2017.

[5] 盘颖，张莹，张静．广东省创业投资行业研究：现状与前瞻[J]．科技创业月刊，2021.

[6] 于颖．基于制造业信贷支持策略研究——以广东省为例[J]．经济纵览，2021.

[7] 许会斌. 高端制造业的发展趋势及金融支持思路[J]. 宏观经济, 2019.

课题组成员简介：

课题组组长 涂高坤 广东省工业和信息化厅厅长
刘 军 建设银行广东省分行行长
课题组副组长 姚德洪 广东省工业和信息化厅一级巡视员
邓 波 建设银行广东省分行副行长
小组成员 孙青林 邓天泽 林启光 黄建伟 杨颖瑜 郭景辉 朱小良 吴 凯

专家评点：

这是一份高质量的调研报告。课题组自2021年3月起，历时3个月，实地考察广东省战略性产业集群企业金融支持现状、特点及存在问题等。在深入分析的基础上，课题组创新性地提出分析战略性产业集群先进制造业的逻辑框架图，给出广东省战略性产业集群企业金融解决思路。整体而言，全文调研扎实，行文规范，具有重要政策参考价值。

专家简介：

徐现祥，中山大学岭南学院经济学教授、博导，国家社科基金重大项目首席专家。

商业银行支持广东省战略新兴产业集群发展的探索与思考

■ 交通银行广东省分行

黄海 张敬平 肖杰 陈晓洁 林洵嘉

摘 要

2021年，各地政府工作报告、“十四五”规划中频繁提及产业集群概念。广东省政府在“十四五”规划纲要以及《广东省人民政府关于培育发展战略性支柱产业集群和战略性新兴产业集群的意见》中，明确区域特色，提出发展半导体与集成电路、高端装备制造等十大战略性新兴产业集群。培育和发展战略性新兴产业是一个包含技术支持、金融支持和管理支持等在内的系统性工程。金融作为现代社会经济发展的动脉，尤其对战略性新兴产业发展起着核心的支持作用。本文立足商业银行业务，结合交通银行广东省分行具体实际，通过对战略性新兴产业集群现状进行分析，围绕“商业银行如何支持广东省战略新兴产业集群发展”，提出探索与思考。

引言

立足新发展阶段，贯彻新发展理念，广东省政府瞄准国际先进水平，落实“强核”“立柱”“强链”“优化布局”“品质”“培土”等六大工程，培育若干具有全球竞争力的产业集群，打造产业高质量发展典范。而战略性新兴产业发展更是与金融业支持密不可分。商业银行应该紧抓政策机遇，自觉找准定位和比较优势，在支持战略性新兴产业中展现新作为。

一、战略性新兴产业政策背景

早在1980年，美国管理学家迈克尔·波特就在《竞争战略》一书中，对战略性新兴产业进行阐述。他认为，战略性新兴产业是"通过一些因素产生的那些新形成的或重新形成的产业，这类因素包括技术创新、相对成本关系的变动、新的消费需求的出现，或其他经济及社会方面的变化致使某种新产品或某项新服务得以市场化"。

2010年，在《国务院关于加快培育和发展战略性新兴产业的决定》中，明确将战略性新兴产业定义为"以重大技术突破和重大发展需求为基础，对经济社会全局和长远发展具有重大引领带动作用，知识技术密集、物质资源消耗少、成长潜力大、综合效益好的产业"，并梳理出七类战略性新兴行业。

2021年，广东省人民政府印发《广东省国民经济和社会发展第十四个五年规划和2035年远景目标纲要》和《广东省人民政府关于培育发展战略性支柱产业集群和战略性新兴产业集群的意见》。通过对这两份文件的解读，我们了解到，广东省政府立足广东实际，谋划高起点，梳理出半导体与集成电路、高端装备制造、智能机器人、区块链与量子信息、前沿新材料、新能源、激光与增材制造、数字创意、安全应急与环保、精密仪器设备等十大战略性新兴产业集群。报告中也明确提出要"前瞻布局战略性新兴产业，在'十四五'期间，十大战略性新兴产业集群营业收入年均增长10%以上"。

二、发展战略性新兴产业为商业银行带来的机遇与挑战

战略性新兴产业的培育和发展，对于商业银行而言，机遇与挑战并存。

（一）产业培育孕育大量业务机遇

为高标准推进战略性新兴产业发展，广东省政府进一步深化供给侧结构性改革，明确"十四五"期间发展目标，制定出台一系列政策措施，促进产业加速发展。

仅2021年上半年，广东十大战略性新兴产业集群合计企业数超9.3万家，营收超万亿元，增加值达2608亿元，增加值同比增速达22.3%。其中，有智能机器人、高端装备制造、半导体与集成电路、前沿新材料等8个产业集群增速超过地区生产总值增速。产业发展前景广阔。

1. 产业升级改造工程。着力开展产业集群各类转型升级，推进实施新一轮技术改造，包括生产线更新、产能提升等。探索推进集群内企业建立研发机构，加大前沿先导技术、重大战略产品研发。完善科技成果转化机制，积极推动集群企业开展高价值专利培育布局，强化知识产权保护与产业化应用。

2. 基础设施扩容建设。加速建设5G网络、数据中心、人工智能、物联网等新型基础设施，促进集群数字化、网络化、智能化转型升级。规范各类产业园区、基地的建设，提升其基础服务能力。完善各类供水、供电、供热及污水治理等工程，满足产业发展基础要求。

3. 优质企业提升及孵化计划。一方面，"十四五"期间，政府出台各类优质企业孵化计

划，包括："专精特新"专项培育计划、"隐形冠军"提升计划，力求打造一批创新型领军企业，争取形成上市后备科技企业清单库。另一方面，持续做大"链主"企业生态圈，着力突破关键领域的兼并重组需求，形成以"链主"带动上下游产能共享、协同发展的战略主攻点。

4. 多元化跨境贸易需求。积极推进产业链国际合作，深入践行"一带一路"建设、粤港澳大湾区等国家战略，既要"走出去"，也要"引进来"。鼓励优势企业海外并购重组，多渠道开拓沿线市场，深度参与全球分工。

（二）深入剖析面临的挑战

1. 对新兴行业了解不足。由于战略性新兴行业技术壁垒高、部分高精尖技术信息公开渠道少，导致商业银行在开展项目可行性分析、风险评估的过程中存在困难，难以适配行业的发展需求。

2. 专业人才储备不足。战略性新兴产业融资对于专业性和技术性要求较高，但从目前商业银行的人才架构分析，相对缺乏具有行业专业背景，能够对新兴合理预判的人才团队。

3. 现行产品适配性不足。当前，商业银行各类金融产品仍然是以传统模式为主。一方面，研发新产品投入成本高、项目周期长，创新推出适配于战略性新兴产业客群的产品仍需要一定时间；另一方面，该部分客户一般而言，具有轻资产运营特点，缺乏有效抵质押担保，需要进一步挖掘客群特点，找到风险缓释和融资支持的平衡点。

三、商业银行支持广东省战略新兴产业集群发展的探索与思考

产业经济的发展离不开金融的支持。金融活，经济活；金融稳，经济稳。近年来，随着我国资本市场改革不断深化，多层次融资渠道持续优化，社会融资途径越来越广泛。但商业银行的金融支持仍然是主要的融资渠道。

为贯彻落实《广东省人民政府关于培育发展战略性支柱产业集群和战略性新兴产业集群的意见》，充分把握新发展阶段，贯彻新发展理念，商业银行应持续增强金融驱动效能，坚守服务实体本源，助力广东省加快建设现代产业体系，推动广东省战略性产业集群高质量发展。

（一）主动融入政府战略，持续深化政银互动

一般来说，根据市场认知度、产业竞争度等综合维度的不同表现，可将产业的全生命周期分为幼稚阶段、成长阶段、成熟阶段和衰退阶段。而战略性新兴产业大部分仍然处于发展的幼稚阶段和成长阶段，需要较长一段时间的发展和培育。在此阶段，需要政府大力扶持，为战略性新兴产业发展营造一个良好的政策环境，包括在营商环境、财政资金投入、税收、金融支持政策等方面，多渠道、全方位破解产业发展中的困局壁垒。特别是在产业融资方

面，政府与商业银行可以形成良好的互动机制，共享信息，形成合力。

1. 加强与各地市工信部门、相关机构联系沟通，共同推进战略新兴产业集群的发展。

当前，广东省培育和发展战略产业集群的工作主要由各地市工信部门牵头，涉及的各个子行业再由不同的职能部门负责日常对接。商业银行应积极与上述政府机构进行联动，主动对接融资需求。

一是与各地工信部门开展总对总互动，达成战略合作意向。针对战略性新兴产业客群特点，提供针对性更强、支持力度更大的专属融资服务方案。以本课题研究小组所在的交通银行广东省分行为例，在支持战略集群的推进上，积极融入国家战略、区域政策，银政携手，为产业发展注入活力。一方面，由省分行层面牵头，积极与省工信厅对接，力争达成总对总合作意向并提供面向战略性产业集群的专属融资服务方案；与商务厅落实总对总合作，在招商引资、对外开放等方面凝聚合作；另一方面，持续深化与地级市、各区县政府机构合作。2021年，新增落实与珠海市，潮州市，广州市越秀区、花都区、番禺区政府签订战略合作协议，银政携手支持当地重点产业发展。

二是与各相关职能部门加强对接互动，主动组织、积极参与各类企业政策宣讲会。充分跟进辖内符合条件客群，为企业提供从营商政策到融资支持的一条龙服务，一定程度上解决以往推进中存在流程割裂分散导致效率低下的问题。

三是充分运用商业银行物理网点辐射作用，扩展服务外延，将物理网点也作为政府政策宣导的重要渠道。一方面，通过网点覆盖面广的特点，做好政府相关产业政策的宣传宣导，扩大影响范围；另一方面，积极支持政府“放管服”改革，打通渠道壁垒，在银行网点同步提供工商登记、企业征信等各类政务服务，部署含政务一体机在内的各类智能终端，为产业客群提供更高效、便捷的政务服务。2021年，交通银行广东省分行紧跟广州市市监局创新步伐，积极对接企业开办“一网通”平台并在全省135个网点投放自助政务服务一体机，实现企业设立、印章申请、税务办理、发票申领、银行开户等各类事项“一表填报”“一窗领取”。

2. 共同探索信息披露机制，参与搭建融资信息平台，畅通政府、银行、企业联通渠道。

对战略性新兴产业融资支持力度不足的主要原因在于商业银行与新兴产业之间存在信息不对称的问题。由于战略性新兴产业“新兴性”的特点，行业技术壁垒相对较高、研发不确定性大、市场培育不成熟，部分产业甚至缺乏第三方公开数据的客观支撑。商业银行缺乏有力手段进行调查评估，这就使得部分“高精尖”、具备较大发展潜力的产业客户仍然难以获得银行融资。针对这一问题，相关政府部门应立足全局，探索信息披露机制。可由政府职能部门牵头，各商业银行、其他金融机构、高等院校、专业评估认证机构共同参与，探索搭建信息共享平台。

通过该信息共享平台实现：一是政府机构可通过平台发布各类最新政策指引，包括符合各类财政补助、税收优惠等条件的战略性新兴产业集群名单，使商业银行便捷高效了解到目标客群信息；二是引入高等院校、专业评估认证机构对部分专利技术进行评估认证，为商业银行后续授信提供客观支持；三是新兴产业客群可在平台上发布融资需求信息并提供项目信息、技术参数等各类支撑材料，可定向选择商业银行进行洽谈，也可以选择公开发布、多渠道选择融资机构；四是鼓励商业银行进一步开展同业合作。当前，商业银行之间不应仅仅局限于非此即彼的竞争关系，而是应该保持更良性健康的竞合关系。尤其是在战略性新兴产业的融资需求上，历史样本数据少，单靠一家银行难以有效控制风险。商业银行同业应深化合作，通过银团贷款、联合授信等方式，共同参与项目融资，既支持优质产业发展，又有效分散风险。比如：ZHGY电池股份有限公司是国家5G链属配套、新能源重点发展企业，深耕锂电池领域。交通银行广东省分行牵头，联合中信银行、建设银行、工商银行组建银团，通过银团贷款模式支持该企业产业升级扩充。

3. 参与设立战略性新兴产业扶持基金，多渠道支持产业集群客户融资需求。

为促进新兴产业发展，激发发展新动能，可通过设立产业基金的形式，重点支持优质战略性新兴产业项目。该产业基金可由政府出资，专业投资机构管理，引入社会资本共同参与。商业银行可以作为社会资本的一方，募集包括理财资金在内等用途合规的资金并提供后续撮合交易、资金托管、财务顾问等服务。近期，交通银行广东省分行与广州市政府合作，为集中力量支持新兴领域的重点企业和重大项目，联动交银国际子公司搭建广州市新兴产业发展引导基金下属子基金广州交银科创战略新兴产业基金，聚焦新兴产业投资。

（二）优化健全管理架构，不断提升内部管理效率

2021年4月2日，广东省战略性产业集群联动协调推进工作部署视频会议在广州召开，会议正式宣布建立以省长、制造强省建设领导小组组长为“总链长”的省领导定向联系负责20个战略性产业集群的“链长制”。随后，各地市也陆续出台“链长制”相关推进措施。

商业银行在内部推进机制上，应紧跟政策，优化健全管理机构，分层分类统筹推进，提升管理质效。在法人机构层面，可设立战略性新兴产业集群领导小组，明确相关政策，调度全集团资源，统筹推进开展战略性新兴产业集群业务；在分行层面，应成立专研战略性新兴产业集群中心，承担区域内政策研究、业务推进、专业支持等职能；在支行网点层面，作为服务延伸触角，应不断扩展服务半径，跟进服务战略性新兴产业集群客户，责任到人，跟踪到位。

同时，针对重点项目、重点客群，可通过扁平化项目团队，集约管理效率。以团队制统一协调公司、投行、国际、授信、风险等跨条线、跨部门资源，挂钩各产业链集群，协同总、分、支一体化推进，提升内部沟通效率。

在实践中，交通银行广东省分行积极探索优化管理架构，成立挂钩“链长制”，进一步压实责任。在省分行层面，由省分行行长担任“总链长”，牵头对接广东省政府，全面指导分行产业链工作。由省分行副行长分别担任20个产业集群中重点发展的产业集群的“群主”，牵头推进对应产业集群的营销、管理工作。省分行部门、分支行根据区域特点和牵头负责的重点项目，由省分行指定担任具体项目的“链长”。通过明确各经营单位的重点产业项目的“链长”，责任到人，给予相应奖惩，集中力量突破重点项目。同时，结合业务发展具体实际，分层分批梳理出“链长制”核心企业名单，挂钩责任制，全力做好金融服务。目前，已梳理出第一批60户“链长制”核心企业名单并取得一定程度的突破。

（三）加大资源配置力度，激发商业银行内生动力

要加大对战略性新兴产业集群的金融支持力度，就必须加大资源配置力度，在商业银行内部形成良性竞争氛围。

1. 明确考核导向。在商业银行内部管理上，要充分发挥考核指挥棒作用。在对各分支机构的考核上，持续优化考核方法，明确导向，引导各分支机构加大对战略性新兴行业客群的拓展和支持。参照所在分行的经营管理经验，可在经营绩效考核体系当中，增设“战略性新兴产业”业务考核，采取“贡献度占比”及“贡献度变化”两项维度，在内部形成比学赶超良性竞争氛围。同时，加大正向激励作用。对于业绩突出的分支机构或个人，给予一定的资源奖励，激发干部员工价值创造潜能。

2. 强化人才梯队建设。一方面，探索市场化人才引进机制。根据战略及经营管理需要，以开放心态引入急需的战略人才，加强行业领军人才引进，补齐关键领域能力短板。完善和创新人才招聘模式，积极拓宽人才来源渠道，持续加强校企合作，不断提升人才引进效率和质量。另一方面，优化人才结构。持续优化人才库系统，加强人才库建设，提升高价值核心专业岗位人才储备率，降低核心人才流失率。加强各类专业序列人才建设，探索建立科学的专业能力评价体系，强化人才梯队建设。当前，战略新兴行业蕴含的巨大机遇与传统商业银行产品政策适配性之间仍存在较大的鸿沟。归根结底，主要是商业银行对于新兴行业的研究步伐缓慢，对新兴行业发展前景、行业现状、潜在风险缺乏科学全面的评估。针对这一现状，交通银行广东省分行以问题为导向，立足实际，探索“行业+金融”深度融合之路，将在辖内成立广东省分行产业专家委员会。借助集团投研团队力量，引进集团内部、行业外部、高等院校的人才力量，将在重点行业、前沿专业领域为分行业务提供专业咨询，在辖内形成信息共享、视角多元、专业高效的战略支撑。同时，在重点产业支持上，灵活团队组织架构，建立“懂金融、懂产业、懂技术”的“1+1+1”项目团队，全面解决客户痛点难题。

3. 加强科技金融研发投入。新一代信息技术加速发展，经济社会将全面融入数字化浪潮。尤其是战略性新兴产业客群，数字化转型赋能程度更高，多样化、个性化、便利化的金

融需求明显扩张。面对这一客群的特点，商业银行应适应数字化转型新业态，持续加大对科技金融的研发投入，推动科技与业务深度融合，全面提升客户服务体验和经营管理质效。以交通银行广东省分行为例，现已明确在“十四五”期间将进一步加大资源投入占比，确保数字化转型的费用资源占比逐年提升，深度耦合产业数字化转型需求，做优特色迭代开发。

（三）加快研究步伐，探索改革授信评级机制

针对战略性新兴产业技术含量高、轻资产运营等特点，商业银行需要加快政策研究，转变经营理念，紧抓发展契机，融入市场业务机遇。

1. 要加快对新行业的政策研究，及时根据行业变化调整商业银行授信政策。从商业银行传统的经营理念看，更偏重于处于成熟周期的行业，在授信层面也更倾向选择可提供有效抵质押担的重资产企业。如果仅仅依靠原有政策，以旧办法解决新问题的思路，是无法抢占新兴产业业务发展新高地的。要融入战略性新兴产业的发展，就必须顺势而为、因势利导，加快对政策的研究。总行层面，在授信政策制定和准入方面，要及时跟进行业变化，加快对新行业的研究；对于部分历史参考样本较少的行业，可以适当给予差异性的准入政策，力求先试点，后推进；在分行层面，要加大对区域性行业特点的研究，做好特色化经营、本地化部署，积极融入地方产业特点。

2. 要探索构建适用于战略性新兴产业的评级体系。商业银行现行授信客户评级体系，主要参考客户行业国标大类，综合客户财务因素和非财务因素维度，进行授信评级。现行评级体系难以体现新兴产业发展特点。商业银行应结合不同产业、不同周期的特点，嵌入针对性较强的多项特色指标进行评级。不仅仅是考量企业经营的历史状况，更重要的是要考虑企业的发展潜力和未来成长空间，将产业和企业的发展链条和经营周期纳入评估模型。

（四）创新迭代金融产品，全面提升金融服务适配性

根据新兴产业不同行业、不同阶段、不同客户风险特点和金融需求，商业银行应在危机中育新机，于变局中开新局，创新迭代金融产品。

1. 持续优化产业链金融服务

产业链金融作为产融结合的重要模式之一，可以深度耦合企业经营场景，联动核心企业、上下游企业，深入参与到企业全产业链运作。对于商业银行而言，通过全产业链的拓展营销，可以充分了解企业从采购端到生产端再到销售端的具体实际，更全面、客观地评估企业运营情况。

一方面，优化整合，构建“标准化+特色化”产业链金融产品体系。坚持以客户体验为出发点，着力解决产品及业务流程痛点堵点，提升金融服务水平。对于战略性新兴产业中存在的个性化、特色化需求，商业银行应积极介入，开展定制化服务。比如：近年来蓬勃发展的新能源行业，针对新能源汽车主机厂，交通银行广东省分行积极介入，深入研究企业产业发

展特点，为该类企业提供以下游经销商为重点的产业链金融服务，帮助企业进一步扩大销售市场，加速资金回笼，全方位服务全产业链客群。结合广东“强芯工程”，加大对半导体、集成电路、芯片等细分领域的金融支持力度，对于芯片集成企业FHGK公司，综合考虑下游经销商与该企业的合作年限、采购量以及自身应收账款等维度，给予授信支持，帮助下游经销商企业解决资金难题、FHGK公司加速回款。

另一方面，积极构建开放银行生态，实现对客户及合作伙伴的连接。发布开发银行接口，畅通合作渠道，加强与各类第三方平台合作，产业链、供应链、价值链核心节点企业的物流、信息流、资金流等为基础，接入非金融服务，提升客户粘性。精准画像，获取相关行业数据，据此打造线上场景融资新产品。

2. 创新迭代各类融资产品。

针对初创期或成长初期的战略性新兴产业客群，传统银行融资产品能有效覆盖其融资需求。商业银行应加快创新产品迭代更新，推陈出新。比如，针对产业集群中拥有专利等知识产权，且有短期资金周转需求的企业，可提供基于专利质押的“专利贷”；针对轻资产，缺乏有效担保、且有中短期融资需求的企业，可引入政府风险补偿基金增信，提供“科技贷”特色融资服务。针对成熟期的战略性新兴产业客群，可结合产业发展特点，匹配并购贷款、信托集合计划等模式，解决成熟期企业在行业兼并扩容、员工股权激励等方面的需求。比如：结合SQ互联网公司战略布局，交通银行广东省分行匹配并购贷款融资服务，助力客户解决股权整合难题，进一步解决企业在核心员工激励等方面的战略布局。

（五）发挥集团牌照优势，提升一体化服务水平

商业银行可依托国际化、综合化优势，发挥全牌照合力，联动境外各分、子机构以及信托、租赁、保险的各类子公司，打造跨境、跨业、跨市场的一体化金融服务优势，为战略性新兴产业集群提供“表内+表外、商行+投行、离岸+在岸、股权+债权”等多元化金融服务。近年来，交通银行广东省分行积极发挥集团联动优势，密切跟踪战略性新兴产业发展趋势并进行前瞻布局。通过交银集团子公司交银国际控股有限公司、交银资本管理有限公司等私募股权投资子公司不断完善募投管退机制，多渠道、全方位支持产业发展。

1. 打通“境内+境外”资金渠道。

商业银行要持续用好国际国内两个市场、两种资源，积极探索境内外资本有效循环新路径，促进跨境投资双向打通。特别是，利用地处大湾区，在“一国两制”背景下拥有三税区、三法律、三货币的政策优势，引流境外资金，扶持战略性新兴产业集群在全球范围内获取资金的融通。

商业银行要搭好投融资服务“桥梁”。积极联动离岸中心、境外行及子公司，加强各类跨境产品组合运用，为湾区重大项目建设、贸易金融管理搭建好资金互通互联“桥梁”。一方面，结合本行离在岸授信一体化政策，充分发挥跨境直贷价格更低、使用灵活、审批高效的优势，推动符合条件的战略性新兴产业项目落地。另一方面，聚焦债券市场、并购重组等领域，加强跨境贷款、境外发债、QFLP（合格境外有限合伙人）、中债通等联动业务推进，为客户打造从目标撮合、方案设计、流程操作到整合发展的“融资+融智”一揽子服务方案。

2. 发挥“商行+投行”集成优势

商业银行要全力打造企业全生命周期综合服务产品库，聚焦商行、投行联动创新，做大财务顾问、金融市场债券承销、跨境投融资、自贸区跨境服务、绿色信贷、绿色债券等，创新基金子公司直投、贷款衍生品组合，强化部门间、母子公司间的业务联动和产品创新。

一是Pre-IPO投资。商业银行可通过集团内具有股权投资资质的子公司，自有资金或募集资金通过私募股权投资、境外直投平台、人民币/美元股权投资基金形式对目标客户开展股权投资。同时，积极跟进参投企业的商业银行业务，形成投贷联动的有效协同。

二是IPO财顾与保荐。一方面，对于选择境内上市的，在IPO之前，商业银行可以通过股权投资基金、信托计划等方式对上市公司股权结构进行优化。其中，对于需要分拆上市的，可以提供分拆上市的财顾服务；对于需要借壳上市的，可以提供并购贷款、定向增发配资等融资方案。另一方面，对于选择境外上市的，商业银行可通过境外子公司配套提供香港资本市场的IPO保荐人及/或全球协调人（主承销）服务，还可根据客户实际情况提供上市前过桥贷款、股权融资等个性化融资服务。

四、结论

立足党的百年历史新起点，产业集群已成为当代产业生存与发展最有效的组织形态，在汇聚生产要素、优化资源配置、营造产业生态、提升区域竞争力等方面将起到越来越重要的作用。而战略性新兴产业集群更是广东省政府“十四五”期间的重要布局。商业银行作为社会经济的重要参与者，要坚守服务实体经济本源，强化金融资金引导作用，全力支持广东省战略性新兴产业集群高质量发展。

参考文献：

[1] 胡吉亚. 中国战略性新兴产业融资机制研究[M]. 北京：中国社会科学出版社，2016.

[2] 上海银监局绿色信贷研究课题组. 绿色信贷支持金融创新与产业结构转型研究[J]，金融监管研究，2016（5）:1.

[3] 刘正桥. 中国战略性新兴产业金融支持效率测度及影响因素研究[D]. 长沙：湖南大学，2018.

[4] 广东省人民政府. 广东省人民政府关于培育发展战略性支柱产业集群和战略性新兴产

业集群的意见[EB/OL].（2020-05-18）. http://www.gdcss.gd.cn/.

[5] 广东省人民政府. 广东省人民政府关于印发《广东省国民经济和社会发展第十四个五年规划和2035年远景目标纲要》的通知，2021.

课题组成员简介：

课题组组长	黄　海	交通银行广东省分行副行长
课题组副组长	张敬平	交通银行广东省分行公司业务部总经理
课题组成员	肖　杰	交通银行广东省分行公司业务部副总经理
	陈晓洁	交通银行广东省分行公司业务部副总经理
	林洵嘉	交通银行广东省分行公司业务部高级产品经理

专家评点：

本报告以交通银行广东省分行为例，针对战略新兴行业蕴含的巨大机遇与传统商业银行产品政策适配性之间的鸿沟，较全面地探索面向战略性产业集群的专属融资服务方案、“行业+金融”深度融合之路，比如与政府职能部门的总对总合作、挂钩“链长制”等政策创新，具有较强的政策参考价值。

专家简介：

徐现祥，中山大学岭南学院经济学教授、博导，国家社科基金重大项目首席专家。

广东省集成电路行业分析
——以Y银行广东省分行为例

■ 中国邮政储蓄银行广东省分行
管伟红　陈德聪　寇卉　张维新

摘　要

集成电路行业是信息技术产业最为核心的关键产业之一，是引领新一轮科技革命和产业变革的关键力量，是推进“新基建”的基础行业。集成电路是国民经济和社会发展的战略性、基础性和先导性产业，对社会经济发展和国防安全具有重大意义。近年来我国集成电路行业发展迅速，并且在国家扶持政策和产业基金支持下，掀起了一股投资热潮。本文对集成电路主要政策进行整理分析，研究广东省集成电路行业特征和现状，结合Y银行广东省分行实际，在上述研究分析的基础上针对性地提出广东省集成电路行业授信策略建议及风险防控建议。

一、行业基本情况

（一）行业定义

集成电路（Integrated Circuit，简称 IC）是采用一定的工艺，将一定数量的电路中所需的常用电子元件(如晶体管、电容等）与布线互连一起，制作在硅晶片上，然后封装在一个管壳内，成为具有所需电路功能的微型电子器件。集成电路产品主要包括存储器、微处理器、模拟芯片、逻辑芯片等。由于集成电路具有微型化、低耗能、智能化以及便于批量生产的特性，因而被广泛用于计算机、网络通信、消费电子等领域。

集成电路行业作为全球信息产业的基础，集成电路产品的广泛应用推动了电子时代的到来。集成电路产业链庞大而复杂，主要分为集成电路设计、集成电路制造以及集成电路封装测试等三个主要环节。集成电路生产流程是以电路设计为开端，首先设计工程师根据下游应用领域客户需求的芯片规格，通过电脑软件设计出集成电路图并制作相应光罩；

然后制作工厂通过一系列工艺流程将光罩上的电路图转移至晶圆上，完成集成电路的制作过程；最后封测工厂对晶圆完成品进行封装与性能测试，通过后便可将最终产品销售给下游电子整机产品生产企业。

（二）行业政策分析

1. 国家政策

为了提高中国自身芯片的研发能力，降低西方技术封锁对我国科技产业的影响，近年来我国依据集成电路行业情况，一方面出台政策对集成电路从业公司进行税收减免，另一方面制定技术战略发展纲要指导集成电路行业技术进步，多方面政策共同推动集成电路行业进步。2020年以来集成电路行业政策汇总如表：

表4-3　2020年以来集成电路行业政策

政策名称	时间	部门	主要内容
《商务部等8部门关于推动服务外包加快转型升级的指导意见》	2020年1月	商务部等8部门	将企业开展云计算、基础软件、集成电路设计、区块链等信息技术研发和应用纳入国家科技计划（专项、基金等）支持范围
《新时期促进集成电路产业和软件产业高质量发展的若干政策》	2020年7月	国务院	从财税、投融资、研究开发、进出口、人才、知识产权、市场应用以及国际合作8个方面对集成电路相关企业的发展制定了相关措施
《中共中央关于制定国民经济和社会发展第十四个五年规划和二〇三五年远景目标的建议》	2020年11月	中共中央	明确提出要瞄准人工智能、量子信息、集成电路、生命健康、脑科学、生物育种、空天科技、深地深海等前沿领域，实施一批国家重大科技项目
《关于促进集成电路产业和软件产业高质量发展企业所得税政策的公告》	2020年12月	财政部、国家税务总局、发改委和工信部	对于国家鼓励的集成电路生产企业或项目，国家鼓励的集成电路设计、装备、材料、封装、测试企业和软件企业，以及国家鼓励的重点集成电路设计企业和软件企业，公告分别明确了企业所得税减免税率
《关于支持集成电路产业和软件产业发展进口税收政策的通知》	2021年3月	财政部、海关总署、税务总局	集成电路线宽小于65纳米（含，下同）的逻辑电路、存储器生产企业，以及线宽小于0.25微米的特色工艺（即模拟、数模混合、高压、射频、功率、光电集成、图像传感、微机电系统、绝缘体上硅工艺）集成电路生产企业，进口国内不能生产或性能不能满足需求的自用生产性（含研发用，下同）原材料、消耗品，净化室专用建筑材料、配套系统和集成电路生产设备（包括进口设备和国产设备）零配件等免征进口关税

2. 区域政策

进入2020年以来，广东省发布若干半导体产业方面的新政策，目标是到2025年形成一批销售收入超10亿元和3家以上销售收入超100亿元的设计企业，EDA（电子设计自动化）软件实现国产化，高端通用芯片设计能力明显提升，芯片设计水平整体进入国际先进行列，将珠三角地区建设成为具有国际影响力的半导体及集成电路产业集聚区，推动制造业高质量发展。广东省集成电路行业相关政策如表：

表4-4 广东省集成电路行业相关政策

政策名称	时间	单位	政策核心内容
《广东省加快半导体及集成电路产业发展的若干意见》	2020年2月	广东省人民政府办公厅	加快广东省半导体及集成电路产业发展，提升产业核心竞争力，把珠三角地区建设成为具有国际影响力的半导体及集成电路产业集聚区。到2025年，形成一批销售收入超10亿元和3家以上销售收入超100亿元的设计企业，为推动制造业高质量发展提供有力支撑。该文件包括8个方面总计20条具体内容，并明确重点任务的责任分工
《广东省人民政府关于培育发展战略性支柱产业集群和战略性新兴产业集群的意见》	2020年5月	广东省人民政府	发展半导体与集成电路战略性新兴产业集群。积极发展第三代半导体芯片，加快推进EDA软件国产化，布局建设较大规模特色工艺制程生产线和先进工艺制程生产线，积极发展先进封装测试
《广东省培育半导体及集成电路战略性新兴产业集群行动计划（2021—2025年）》	2020年9月	广东省发改委、广东省科技厅、广东省工业厅	到2025年，年主营业务收入突破4000亿元，年均增长超过20%。该文件提出了推动产业集聚发展、突破产业关键核心技术、打造公共服务平台、保障产业链供应链安全稳定、构建高水平产业创新体系五大工重点任务
《广东省制造业高质量发展“十四五”规划》	2021年8月	广东省人民政府	到2025年，广东省半导体及集成电路产业营业收入要突破4000亿元，打造我国集成电路产业发展第三极，建成具有国际影响力的半导体及集成电路产业聚集区。该文件要求，广州、深圳、珠海、佛山等城市相互配合，分别在晶圆代工、28纳米及以下先进制造工艺、第三代半导体等方面进行建设和发展

二、广东省集成电路行业发展情况

广东省作为我国信息产业的第一大省，集成电路进口金额占全国的40%左右，更在多个领域拥有国内最大的半导体及集成电路应用市场，如汽车电子、人工智能、消费电子等领域。2020年广东省集成电路产业主营业务收入约1700亿元。目前，广东省已有广州、深圳两个集成电路设计产业化基地，均为国家级，初步形成广州、深圳、珠海三大城市为核心，联动东莞、中山、惠州、佛山等地协同发展的重要产业格局。

（一）产业特点及发展趋势

1. 集成电路设计业：处于领先地位

广东省集成电路设计已形成以深圳为中心的区域发展格局，水平位居全国前列。2019年广东省集成电路设计业营业收入超过1000亿元，2020年集成电路设计业营业收入近1500亿元，占全国集成电路设计业销售收入的39.7%，位居全国首位。其中，深圳集成电路设计业销售额达1300亿元，在全国的占比超过1/3，占全省比重达86.7%。目前，深圳集成电路设计业已经形成“龙头引领、骨干支撑、新秀追赶、小微协同”的发展格局。“龙头引领”方面，海思半导体作为世界第一梯队的设计企业，2020年销售收入超过900亿元，占深圳IC设计企业销售总收入的比重超过70%。“骨干支撑”方面，中兴微电子、汇顶科技的销售收入超过50亿元，比亚迪微电子、敦泰科技、国微电子的销售收入均超过了10亿元，这些骨干企业成为深圳集成电路设计业的中坚力量。“新秀追赶”方面，云天励飞、中科蓝讯、远望谷、国民技术等一批年销售额过亿元的新秀企业发展后劲十足。此外，还有纽瑞芯、大普微、锐越微等一大批技术含量高、应用前景广阔的初创型企业成为深圳IC设计产业持续发展的有生力量。

2. 集成电路制造业：虽增速较快，但仍是产业链中的较薄弱环节

近年来，广东集成电路产量稳步提升。2020年，受疫情影响，广东省集成电路产量为373.57亿块，同比下降8.5%。2021年以来，广东省集成电路产业稳步恢复。据统计，2021年上半年，广东集成电路产量达262.86亿块，同比增长52.8%。

近年来广东省在集成电路制造业虽稳步发展，维持着一定的增长速度，但广东省集成电路制造环节短板明显、人才短缺、对外依存度高，关键核心技术“卡脖子”问题突出。由表4-5可见，广东省目前只有4英寸、5英寸、6英寸、8英寸的晶圆生产线，在制造业方面仍比较薄弱。由粤芯半导体投资的12英寸晶圆生产线于2019年9月20日投产，是广东省唯一量产生产线。但也可以看到，广东省内企业持续加大投资，特别是在芯片制造环节，不断缩小晶圆尺寸和产能与世界先进水平的差距。

表4-5 广东省集成电路晶圆生产情况

公司名称	工艺技术水平/微米	月产能/万片	生产线
深圳方正微电子有限公司	0.50	6	6英寸
深圳深爱半导体股份有限公司	0.50	12	5英寸/4英寸
中芯国际集成电路制造（深圳）有限公司	0.13	5	8英寸

续表

公司名称	工艺技术水平/微米	月产能/万片	生产线
珠海南科	0.50—0.35	3	6英寸
粤芯半导体	0.13—0.18	4	12英寸

数据来源：工信部

3. 集成电路封测业：封测技术、工艺水平上均取得了较多成果

近几年，我国封装测试业行业内企业在封测技术方面了获得了较大进步，特别是在国家政策及我国重大科技专项奖励支持下，封测方面的先进封装技术研发和产业升级力度不断增强，在大功率器件封装技术、封装系统集成技术、高密度封装技术的开发及产业化方面取得了显著成效。深圳赛意法、气派科技等龙头企业作为广东省封测业代表，通过不断地加大专业研究、技术研究、资金融入的手段，在封测技术、工艺水平均取得了较多的成果，广东省具有代表性的封测企业见下表。

表4-6　广东省主要封装测试企业

序号	公司名称	封装/测试 工艺类型	产能/月
1	深圳赛意法微电子有限公司	TO220、TO247、PDIP、MDIP等	6.4亿片
2	华润赛美科微电子（深圳）有限公司	50MHz数字测试；高精度模拟集成电路；分立器件、MOSFET等	中测：3.5万片；成测：8kk万片
3	深圳市安博电子有限公司	晶圆测试、IC成品测试、晶圆减薄、晶圆切割、晶圆全自动分拣、多芯片组装和封装、堆叠式芯片封装等各种特殊封装形式，IC模组加工等	中测：3.7万片；成测：7000万片；IC硬封装：2500万颗
4	沛顿科技（深圳）有限公司	wBGA封装；DDR3内存芯片；SIP、MCP、emme、emep闪存芯片	测试：30kk片；封装：20kk片
5	深圳市气派科技有限公司	PIDP、SOP、ESOP、MSOP、EMSOP、SOT和LQFP、QFN、DFN、SIP系列产品	封装：330kk片
6	深圳市康姆科技有限公司	铜线键合技术、ID下型引线框架结构、合金线键合、金铜线混合键合	封装：100kk片
7	深圳市电通纬创微电子股份有限公司	SOT23-6、SOT23-5、SOT89-3、SOT223-3、SOP16、SOP28、SOP8、ESOP8等封装类型	封装：80kk片
8	深圳市矽格半导体科技有限公司	DIP、SOP、PLCC、TO-92	封装：6.3kk片
9	深圳市宜特科技有限公司	IC线路出错及修改、验证与分析工程平台	测试：1.25万颗

续表

序号	公司名称	封装/测试 工艺类型	产能/月
10	深圳市华宇半导体有限公司	FT：SOP、DIP、SSOP、TSSOP、MSOP、LQFP、QFN、BGA等；CP:8寸以下晶圆	成测：120kk片；中测：9000片
11	深圳市赛美创新半导体有限公司	IC验证测试、电性测试、理化分析、失效分析、电子工程师培训、IC测试板定制等	成测：87kk片；中测：23万片
12	深圳市华宇福保半导体有限公司	FT：SOP、DIP、SSOP、TSSOP、MSOP、LQFP、QFN、BGA等	成测：40kk片；中测：10kk片

4．发展趋势：广东集成电路产业迎重大利好，2025年收入将破4000亿元

广东设计业营业收入全国第一，终端应用市场庞大，市场机制比较成熟。目前，集成电路产业发展环境不断完善，国家持续加大对集成电路产业的政策及资金支持力度，智能汽车、工业互联网、人工智能、5G等先进产业对集成电路的需求迅速增长，国家、下游行业等的需求均为广东省发展集成电路产业提供了千载难逢的发展机遇。

“十四五”期间，广东省将坚决按照国家统筹布局，加快集成电路产业发展，在服务大局中更好地展现广东担当、广东作为。广东省将充分发挥终端需求市场规模大的优势，按照做大做强设计业，加快补齐制造业短板，重点发展模拟芯片、功率器件和第三代半导体等，大力引进和培育封测、设备、材料等领域龙头企业，增强产业链供应链自主可控能力的发展思路，通过大力实施广东“强芯工程”，到2025年，争取集成电路产业年主营业务收入突破4000亿元，集成电路设计水平进入国际先进行列，建成较大规模特色工艺制程生产线，提升产业链供应链自主可控水平，推动集成电路产业高质量发展，打造我国集成电路产业发展新的增长极。

（二）行业内企业情况

1．上市公司

表4-7　广东省集成电路产业上市公司情况

证券名称	主营业务	城市	2021年上半年营业收入/亿元
纳思达	研究、开发、设计、生产和销售各种类集成电路产品及组件、计算机外设及其部件、相关软件产品	珠海市	99.07
汇顶科技	电容屏触控芯片和指纹识别芯片	深圳市	29.10
富满电子	高性能模拟及数模混合集成电路的设计研发、封装、测试和销售	深圳市	8.51
明微电子	集成电路的研发设计、封装测试和销售	深圳市	6.18

续表

证券名称	主营业务	城市	2021年上半年营业收入/亿元
气派科技	集成电路的封装、测试业务	深圳市	3.66
欧比特	电子信息	珠海市	3.29
国民技术	安全芯片和通讯芯片产品及解决方案的开发和销售	深圳市	2.81
芯海科技	芯片产品的研发、设计与销售	深圳市	2.75
利扬芯片	集成电路测试方案开发、12英寸及8英寸晶圆测试服务、芯片成品测试服务以及与集成电路测试相关的配套服务	东莞市	1.60
力合微	集成电路设计，主要产品包括物联网通信芯片、模块、整机及系统应用方案	深圳市	1.39

数据来源：万得信息技术股份有限公司

2. 2019年收入前企业

表4-8　2019年广东省集成电路产业收入前十企业

企业名称	营业收入/万元	城市	经营范围
华通精密线路板（惠州）有限公司	540,520	惠州市	设计、制造、加工和销售线宽0.18微米及以下大规模集成电路封装
惠州市蓝微电子有限公司	425,623	惠州市	新型电子元器件、电芯
华通电脑（惠州）有限公司	397,452	惠州市	设计、制造、加工线宽0.25微米及以下大规模集成电路封装
胜宏科技（惠州）股份有限公司	384,228	惠州市	新型电子器件（高精密度线路板）的研究开发生产和销售
深圳拓邦股份有限公司	314,212	深圳市	集成电路、传感器、软件的技术开发与销售
广州美维电子有限公司	293,353	广州市	印制电路板制造；电子元件及组件制造；集成电路设计；集成电路制造
广东依顿电子科技股份有限公司	292,491	中山市	生产经营线路板、HDI（即高密度互连积层板）印刷线路板
大联大商贸（深圳）有限公司	225,549	深圳市	电子产品方案的设计、开发，提供售后服务
中山台光电子材料有限公司	181,090	中山市	生产经营有色金属复合材料，半导体元器件专用材料
博敏电子股份有限公司	171,819	梅州市	研发、制造、销售：双面、多层、柔性、高频、HDI印刷电路板等新型电子元器件

数据来源：工商税务统计

三、行业授信策略建议

（一）总体授信策略

1．总体策略

2021年集成电路行业为Y银行鼓励进入类行业，总体授信原则为“区别对待，优选客户，综合服务，严控风险”。

2．细分行业策略

（1）集成电路设计业

2021年集成电路设计行业为Y银行适度进入类行业，授信原则为“深入研究，差异选择，稳健创新，加强管理”。

从行业特征来看，设计类企业在行业内有着轻资产的特点，行业进入门槛较低，行业更替速度更快。重点支持在细分集成电路设计领域技术优势明显，市场认可度较高、需求潜力巨大的企业。

（2）集成电路制造业

集成电路制造行业为Y银行鼓励进入类行业，授信原则为“积极支持，加强管理，鼓励创新，防范风险”。

广东集成电路制造业目前较国际先进水平有一定差距，而且差距有扩大的趋势，国际上包括美国（Intel）、韩国（三星）等国家和地区处于领先地位。重点支持在细分集成电路制造领域技术优势明显，市场认可度较高，需求潜力巨大的企业。

（3）集成电路封测业

集成电路封测行业为Y银行鼓励进入类行业，授信原则为“创新产品，着力拓展，批零联动，综合服务”。

相对集成电路设计、制造业而言，封装测试行业具有投入资金较小，建设快等优势，由于具备成本和地缘优势，内地半导体封测企业快速成长，同时海外半导体公司也向中国内地大举转移封装测试产能，目前内地已经成为全球主要封装基地之一。封测企业具备一定的盈利能力。随着集成电路行业的高速发展，封测企业存在产能扩张需求，可参与项目建设及并购整合，同时适度为成熟企业提供流动资金贷款。

（二）目标客户及项目选择

重点支持属于省、市政府产业规划重点扶持的企业；区域集成电路基金重点支持企业；区域细分领域龙头企业，如纳思达、全志科技、海思半导体等行业领先企业。重点关注主营业务有优势且主营业务在区域行业政策规划重点发展领域的企业；区域内兼并重组形成的新集成电路企业。

重点支持集成电路产业基金投资项目；符合区域产业规划的大型项目；入选区域重点建

设类项目的新建项目；国内外龙头企业在广东省新建的扩产项目；深圳集成电路设计应用产业园、广州开发区等产业园区，产业集聚区重点支持类芯片项目。

（三）准入标准

1. 集成电路设计业

（1）客户准入标准

表4-9　集成电路设计业客户准入标准

指标	准入标准
经营情况	正常连续经营3年及以上，人员流动频率较低，有稳定下游客户，有成功的项目经验
技术实力	具有创造、管理、保护、运用知识产权能力（自行研发或使用权）
财务情况	盈利能力稳定，抗风险能力强，近两年盈利且经营活动现金流量为正
信用评级	在Y银行信用评级在A级及以上

（2）项目准入标准

表4-10　集成电路设计业项目准入标准

指标	准入标准
项目背景	项目核准或备案手续合法合规
项目资本金	资本金比例不低于40%，且至少与银行贷款同比例到位
政策要求	符合国家政策、政府基金支持方向
整体规划	具备持续稳定的市场前景

2. 集成电路制造业

（1）客户准入标准

表4-11　集成电路制造业客户准入标准

指标	准入标准
经营情况	获得主要设备供应商的供应资格认证，且目前合作情况良好，产品领域收入在区域排名前五位
技术实力	主要产品或工艺不属于《产业结构调整指导目录（2019年本）》限制类
财务情况	财务状况良好，近两年盈利且经营活动现金流量为正，资产负债率≤70%
信用评级	在Y银行信用评级在A级及以上

（2）项目准入标准

表4-12 集成电路制造业项目准入标准

指标	准入标准
项目背景	项目投资主体或主要股东拥有从设计到制造、封测的完整产业链（或有较为稳定的产业联合作关系）
项目资本金	资本金比例不低于40%，且至少与银行贷款同比例到位
政策要求	符合国家政策、政府基金支持方向
整体规划	拥有较好的生产能力或稳定货源

3. 集成电路封测业

（1）客户准入标准

表4-13 集成电路封测业客户准入标准

指标	准入标准
经营情况	正常连续经营3年及以上，企业集成电路产品中，先进封装的占比已经达到40%的水平
技术实力	企业重视技术研发，研发支出占比不低于销售收入3%
财务情况	财务状况良好，盈利能力稳定，近两年盈利且经营活动现金流量为正
信用评级	在Y银行信用评级在A级及以上

（2）项目准入标准

表4-14 集成电路封测业项目准入标准

指标	准入标准
经营情况	正常连续经营3年及以上，企业集成电路产品中，先进封装的占比已经达到40%的水平
技术实力	企业重视技术研发，研发支出占比不低于销售收入3%
财务情况	财务状况良好，盈利能力稳定，近两年盈利且经营活动现金流量为正
信用评级	在Y银行信用评级在A级及以上

（四）重点支持客户及禁止介入客户

1. 重点支持客户

（1）拥有自主知识产权、市场份额高、经营效益好的企业及其所属核心企业；

（2）具备核心技术和创新能力，获国际级、国家级技术专利，或者主要研发项目属于国家政策重点支持范围；

（3）在细分集成电路设计领域技术优势明显，市场认可度较高，需求潜力巨大的企业；

（4）生产线技术具备晶圆加工尺寸不低于12英寸（含）的生产能力；

（5）具有稳定的原材料采购和供货渠道以及稳定的销售渠道和客户群。

2. 禁止介入客户

（1）不符合Y银行客户准入标准或企业相关指标降至Y银行客户准入标准以下；

（2）客户出现信用问题或信用评级严重下降；

（3）客户近期（1年内）经营状况急剧下降，出现客户、市场份额严重流失情况；

（4）出现其他可能导致客户偿付能力剧烈变动的影响因素。

（五）营销策略

在对集成电路企业的服务上，Y银行应与区域政府、经济和信息化委员会、产业协会等地方组织机构建立合作关系。这些机构能够聚集各集成电路行业项目、供需资源等优质高效的信息。

以发展的眼光不断发现和培育客户，引导客户使用及适应现代化金融工具，与客户共成长。Y银行可以推出专项短期融资类产品，帮助企业"省时、省力、省钱"，并升级包括授信方式、售后服务、柜面流程、结算等在内的信息技术企业金融服务。

（六）授信管理要求

集成电路行业产品更新速度快，行业发展瞬息万变，授信后的管理和监控对防范风险起着至关重要的作用。在授信后管理方面，建议审查应提出以下要求：一是应密切关注行业产能释放、价格波动、行业主流技术发展情况以及行业龙头企业投资扩张情况等，同时结合企业财务经营状况、产品结构、主要竞争对手及国际贸易政策等因素，对借款人的风险状况进行评价；二是关注产品升级换代带来的市场风险，定期跟踪企业销售回款、库存和产品价格的波动情况，防范市场消费热点的快速变化对企业及其上游供应商带来的不利影响；三是高度关注国际贸易形势对电子行业进出口的影响，加强对进口依存度高的电子企业订单、销售回款、 库存、负债比率、贸易国贸易政策的监控，对进口订单大幅下降、企业开工率严重不足、资金流紧张的企业，要及时采取资产保全措施；四是关注技术研发进程和良品率爬坡情况，对于合作研发的，还应关注后续引进技术能否被国内消化吸收。

（七）风险防范措施

1. 跟踪国家政策、行业技术变动情况

关注国家产业政策和各项配套措施对行业发展的影响，关注技术进步和产品升级换代对行业的影响。加强对行业的研究，跟踪市场热点，及时了解和判断政策风险和市场风险；密切关注企业技术风险，比如随着科技进步，现有产品和服务是否被新产品替代，企业现有的产品效用、质量和服务水平是否缺乏竞争力。把握行业未来的发展趋势，在行业内横向比较，以发现优质企业，排除劣质企业。

2. 加强对企业技术研发投入情况的跟踪

集成电路作为技术密集型行业，企业研发水平及投入情况直接影响其经营稳定性及持续性。密切关注企业技术研发投入情况及主要产品的市场占有率情况，关注企业研发人员的稳定性、研发产品的市场应用前景等情况。

3. 关注企业生产经营情况稳定性和持续发展可能性

采取不定期实地走访和定期非现场检查的方式，及时掌握企业经营动态，评估企业整体偿债能力和盈利能力的变化。关注大型企业多元化经营风险，防止Y银行贷款资金用于主营业务以外的房地产、证券等高风险投资活动。关注外资企业特别是“二头在外”企业海外母公司的经营状况和财务状况；多渠道多层次建设行业信息平台，逐步实现信息共享。

4. 考察项目贷款应用可能性

在项目选择时，重点关注集成电路产品是否完成“流片”，是否获得芯片设计公司或终端厂商的订单，技术是否是成熟的、已实现商业化量产的技术，企业既有项目的良率及稳定性水平等关键信息点。

课题组成员简介：

课题组组长　管伟红　中国邮政储蓄银行广东省分行副行长

课题组副组长　陈德聪　中国邮政储蓄银行广东省分行信用审批部总经理

组　员　寇　卉　中国邮政储蓄银行广东省分行授信审查岗

张维新　中国邮政储蓄银行广东省分行行政秘书

专家评点：

这是一篇高质量的行业分析报告。本报告聚焦集成电路行业，整理分析行业主要政策，研究广东省集成电路行业特征和现状。在此基础上，结合本行实际，提出广东省集成电路行业授信策略建议及风险防控建议。整体而言，这篇报告行文规范，内容扎实，具有较大的政策参考价值。

专家简介：

徐现祥，中山大学岭南学院经济学教授、博导，国家社科基金重大项目首席专家。

商业银行开展共益债务破产融资业务的策略研究

■ 广发银行
方琦　徐远行　陈键伟　张诚　吴容杰

摘　要

实现破产快速办理是我国推进供给侧结构性改革，提升营商环境的重要手段。而在破产案件办理中的融资难题成为案件快速办理的最大障碍之一。商业银行若能发挥自身优势，开展破产融资业务，深度参与破产业务，将有助于地方政府实现社会资源优化配置和产业结构转型升级，提升案件办理效率，同时也可以挖掘新的业务机会，提升盈利能力。本文针对商业银行开展破产融资最常见的方式——共益债务融资进行了分析，针对共益债务融资业务风险，提出了防范措施，并结合实践经验对商业银行开展共益债务融资业务给出了相关发展策略及建议。

我国经过40多年改革开放的飞速发展，成功步入中等收入国家行列。但随着人口红利衰退、“中等收入陷阱”风险累积、国际经济格局调整等一系列内因与外因的作用，中国经济发展已由高速增长阶段转向高质量发展阶段。在经济发展模式转变过程中，一方面为形成优胜劣汰的市场竞争机制，促进资产和劳动力由低效率市场转向高效率市场，达到资源的合理配置和产业结构的合理调整；另一方面，为强化企业的风险意识，激活企业活力，搞好企业的经营管理，提高经济效益，促进我国社会主义市场经济高质量发展；同时，为保护债权人和债务人的合法权益，建立正常的经济秩序，提升营商环境，我国不断完善破产办理制度，推动破产规范化办理，破产业务成为近年来迅速兴起的新兴市场。

一、我国破产业务市场概况

随着供给侧结构性改革的深入，国家不断实施积极的“优化资本结构”政策，进行产业结构战略调整，商业银行不良贷款额保持高位，破产案件数量保持上升态势。

（一）商业银行不良贷款余额承受监管压力

2020年春节期间，受新冠疫情影响，春节经济能效不明显，企业延迟复工，2020年第一季度国内生产总值同比下降6.8%。随着疫情进入常态化，叠加地缘政治冲突、国际贸易受限，经济全球化遭遇逆流，部分国家单边主义和保护主义抬头，全球经济不确定性显著加大，不良资产总额处于历史高位。根据银保监会公布的数据，商业银行不良贷款余额自2020年第二季度开始连续5个季度均超过2.7万亿元，最高峰达到2.83万亿元，接近2009年国际金融危机后的最高水平。

表4-15　2020年商业银行主要监管指标情况表（季度）

单位：亿元、%

类别	2020年				2021年	
	一季度	二季度	三季度	四季度	一季度	二季度
关注类贷款	40,545	38,841	38,380	37,763	37,396	37,556
不良贷款余额	26,121	27,364	28,350	27,015	27,883	27,908
其中：次级类贷款	11,469	12,913	13,617	12,786	13,122	12,801
可疑类贷款	10,638	10,653	10,648	10,520	10,679	11,209
损失类贷款	4014	3793	4085	3708	4082	3897
不良贷款率	1.91%	1.94%	1.96%	1.84%	1.80%	1.76%

数据来源：中国银行保险监督管理委员会（cbirc.gov.cn）

（二）破产案件公告数量快速增长

在供给侧结构性改革、完善企业退出机制妥善处置“僵尸企业”的政策导向下，随着我国破产办理制度的不断完善，企业破产案件数量逐年增加。自2007年至2020年，各级人民法院共受理破产案件5.96万件。全国最高人民法院工作报告相关数据显示，全国各级人民法院2016年审结破产案件0.33万件，2017年审结1.2万件，2018年审结1.6万件，2019年审结1.74万件，2020年，受疫情影响各级人民法院审结案件数量有所下降，共审结10,132件，涉及债权1.2万亿元。

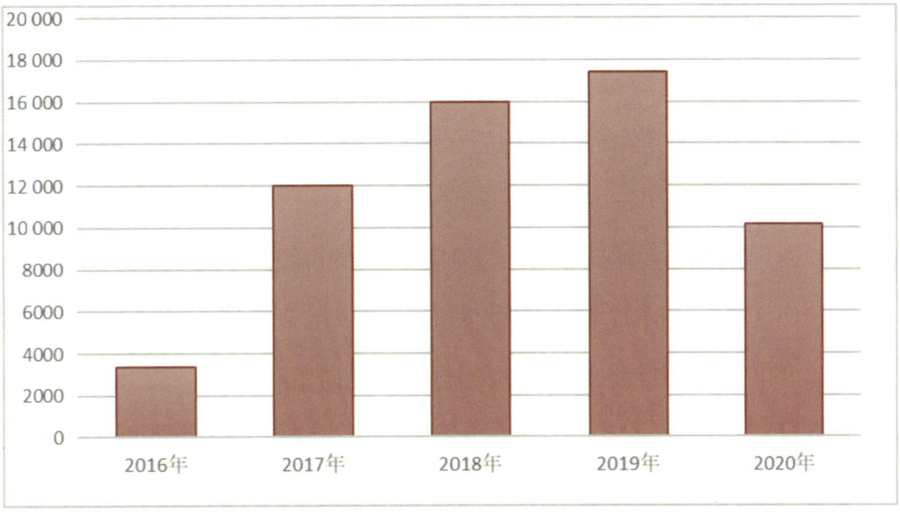

图4-4　2016—2020年全国各级人民法院审结破产案件数量图

在全国企业破产重整案件信息网分别以“2016”“2017”“2018”“2019”“2020”为关键词搜索，案件公告以及各类破产案件均保持高速增长，2020年案件公告量较2016年公告量增长近11倍。

表4-16　全国企业破产重整案件信息网案件公告数

单位：件

年度	2016年	2017年	2018年	2019年	2020年
案件公告	4670	7804	20,157	30,950	55,266
其中：破产审查案件	63	174	617	1379	2578
破产案件	4553	7506	19,065	27,906	47,723
强制清算申请审查案件	12	15	35	159	771
强制清算案件	42	109	440	1500	4180
强制清算上诉案件	—	—	—	—	2
破产上诉案件	—	—	—	6	10
强制清算监督案件	—	—	—	—	1

数据来源：全国企业破产重整案件信息网

（三）逐步建立完整的制度体系

为保障破产案件依法办理，最高人民法院近年来不断完善破产制度，全力推进破产审判工作。2016年，最高人民法院下发《关于在中级人民法院设立清算与破产审判庭的工作方案》，要求高级人民法院主动就设立清算与破产审判庭工作向当地党委、政府汇报，积极争取党委、政府和有关部门的支持。要进一步完善公司强制清算与企业破产案件审判管理和考核办法，探索完善公司强制清算与企业破产案件快速审理机制，推动公司强制清算与企业破产案件审判方式改革。同年，最高人民法院开通全国企业破产重整案件信息网，为全国破产案件办理提供统一的信息管理平台。

2017年，中央经济工作会议明确，“要用市场、法治的办法做好产能严重过剩产业去产能工作”。《政府工作报告》《最高人民法院工作报告》中都提到了目前我国经济结构调整、改善供给结构的问题。供给侧改革的关键，就是通过市场化、法治化的手段促进去产能、去库存、去杠杆，通过兼并重组、债务重组、破产清算实现僵尸企业出清。同年，最高人民法院印发了《关于进一步加强金融审判工作的若干意见》的通知，明确指出“充分发挥破产重整制度的拯救功能，促进有价值的危困企业再生。破产重整程序要坚持市场化导向，更加重视重整中的营业整合和资产重组，严格依法审慎适用重整计划强制批准权。”

2018年—2019年，北京、上海、深圳三地陆续设立专业破产法庭，不断强化破产审判的专业性和破产案件审判体系的完备性。同时，最高法还下发了《最高人民法院关于适用〈中华人民共和国企业破产法〉若干问题的规定（三）》，进一步明晰破产案件办理过程中相关法律问题。

2021年3月，历经近3年时间的筹备，国内首家个人破产事务管理机构——深圳市破产事务管理署揭牌成立，国内首部个人破产法规——《深圳经济特区个人破产条例》也正式实施。随着“个人破产制度”制度基础的不断完善，市场经济的不断深入发展，中国的破产制度也因此而完善，结束“半部破产法”的法制状态。

二、破产办理过程中的融资需求分析

充足的流动资金是企业保持正常运营的不可缺少的因素，有的企业因市场、政策等因素导致经营困难，只能选择以破产清算来结束企业生命或选择破产重整使企业重生。在申请破产这个特殊阶段，对于具备重整价值的企业或项目，如能获得资金注入，支持企业继续正常经营，可以最大可能使企业走出困境。破产办理过程还涉及政府部门、管理人、企业职工、债权人、投资者等多个参与方，为快速推进破产程序，政府部门、管理人、投资者均存在融资需求。

（一）优质项目融资需求

在破产清算案件中，虽然破产主体已经资不抵债，无法偿还到期债务，但有的企业可能会存在有发展前景的项目或增加较少投入就能入市的房地产项目。为挽救破产企业的优质项目或资产，管理人及审理法院一般会采用对外公开招募投资人或向社会进行融资等方式，确保项目的顺利进行，实现项目收益最大化，最大可能提升债务的偿还比例。

2021年3月，重庆某房地产公司由于大举借债、无序扩张，导致资金链断裂，无法偿还到期债务，法院裁定其破产清算。但其开发的某小区项目仅须再投资2000万元即可完成封顶交付。考虑到如果强制清算，该房产会以较低价格进行拍卖，将会对债权人直接利益造成损失，还有可能引起购房者聚集的群体事件，造成不良影响，因此，案件受理法院及管理人向当地银行金融机构提出融资需求，希望当地商业银行能以在建工程抵押的方式对该项目发放贷款，支持该项目顺利入市。

（二）重整企业维持正常经营的融资需求

破产重整融资即债务人在重整期间经法院批准，从公司外部获得独立于现有资产的资金。在破产重整程序中，重整企业能否继续经营对于企业重整成功起到至关重要的作用，而获得足够的现金流来覆盖公司运营成本和费用又是支撑公司继续经营的关键。因此，重整企业不可避免地需要通过引入新的投资者来补充现金流。

（三）重整投资人的融资需求

在确定债务人融资规模与融资方式后，破产管理人发出新借款人——战略投资人招募公告，战略投资人报名经审查后成为重整投资人参与投资。商业银行可选择直接作为战略投资人参与投资活动，也可与其他战略投资人合作，为其提供资金，进行间接投资。

（四）资产拍卖过程中的融资需求

一直以来，司法拍卖须一次性付款，一方面提高了参与司法拍卖的门槛，将很多潜在购买人挡在门外，导致参与竞拍者减少；另一方面降低了拍卖物的成交价格，无人参与竞拍使法院只能折价拍卖，导致优质资产低价成交，严重限制了人民法院执行财产处置变现率和溢价率的提升，债权人利益无法保障。为解决上述问题，多地法院、拍卖平台与商业银行共同推出“法拍贷”产品。通过开展“法拍贷”业务，既可以解决竞买人资金周转问题，商业银行也可以获得贷款业务，相关财产也能成功变现，可以最大程度提升债务的偿还比例。

（五）破产案件中的政府部门资金需求

企业申请破产后，因涉及政府部门、债权人、债务人、企业职工等众多当事人的利益，各方矛盾极为集中和突出，如若处理不当，极易引发群体性事件，影响社会稳定。最高人民法院于2009年明确指出“人民法院在审理企业破产案件时，一定要坚持在当地党委的领导下，充分发挥地方政府建立的风险预警机制、联动机制、资金保障机制等协调机制的作用，努力配合政府做好企业破产案件中的维稳工作，为构建和谐社会提供司法保障。” 对于职工欠薪和就业问题突出、债权人矛盾激化、债务人弃企逃债等敏感类破产案件，要及时向当地党委汇报，争取政府的支持。在政府协调下，加强与相关部门的沟通、配合，及时采取有力措施，积极疏导并化解各种矛盾纠纷，避免哄抢企业财产、职工集体上访的情况发生，将不稳定因素消灭在萌芽状态。有条件的地方，可通过政府设立的维稳基金或鼓励第三方垫款等方式，优先解决破产企业职工的安置问题，政府或第三方就劳动债权的垫款，可以在破产程序中按照职工债权的受偿顺序优先获得清偿。

2020年末，新乡市当地一家从事城区、城乡交通运输的公司申请破产清算。该公司职工将近2000人，截至法院裁定其破产时，公司已拖欠职工六个月的工资。由于年关将近，为安抚职工情绪，维持社会稳定，同时考虑到如果尽早向职工发放遣散费，将大幅降低企业破产清算期间须承担的职工费用，有利于案件的顺利推进。受理法院及管理人与商业银行进行磋商，采用了企业固定资产剩余价值抵押方式进行融资。

三、共益债务概述

对于破产企业来说，企业处于“非正常状态”，很难通过正常融资渠道进行融资。由于共益债务相对普通债权具备一定的优先偿还权，使之成为破产程序中常见的资金引进方式。

（一）共益债务的概念

共益债务是法院受理破产申请之后产生的债务，且是为了全体债权人的共同利益而产生的债务。共益债投资属于债权型投资的一种，即投资人向债务人提供借款来维续其生产、续建项目，债务人将生产、续建完成后的所得变现，以共益债务清偿或其他优先清偿的方式将本息支付给投资人的一种投资方式。其基本特征如下：在发生时点上，是在法院已经受理了破产申请之后产生的债务；在用途上，是为了全体债权人的共同利益而增加的负债；共益债务的负债主体是债务人财产；在清偿上，其可以由债务人财产随时清偿。

（二）共益债务的法律依据

共益债务涉及的主要法律包括《中华人民共和国企业破产法》（简称“《企业破产法》”）、《最高人民法院关于适用〈中华人民共和国企业破产法〉若干问题的规定（三）》（简称“《企业破产法》司法解释（三）”）等。《企业破产法》第四十二条规定明确了共益债务的范围，主要包括以下六个方面。

一是因管理人或者债务人请求对方当事人履行双方均未履行完毕的合同所产生的债务。人民法院受理破产申请后，对破产申请受理前成立而债务人和对方当事人均未履行完毕的合同，管理人有权决定解除或者继续履行。管理人决定继续履行的，对方当事人应当履行。管理人在请求对方当事人履行合同的同时，自己也需要履行合同义务，由此产生的债务为共益债务。

二是债务人财产受无因管理所产生的债务。无因管理是指没有法定或者约定的义务，为避免他人利益受损失，而自愿为他人进行管理或者服务的行为。无因管理是债务的发生原因之一，无因管理人有权要求受益人偿付其因管理或者服务而支出的必要费用。

三是因债务人不当得利所产生的债务。没有合法根据，取得不当利益，造成他人损失的，应当将取得的不当利益返还受损失的人。

四是为债务人的继续营业而应支付的劳动报酬和社会保险费用以及由此产生的其他债务。劳动报酬是指为债务人的继续营业而支付的工资、津贴、奖金等。社会保险费用是指依据有关法律、行政法规的规定应当向社会保障机构缴纳的社会保险费用。“由此产生的其他债务”包含的范围广泛，包括为债务人的继续营业而支付的水电费用，与他人签订新的合同所产生的债务等。

五是管理人或者相关人员执行职务致人损害所产生的债务。由人民法院指定管理人，管理人依照本法聘用必要的工作人员是破产程序所必需的，其执行职务的行为致人损害所产生的债务，应当作为共益债务。

六是债务人财产致人损害所产生的债务。债务人财产致人损害包括导致他人的人身伤害和财产损失。无论是人身伤害还是财产损失，债务人都应当承担相应的赔偿责任。

《企业破产法》司法解释（三）第二条规定，破产申请受理后，经债权人会议决议通过，或者第一次债权人会议召开前经人民法院许可，管理人或者自行管理的债务人可以为债务人继续营业而借款。提供借款的债权人主张参照《企业破产法》第四十二条第四项的规定优先于普通破产债权清偿的，人民法院应予支持，但其主张优先于此前已就债务人特定财产享有担保的债权清偿的，人民法院不予支持。管理人或者自行管理的债务人可以为前述借款设定抵押担保，抵押物在破产申请受理前已为其他债权人设定抵押的，债权人主张按照《中华人民共和国民法典》第四百一十四条规定的顺序清偿，人民法院应予支持。

《企业破产法》司法解释（三）出台后，使共益债务的范围扩大至管理人或者自行管理的债务人为债务人继续营业的借款。自此，共益债务投资模式找到了更加清晰的法律支持。

（三）共益债务的受偿顺位

依照《企业破产法》第八十二条、第一百一十三条规定，待清偿的债权一般分为七类，分别为破产费用、共益债务、职工债权、社保债权、税款债权、有担保的债权（即优先债权）和普通债权。

在实践中，基于债权性质、社会维稳等方面的考虑，以及不同行业领域，债权清偿顺位可能有所不同。如在房地产行业，《最高人民法院关于审理建设工程施工合同纠纷案件适用法律问题的解释（一）》明确了建设工程优先受偿权优先于抵押权和其他债权。根据《最高人民法院关于人民法院办理执行异议和复议案件若干问题的规定》《全国法院民商事审判工作会议纪要》的规定：“建设工程承包人的优先权优于抵押权和其他债权，而在满足以下条件时，承包人的建工优先受偿权不得对抗买受人：（1）在人民法院查封之前已签订合法有效的书面买卖合同；（2）所购商品房系用于居住且买受人名下无其他用于居住的房屋；（3）已支付的价款超过合同约定总价款的百分之五十。”实践中，为了避免与购房者纠纷，购房者签署了正式买卖合同且付齐首付款/办理按揭贷款手续的，管理人通常不行使合同解除权，但须豁免延期交房的违约责任。

其次，出于对特殊群体的保护，相关债权要优先偿付。如职工债权，因涉及民生、社会稳定问题，通常重整计划通过后一次性优先偿付。

再次，涉及国家税收、政府收费等债权也需要全额、优先偿付。根据《中华人民共和国税收征收管理法》第四十五条规定："税务机关征收税款，税收优先于无担保债权，法律另有规定的除外；纳税人欠缴的税款发生在纳税人以其财产设定抵押、质押或者纳税人的财产被留置之前的，税收应当先于抵押权、质权、留置权执行。"另外还包括一些政府规定的收费，若不全额、优先偿付，影响项目竣工验收。

表4-17 破产案件中的债权偿还顺位

序号	债权类别	具体内容
1	优先受偿权	有财产担保的债权、破产费用、共益债务
2	第一顺序债权	破产人所欠职工的工资和医疗、伤残补助、抚恤费用、所欠的应当列入职工个人账户的基本养老保险、基本医疗保险费用、以及法律行政法规规定应当支付给职工的补偿金
3	第二顺序债权	破产人欠缴的社会保险费用和所欠税款
4	第三顺序债权	即普通破产债权，包括银行和其他债权人未设定财产担保的债权

四、商业银行开展共益债务融资的意义

商业银行因其广泛的职能，使得它对整个社会经济活动的影响十分显著，在整个金融体系乃至国民经济中位居特殊而重要的地位。商业银行通过其信用中介活动，调剂社会各组成部门的资金短缺，同时在央行货币政策和国家宏观政策的指引下，实现经济结构、消费比例投资、产业结构等方面的调整。而破产办理是市场经济发展的必然产物，也是一个完整的市场体系中不可缺少的一环。随着我国市场经济体系的不断完善，因产业结构调整被淘汰或自身经营不善的市场主体，甚至是个人主体申请破产将成为家常便饭。商业银行作为市场经济的重要组成部分，参与破产办理将成为不可避免的趋势。商业银行参与破产办理兼具社会效益与经济效益，主要体现在以下几个方面。

（一）在经济效益上

一是可以建立与当地政府良好的合作关系，搭建银政合作平台，提升市场知名度与影响力。政府机构类客户掌握大量的国家经济资源，行使社会公共事务管理权力，具有辐射影响力广、稳定成长性好和综合贡献度大等特点，是对公客户的重要组成部分，是银行公司客户和个人客户的基础，也是商业银行赖以生存和发展的基础。政府类机构业务的发展不仅直接关系到全行对公业务的发展，也关系到全行整体业务的可持续发展，尤其是地方政府与分行的

关系紧密度和业务合作深度，更直接关系到各分行整体市场竞争力的提升。通过为当地政府出清“僵尸企业”，解决职工债权，搭建与政府部门的良好合作关系，可以带动各类业务共同发展。

二是可以拓展破产案件资金账户，联动拓展法院、律师事务所、律师等各类优质客群，提升业务综合效益。根据破产案件的相关管理规定，管理人须开设专户对破产主体的所有现金资产进行集中管理。由于破产案件涉及面广、办理流程长，同时管理人对资金的收益性要求不高，可为商业银行带来稳定、高收益的负债业务。在资产业务上，由于融资主体处于“破产”的非正常状态，目前社会其他资本开展共益债务投资的年利率一般要求在15%以上，若商业银行开展相关融资业务，可大幅提升资产业务收益。

三是可以利用破产业务细分市场的绝对竞争力优势提升整体品牌影响力。我国的破产案件办理在近年来才逐渐规范化，破产业务市场属于新兴市场，目前进入的商业银行较少，且关注度主要集中于负债业务，尚未开展共益债务直接融资。若能快速研发出满足政府部门、法院、管理人、破产企业等各方资金需求的信贷产品，可以在破产业务市场快速建立起破产融资产品品牌，提升市场影响力，从而增强商业银行综合竞争力。

（二）在社会效益上

一是可以助力政府部门提升地区营商环境，推动市场经济发展。世界银行将破产办理列入国家和地区营商环境的考核体系，并在“破产办理”一级指标之下又具体分为“回收率”和“破产框架力度指数”两个二级指标。其中，“回收率”的高低取决于办理破产案件的时间、成本（资产价值百分比）、结果（资产零散出售还是企业继续经营）等因素 。商业银行的参与有助于案件的快速办理，盘活“烂尾”项目，实现项目价值最大化，推动有前景的企业重整成功，提升“回收率”项目得分，从而优化地区营商环境指标，推动区域经济发展。

二是助力淘汰落后产能，为市场注入新活力。商业银行具备其他社会资本不可比拟的信贷资源，可以大幅提升破产融资成功的概率，有效加快破产办理效率，淘汰落后产能，释放闲置生产资源，推动有市场前景的困难企业重新焕发活力，为市场经济发展注入新的活力。

三是解决企业职工债权，维持社会稳定大局。我国曾经历数十年的计划经济，大量国有性质、集体性质企业长期处于亏损状态，为加快此类项目的快速出清，解决职工债权成为案件办理的关键。在此类项目上，商业银行可与当地政府进行协商，共同制定融资方案，协助当地政府解决职工债权问题，充分发挥金融企业的社会属性，承担相应社会责任，落实为民办实事。

五、商业银行开展共益债务融资业务的策略及建议

共益债务融资业务的服务对象是已进入破产程序的企业，还款来源主要是资产处置收入、重整投资收入以及少量正常营业收入等。由于资产拍卖、破产重整均存在较大的不确定性，因此如何防范业务风险成为开展共益债务融资业务的关键。

（一）确保融资方案在法律层面得到支持

从法律角度而言，共益债务融资存在的法律争议焦点主要有两个方面：一是融资债权的法律属性是否能够认定为共益债务；二是融资债权优先受偿的边界如何界定，即如何处理其与无担保债权之间的清偿顺位、其与既存担保债权之间的清偿顺位。为确保投资人提供融资款被认定为共益债务，获得优先受偿权，降低共益债务投资的潜在风险，在开展共益债务融资业务前须完善共益债认定手续，由破产受理法院以司法裁量确认。因此在开展共益债务融资业务时，首先要取得司法确认。融资方案须取得审理法院、破产管理人的同意，并出具同意进行共益债务融资的裁定书或相关法律文书。其次要取得债权人会议同意。将融资方案写入重整计划或清偿方案，约定银行投放资金为共益债务，并约定优先清偿条款。

（二）审查重整方案的可行性

在重整方案的可行性审查上，要组织专家团队对重整方案进行审核，验证重整方案的整体可行性。同时在单一项目重整融资方案上，要注重对以下几点的审查。一是审查项目后续投入，验证信贷资金是否可完全满足后续的资金需求；二是审查项目的收益性。摸清当地市场情况，对项目完工后的收益性进行整体评估，验证是否可在有效时间内回收贷款本金；三是审查其他有可能影响项目进展的因素，包括施工企业资质、政府部门对项目的支持度等。

在破产企业整体重组项目上首先重点审查企业的短期实现盈利的能力，包括企业目前运转状况、企业现有订单、员工在岗、水电费使用（工业企业）、库存、出货等情况，确保破产企业具备可重整的可能性。其次要审查企业是否具备可持续发展的能力。主要审查包括但不限于所属产业是否符合国家政策导向，是否具备核心竞争力、产品市场需求情况、企业高管管理能力等。

在重整投资者实力的审查上要审查投资者的目的。重点审查投资者的投资行为是否具备长期投资的可能，通过投资者主营业务与重整企业主营业务的相关性进行验证。另外还须审查投资者的资金实力，确保重整方案能顺利实施。要求重整投资者提供相关资金方案，审查资金来源以及银行账户流水等资料。

（三）设置充足的风险缓释措施

在共益债务融资业务风险缓释措施上，可以从以下三个方面进行设置。

一是获取资产担保。根据《企业破产法》相关规定，虽然在我国《企业破产法》上共益债务可以优先职工债权、税款和普通债权之前进行清偿，但是与有担保的债权相比，仍旧是列在担保债权之后，《企业破产法》司法解释（三）肯定了担保债权的优先性。但是《企业破产法》给出解决的办法是其第七十五条的规定，即“在重整期间，债务人或者管理人为继续营业而借款的，可以为该借款设定担保”。因此管理人有权就债务人未担保的财产设定担保，或用担保财产提供次级或优先顺序较低的担保权。 因此在信贷方案中对于资产担保上，首先对未设置担保的财产要全部纳入担保范畴，对已对外设置担保的财产，要设置顺位抵押，确保相关财产处置资金优先偿还信贷资金。

二是设置资金监管。首先对信贷资金采用受托支付，审查资金具体用途及交易的真实性，确保资金系重整企业经营所需。其次，须抓住破产企业管理人账户，所有资金均纳入该账户进行专户管理。对账户设置托管或监管，确保每笔资金的使用均征得银行的同意。

三是约定优先偿还条款。共益债务具有随时获得清偿的特征，因此可就重整企业经营所获的利润约定优先返还的条款。

（四）组建专业团队，降低业务风险

破产管理人制度是指破产案件中，在法院的指挥和监督下全面接管破产财产并负责对其进行保管、清理、估价、处理和分配的专门机构。在我国现行立法中又被称为“破产清算组”。在破产案件中，破产财产的管理和清算工作沉重繁杂，大量的法律事务与专业性、技术性较强的非法律事务相掺杂，远非法院的人力、物力所能胜任。而且法院作为独立的司法机关，具有公法上的性质，对破产财产的管理、变价、分配等工作却为私法上的事务，因而不宜由法院来处理。因此，法院在破产案件审理中引入管理人制度，由专业的管理人团队负责案件具体事务。

国家发改委于2021年2月明确规定“对于商业银行、证券公司、保险公司等金融机构或在本地有重大影响的企业破产案件，清算组为管理人的，人民法院可以依法指定金融资产管理公司作为清算组成员参与破产案件”。在共益债务融资上，银行金融机构可与专业金融、保险资产管理公司进行联动，联合组建涵盖业务营销、授信管理、不良资产处置、法律事务等多方面的专业团队，直接参与破产案件的办理，总体负责破产融资项目。同时，商业银行自身也可以组建破产管理人团队，为后续商业银行直接参与破产案件的管理奠定基础。

（五）开发破产办理系统，搭建批量获客平台

破产案件不同于刑事案件、普通民事案件，其在办理过程中具备以下难点：一是法律关系复杂，办理程序多。破产不仅涉及企业与债权人、债务人之间的各类合同关系，还存在与工商、税务、劳动、建设、土地、卫生等行政管理部门之间的相关交错的管理关系，法律关系相当复杂，资产的清理、评估，债权、债务的调查、确认等工作难度大。二是案件时间跨度长，卷宗清理难。破产主体大部分是经营十几年，甚至是几十年的企业，卷宗资料多，且大部分为纸质材料，保管、整理难度大。三是案件涉及面广，沟通难度大。破产案件的办理涉及法院、管理人、破产主体、各类债权人、职工以及多个政府部门，同时还可能合计资产评估公司、拍卖平台、投资人等，涉及方遍布各地，沟通与协调难度大。

综上所述，法院、管理人在案件办理过程中对各类信息技术的需求迫在眉睫。因此，商业银行可充分发挥自身优势，通过司法、行政、科技手段，搭建一个为法院、管理人、债权人提供办案互动平台，为审计、评估、拍卖等机构提供业务引流平台，为投资者提供业务信息的综合破产案件办理平台，实现破产案件的集中办公和一站式处理。通过搭建破产案件办理平台，商业银行可批量拓展破产融资业务，还可联动营销案件各参与方，实现业务收益的最大化。

参考文献:

[1] 中华人民共和国最高人民法院.《最高人民法院工作报告》(2017年—2021年).

[2]《关于进一步加强金融审判工作的若干意见》(法发〔2017)22号).

[3]《最高人民法院关于正确审理企业破产案件为维护市场经济秩序提供司法保障若干问题的意见》(法发〔2009〕36号).

[4] 陈智平，余俊. 共益债重整模式盘活烂尾楼的利与弊[DB/OL]. 2021-05-16.

[5] 韩长印. 世界银行“办理破产”指标与我国的应对思路[J]. 法学杂志，2020(7)：2.

[6] 王欣，朱华艺. 破产程序中共益债务的法律问题探析[DB/OL]. 2019-09-29.

[7] 国家发展改革委.《关于推动和保障管理人在破产程序中依法履职进一步优化营商环境的意见》. 发改财金规〔2021〕274号.

课题组成员简介：

方　琦　广发银行党委委员、副行长（候任）

徐远行　总行机构客户部副总经理

陈键伟　总行机构客户部政府机构一处经理

张　诚　总行机构客户部政府机构二处经理

吴容杰　总行机构客户部政府机构二处主管

专家评点：

在经济下行压力加大的情况下，企业债务风险增大，破产重整案件逐年增加，通过共益债务融资方式挽救有重整价值的企业，实现正常经营，对化解金融风险具有重要意义。商业银行在开展共益债务破产融资业务时，如何保障共益债务融资债权的安全是重点。论文对银行开展共益债务融资业务时面临的法律风险、项目重组的可行性风险、如何设置风险缓释措施、建立破产管理人制度等重要问题进行了探讨，对指导我国商业银行开展共益债务破产融资业务具有很好的参考价值。

专家简介：

钟永红，华南理工大学经济与金融学院金融学教授、博导，金融学系主任。

新形势下中国银行基层机构服务实体经济策略浅析

■ 中国银行广东省惠州分行
盘仲廷　童伟东　侯晨刚　罗娴　黄彩琴

摘　要

当前，中国发展进入新格局，实体经济发展面临新挑战，催生新业态，呼唤新模式。小微企业作为实体经济中极具生机与活力的群体，面对国内外复杂多变的经济金融形势和新冠肺炎疫情，“融资难、融资贵”的问题更加凸显。商业银行是现阶段服务小微企业，为其提供资金供给的重要渠道，而银行基层机构作为金融服务链条中的重要一环，直接面向市场和客户的营业场所，更应该胸怀“国之大者”，以“十四五”规划为纲领，积极探索、大胆创新服务模式，全力做好新形势下的金融服务工作。本文立足中国银行基层机构，以中国银行惠州分行（简称“惠州中行”）为重点研究对象，通过SWOT分析（态势分析）的方法深入探究当前政策环境下中国银行基层机构服务小微企业面临的“时”与“势”，辩证看待“危”与“机”，更好地为商业银行服务实体经济提出相关策略。

小微企业作为实体经济的重要组成部分，在国民经济中占据重要地位，对于扩内需、稳增长，保就业、利民生有着不可替代的作用，也是国家关注和扶持发展的战略重点。后疫情时代，小微企业经营面临更多不确定性，如现金流不足、生产成本递增、商业模式冲击等，融资环境愈发严峻。对于商业银行而言，在全球产业链重构、数字经济发展、金融供给侧改革和同业竞争日趋白热化的态势下，更应该加快创新转型的步伐，进一步聚焦主责主业，以服务实体经济为立行之本，以信贷支持小微企业为重要抓手，以辖内基层机构为拓客户、打基础的前沿阵地，充分发挥基层战斗堡垒作用，以点带面，在机遇和挑战中挖掘新的经营“蓝海”。

惠州中行作为中国银行基层机构中极具代表性的二级分行，也是广东省中行系统内规模和效益第三大的地级市分行，在当前粤港澳大湾区和深圳先行示范区的建设背景下，惠州市场经济活跃，“大众创业，万众创新”的氛围日渐浓厚，为该行加快发展普惠金融，服务实体经济提供了更广阔的空间。本文以惠州中行为研究对象，通过阐述新形势下小微企业对商业银行发展的意义，剖析小微企业存在的问题，进一步探究下阶段服务实体经济的具体举措。

一、服务小微企业对商业银行发展的意义

2020年以来，党中央、国务院进一步加大力度支持民营和小微企业的发展，提出落实金融支持实体经济的政策，出台支持民营经济“38条”、推动制造业高质量发展、全面落实“六稳”“六保”等举措。立足新发展阶段，中国银行时刻紧跟党中央部署和监管导向，有效提升精准服务实体经济的能力和水平，将服务实体经济的目光更多地转移到民营、小微企业上，把金融资源应用到更需要的领域，着力解决小微企业融资难、融资贵的现状，为实体经济注入“金融活水”。

（一）助推客户结构优化

当前，各地政府纷纷提出构筑“大企业顶天立地，小企业铺天盖地”的发展格局，持续激发市场活力和内生动力。小微企业是国民经济的主力军，数量多，发展潜力大，大力发展小微企业业务，有助于商业银行进一步优化客户结构，扩大客户基础。当前，以新技术、新能源、新材料等为代表的新兴产业蓬勃发展，而且这些新兴行业多为民营、小微企业，成长空间大，对新型金融服务需求明显增加。因此，提升小微企业客户占比，尤其是能从新兴产业中挖掘、培育出一批潜力大、发展快、业绩优的小微企业客户群，就可以更好地夯实商业银行效益增长的金字塔底座，不仅有利于当期业绩的提升，也有利于银行长远的发展。

（二）带动网点效能提升

在利率市场化和金融“脱媒”的大背景下，优质大中型企业融资渠道广泛，在合作中往往处于强势地位，议价能力较强，对金融服务也有更高的要求，导致银行在大客户身上的市场地位和利润空间日益弱化。尤其对基层机构而言，其综合金融服务能力很难满足大中型客户的全部需求，导致大客户维护成本高、难度大，资金稳定性不强且容易出现大幅波动，不利于机构绩效考核。而小微企业议价能力及业务谈判地位相对较低，更有助于银行争揽实际控制人的金融资产、代发薪、客户基础、结算等一揽子金融业务，发挥综合带动作用。因此，基层机构要找准定位，立足实际，坚持“抓大不放小”，通过建立和发挥自身资源禀赋和区位优势，在持续提升经营服务能力的基础上，将工作重心由服务少数大中型客户向服务

多数民营、小微企业客户转移，持续促进网点效能提升和全行转型发展。

（三）推动数字化转型发展

在互联网、金融科技公司等后来者业务的强势冲击下，在国家数字化发展战略的背景下，数字化转型已成为传统商业银行破局重生的必然选择。尤其是新冠疫情催生出更多“宅经济”“零接触”等小微新业态，更迫使商业银行打破传统路径，以新一轮科技革命、产业变革及数字经济加速发展的重大机遇为契机，持续创新产品服务模式，加强全面风险管控，有效巩固并扩大市场份额和竞争优势。由此可见，小微企业作为商业银行的“新宠”，既有利于催促其加快数字化转型的步伐，通过科技赋能更好地满足小微企业“短、频、快”的特色和多元化流动资金需求，不断提升金融服务小微企业的便捷性、可获得性和安全性；也引领着商业银行基层机构走向客户小型化、业务线上化、服务智能化的新模式，助推基层机构轻型发展，轻装上阵。

二、小微企业融资存在的问题及原因分析

（一）贷款渠道相对狭窄

目前，国内直接融资渠道主要是股权融资和债券融资，而小微企业一般难以在A 股上市或中小板上市，又难以承担银行体系外的高成本贷款，因此更多地依赖于商业银行融资。同时，大部分小微企业在发展过程中，主要聚焦自身行业、专业、经营等，没有过多的金融知识，从而造成了小微企业融资渠道更加狭窄，议价能力不足。

（二）银企信息不对称

部分小微企业经营管理能力较为薄弱，缺乏专业财务人员，导致财务信息不够规范，商业银行难以较好地评估其信用情况及发展前景。与此同时，与成熟的、规模较大的企业相比，部分小微企业处于创业起步阶段和产业链末端，抗风险能力相对较弱。在新冠疫情突发和中美贸易摩擦的态势下，很大一部分小微企业面临巨大的资金压力和考验。因此，为防范信用风险和保障资金安全，商业银行对上述企业贷款审批更加谨慎。

（三）新兴产业缺乏硬资产

新兴产业关系到国民经济社会发展和产业结构优化升级，具有高技术含量、高附加值、资源集约等特点。大多民营、小微企业为新兴产业，融资需求迫切，但往往缺乏土地、厂房等硬资产支撑，其专利、知识产权等软资产又缺乏评估体系，导致在缺乏抵押物的情况下，新兴产业从商业银行传统渠道获得融资存在较大困难。

综上所述，小微企业由于各种原因，或多或少地存在“融资难、融资贵”难题。商业银行一方面需要积极缓解小微企业“融资难、融资贵”问题，另一方面也要解决好防范化解金融风险和风险定价高并存、企业发展能力弱与信贷需求高冲突、政策考核严与银行内生动力

不足等实际问题。因此就如何构建发展与安全协同、信贷产品创新与适配、激励与约束相容的小微企业融资机制，既合理满足小微企业创业、发展的资金需求，又科学管控融资风险，持续改善小微企业的融资环境，显得尤为重要。

三、中国银行基层机构服务小微企业情况

一直以来，中国银行作为中管金融企业，始终坚持服务国家战略，不断创新金融服务，加快推进普惠金融，助力实体经济发展。以惠州中行为例，该行立足区域发展格局，始终坚持"增量、扩面、提质、降本"，通过运用适配产品、创新金融服务、提高融资效率等途径，加大对民生普惠金融的信贷支持力度，着力解决小微企业融资难、融资贵问题。截至2021年第三季度末，该行普惠小微企业贷款余额46.15亿元，当年新增15.72亿元，增速51%；贷款户数3114户，当年新增745户，增速31%，两项增速均明显高于该行整体授信业务增速。

（一）精准施策提升小微金融服务质效

一方面，产品赋能。在中行总行、省行的指导下，该行根据科技型企业生长周期与融资难点，采取线上+线下相结合的方式，满足科创企业不同发展阶段的资金需求，积极推广质押范围更广、融资形式更灵活的"中银科技通宝"，凭企业纳税额核定授信额度纯信用的"中银税贷通"及可线上申请办理、简单快捷、可循环、随借随还的"中银企E贷"系列产品。通过产品创新和授信政策的组合运用，为科技型小微企业发展壮大赋能。2021年前三季度，该行累计向312户小微高新技术企业发放贷款15.32亿元，同比实现大幅提升。另一方面，效率优先。该行借助信贷工厂模式优势，借助线上或线下现场评审方式，客户经理尽职审查、审批人直接沟通小微企业授信项目，加快小微企业融资效率。2021年以来，共举办"精密仪器"、"电子信息+高端装备"、仲恺专场、"新晋高企"、惠阳专场、博罗专场共6场线上线下专场评审会，累计批复项目106户，批复金额4.03亿元，以实际行动支持小微企业发展。

（二）创新服务加强政银企融资对接

一方面，聚焦新业态场景。2021年，该行与惠州市长者服务局合作，举办了惠州市首场"银发经济"融资专场，为24家银发经济相关企业提供专项授信支持，并与市长者服务局签署《养老场景共建合作协议书》，设立30亿元专项信贷额度支持当地养老行业。此外，顺利举办了"中银科创企业投贷联动直通车——惠州仲恺站"活动，现场为惠州仲恺高新区31家科技型中小企业核定1.6亿元授信支持，并与惠州市科学技术局签署战略合作协议，以"科技+金融"模式，助推高新技术企业提质增效。另一方面，聚焦产业园区建设。与惠州市工信局及当地政府合作，积极开展金融入园区活动，先后为博罗龙溪电镀产业园、龙门竹木文化创意园及金泽物流园核定授信总量共8亿元。同时与惠州市人社局主动对接，全力推动"粤菜师

傅”“广东技工”“南粤家政”就业创业专属融资服务方案落地，自2021年5月开展该项工作以来，上述“三项工程”贷款累计投放超2亿元，成为当地率先在“三项工程”实现投放支持的银行。

（三）金融支持助力“六稳”“六保”工作

一方面，推动小微企业降本提质。该行积极贯彻落实总行、省行及监管政策要求，通过利率优惠，全额承担客户抵押登记费、贷前抵押物评估费用及押品保险费等多种举措，主动为普惠小微企业减费让利，有效降低客户融资成本。近三年，惠州中行共承担上述费用约192万元，2020、2021年分别同比增长65%和24%。另一方面，提升小微企业信用贷款占比。该行小微企业授信审批主要立足于第一还款来源的审核，对符合条件的企业给予免抵押额度，逐步提升信用贷款投放占比。截至2021年第三季度末，小微企业信用贷款余额27.45亿元，信用贷款占比35.32%，较上年提升了15个百分点。

四、中国银行基层机构服务小微企业的SWOT分析

（一）优势

1. 经营管理能力具备优势。一方面，作为国有大型银行，中国银行在营业网点布局、服务资源整合、政策解读应用以及风险管理等方面具有比较优势。以惠州中行为例，2021年，该行增设了1家管理性支行、13家战略支行、8家普惠金融特色支行、3家长者服务示范点，业务叙做面进一步扩大，金融服务范围已覆盖全市各县区。另一方面，在人才培养、干部聘用、系统内外部培训等方面，中国银行做了大量投入，成功培养出一大批敢于担当、善于作为、实绩突出的优秀干部，有效提升全行经营管理能力。2021年，惠州中行提聘中层干部及网点行长多名，来自基层一线及业务部门人员占比高达96%，激发了全行干事创业的良好氛围。

2. 产品体系日趋丰富。一方面，随着数字化转型发展逐步深入，中国银行近年来持续加强创新力度，积极研究互联网、大数据、人工智能、区块链等科技运用，不断做好产品的丰富、服务的优化和风险的把控。2021年，该行在做好传统线下业务的基础上，大力推广“中银企E贷”系列产品，持续深化普惠数字化转型，致力于应用大数据做大普惠对公线上融资业务。另一方面，以惠州中行为例，在惠州融湾入圈、产业对接过程中，吸收了大量的深圳、东莞产业转移企业，该行以厂房贷为抓手，聚焦产业园区发展新机遇。

3. 获客渠道更加广泛。中国银行强化源头营销，已与工信部、科技部签署战略合作协议；发挥外汇外贸专业银行优势，做好广交会期间客户的融资对接；携手中博会，共同举办中小企业跨境撮合对接活动，支持小微企业引进来、走出去。以惠州中行为例，一方面，该行不断加大对惠州市工信局、科技局等政府部门的源头营销力度，获得第一手专精特新、新

公示高企和科技型企业清单，落实地毯式的营销走访，为拓展普惠金融客户群下好先手棋，打好主动仗。另一方面，该行积极响应总行、省行工作要求，由普惠金融事业部承接全行乡村振兴工作，深挖普惠金融与县域金融结合点，构建小微金融服务生态圈；同时整合对公对私普惠金融业务职能，打通条线竖井，有效扩大业务覆盖面和获客来源，推动普惠金融提质上量。

（二）劣势

1. 产品推广力度不够。对比个金理财产品广泛通过折页、手册、电子屏、微信链接等进行营销宣传的做法而言，中行基层机构对普惠金融信贷产品缺乏系统性、持续性的产品和服务宣传，导致客户无法及时、充分了解银行普惠金融产品的种类、准入资格及叙做条件。

2. 产品创新能力不足。虽然近年来中行普惠金融产品日益丰富，但该行创新产品多以吸纳性、移植性为主，即基层机构推广的小微企业信贷产品基本依靠总行、省行研发，在产品创新研发上缺少与上级机构的沟通交流，导致营销的产品在一定程度上缺乏合理有效的市场细分，缺乏因地制宜的区域特色，无法更好地为客户提供个性化解决方案来满足其多样化需求。

3. 科技信贷管理落后。一方面，中行基层机构同时具备金融知识和科技专业知识的复合型人才较为缺乏，导致线上产品配套机制还不够健全，支撑授信快速审批的基础不足，业务叙做效能仍有待提高。另一方面，科技性的贷后管理手段较缺乏，无法对客户做到实时监控，如遇到信用贷款出现逾期的情况，风险缓释手段仍较少，资产管控压力较大。以惠州中行为例，该行小微企业业务不断发展，客户数量持续增多。2020年、2021年对公普惠客户经理人均维护客户数分别增长了97.77%、54.91%，目前客户数量还在持续增加，而银行客户经理时间、精力有限，在企业因外部环境原因出现风险事件时，未能保证第一时间获取相关信息，贷后管理工作压力较大。

（三）机会

1. 市场发展空间广。一方面，“十四五”规划及“双区”发展战略进一步促进了人员、资金、技术和信息等要素的高效便捷流动，最大限度发挥市场主体作用，为处于湾区内的商业银行发挥区域优势，承接周边城市产业外溢，批量拓展普惠客户提供了广阔的空间。另一方面，展望“十四五”，惠州将进入高质量跨越式发展期，“2+1”现代产业集群、“3+7”千亿级工业园区，为当地银行业发展注入了源源不断的动力。

2. 政策支持力度大。我国在支持小微企业发展方面陆续推出精准有效的政策措施，如优化营商环境、定向降准、政府补偿基金等，同时也出台了一系列为企业提供税收优惠、减费让利、延期还本付息、无还本续贷等优惠政策。以惠州中行为例，疫情期间，为助力小微企业复工复产，通过开通绿色贷款审批通道、展期、续贷、调整还款计划等多种途径，为企业纾困解难。

3. 互联网金融发展快。大数据、人工智能等新科技为普惠金融发展带来了新的机遇。借助大数据、云计算和后台分析，银行可以较快速地识别优质小微企业客户目标，并能够根据小微企业的各项数据信息匹配对应的贷款额度和产品，减省了人工审核程序，加快了业务效率，也在一定程度上降低了商业银行的业务成本。与此同时，也有助于打破银行数据“孤岛”，构建信息共享平台，全方位多角度分析企业信用状态及还款能力，使贷款风险识别更加准确，减少银行对小微企业抵押物的过度依赖，做大信用贷款规模。

（四）威胁

1. 小微企业风险定价高。作为商业银行，出于盈利性和风险控制的考虑，往往更倾向于创造价值高的优质客户，而非创造价值低的长尾客户。原因在于小微企业等长尾客户风险系数较大，在叙做过程中需要更细致的贷前、贷中、贷后调查，投入更大的人力资源和管理维护成本，一定程度上削弱了商业银行拓展小微客户的积极性。

2. 不良清收化解难度较大。由于社会征信监管系统仍在健全过程中，监管约束手段有限，小微企业借款人恶意逃废银行债务的现象时有发生，并有扩散和蔓延趋势。同时案件审理时间长、执行难，通过法律手段清收化解不良贷款的方式效率不高，以上都给银行不良贷款化解带来了巨大压力。

3. 同业竞争日趋激烈。银行业金融机构越来越多，而小微企业是各家银行发展转型的重点争揽对象，无序竞争、恶性竞争偶有发生。区域内基层机构在发展自身小微企业业务的同时，还要防范同业利用低利率、高额度、长期限等手段争抢自身优质存量客户，发展压力日益增大。

五、中国银行基层机构服务实体经济的策略

（一）在“加法”上做文章，“双轮驱动”优化小微企业融资服务体系

1. 加大资源支持普惠业务发展。一方面，持续打造具有中行特色的广覆盖、深耕耘、立体式的银行网点体系，逐步下沉服务重心，将业务发起权下沉至辖内机构，发挥基层网点的营销触角作用，推动普惠金融全覆盖，打通金融供给“最后一公里”。另一方面，加强专业队伍建设，定期开展行业特点、营销策略、授信政策等方面的培训，加大对科技金融、普惠金融、县域金融、供应链金融等的研究，重点培养打造三至五个标杆型客户经理，并由该客户经理开展传帮带式的实践锻炼；增设更多普惠金融特色支行，打造素质过硬的专业机构和营销队伍。

2. 加大普惠金融信贷投入力度。一方面，在贷款发放上，主动适应科创类、民营、小微企业客户的个性化融资需求，健全因人、因客、因产品、因风险缓释方式的差异化授信政

策，公平合理地向小微企业投入信贷资源，增强信贷支持小微企业的有效性、可获得性和便利性。另一方面，充分发挥绩效考核指挥棒作用，加大激励约束力度，对普惠金融业务完成较好的先进机构、先进个人给予相应的奖励，对于后进机构和个人实施通报约束等举措，进一步增强小微企业信贷投放的内生动力，构建小微企业融资服务长效机制。

（二）在“减法”上做文章，“精打细算”助力小微企业实现降本增效

1. 多方联动，减轻融资负担。一方面，科学分析和对应小微企业的生产经营、行业周期和发展特征，综合运用“政府转贷基金”等方式，配合无还本续贷、借新还旧、展期等各项举措，合理减轻企业融资负担。另一方面，鉴于小微企业客户普遍存在规模小、无资产抵押、受市场环境影响较大的特点，积极借鉴同业动产抵押、股权质押、应收账款质押、知识产权质押等担保方式，合理扩大抵质押范畴，推动小微企业轻型发展。

2. 高效服务，减少时间成本。一方面，加强企业账户开户流程管理，持续优化开户服务，缩短小微企业开户时间；强化小微企业贷款流程时效管理，通过狠抓“限时办结制度”倒逼审批流程优化、为小微企业贷款提供“绿色通道”审批等途径，进一步简化手续，提高效率。另一方面，发挥政府、协会、园区等合作渠道优势，积极举办平台活动、评审会，实现小微客户批量营销、批量审批、批量放款，提升服务效能；完善产业园等项目的准入和配套授信政策，聚焦综合科技园、高端创新集聚区、科技创新产业基地等园区客户，实现批量化营销。

（三）在“乘法”上做文章，“量体裁衣”打造小微企业多样化信贷服务

1. 构建智能化、体系化的融资环境。一方面，融合现代科技，积极响应不同行业、不同发展阶段的小微企业融资需求，探索批量化获客、精准化画像、自动化审批、智能化风控、综合化服务为特色的普惠金融新模式，发挥批量带动倍数效应。另一方面，供应链金融整合了核心企业、上下游企业、仓储物流服务商等全产业链信息，实现了商流、物流、资金流及信息流的智能归集，要进一步加强链式营销，推广“核心企业+供应链产业圈”贷款模式，创新现代供应链金融服务和产品，为解决小微企业融资难题提供新路径。

2. 打造场景化、品牌化的金融产品。一方面，加强场景建设，深化与重点商圈、产业园区的合作，积极推出可复制性强的标准化、半标准化融资产品，主动适应批量业务叙做新常态。另一方面，积极融入商协会“朋友圈”，深化与外商协会、企业联合会、民营企业家协会、中小企业协会的合作，重点营销协会核心人物，通过协会骨干带动，树立标杆效应拓客。

（四）在“除法”上做文章，“内外兼修”保障商业银行信贷资金安全

1. 健全银行内部机制建设。一方面，完善小微企业授信尽职免责管理方案和容错纠错机制，对小微企业信贷管理各环节中，承担管理和经办职责的工作人员明确相关的免责规定，科学界错、大胆容错、及时纠错，用制度为营销及管理人员的担当作为、敢于创新保驾护

航。另一方面，积极应用大数据、人工智能等科技手段，完善小微企业贷款审批及风险识别模型，实现对市场、行业、客户风险的自动化分析、识别和预警，通过科技赋能贷后管理，有效降低融资风险。

2. 畅通银政保沟通合作渠道。一方面，联动政府、监管部门进一步完善小微企业信用信息平台，全面整合市场监管、税务、海关等部门的信息，协调推进信息共享及保护制度，打破数据壁垒，为商业银行依法合规获取涉企信息提供便利渠道，激发商业银行“敢贷”的主动性。另一方面，联动政府融资担保机构扩大对小微企业融资担保业务的规模、降低融资担保的门槛，简化担保手续，帮助商业银行有效分担贷款风险；联动政府和保险公司，引入相关贷款保险产品，减轻银行放贷顾虑，实现企业能贷、银行敢贷。

六、结束语

实业兴则金融兴，为实体经济服务是金融的天职。立足新发展阶段，在服务实体经济这块阵地上，中国银行将始终牢记“金融报国”的使命，强化责任担当，以民营、小微企业为发力点，精准支持，深耕细作，创新机制，加快转型，统筹发展和安全两件大事，比学赶超，在服务国家大局中实现自身高质量发展。

参考文献：

[1] 严存宝，郭建强．商业银行如何缓解小微企业“融资难、融资贵”问题研究[J]．内蒙古财经大学学报，2020（18）．

[2] 陈前总．金融供给侧视角下缓解民营、小微企业融资难融资贵问题探索——以广西北部湾银行为例[J]．沿海企业与科技，2019（03）．

[3] 王能．运用“产业+金融科技”缓解小微企业“融资难、融资贵”问题探索——以桂林银行为例[J]．区域金融研究，2018（12）．

[4] 张乐．我国小微企业融资难融资贵的原因分析与对策研究[J]．区域金融研究，2018（11）．

课题组成员简介：

课题组组长　盘仲廷　中国银行广东省惠州分行行长

课题组副组长　童伟东　中国银行广东省惠州分行公司金融部主任

其他人员　侯晨刚　中国银行广东省惠州分行普惠金融事业部主任

罗　娴　中国银行广东省惠州分行公司金融部团队副主管

黄彩琴　中国银行广东省惠州分行普惠金融事业部团队主管

专家评点：

本文以中国银行惠州分行为研究对象，通过SWOT分析，深入探究新形势下服务小微企业面临的“时”与“势”，辩证看待“危”与“机”，提出中国银行基层机构服务实体经济的“加减乘除法”策略，具有较强的政策参考价值。

专家简介：

徐现祥，中山大学岭南学院经济学教授、博导，国家社科基金重大项目首席专家。

金融助力文教健康，中小银行差异化服务的路径探索

■ 广东华兴银行
郭志红　李文扬　姚继志　陈定江　肖笑宇

摘　要

文化、教育、医疗健康，是与人的身心健康息息相关的产业，也是关系民生福祉的重要领域。“十四五”规划明确提出，要推进社会主义文化强国建设，建设高质量教育体系，全面推进健康中国建设。商业银行以服务实体经济为宗旨，服务好与老百姓息息相关的文教健康产业，必然是题中应有之义，民心之所系，商机之所在。文教健康是未来可期的朝阳行业。本文认为中小银行服务文教健康产业，是实现差异化竞争的有效路径。通过分析当前文教健康金融面临的政策调整风险问题、缺乏优质抵质押物、风险评估模式有待优化、抵御风险能力弱等问题，提出进一步改进金融服务的举措建议。

文化、教育、健康与民生福祉息息相关，是广大人民群众关心关注的焦点问题，也是国家“十四五”规划谋篇布局的重要内容。“十四五”规划围绕文教健康，明确提出要健全现代文化产业体系，建设高质量教育体系，全面推进健康中国建设，以及加快发展方式绿色转型。

正如习近平总书记对文教健康发展所作的重要论断和深刻阐述，文化是一个国家、一个民族的灵魂。要坚定文化自信，弘扬社会主义先进文化，推动社会主义文化大发展大繁荣，努力建设社会主义文化强国。百年大计，教育为本。要坚持优先发展教育事业，扎扎实实把中国教育办好。人民健康是现代化最重要的指标，必须把保障人民健康放在优先发展的战略位置，提高医疗卫生服务质量和水平。

作为金融机构，商业银行服务实体经济，既是履行职责义务，也是谋求自我发展的

必然选择。在当前高质量发展的时代背景下，在金融供给侧结构性改革的精神要求下，金融正在加速回归服务实体经济本源。文教健康产业作为实体经济的重要组成部分，对于实体经济的健康持续发展发挥着重要作用。服务好文教健康产业，是商业银行服务实体经济能力和水平的重要体现。同时，文教健康产业作为老百姓幸福生活的聚焦地、关注区，孕育着巨量的居民需求和广阔的市场前景，也是金融大有可为的一片天地。这无疑为中小商业银行服务实体经济，实现差异化发展提供了新的路径选择。

一、中小商业银行服务文教健康产业的现状

（一）金融管理部门的政策支持

一直以来，央行和银保监会都高度重视涉及民生福祉的文教健康产业发展，在引导金融机构回归服务实体经济本源，支持包括文教健康在内的行业企业发展做了诸多努力。

2008年，中国银监会出台《关于银行业金融机构支持服务业加快发展的指导意见》，要求金融机构根据现代服务业企业轻资产、重知识和技术含量、抵押品少等特点，大力开展服务创新，为文教健康产业金融服务提供了科学指引。

2010年，央行、银监会等9部门出台《关于金融支持文化产业振兴和发展繁荣的指导意见》，为中小银行开展文化金融创造了更优条件。

2016年，一行三会联合颁布《关于金融支持养老服务业加快发展的指导意见》，要求加大金融支持力度，有效满足迅速增长的养老服务业发展和居民养老领域金融服务需求。

2018年，中国银保监会发布《关于进一步做好信贷工作提升服务实体经济质效的通知》，明确提出“创新金融服务方式，积极满足旅游、教育、文化、健康、养老等升级型消费的金融需求”。

抗击新冠疫情期间，监管当局继续引导金融机构加大对医疗健康的支持保障，向文旅教育等受疫情影响较大的行业提供纾困支持，尤其是普惠小微型企业，帮助相关行业企业渡过难关、平稳发展。

（二）中小银行的探索实践

在央行和银保监会的积极引导下，很多中小银行在寻求差异化经营时，试图将文教健康金融服务作为转型发展的路径选择。这些中小银行提前布局文教健康产业，创新产品服务，持续优化信贷资源配置，在主流金融服务领域外，另辟新的利润增长点，通过差异化竞争形成自身特色优势，实现了健康快速发展。比如：

1. 广东华兴银行文教健康金融形成品牌

自2018年起，立足粤港澳大湾区的广东华兴银行就把文教健康金融服务作为总行的重大战略部署，持续加大对文教健康类企业客户的金融服务，通过与华南师范大学、广雅中学等省内知名教育机构合作，推动优质教育资源下沉三四线城市，提升当地教育水平，获得了市场和社会各界的好评，树立了良好的品牌形象。截至2021年6月末，广东华兴银行文教健康类信贷余额139亿元①，相比2019年初增长71亿元，增幅103%，而且资产质量良好，暂未有一笔不良。

2. 潍坊银行艺术品质押融资成为业内标杆

山东潍坊是全国重要的书画交易市场，从事书画交易的画廊企业2000余家，年交易额在50亿元左右。潍坊银行立足地区实际，结合当地产业特色，在文化艺术金融领域积极探索，率先走出了艺术品质押融资的实践。该行从2008年开始布局研究，2009年开始发放第一笔艺术品质押融资贷款，到目前为止已经发放了50多亿元，没有发现实质性的坏账（西沐，2018）。

3. 上海银行以养老金融作为核心战略业务

上海银行是业内首家将养老金融提升至战略规划的银行。自2013年开始，该行积极打造养老金融特色银行，通过养老财富管理、养老金融硬软件服务、增加金融便利服务渠道等方式提供“一站式养老”服务，尤其是反向抵押贷款业务具有鲜明特色。上海银行通过退休老年人将名下房屋产权抵押至银行，银行定期给予养老金，待老人过世后，银行出售房屋偿还贷款利息的贷款服务，积累了160 万养老客户群体（李思遥，2019）。

目前，上海银行养老金融客户数量占上海全市30%以上，养老金融客户资产占零售业务45%，贡献了全行近50%的存款②。

二、制约文教健康金融服务的困难问题

（一）行业政策调整带来的应变挑战

1. 教育“双减”政策引发教育资源的结构化调整。教育“双减”政策的出台，在减轻教育负担、优化资源配置的过程中，对一些教育细分领域产生结构性影响，学科类培训受到抑制，文艺体育类培训呈现出比较优势。

2. “公参民”回归公办对金融业务模式的冲击。“公参民”学校限期转为公办，学科培训教育的商业属性在淡化，教育进一步回归教书育人、公平普惠的本质。现存“公参民”学

① 含类信贷。

② 相关数据来自上海银行官网披露的 2021 年三季度报告。

校融资的业务模式，基于过往高额收费带来的充裕现金流作为还款来源，后续受此影响，学费收入将大幅下滑，难以支撑原先的还本付息计划，可能引发业务模式的调整重构。

3. 学科类培训和“公参民”学校收缩引发的业务缺口。随着学科培训和“公参民”学校的逐步退出，存量教育金融服务必然会收缩，而且未来的增量需求也会受到抑制。中小银行需要未雨绸缪，对教育金融资源进行结构化调整。

4. 医疗服务价格改革带来的不确定预期。今年出台的《深化医疗服务价格改革试点方案》，强调要规范管理医疗服务价格项目，加强对医疗服务价格宏观管理，建立灵敏有度的价格动态调整机制。该政策的出台，以及释放的市场信号，被外界解读为可能将对医疗机构、医药企业的未来经营产生显著影响。一些价格过高、患者负担过重、人民反映强烈的药品，可能在下一阶段受到价格限制，进而影响相关企业的现金流和融资能力，需要银行有针对性地预判和应对。

（二）文教健康企业轻资产的行业特殊性

文教健康企业具有轻资产、重知识和技术含量、抵押品少等特点，与商业银行重视抵押品的传统授信经营模式不完全吻合，需要银行转变审批理念和模式，更加重视企业的现金流和流程监控。行业特殊性导致的具体困难包括：

1. 市场化运作程度不高，缺乏抵质押物作为风险缓释

相当数量的文化企业、教育机构、医疗机构实际是半市场化经营，市场主体比较依赖财政支持和政策扶持，整体市场化运作程度不高。同时，一些文教健康类企业，由于其本身的公益身份，导致固定资产抵质押受到限制，难以配合银行的融资服务。比如我国禁止“学校、幼儿园、医院等以公益为目的的事业单位、社会团体的教育设施、医疗卫生设施和其他社会公益设施”抵押。《中华人民共和国民办教育促进法》和《中华人民共和国医疗机构管理条例》又明确民办教育与医疗机构的公益属性。

另外，文教健康企业拥有的固定资产抵押物，其经济价值普遍不高。因此，对财政拨款的依赖、传统抵质押物的不足以及抵质押物估值偏低，都在一定程度限制了文教健康金融服务的发展。

2. 融资能力和抵押担保能力缺乏科学可靠的评估模式

文教健康企业的特殊性，导致其业务发展的预测和还款能力的评估，更需要专业懂行的复合型人才。从长期看，文教健康需求和市场前景是很美好，但行业短期的波动性和企业的个性问题还是不容忽视。包括近期新冠疫情突发，对于文旅产业的重大打击，对于特别医疗物资的急剧需求，都需要金融机构有很强的分析判断能力，对业绩变动作出理性认识，对业绩预测作出客观评判，否则很容易误将短期现象当成长期趋势，从而作出错误决策。同时，文教健康企业的文化资源、旅游资源、著作权、知识产权等抵质押物价值评估，在实践中一

直是个难题。比如潍坊银行在艺术品抵质押贷款服务中，一直因为缺乏具有公信力的艺术品鉴定和评估机构、缺乏艺术品委托保管机构、艺术品难以迅速变现等问题，导致业务难以进一步扩大（西沐，2018）。

3. 新型轻资产融资模式的覆盖面及作用力还相对较弱

在监管部门引导下，中小银行结合文教健康企业的特质，创新了很多基于现金流、门票收费权、应收账款、股权等为抵质押物的新型轻资产融资方式，给文教健康企业带来了很大支持。但客户准入门槛较高、流程条件复杂，一些经营管理规范度不够的企业可能难以企及。同时，收费权、应收账款等模式，容易发生预期与实际相去甚远的情形，甚至出现应收账款造假等，导致银行风险敞口放大，一些银行因为无法掌控资金安全，心里没底，在没有担保方加持前提下，容易产生谨慎回避态度。此外，股权质押融资中，未上市股权公允价格，不像上市公司有公开的市场价格作为依据，存在较大主观性。评高了，风险大；评低了，又影响融资额度，因此，特别需要专业权威的评估专家。这也导致轻资产融资模式的推广度和覆盖面较传统信贷要更弱。

（三）抵御突发外部风险的能力弱，新冠疫情给文教健康行业带来冲击

文教健康行业与百姓生活紧密联系，其营业场所往往具有受众多、人群密集的特点，容易受到公共卫生危机的侵袭，所以往往在公共卫生产生危机时受到更严重的损害。本次新冠疫情的发生，许多文化旅游企业时不时被迫停业，经营稳定性受到冲击，现金流和营收、利润都出现波动，削弱了企业还款能力，影响了银行对于文教融资的信心和服务主动性。虽然金融机构在特殊时期向困难企业提供了阶段性的帮扶，但要根本性改善企业的还款能力，还需要时日。客户能否在展期截止时顺利偿还借款，对于银行来说，还是个需要关注的问题。

三、中小银行差异化发展文教健康金融的建议

（一）紧跟政策导向，提升政策把握和应对能力

党和国家坚持为人民服务宗旨，与人民生活息息相关的文教健康行业，一直都是政策的着力点和聚焦区，各种新政策因时而动、层出不穷，对于文教健康的发展影响重大。如促进共同富裕、教育“双减”政策、“三孩”政策等，一些行业企业经历了重大洗牌，原有业务逻辑、经营模式难以为继。这些政策的出台并非临时突发，在前期已有中央部署，并通过正式文件传递精神信号。比如在“双减”政策出台前三年，2018年国务院已经发布《关于规范校外培训机构发展的意见》，2020年“十四五”规划建议稿又明确提出要规范校外培训。如果之前能充分理解和把握中央政策精神，完全有足够时间在“双减”政策到来前，避开校外教培业务困局，保持业务稳定健康。因此，紧跟政策导向，把握好大方向，提升政策理解和应对能力，对于保持文教健康金融服务的持续稳健发展是至关重要的。

（二）聚焦民生需求，以差异化服务应对政策调整

当前我国已经步入高质量发展，创新、绿色、开放、共享、协调成为新发展理念，无论是宏观经济需求还是微观个体需要，都愈发注重质量和健康。中小银行船小好掉头的特点，在顺应民生需求、快速调整业务方面更具优势，应当根据新时期广大群众的需求变化，开发针对性的差异化金融产品。对于粗放经营、不符合健康理念、前景不乐观的行业企业，应当谨慎介入，并做好退出准备。具体包括：

一是结构化调整教育金融服务，开发新的细分市场。虽然在“双减”政策下，义务教育辅导培训业务萎缩，但是素质教育迎来较大利好，未来兼具减负和身心健康双重效应的文艺体育类、素质拓展类教育培训活动，将日益受到家长和学生的青睐，市场需求、资金流向有望进一步聚拢，这个新的细分市场可能迎来更广阔的发展空间。中小银行应当提前做好研判、调整，根据需求方的变化，将银行金融服务专注点，从受抑制的领域转向具有比较优势的新细分市场，可以尝试从学科类培训转移至文艺体育素质拓展等非学科类培训，从“公参民”教育转向纯民办教育，从教育收费偿还转向财政拨款偿还，等等，未来高中教育、职业教育、民办高校也仍然还有很多业务机会。

二是顺应放开“三孩”的生育政策，针对新商机及时推出对口金融服务。鼓励生育是一项长期国策，后续各地围绕鼓励生育可能出台的配套举措，将会在婴幼儿产品、婴幼儿护理、儿童托管服务、家政服务等一系列领域孕育形成新的商机。中小银行可以有侧重点地加大对婴幼儿产品生产企业的金融支持，加大对儿童、婴幼儿保健护理看管服务行业的金融服务，在服务国家重大战略落地的同时，为银行开拓新的利润增长点。

三是重视健康理念，加大健康领域金融服务。居民的健康是最重要的高质量发展指标。一方面，国家正在推进卫生健康事业发展，推动各层次各领域覆盖老中青幼的健康服务，人口老龄化进程加快也给养老行业带来巨大的发展机遇，健康事业前景光明。另一方面，中国经济的高质量发展，人民生活追求已经从量转为质，老百姓日益关注健康问题，健康饮食、健康生活、健康养护以及医疗护理都受到居民大众的关注。时代观念的转变更新，促使老百姓对于健康的消费意愿更高、投入金额更大。中小银行需要关注到这一趋势和商机，加大健康领域的金融服务。此外，医疗改革、集中采购政策虽然对医药产业带来一定冲击，但新药、特药、独家药以及药品批发零售的企业受到的影响不大，金融机构仍然大有可为。

（三）改进风控模式，优化文教健康金融评审机制

文教健康轻资产的属性，需要有别于传统的风控审批模式。如果银行的评审机制过于注重不动产抵质押物，习惯依赖不动产作为风险缓释手段和资产处置抓手，势必会限制文教健康金融服务的拓展。因此，中小银行需要培养精通文教健康发展内涵的复合型金融人才，

根据文教健康行业企业特点，优化风控评审机制，从注重不动产实物抵押向股权、收费权、应收账款、知识产权等新型抵质押转变，从被动的抵质押价值评估向更为精细的数据分析转变，在帮助企业盘活资源、提升流动性的同时，增强风控抓手的自主可控性。由于这些工作技术要求更高，需要中小银行对细分行业有更深的专业研究，熟悉新型抵质押物的合理估值，科学预判客户的经营前景和还款稳定性，因此，必然要求银行要有专业化的人才储备来实现精细化的业务服务。

（四）践行轻资本运营，提升投融资支持水平

当下的金融体系、金融产品、金融渠道都发生了显著变化，除了传统的信贷服务，中小银行在投融资方面取得了长足发展，对于企业的金融支持也更加全方位。一些过往通过传统信贷方式难以服务的客户，在新型融资工具的推动下，成为了新的银行服务机遇。文教健康企业，因其轻资产的特征，也更加适合通过新型投融资方式给予金融支持。

同时，中小银行经过长期的发展，从高速增长步入注重质量与效益的新阶段，加上金融供给侧结构性改革的推动，其自身资本愈发承压，需要补充资本或者降低资本消耗的愿望愈发强烈，轻资本运营顺理成章成为各家银行尤其是中小银行的转型道路。

因此，中小银行在开展文教健康金融服务时，结合轻资本转型需要，通过新型投融资方式提供服务，是更优的选择。

参考文献：

[1] 西沐. 在文化繁荣发展中探索文化金融发展规律[J]. 中国资产评估，2018（3）：22-25.

[2] 李思遥. 商业银行养老金融业务模式分析[D]. 成都：电子科技大学，2019.

课题组成员简介：

郭志红　广东华兴银行行长

李文扬　广东华兴银行监事长

姚继志　广东华兴银行副监事长

陈定江　广东华兴银行监事会办公室主任

肖笑宇　广东华兴银行监事会办公室高级经理

专家评点：

本文结合广东华兴银行的实践，探索中小银行差异化发展文教健康金融的路径，分析了金融服务文教健康的现状、存在问题，并提出政策建议，认为中小银行服务文教健康产业，是实现差异化竞争的有效路径。整体而言，本文具有较强的政策参考价值。

专家简介：

徐现祥，中山大学岭南学院经济学教授、博导，国家社科基金重大项目首席专家。

立足本土，联动粤赣
——江西银行广州分行砥砺奋进

■ 江西银行广州分行
雷红云　沈强　毛欣炜　王希明烨　钟佳君

摘　要

江西银行广州分行作为江西银行（1916.HK）首家省外一级分行，自2010年进入广州市场以来，开设营业网点共6家，覆盖越秀区、天河区、海珠区、黄埔区。近年来，江西银行广州分行坚守定位，不断扩大规模，调整并确定了发展方向，依托在粤赣商的地缘、人缘优势，开拓特色化平台、产品与服务。同时，江西银行广州分行坚持党建引领高质量发展，在优化授信、防范风险、提升合规文化上不断发力。江西银行广州分行未来将进一步明确发展方向，服务实体经济，加深与在粤赣商的合作，深化团队文化建设，扩大品牌影响力。

江西银行广州分行作为异地城商行，始终坚持“立足本土、联动粤赣、服务实体、支持中小”的战略定位，依托500万在粤赣籍人士和5万家在粤赣商的地缘、人缘优势，通过筑牢基础、夯实管理、开放合作，全面提升规模和品质，致力于打造联动粤赣的金融板块承接人和江西对接粤港澳大湾区的金融桥头堡。

一、坚守定位，立足地方

（一）以城商行“排头兵”为目标，扩规模、调结构

自2010年成立以来，江西银行广州分行始终坚持以客户为中心，以市场为导向，深入践行“服务地方经济、服务中小企业、服务社区居民”的发展理念，2019年起在新领导班子的带领下，江西银行广州分行紧紧围绕“扩规模、调结构、加速跑”的发展主线，聚焦“党建引领、强化内控、重塑文化、提升业绩、亮出品牌”共5个方面，稳步推进全

面业务发展。

2021年，江西银行广州分行不断挖掘高质量发展的潜能，推动差异化经营，建立相对化优势，聚焦主责主业，不断提升金融供给质量，始终坚持与地方经济共生共荣、共同发展。跟紧地方经济转型步伐，盯紧粤港澳大湾区的重大发展机遇，因地制宜、因时制宜，充分发挥地缘优势、人脉优势，将自身优势与地方发展实际相结合，积极服务实体经济，不断拓展发展空间，引导更多资金投向重点领域和薄弱环节，服务好地方经济，服务好中小微企业，服务好城市居民。同时，江西银行广州分行始终致力于做大做强政务金融，努力构建更加完善的政务产品账户、系统和服务体系，取得了广州市财政国库集中支付、广州市非税代收等业务代理行资格，对接广东省不动产+金融“总对总”不动产登记系统，承办多项政务服务，政银关系、互信机制和业务网络不断强化和完善。

（二）利用区位优势，创新差异化经营

江西银行广州分行紧密结合广州区域经济发展特点、区位优势、区位重点产业发展情况，把握粤港澳大湾区战略实施带来的重大发展机遇，积极探索“赣商粤贷”“保费粤贷”“赣商联名卡”等创新业务，推广真情、亲和、出类拔萃的“真亲萃”优质服务，打造特色金融专业品牌，实现与本区域其他类型银行错位竞争、和谐发展。

持续强化对以广东省江西商会为代表的民营企业服务合作，围绕优化服务体系，降低融资成本，制定支持民营经济和民营企业发展的方案和措施，为他们提供更加优质、全面的金融服务，努力实现与民营经济共荣共兴。

未来3年，江西银行广州分行希望在全体人员的共同努力下，存贷款规模在广州本地区异地城商行占比不断提高，排名逐年进位，努力成为本区域城商行中质量最好、服务最优的金融服务机构。

（三）以服务在粤赣商为着力点，搭平台、优服务

地缘商会因其乡情文化符号、民企聚合体、自治等特点成为中国特色的社会组织，并双向嵌入所在地与乡籍地社会环境中。改革开放以来，大批赣籍人士奔赴珠三角创业发展。据统计，在粤赣籍人士超500万人，在粤创办各类企业5万多家，年创产值5000亿元以上，上缴税收200亿元以上，解决就业人数超400万人。其中，广东省江西商会于2009年5月成立，现有副会长以上核心单位130多个，15个专业委员会，35个团体会员单位，直属会员和团体会员单位共有两万多个。

江西银行广州分行立足于广州市优越的地理位置，牢牢把握粤港澳大湾区的区位优势，自2010年进入广州市场以来，开设营业网点共6家，覆盖越秀区、天河区、海珠区、黄埔区，同时作为江西银行首家省外一级分行，以地缘关系为基础，以乡情为纽带，借助文化脉络、本土认同、人文精神的共鸣，充分接触与江西省相关的商会、协会等社会团体，填补市

场与政府对民营企业所遗漏的“间隙”，聚焦小微企业融资难、融资贵、金融服务不足等痛点难点，与聚集企业家会员形成具有一定规模的社会组织架起桥梁，贯通政府与市场，深深嵌入在“两地”的经济系统之中，深入践行“服务地方经济、服务中小企业、服务社区居民”的理念，寻求突破发展的机会和空间。目前，江西银行广州分行资产规模已突破170亿元，累计发放表内外贷款近525亿元，为地方经济发展贡献了积极力量。

二、坚守初心，强基固本

（一）深化思想认识，提高政治站位，党建引领高质量发展

江西银行广州分行坚持以习近平新时代中国特色社会主义思想为指导，认真贯彻落实中央及省、市委的重大决策部署，推动基层党组织建设全面进步、整体过硬，形成了以党委带支部，以先进带中间促后进，以党建促发展的良好格局。江西银行广州分行始终坚持“党建与业务紧密结合，党委把好方向、谋好大局、保证落实”的工作思路，强化党支部主体责任、主场责任，凝聚全分行力量服务核心、服务大局。

高质量政治思想建设是高质量党建成果的首要环节，是政策性金融高质量发展的“源动力”。分行党委突出落实“活、新、实”三字诀，以提高政治站位，强化政治担当。

一是在党史党风学习机制上突出“活”。江西银行广州分行将在党建工作的统筹部署上进一步提高政治站位，提升重视力度，进一步转变工作作风，做到责任担当、统筹兼顾，奋力推进党建工作高质量见成效，为全行经营业务发展提供坚强的政治保障。扎实开展“学党史、感党恩”系列活动，根据党史学习教育要求，组织全体党员认真开展主题教育和实践活动，通过银商共建、歌唱红歌、主题演讲、知识竞赛等方式增强对党和国家的热爱，培育爱国热情，坚定民族精神。

二是在党建工作考核上突出“新”。2021年，江西银行广州分行根据总行制度并结合实际，制定党建考核党风廉政建设考核、办法，细化考核指标，提高考核标准，严格结果运用，真正实现党建工作与经营管理同部署、同落实、同考核。分行党委将坚持以政治建设为统领，作风建设为抓手，教育引导各基层支部牢固树立抓好党建是最大政绩的思想觉悟，增强“四个意识”，坚定“四个自信”，坚决做到“两个维护”。及时学习习近平总书记的最新重要讲话精神，推动学习贯彻习近平新时代中国特色社会主义思想融入日常，抓在平常。通过加强理论武装、严格组织生活、定期听取工作汇报、督促检查、强化监督考核、严肃问效问责等方式层层传导压力，督促基层党支部书记履职尽责，推动各项任务落地见效，促进广州分行事业高质量发展。

三是党建引领上突出“实”。围绕2021年实现“加速跑”这个目标，江西银行广州分行以提升党建质量为重点，抓实党建基础工作，提高党建工作带动各项经营工作的成效，形成

"党委领导、支部攻坚、党员示范"的多维度党建引领体系，同时联动"群工团"的组织建设工作，为促进分行持续、快速、健康发展提供坚强的政治保证和有力支持。广州分行党委以全面从严治党、从严治行为主线，抓班子、带队伍、聚人心、出成绩，把党建工作"融入基层、融入业务、融入人心"，以党建引领发展，以发展促进党建，实现"党建引领，业绩提升"的目标。

（二）提高处置能力、优化授信机制，稳步提升风险管理

一是未雨绸缪，对于新增逾期及不良贷款持续保持高压态势。广州分行持续夯实业务发展和风险管理的基础，2021年明确风险条线工作重点是严控出现新增逾期及不良授信。对于存在潜在违约风险的大额授信及普惠业务，做到密切关注，全面谋划，提早布局，及时做好风险防范。

二是苦练内功，不断强化全行风险意识，提升风控能力。广州分行结合外部政策变化，持续强化贷款合规管理，不断强化全行风险意识。首先是从组织制度培训入手，对监管机构及本行的制度文件进行集中学习和实操培训，进一步加强了全行信贷从业人员的风险合规意识。其次是有针对性地进行能力提升计划。为配合普惠业务发展，广州分行推出普惠业务主题培训，并下发了普惠业务尽调指引；针对普惠业务笔数多、金额小、贷后工作繁杂的特点，从贷后环节对客户经理进行了专项培训，重点解决贷后管理中的痛点和短板，切实提高贷后质量和效率。最后是找准瓶颈问题发力，针对以前贷时放款差错率高的问题，推出《江西银行广州分行提高放款效率活动方案》，旨在有效降低放款差错率。经过两个季度的执行，差错率由第一季度的13.95%下降至10.79%，放款管理初见成效。

三是建章立制，持续完善管理制度建设，强化基础风险管理能力。首先根据总行新制度精神和要求，并结合实际工作经验总结，及时修改并出台了9项管理办法、操作细则，对风险管理制度进行强化规范，包括面签核保、贷后管理、违约进程管理、放款审核、档案管理等方面。其次，通过持续开展制度执行情况回头看专项检查，找到关键薄弱环节，及时提示整改，将检查与培训有机结合，为业务发展提供指导。

（三）牢固树立风险合规意识，逐渐健全内部治理

2021年，江西银行广州分行以"强化案防合规管理年""家、创、梦"团队文化建设活动深化推进两大重点工作为中心，不断夯实案防合规管理基础。同时，努力构建江西银行广州分行全流程、全覆盖、全方位的案防合规管理体系，促进案防合规管理核心价值理念与经营业务发展相融并进，推进内部控制与服务质效共同提升的案防合规目标实现。

一是内部控制与资产质量稳步提升。一方面练好内功，严格落实"回头看"工作，严守失分点，确保问题不反复，确保广州分行合规运营、健康发展，确保不发生案件。另一方面通过提升信贷风险全流程控制能力，提升业务办理效率。重点从4个方面开展工作：一是严把准入关口，将风险审核流程前置，协同配合业务管理部门做好产品创新、产品落地等工作；二是优化业务流程，提高业务素质，提升后台支持业务发展的能力；三是拆解存量风险、隐性风险，提升广州分行资产质量水平，对具有较大风险隐患的企业主动作为，提前化解潜在风险，进一步提升广州分行资产质量；四是加强对业务全流程闭环管理，主抓关键环节，把降低差错率作为改进作业效率的一个重点方向，做实业务发展的基础管理。

二是案件防控与合规文化深耕厚植。今年，广州分行组织开展了深化推进“案防生命线”活动，研究制定《江西银行广州分行深化推进案防工作之“四类人员”管理实施细则》，开展“合规下基层”活动，将合规工作下沉，不断提升员工合规工作意识和业务操作水平，深耕厚植合规文化，促进内控合规与业务发展齐头并进。

三、坚守本源，文化提升

（一）谋定错位竞争，服务实体经济

江西银行广州分行以“六个求突破，三个走前列”为目标，抓住机遇，应对挑战，主动识变、求变、应变，回归金融服务本源。大力推进“云企链”、绿色信贷、交易银行等战略方案，以新的金融思维引领行动，引导金融活水流向实体经济和人民群众需要的地方。以人为本，夯实“外拓营销”工作，贯彻落实党中央、国务院关于落实“六稳”“六保”任务决策部署，积极走访重点对公客户，加强与客户的沟通联系，增进银企感情，密切银企关系，强化客户基础，深挖客户价值，实行重点客户分层认领各定期走访制度，在走访中主动了解客户需求，掌握企业资金动态，积极推动客户白名单准入、战略客户审批、贷款定价上报等工作，落实服务社会责任，在“实”字上面做文章。

一是深入服务广州市财政业务。2021年接入了广州市非税代收系统和授权支付系统，上半年已开始办理非税代收业务，财政授权支付系统已进入技术联调阶段，为当地政府、企业、居民提供更丰富的金融服务。截至2021年8月末，广州分行各项贷款余额77.01亿元，较年初增加46.95亿元，增幅156.19%。

二是聚焦支持本土经济发展。深入对接国有企业金融需求，出台国有企业专项营销方案，成立专项小组，试运行预审会机制，打通营销盲点、授信堵点、投放难点，践行“真亲萃”服务理念，为广州市国有企业提供便捷、优质、个性化的服务。截至2021年8月末，江西银行广州分行已为5家国有企业提供融资服务，金额近29亿元，普遍用于支持广州城市基础设施、高新技术产业、重大重点产业等领域。

三是金融有效支持实体经济。近年来广州分行不断加大信贷投放，结合广州大规模的城市更新规划，对标同业并依据实际情况，创新产品支持实体企业。紧跟粤港澳大湾区的战略定位和政策走向，加强公司条线产品服务能力，充分发挥产品引导作用，新增博远保理贷款

15亿元，知识城流贷10亿元等，截至2021年8月末，人民币对公贷款余额75.31亿元，较上年末新增49.67亿元。

四是完善支付体系，落实减费让利机制。广州分行通过一系列措施主动让利，全面落实减费让利机制惠企利民，不断降低消费者结算成本，以更优的服务助力实体经济高质量发展。从2020年6月起，广州分行承担及退回小微企业抵押物财险收入，后期范围扩大至所有授信客户，切实减轻企业负担，降低企业融资综合成本，针对银行账户管理服务，主动对客户在本行开立的唯一账户免费。加大对小微企业及个体户的支付业务支持力度，在扫码收款业务、银行卡转账业务等多方面进一步减费让利。积极响应监管政策，将抵押登记费、公证费等应由银行承担或客户双方共同承担的费用，均改为由银行承担。自2020年至今应由银行承担的抵押登记费、2020年至2021年7月须银行与客户共同承担的公证费，广州分行已主动全部承担，未由客户承担任何此类费用。此外，广州分行目前抵押物基本已转线上评估方式，通过“总对总”的方式由总行承担相关评估费用，少部分抵押物采用线下评估方式，费用由分行承担，客户在抵押物评估上无须承担费用。

五是服务企业融资。广州分行充分运用江银优贷、烟商贷、房抵快贷等贷款产品，满足企业在经营、发展过程中的资金需求。同时，为着力解决小微企业融资的难点、痛点问题，广州分行于2020年年底专门成立了普惠金融部，为继续做好“六稳”工作，强化“六保”措施提供强有力的支持，进一步打通金融需求与供给的对接瓶颈，全面助力实体经济持续健康发展。此外，为了充分发挥粤港澳大湾区中心城市，特别是和广州大市场的优势，广州分行面向广东省江西商会及各地市商会会员单位企业主推出了一款住房抵押类个人经营性授信产品——赣商粤贷，全方面对接商会会员单位的各项金融需求，加强服务本地实体企业。

（二）坚持开放合作，提供特色服务

2021年，江西银行广州分行贯彻落实“十四五”规划要求，持续做好“六稳”“六保”工作，服务实体经济，大力发扬创新发展拓荒牛精神，无论是推动高质量发展还是实现各项业务“加速跑”目标，都坚持差异化经营，坚持开放合作，以创新谋发展，以改革促转型，奋力在变局中创新局。以“立足本土、联动粤赣”为初心使命，继续深化与广东省江西商会的合作，加强与5万在粤赣商和500万在粤江西籍人士的互通互联，传承“红色基因”，打造“江西人在粤的主办行”人设，着力推动互利共赢的合作格局。

一是筑平台，建渠道，强化普惠金融服务。江西银行广州分行以“共建、共享、共创、共赢”为出发点和落脚点，以党建共建、资源共享、文化共铸三大方面为基础，全面落实与广东省江西商会战略合作，服务好同宗同源的赣商企业，充分发挥江西银行作为江西省自己的银行的作用。全面对接商会会员单位各项金融需求，为其提供专业、便捷、优质的金融服务。2021年，江西银行广州分行为在粤赣商推出“赣商粤贷”业务，针对优质商会会员企

业给予抵押率100%、24小时审结的专项支持政策，想“老乡”所想，急“老乡”所急。同时，为广州市中小企业推出“房地快贷”“烟商贷”“云企链”等特色产品，2020年普惠贷款增速达109.38%，2021年上半年普惠贷款增速达99.30%，累计向196户小微企业发放普惠贷款，为更多的中小民企解决融资难问题。

二是谋合作，搭桥梁，响应国家政策号召。银政合作搭建金融合作新桥梁。江西银行广州分行与广州市越秀区人民政府长期保持战略合作关系，主动响应区委、区政府的战略部署，积极响应各行政单位号召，通过贷款、票据、贸易融资、债券等投融资产品服务于国有企业、上市公司及民营小微企业。作为广州市社会保险基金增量资金保值增值存放银行，江西银行广州分行认真履行社保基金存放协议职责要求，强化内部管理，优化金融服务，有效确保资金安全运行。

三是优服务，树品牌，紧密联系当地商会。在深化与广东省江西商会会员企业的业务合作上，联合广东省江西商会为在粤赣商企业员工特别定制了专属联名信用卡——赣商联名卡，以及住房抵押类个人经营性授信产品——赣商粤贷，提升在粤赣商的聚集效应。

在前进发展的道路上，江西银行广州分行大力弘扬与时俱进、锐意进取、勤于探索、敢为人先的精神，把创新融入每一次的业务思考中。2021年在广州分行全辖开启“真亲萃”（真诚、真心，亲和、亲善，精华荟萃、精英荟萃）优质服务行动。分行党委书记、行长雷红云同志亲自起草撰写的“真亲萃”优质服务歌在各个网点传唱，全行的服务热情高涨，服务意识明显提升。通过前期的启动仪式、微信培训和督导检查，“真亲萃”优质服务已在全行全面铺开。为深入推进服务转型，广州分行引入专业外部咨询培训公司开展“真亲萃”优质服务提升项目，通过集中宣导和驻点辅导，全面带动外拓、厅堂、升级服务转型提升，打造自己的竞争优势。

（三）坚持文化输出，提高品牌影响力

近年来，江西银行广州分行正不断聚集文化软实力，2020年，广州分行党委创立了“家创梦”团队文化，倡导“爱行如家，当好看家人；创新求进，做个拓新人；逐梦前行，成为追梦人”的新风尚，并于当年启动该团队文化建设工作，团队文化建设贯穿全年各项工作举措，取得了良好的效果。同步创设员工成长学院和《尚进》杂志，为员工开辟出展现自我、提升自我的平台。2021年年初，广州分行继续以“家创梦”团队文化建设为主线，制定了以内控合规和不良处置为主的“家”文化建设工作、以业务拓展和信贷投放为主的“创”文化建设工作、以效能优化和服务提升为主的“梦”文化建设工作等15项重点工作，对内强化管理，对外优化服务，品牌影响力持续提升。

站在新的发展阶段，江西银行广州分行积极适应当前经济金融发生的深刻变化，以新的发展格局谋划各项工作，苦干实干，不断夯实高质量发展基础，抓紧抓细抓实各项工作

举措，通过更实的工作作风、更优的金融服务，积极服务经济发展大局，努力谱写新时代新篇章。

课题组成员简介：

课题组组长　雷红云　江西银行广州分行行长

课题组副组长　沈　强　江西银行广州分行行长助理

其他人员　毛欣炜　江西银行广州分行办公室主任

联系人　王希明烨　江西银行广州分行办公室文秘

核稿负责人　钟佳君　江西银行广州分行办公室副主任

专家评点：

这是一篇较完整的工作报告，详细介绍了江西银行广州分行砥砺奋进的主要做法与成就。期待江西银行广州分行立足经济发展新阶段，更积极地服务经济发展，努力开创新时代新篇章。

专家简介：

徐现祥，中山大学岭南学院经济学教授、博导，国家社科基金重大项目首席专家。

科技赋能金融，精准服务实体经济

——长沙银行广州分行推动金融数字化研究报告

■ 长沙银行广州分行

罗刚　付豪　赵伟　马琦　汪文桥

陈文兴　王鸿雁　姬霄汉　丁烨

摘　要

2021年是“十四五”开局之年，也是长沙银行在粤深耕的第十年。在新旧动能转换、国内国际“双循环”发展的新格局下，长沙银行将继续坚持实体经济为导向，积极推进金融领域供给侧结构性改革；依托新场景，创新小微金融产品，将零售业务批量服务的模式引入小微企业的经营中，构建金融生态圈；积极发展绿色金融，加快推动可持续发展理念全面融入经营管理，提升综合金融服务；以科技赋能金融创新为引擎，坚守金融责任与担当，完善一站式金融服务；以奋斗者的姿态扬帆起航，朝着“深耕湘粤的现代生态银行”目标行稳致远、勇毅前行。

一、金融科技发展背景

科技是国家强盛之基，创新是民族进步之魂。《中华人民共和国国民经济和社会发展第十四个五年规划和2035年远景目标纲要》（简称“十四五”规划）以及《广东省国民经济和社会发展第十四个五年规划和2035年远景目标纲要》明确提出，“打造数字经济新优势，充分发挥海量数据和丰富应用场景优势，促进数字技术与实体经济深度融合”，这是加快数字化转型的行动纲领，也为新时代加强金融与科技的深度融合指明了方向。

在我国社会经济发展的新阶段，加快构建以国内大循环为主体、国内国际“双循环”相互促进的新发展格局，是贯穿“十四五”及未来较长时期发展的战略纲领。在新发展格局中，中小微企业的作用日益凸显。如何助力中小微企业发展，如何发挥金融的力量支持实体经济快速复苏既是当下面临的重要问题，也是未来一段时间的重要主题。实际上，加强金融与科技的深度融合，发挥双方在助力实体经济发展方面的积极作用，既是顺应新一轮科技革命和产业变革的必然选择，也是构建新发展格局的创新举措，更是增强金融服务实体经济能力、防控金融风险、深化金融供给侧结构性改革的重要方向。

金融科技基于大数据、云计算、人工智能、区块链等一系列技术创新手段提升金融效率，金融科技的发展，会推动金融服务业务线上化、智能化，优化场景应用。在国际和国内层面，已经逐渐形成了科技赋能金融，助力实体经济发展的新模式、新探索。通过系统地梳理、研究这些发展模式，总结发展特征，能够更好地明确金融科技在服务中小微企业融资发展过程中承担的角色，更好地理解金融服务实体经济的内涵，更好地面向未来，走出一条新时代中国特色的新金融发展路线。

长沙银行广州分行紧跟中央以及广东省的数字经济发展战略，依托总行先进的金融科技手段，破解金融服务瓶颈，持续将信贷资源和金融服务向中小微企业引流，积极营造有利于实体经济发展的氛围，形成了具有长沙银行特色的金融科技服务体系。

二、长沙银行金融科技相关政策

近年来，长沙银行将金融科技作为实现高质量发展的关键突破口，全力打造“深耕湘粤的生态银行”，近三年投入IT（信息技术）建设的资金超过15亿元，形成了“16213+”的数字化转型的体系架构，构筑了包括智慧医疗、智慧校园、呼啦支付、快乐e家等开放共享的金融生态圈，核心业务场景已实现100%线上化，服务效率和客户体验实现大幅提升，成为中小银行拥抱金融科技的样本银行。

2020年9月，长沙银行联合腾讯、阿里、华为、中国银联、科大讯飞和湖南大学等48家单位共同组建了金融科技湘江生态联盟，共同打造金融科技的长沙高地，赋能中小微企业转型发展，推动长沙创新型软件业务发展。金融科技湘江生态联盟成立后，将组织企业、高校和科研院所等围绕长沙市金融科技产业完善产业链，实现金融科技产业上、中、下游的有效对接；实现创新资源的有效分工与合理衔接，建立标准体系，强化产业顶层设计，开展技术联合攻关，重点研究突破影响金融科技行业发展的关键、共性技术的技术瓶颈，逐步丰富与完善金融科技技术及标准体系。

长沙银行将借助金融科技湘江生态联盟外力，完善体制机制，全力打造开放平台。持续深化与头部企业和本土金融科技公司的战略合作，以“不求所有，但求所用”的胸怀，博采众长，让市场上的技术资源、人才资源、项目资源为我所用，推进前沿金融科技的快速落地和迭代升级，实现金融科技全面赋能。

（一）打造“16213+”数字银行体系

长沙银行的“16213+”数字银行战略体系形成“科技 + 金融 + 生态”的数字银行发展新模式，即基于云计算、分布式架构的多点多活的长行云数据中心，数据、产品、运营、财务、风险、人力六大智能中台，双网双柜、一致体验的数字渠道，赋能前线的智能营销平台，驱动本地生活生态、投行生态、投资生态三大生态，以及若干基于金融科技的创新应用。围绕“客户中心、价值导向”，大力推动业务产品线上化进程，便利客户自助办理业务，推进金融科技和业务创新融合发展，创新推广特色业务和优质服务，通过金融科技提升客户体验，服务好实体经济。

（二）大力推进智慧运营能力建设

通过应用人脸识别、OCR（光学字符识别）、远程视频等金融科技技术优化对公开户线上化流程，上柜时间由平均 50 分钟下降到 15 分钟，减少客户等候时间。构建了AI 基础能力平台，基本实现了“人工智能 + 全渠道”的立体化服务能力。2020 年远程银行智能服务替代率达 68%，数字员工产能相当于替代坐席 156 席。全年共上线 42 个智能语音导航场景机器人，智能导航分流率61.8%，平均一次性解决率达 86%。新智能文本机器分流率达 90.4%，全年维客量 117 万户。创新实现智能联想、知识图谱、广告弹窗、消息推送、千人千面、多轮对话等交互模式，为线上经营转型提供了技术支持。

（三）积极推广智能外呼服务

创设 17 项业务产品，创建 33 个外呼场景机器人，全年外呼规模达 168 万次。其中催收场景成功率达 45.71%，催收金额 3.12 亿元；快乐秒贷促申请场景意向客户率高达 69%，授信金额 1.1 亿元。智能外呼场景有效实现了与全行的业务融合，起到了降本增效作用。

三、广州分行以科技赋能支持实体经济

（一）加强数据贷产品研发，完善小微信贷服务，着力提高服务质效

长沙银行依托大数据、智能化风控系统等科技手段，针对中小微客户量身定做开发了自己的线上数据贷产品——“快乐e贷”系列，构建了“精准画像、批量获客、自动审批、智能风控、综合服务”的新型金融授信模式，为中小微企业提供触手可及、无处不在、精准直达的金融服务，切实提高中小微客户融资的可获得性。

2018年，长沙银行基于大数据智能审批模型，开发出“快乐e贷—税e贷”数据贷产品。“快乐e贷—税e贷”是以纳税人授权在税务部门的缴纳数据和法院、工商行政及司法部门相关数据作为主要依据，根据长沙银行大数据风控模型，以线上申请、自动审批、自助放款的模式向中小微企业发放的，用于支持企业短期生产经营周转的线上普惠贷款业务。截至2021

年8月末，全行“税e贷”业务贷款余额52.27亿元，有贷款余额客户5969户。

2021年7月，长沙银行与广东省税务局积极协调沟通，完成系统平台搭建，成为广东省内税局33家合作银行之一。2021年7月23日，经过多轮系统流程测试，“快乐e贷—税e贷”产品在广州分行正式上线。目前该产品主要面向客群为在粤湖南籍企业及黄埔园区高新技术企业，最高授信300万元，授信期限1年，无须抵押，可随借随还，提高企业融资效率的同时极大节约了企业融资成本。通过App、公众号进行申请，10分钟出额度，高效解决企业在日常经营活动中面临周转资金不足的问题。截至2021年8月31日，“税e贷”产品申请审批通过客户29户，授信额超1712万元，投放总额超3000万元。未来，该产品将逐步面向全广州市正常纳税企业开放，进一步在南粤大地贡献服务中小微企业的“长行方案”。

2019年，为进一步丰富数据贷产品，长沙银行上线“快乐e贷—政采贷”产品。“政采贷”产品是以政府采购供应商中的中小微企业为借款人，根据政府采购中标书及采购订单合同，通过电子渠道在线申请、自动审批、自助签约、线上支用的以未来应收账款作质押的线上普惠贷款业务，该产品授信额度最高1000万元，授信期限长达3年。产品上线至今全行政采贷业务累计授信39.2亿元，累计投放14.5亿元。

2021年4月份，“政采贷”产品在广州分行成功上线，长沙银行成为全国首家直联广东政府采购智慧云平台的城商行。对比其他直连广东省政府采购智慧云平台的同业产品，长沙银行“快乐e贷—政采贷”产品以92%通过率，件均0.3天审批时效独领风骚。客户通过1部手机，3个步骤，30分钟便可完成授信审批，“1330”口号在广州政采市场中打响了长行招牌，获得了客户的高度认可。截至8月31日，距产品上线仅5个月，累计授信已超7.5亿元，累计投放突破9450元。

（二）依托供应链优势，扩大金融服务覆盖面和影响力

“快乐e链—长链保理”是一款依托长沙银行供应链金融系统向供应链上核心企业及其上下游企业提供金融服务的金融科技创新产品。该产品主要围绕核心企业与其多层级供应商的赊销采购交易场景，基于长沙银行“快乐e链”平台或长沙银行与第三方供应链金融平台的合作，由融资申请人向长沙银行转让其持有的电子债权凭证所载记的应收账款，并发起保理融资申请，长沙银行为其提供无追索权保理服务，电子债权凭证项下付款用于偿还长沙银行保理融资。

对于核心企业的择取主要注重于：核心企业主业突出，有一定品牌优势、市场份额、有较强的经济实力和偿债能力，经营情况及财务状况良好，资质优良的上市企业、拟上市企业、行业龙头企业、国有控股企业或上述企业控股子公司，在金融机构无不良信用记录或恶意逃废债行为，在外汇管理局、海关、税务、工商等其他机关没有重大违规记录等情况，且原则上要求达到我行信用评级BBB+（含）及以上。

“长链保理”产品的主要业务优势，一是利用“快乐e链”平台实现线上融资申请、应收账款确权及转让通知、回款锁定，提高业务效率，降低了操作风险；二是利用核心企业丰富的供应商客群资源，并通过电子债权凭证可拆分可流转的优势，经多级流转后可有效扩大上游供应商群体；三是保理业务只占用核心企业在长沙银行的授信额度，无须占用融资申请人授信额度，提高业务办理效率，且还款来源锁定核心企业回款，可有效把控业务的信用风险。

2020年，广州分行通过与第三方中企云链平台的合作，开展了同类型业务，主要系围绕核心企业中建五局向其上游供应商提供无追索权保理服务，共计服务供应商企业52户，累计发放融资金额1.96亿元。此次合作，为长沙银行持续开展“快乐e链—长链保理”积累了丰富的业务经验。

（三）积极推广智能结算，优化金融服务模式

长沙银行上下贯彻“科技引领、移动优先”战略，推动科技与金融、生态与场景的深度融合，加快从“应用启动” 向“数字驱动” 的动能转换，逐步实现线上化、数字化和智能化转型。长沙银行现金管理智能结算业务是根据交易银行概念设计，针对企业日常生产经营过程中发生的采购销售等交易行为而提供的一揽子金融服务。现金管理业务是以企业客户为对象，以多种产品组合为内容，以账户管理为核心，以协助客户科学合理地管理资金为目的的银行综合产品和服务。主要结算产品及服务有现金管理平台（多级账簿、资金归集、虚拟账户）、银企直联、跨行财资云、单位结算卡等。

长沙银行现金管理业务系统以核心、前置、现金管理平台为运行环境，集成了新开发的面向企业客户的服务功能，具有开发性和扩展性的电子化金融服务平台，是超级版的“网上银行”。依托先进的现金管理平台，以账户管理为核心，组合运用收付款、流动性管理、投资理财等系列产品，为对公客户提供合理高效的本行账户资金管理综合金融服务。具体功能有账户查询、转账汇款、多层级审批、集团账户管理、资金归集、多级账簿（虚拟账户）等。

银企直联是指通过互联网或专线连接的方式，使企业的内部系统（如财务系统、ERP系统或资金管理系统等）与银行业务系统实现对接，企业可以直接利用自身的财务系统或者资金管理系统自主完成对其银行账户（包括分公司银行账户）的查询、转账、资金归集、下划、信息下载等功能，并在财务系统中自动登记相关账务信息，提高财务工作效率和资金的使用效率。

跨行财资云是长沙银行为企事业单位客户提供的一套资金管理软件，客户通过该系统与客户开立账户的各商业银行支持银企直联的系统进行对接，可实时获取开立在各银行的账户及交易信息，并向各行发送交易指令和接收反馈信息，将各银行的资金信息与内部系统进行自动的对账、结算等操作，帮助企业实现跨机构、跨银行的账户统一管理，满足银行账户实

时查询、转账、对账、回单打印等功能，对内可打通内部财务/ERP/费控等系统，最终帮助客户实现业务财务一体化的财资管理目标。

截至2021年6月30日，全行新增现金管理平台3000余户，新增银企直联客户224户，新增跨行财资云客户553户，新增单位结算卡客户近6000户。长沙银行现金管理智能结算业务在向客户提供更便捷智能化服务的同时，通过数据驱动、科技赋能等方式不断地提升产品创新，进而提升线上化、数字化、批量化、精准化服务的能力，构建现金管理+支付结算+贸易金融的智能化交易银行业务新模式。

四、长沙银行广州分行践行科技赋能存在的难点分析

（一）金融科技人才不足

金融科技以信息技术为核心，业务模式背后是庞大、复杂、相互依存的信息系统，在系统建设、维护上，需要投入大量的人力、物力，其中金融科技人才的不足是长沙银行广州分行在金融科技系统搭建中存在的最大难点。高度虚拟化、网络化、数字化的移动金融体系客观上造成了比传统银行风险更大的复杂性。云计算、大数据等金融科技的金融服务高度依赖线上渠道，全时全地在线运营和持续积累，多种客户行为和金融交易数据这些特点很容易引发操作风险、运行风险和信息风险。

（二）建立金融科技模型的经验不足

金融科技模型能够有效分析来源多样、格式多元的海量数据，解决传统的管理手段根本无法及时有效的处理、识别、预警隐藏在这些数据背后的风险。金融科技可以协助银行内部合规、运营、风控等部门解决信息不对称，消除信息壁垒，提升管理的穿透性。但金融科技监管模型的建立，需要历史数据的积累。因各个银行面临的客群差异化，在数据的原始积累上，长沙银行无法直接借鉴国有银行、大型股份制商业银行的监管模型，需要结合自身情况，创建出符合本身业务发展需要的金融科技模型。

（三）金融科技在普惠金融中应用深度不足

2019年，长沙银行广州分行提出“做小”战略，要求重点发展普惠金融，这也是金融科技难点所在。近年来，长沙银行在依托金融科技手段、发展数字普惠金融方面取得了一定成效，形成了一些典型模式。例如，在小微企业经营数据不完善的情况下，运用税务、征信、外部风险等方面的替代性数据，推出“税e贷”“易得贷”“呼啦快贷”等产品，打通普惠信贷服务的最后一公里。因获得的数据信息有限，在做深、做透小微企业方面，上述产品仍存在明显短板。长沙银行广州分行作为异地城商行，在广州地区起步晚、基础弱，面对广州市场激烈的竞争环境，客群建设难度大，进而导致科技金融创新缺乏大数据支撑。

五、面对难点，寻求解决之道

（一）加强金融科技人才队伍建设，着力吸引和培养数字化人才

激活银行业体系人才退出和流动机制，加强员工培训，丰富员工的知识结构，提升综合素质，提前布局，进行专业岗位后备人才库的建设。积极通过产学研的合作，与国内外高校、金融科技企业开展密切的合作，增加社会招聘，大力吸引和培养金融科技人才，为长沙银行广州分行业绩的转型提供有力支撑。

（二）建立以用户体验为中心的互联网思维，由以往被动型的经营模式，转变为主动获客，从根本上改变银行的经营管理理念

通过建设金融档案，为各类决策提供智能支持。加强科技与业务的融合，并创新金融科技管理体制，寻找风险防范和创新发展的平衡点，探索通过共享数据，嵌入外部商业生态系统开放银行模式，提升平台用户转化为银行客户的能力。

拓展新渠道、平台和场景，实现商业模式变革。通过借鉴中企云链产品，推出具有长沙银行特色的“长链保理”产品、利用场景消费模式推出“乐分期”等大额消费产品。长沙银行金融科技的发展为满足多元化、移动化、个性化的消费金融需求奠定技术基础，基于大数据、人工智能等金融科技手段有助于识别和开放依附于各个消费链条上的场景，并通过自建消费场景，或借用社交平台、电子商务平台、金融科技信息平台场景，将金融服务嵌入场景中，实现场景与金融服务的无缝对接。

（三）加强数据治理，信息保密工作，防范操作风险

金融科技是新兴产物，在传统金融业务与金融科技的融合过程当中，可能引发一系列操作风险，进而导致系统性风险。长沙银行已对数据信息管理建立专人负责、层层审批的内部监管体制，新模型的推出，需要经过反复验证，风险前置评估，做好防灾准备。

通过发展金融科技，进一步打造大数据平台，实现信贷流程的低成本管理。在客户营销环节，通过对海量数据分析、挖掘，掌握客户的行为特点和交易习惯，形成个性化营销解决方案，推出符合各类群体需求和风险偏好的信贷产品，从“依据经验”到“依据数据”，实现对客户的精准营销；在授信审批环节，大数据技术能够扩展信用数据的边界，将一些非传统信用数据作为非常重要的信用评估来源。过去银行评估客户信贷偿还能力，基本依靠银行流水、固定资产等显性数据信息。但通过收集用户数据，利用客户评分模型、违约预测模型可以更加精准地定位客户的偿债能力。在贷后管理环节，建立风险预警信息系统，将财务信息与非财务信息、还款还息资金来源与贷款资金去向等资金流数据进行收集整合，实现实时的风险防控与客户监测，用于风险的提前预警与化解。

（四）面对激烈的市场竞争环境，广州分行另辟蹊径，通过金融科技赋能寻求差异化竞争

目前广州分行推出“税e贷”产品，聚焦湘籍客户，通过“乡情”联动，引入数据化审批模型，通过高效、便捷的方式获得湘籍客户认可，迅速建立基础客群；通过“政采贷”产品，利用首家城商行与广东政府采购智慧云平台数据直连的优势，运用科技赋能手段，30分钟审批模式，在市场竞争中打响品牌。未来，通过数据积累、经验复制，“税e贷”和“政采贷”产品将面向更多的中小微客群开放。

捕捉中小微企业及新兴领域的信贷需求，提高信贷风险识别和控制能力，将成为广州分行未来业务发展的另一支撑点。

四、结语

“十四五”期间，长沙银行将继续坚持以实体经济为导向，贯彻新发展理念，以金融科技为驱动，持续赋能业务创新发展，用“金融 + 科技”重塑新金融“水利基础设施”，让金融活水源源不断地流向实体经济最需要的地方，坚守金融责任与担当，完善一站式金融服务；以奋斗者的姿态扬帆起航，朝着“深耕湘粤的现代生态银行”目标行稳致远、勇毅前行。

参考文献：

[1] 李东荣. 发展金融科技的重点和难点在普惠金融（在2019第三届中国互联网金融论坛讲话）[EB/OL]. https://baijiahao.baidu.com/s?id=1653175522172821204&wfr=spider&for=pc. 2019.

[2] 张明宏. 商业银行转型之金融科技篇：科技为转型赋能，同质化风险[EB/OL]. https://www.sohu.com/a/352220964_788107. 2019.

课题组成员简介：

课题组组长　罗　刚　长沙银行广州分行行长

课题组副组长　付　豪　长沙银行广州行长助理

其他人员　赵　伟　公司业务管理部总经理

马　琦　中小企业管理部总经理

汪文桥　公司业务管理部总经理助理

陈文兴　中小企业管理部总经理助理

王鸿雁　公司授信客户经理

姬霄汉　公司授信客户经理

联系人　丁　烨　综合文秘

核稿负责人　陈文兴　中小企业管理部总经理助理

专家评点：

这是一份较完整的研究报告，较详细考察了长沙银行广州分行推动金融数字化的现状、取得的主要成绩、面临的主要问题，并提出相应建议。希望这份报告能够助力长沙银行朝着“深耕湘粤的现代生态银行”目标勇毅前行。

专家简介：

徐现祥，中山大学岭南学院经济学教授、博导，国家社科基金重大项目首席专家。

聚焦湾区
布局未来

粤港澳大湾区债权市场融合发展分析

■ 顺德农村商业银行
张珩 雷锐

摘 要

自推进粤港澳大湾区建设以来，中央及广东省出台多项重要政策，为大湾区债权市场融合发展奠定了制度基础。本文分析了大湾区中资美元债市场以及在岸与离岸人民债券市场发展情况、债券通平台助力湾区债券市场融合发展情况、大湾区非标债权资产跨境交易制度建设情况等粤港澳大湾区债权市场融合发展状况；研究了大湾区新基建发展的融资需求、金融科技的发展、人民币国际化进程的新阶段为粤港澳大湾区债权市场融合发展带来的机遇；最后提出了相应的政策建议。

2019年2月，中共中央、国务院发布《粤港澳大湾区发展规划纲要》。2020年5月，央行等四部委发布《关于金融支持粤港澳大湾区建设的意见》。7月，广东省发布《关于贯彻落实金融支持粤港澳大湾区建设意见的实施方案》。2021年4月25日，广东省"十四五"规划正式发布，文件指出，"坚持以服务实体经济为导向，做大做强现代金融产业。优化金融空间布局，推进粤港澳大湾区金融市场互联互通，携手港澳共建国际金融枢纽。"至此，粤港澳大湾区金融市场融合发展的顶层设计基本形成，市场融合以稳健速度推进，其中债权市场融合发展取得较好成绩。具体表现如下：粤港澳大湾区中资美元债市场持续平稳发展，在岸与离岸人民债券市场日趋活跃，非标市场资产类型逐步丰富，资产跨境流动趋于常态化。粤港澳大湾区金融融合发展的大环境，叠加新基建、金融科技发展、人民币国际化进入新阶段的背景，湾区内债权市场进一步融合发展将面临新机遇。鉴于债权市场是金融市场的重要组成部分，研究粤港澳大湾区三地债权市场融合发展，意义重大。

一、粤港澳大湾区债权市场融合发展状况

随着《关于金融支持粤港澳大湾区建设的意见》和《关于贯彻落实金融支持粤港澳大湾区建设意见的实施方案》两份文件的发布，粤港澳大湾区金融市场融合发展，在政策层面和落实层面获得强有力的支持。上述文件明确提出，要加快金融市场和金融基础设施互联互通，促进粤港澳大湾区跨境贸易和投融资便利化以及深化内地与港澳的金融合作，稳步扩大跨境资产转让业务试点等。相关政策为大湾区内金融资产的跨境流动与交易提供了制度保障，加快了大湾区三地债权市场融合发展途径的多元化进程，促进了债权市场资产数量与种类的扩大。具体表现为，标准化资产跨境交易日趋活跃并逐步走向正轨，以及非标资产种类的不断增多。

（一）粤港澳大湾区中资美元债市场规模持续扩大，在岸与离岸人民债券市场日趋活跃

中资离岸债市场规模逐步扩大，其中中资美元债市场占比最大，越来越多企业选择在此市场进行融资。从表5-1可以看出，自2016年至2021年上半年，中资美元债余额逐步扩张，由1385.23亿美元上升至8399.89亿美元，余额同比增速保持较高水平。虽然2021年以来同比增速较之前有所下滑，但依然维持在较高的水平上。其中，粤港澳大湾区主体发行的中资美元债余额保持同步增长，且同比增速维持在更高的水平上，占粤港澳大湾区中资美元债余额的比重持续攀升，由2016年的8.43%上升至2021年上半年的23.46%。中资美元债主要由中资地产债、中资金融债、中资城投债三大类构成，粤港澳大湾区的中资美元债发行主体以地产与金融机构为主，截止到2021年6月末，两类余额分别占大湾区中资美元债余额的42.83%和25.95%，相比2020年末分别上升0.64个百分点和下降0.32个百分点，占比总体保持稳定。

表5-1 中资美元债规模

单位：亿美元

项目		2016年	2017年	2018年	2019年	2020年	2021上半年
中资美元债	余额	1385.23	3043.27	3889.22	5598.84	7518.39	8399.89
	同比增速	37.79%	119.69%	27.80%	43.96%	34.28%	11.72%
大湾区市场主体	发行余额	116.84	498.10	756.33	1208.65	1714.18	1970.60
	占比	8.43%	16.37%	19.45%	21.59%	22.80%	23.46%
	同比增速	43.80%	326.31%	51.84%	59.80%	41.83%	14.96%

数据来源：万得信息技术股份有限公司

近几年来，香港离岸人民币债券市场稳步发展，规模持续上升，同比增速维持在较高水平，但总规模较小，截至2021年6月末余额为903.85亿元。点心债的发行主体主要为国家政

策性银行及其驻港机构、驻港金融机构以及香港当地企业，如中国农业发展银行、国家开发银行及其香港分行、中国进出口银行、中国银行（香港）有限公司、交通银行股份有限公司香港分行等。粤港澳大湾区内主体发行点心债的规模保持同步上升趋势，余额由2017年末的25亿元，上升至2021年6月末的140.5亿元，同比增速远高于市场总规模增速，占市场总规模比重稳步并快速抬升。这主要是由于近年来大湾区企业主体发行点心债积极性较高，其已成为点心债主要发行主体并带来余额占比的持续提升。未来，随着“一带一路”沿线建设持续推进、人民币国际化进程持续加速等因素，香港点心债市场将迎来发展机遇，大湾区企业可通过境内与境外、人民币与美元构成的多层次融资体系进行市场融资。

表5-2 香港点心债市场规模

单位：亿元

项目		2017年	2018年	2019年	2020年	2021上半年
香港点心债	余额	499.40	524.00	653.40	783.40	903.85
	同比增速	0.00%	4.93%	24.69%	19.90%	15.38%
大湾区主体	发行余额	25.0	35.0	63.0	73.0	140.5
	占比	5.01%	6.68%	9.64%	9.32%	15.54%
	同比增速	0.00%	40.00%	80.00%	15.87%	92.47%

数据来源：万得信息技术股份有限公司

由于资本流出监管仍旧趋严，熊猫债市场整体发展水平不高。2019年、2020年两年的发行规模分别为598.4亿元、586.5亿元，相比于2018年大幅下降30个百分点以上。2021年以来，熊猫债发行势头较好，上半年发行额已接近2020年全年水平，同比增长42.61%。2020年以来出台的多项债券市场改革制度，使得债券市场的对外开放程度加大，熊猫债发行市场活跃度逐渐上升，2021上半年的发行规模大幅增加。从粤港澳大湾区发行主体来看，其发行熊猫债的规模近两年来逐步攀升，2021年上半年同比增速达到181.19%，增速明显较熊猫债总发行规模更快，占总规模的比重保持同步上升，达49.05%。目前，熊猫债的发行主体仍以中资和港资背景为主，大湾区境内发行主体主要集中在深圳、广州和佛山。同时，“一带一路”沿线地区、欧洲地区等境外主体的发行规模明显增加，总体上熊猫债市场的发行主体呈现多元化趋势。

表5-3 熊猫债发行情况

单位：亿元

项目		2016年	2017年	2018年	2019年	2020年	2021上半年
熊猫债	发行总额	1300.4	719.0	948.9	598.4	586.5	579.0
	同比增速	900.31%	-44.71%	31.97%	-36.94%	-1.99%	42.61%
大湾区主体	发行额	903.4	421.0	598.0	153.0	205.5	284.0
	占比	69.47%	58.55%	63.02%	25.57%	35.04%	49.05%
	同比增速	1907.56%	-53.40%	42.04%	-74.41%	34.31%	181.19%

数据来源：万得信息技术股份有限公司

（二）债券通平台助力湾区债券市场互联互通

2017年7月债券通正式启动，至2021年上半年，通过债券通平台发行的债券达1954只，发行规模为9.78万亿元。从区域分布来看，长三角地区主体发行债券通产品的规模明显高于大湾区。从发行主体来看，金融机构发行债券通产品规模占主导地位。

表5-4 债券通发行情况

单位：万亿元

债券通平台	总发行规模	9.78
	金融机构发行规模	8.34
	非金融机构发行规模	1.44
大湾区主体	发行规模	0.44
	占比	4.50%
长三角地区	发行规模	0.86
	占比	8.79%

数据来源及说明：万得信息技术股份有限公司，数据截至2021年6月30日。

2020年粤港澳大湾区主体发行债券通产品规模达1502.51亿元，同比增长24%，占债券通平台发行规模的5.05%，较前略有提升。2021年上半年，大湾区主体发行债券通产品740亿元，同比增长16%，占债券通平台发行规模的4.23%，占比略有下滑。

表5-5 大湾区债券通发行情况

项目		2017年	2018年	2019年	2020年	2021上半年
债券通平台	总发行规模/亿元	7648.39	18,670.12	24,238.00	29,734.16	17,474.41
债券通平台	大湾区主体发行规模/亿元	60.00	837.38	1211.73	1502.51	740.00
	大湾区主体发行规模占比	0.78%	4.49%	5.00%	5.05%	4.23%

数据来源：万得信息技术股份有限公司

总体来看，粤港澳大湾区跨境债权市场仍有较大的发展潜力，中资美元债、点心债、熊猫债市场规模，相较于大湾区经济规模，尚有较大发展空间，实际也处于持续发展过程中。同时，债券通平台进一步为大湾区债权市场融合发展带来源源不断的动力，但大湾区主体发行债券通产品的规模占比仍较低，且不及长三角地区，债券通平台之于大湾区债权市场融合的作用有待进一步提高。

（三）粤港澳大湾区非标债权资产跨境交易制度不断完善

粤港澳大湾区在资产跨境转让便利化方面争取到先行先试的机会，2017年国家外管局印发《关于深圳市分局开展辖区内银行不良资产跨境转让试点业务有关事项的批复》，同意授权深圳外汇局在辖内开展为期一年银行不良资产跨境转让试点。2018年6月，国家外管局广东分局批准设立银行不良资产跨境转让业务试点，将不良信贷资产跨境出让主体，从银行放宽至持有不良资产的机构或个人。2020年3月，国家外汇管理局广东省分局、国家外汇管理局深圳市分局发布《关于外汇管理支持粤港澳大湾区和深圳先行示范区发展的通知》，将粤港澳大湾区内试点机构跨境资产转让的类别，从不良信贷资产扩充到银行贸易融资信贷资产。2020年5月《关于金融支持粤港澳大湾区建设的意见》、2020年7月《关于贯彻落实金融支持粤港澳大湾区建设意见的实施方案》以及2021年4月广东省“十四五”规划等文件的发布，进一步完善了大湾区探索非标资产跨境转让的政策框架，带动了非标资产跨境交易市场的发展。

二、粤港澳大湾区债权市场互联互通的机遇

（一）粤港澳大湾区新基建发展带来融资需求

2021年上半年，广东省人民政府在银行间市场发行专项债1062.06亿元，其中用于基础

设施建设的专项债发行规模为646.87亿元，融资主要用于产业园和交通基础设施建设等，成本处于3.21%至3.92%。深圳市人民政府2021年上半年发行在银行间市场的专项债规模为192.03亿元，其中用于基础设施建设的专项债发行规模为18.34亿元，融资主要用于产业园和城乡冷链物流基础设施建设等，成本处于3.15%至3.8%。“十四五”期间是粤港澳大湾区新基建投入加速发力阶段，5G系统建设、数据中心建设、新能源汽车充电桩建设、城市规划建设等基础设施建设工作，均需要大量资金的投入，都离不开政府支持，以及对社会资金的引导使用，粤港澳大湾区新基建市场容量巨大，前景可期。

表5-6　2021年上半年粤港澳大湾区主要基础设施专项债发行情况

债券全称	发行日期	发行金额/亿元
2021年广东省市政和产业园区基础设施专项债券（一期）—2021年广东省政府专项债券（二十期）	2021-04-20	102.53
2021年深圳市（本级）城市轨道交通专项债券（一期）—2021年深圳市政府专项债券（四期）	2021-05-28	82.20
2021年广东省交通基础设施专项债券（七期）—2021年广东省政府专项债券（三十二期）	2021-06-08	82.02
2021年广东省交通基础设施专项债券（二期）—2021年广东省政府专项债券（五期）	2021-04-20	74.33
2021年广东省市政和产业园区基础设施专项债券（四期）—2021年广东省政府专项债券（四十七期）	2021-06-08	69.61
2021年广东省交通基础设施专项债券（四期）—2021年广东省政府专项债券（七期）	2021-04-20	48.38
2021年广东省市政和产业园区基础设施专项债券（三期）—2021年广东省政府专项债券（二十二期）	2021-04-20	46.43
2021年广东省交通基础设施专项债券（一期）—2021年广东省政府专项债券（四期）	2021-04-20	44.30
2021年广东省市政和产业园区基础设施专项债券（六期）—2021年广东省政府专项债券（四十九期）	2021-06-08	40.22

数据来源：万得信息技术股份有限公司

（二）金融科技发展为债权资产跨境交易提供重要技术保障

将金融科技应用于债权资产流转与金融监管，为大湾区债权市场融合发展提供技术保障。跨境金融区块链服务平台是国家外汇管理局创新应用金融科技搭建的跨银行区块链生态系统，于2019年10月开始在广东省试点，是国家级区块链平台。自跨境金融区块链服务平台试点推广以来，外汇局广东省分局积极试点和推广“出口应收账款融资”“企业跨境信用信息授权查证”“资本项目收入支付便利化真实性审核”“服务贸易对外支付税务备案信息网上核验”等多个应用场景，取得了显著成效。截至2021年4月底，广东省分局辖内银行通过跨境金融区块链服务平台为884家企业发放出口贸易融资贷款210亿美元，试点业务规模居全国首位。以区块链平台作为应收类等债权资产的流转平台，形成不可篡改的流转、质押等记录，有效化解了债权类资产流转的“痛点”。随着金融科技赋能的持续推进，跨境金融区块链服务平台应用逐步扩大，大湾区债权资产流转的便利性将进一步提升。

（三）人民币国际化进程进入关键阶段，助力大湾区金融融合发展

当前，人民币国际化进程已进入关键阶段，大湾区作出重要贡献。环球银行金融电信协会（SWIFT）发布的数据显示，2021年6月，在主要国际支付货币中人民币排在第五位，人民币支付金额占所有货币支付金额的 2.5%，较去年同期上升0.7个百分点。2021年第一季度，在国际货币基金组织（IMF）官方外汇储备货币构成（COFER）中人民币排在第五位，人民币在全球外汇储备中的占比为2.5%，较2016年人民币刚加入特别提款权（SDR）篮子时上升1.4个百分点。2020年，深圳人民币跨境收付量位列全国第三位，占全国人民币跨境收付总额的8.7%。中国内地与香港地区的人民币跨境收付金额占到跨境收付总额的46.0%，货物贸易中使用人民币结算占全部货物贸易跨境人民币结算的42.2%，此两项在境外主体中占比最高。因此，大湾区可借助人民币国际化的契机，大力促进金融市场的融合，同时为人民币国际化的进程提供金融支持。

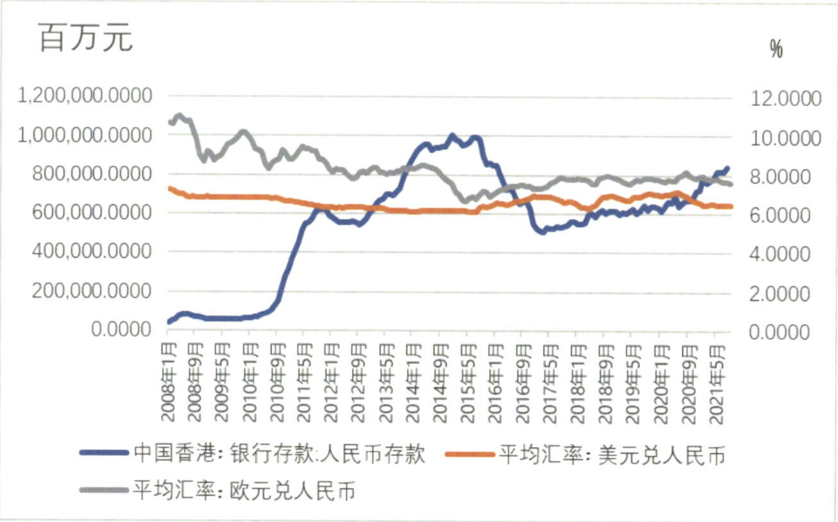

数据来源：万得信息技术股份有限公司

图5-1　离岸人民币存款与人民币汇率

三、粤港澳大湾区债权市场融合发展的建议

一是粤港澳大湾区债权市场融合发展应以服务实体经济为核心，稳步有序扩大跨境转让

的债权资产类别。二是拓宽并加深金融科技应用，为市场发展与监管升级提供技术支持。三是强化监管协调，降低债权资产跨境流动的法律监管风险。

课题组成员简介：

课题组组长　张　珩　顺德农村商业银行行长

课题组成员　雷　锐　顺德农村商业银行研究员

专家评点：

该研究报告主题突出，内容丰富详实，文中表格等数据部分完备得当，对文章分析的支持能力较强，对“粤港澳大湾区债权市场的融合发展”具有一定实用性和现实意义。作者有一定语言表述功底，专用术语使用准确，整体较为流畅清晰。

专家简介：

沈军，暨南大学南方高等金融研究院副院长、暨南大学经济学院金融系主任。

关于粤港澳大湾区“跨境理财通”业务发展前景分析及政策建议

■ 澳门国际银行广州分行

郭奕明　潘一龙　黄兆鑫　余丹　周璇

摘　要

“跨境理财通”业务指粤港澳大湾区内地和港澳投资者通过区内银行体系建立的闭环式资金管道，跨境投资对方银行销售的合资格投资产品或理财产品。本文基于粤港澳大湾区社会经济情况和“跨境理财通”业务发展前景分析，选取4家极具代表性的银行，调研其对“跨境理财通”业务的探索研究情况，指出“跨境理财通”业务的操作难点包括：粤港澳三地对销售人员、销售流程和投资产品的要求不统一，“跨境理财通”业务面临的反洗钱、汇率波动等金融风险增加，且投资者准入和跨境开户也存在一定障碍。最后，提出“跨境理财通”业务相关政策建议：（一）明确跨境销售要求，细化跨境销售流程；（二）优化业务流程，提升风险防控能力；（三）适度放开参与要求，建立投资者分类管理机制；（四）简化开户流程，提高业务开展便利性。

2020年6月29日，中国人民银行、香港金融管理局、澳门金融管理局发布联合公告，决定在粤港澳大湾区开展双向“跨境理财通”业务试点。2021年9月10日，《粤港澳大湾区“跨境理财通”业务试点实施细则》（简称《细则》）正式颁布。这是金融支持粤港澳大湾区建设的重要举措，有助于深化内地与香港澳门金融合作，促进粤港澳大湾区居民个人跨境投资便利化，也是加快我国金融市场对外开放，实现内地与港澳社会经济共同发展的有力支持。

一、“跨境理财通”业务简介[①]

（一）“跨境理财通”定义

“跨境理财通”业务指粤港澳大湾区内地和港澳投资者通过区内银行体系建立的闭环式资金管道，跨境投资对方银行销售的合资格投资产品或理财产品（以下统称“投资产品”）。“跨境理财通”分为“北向通”和“南向通”。其中，“北向通”指港澳投资者在粤港澳大湾区内地代销银行开立个人投资账户，通过闭环式资金管道汇入资金购买内地代销银行销售的投资产品；“南向通”指粤港澳大湾区内地投资者在港澳销售银行开立个人投资账户，通过闭环式资金管道汇出资金购买港澳销售银行销售的投资产品。

（二）“跨境理财通”业务监管基本要求

1. 合资格银行准入要求

《细则》对跨境理财通内地参与银行及港澳地区参与银行均提出一定准入要求。其中要求：内地参与银行须是在粤港澳大湾区内地9市注册法人银行或设立分支机构；要求参与银行建立“跨境理财通”业务配套人员、制度及系统，以满足资金闭环汇划和额度管控要求，并需建立“跨境理财通”投资者权益保护及投诉纠纷解决相关机制。而港澳银行均须与纳入试点范围的合资格内地银行签署“跨境理财通”业务合作协议。

2. “跨境理财通”账户管理要求

“跨境理财通”投资者仅可选择一家银行办理“南向通”或“北向通”业务，且只能开立一个投资户和一个汇款户。

投资户与汇款户之间须建立资金闭环汇划关系，确保汇款户是投资户“南/北向通”资金来源的唯一账户和“南/北向通”资金原路汇回的唯一账户，“南/北向通”资金仅限于购买港澳代销银行/内地合作银行销售“南/北向通”投资产品。不得把投资户的资金划转至其他账户，不得把投资专户的资产作质押等用途。

3. 合资格投资产品

“跨境理财通”合资格投资产品，指在监管机构政策框架下容许销售的各类金融产品。

（1）“北向通”投资产品范围包括：

①内地理财公司（包括银行理财子公司和外方控股的合资理财公司）按照理财业务相关管理办法发行，并经发行人和内地代销银行评定为“一级”至“三级”风险等级的固定收益类、权益类公募理财产品（现金管理类理财产品除外）；

②经内地公募基金管理人和内地代销银行评定为“R1”至“R3”风险的公开募集证券投资基金。

① 本文内容根据广东六家“一行两局”金融监管机构、香港金融管理局、澳门金融管理局2021年9月发布的《粤港澳大湾区“跨境理财通”业务试点实施细则》相关规定整理。

（2）“南向通”合资格理财产品

①澳门方面：澳门银行销售的“南向通”理财产品仅限于“低”至“中”风险且非复杂的理财产品，包括定期存款、债券及基金，当中基金指按1999年11月22日第83/99/M号法令获许可在澳门设立的投资基金，以及在香港设立且获澳门金融管理局认可在澳门销售的公募投资基金。

②香港方面：香港银行销售的投资产品（不包括透过香港交易所交易和交收的上市产品）经销售该产品的香港银行评定为“低”风险至“中”风险及“非复杂”的投资产品和存款，投资产品包括在香港注册成立并经香港证监会认可的基金和债券，存款包括人民币、港元和外币存款。

4. 投资者要求

（1）“北向通”投资者要求为：持有港澳居民身份证，并经香港银行或澳门银行认定为具备投资能力的香港或澳门居民（包括永久性和非永久性居民，且要求香港居民不属于弱势社群）均可参与“北向通”。

（2）“南向通”投资者要求为：具有完全民事行为能力；具有粤港澳大湾区内地9市户籍或在粤港澳大湾区内地9市连续缴纳社保或个人所得税满5年；具有2年以上投资经历，且满足最近3个月家庭金融净资产月末余额不低于100万元人民币，或者最近3个月家庭金融资产月末余额不低于200万元人民币；此外，香港金融管理局要求香港地区投资者须经香港银行评估为不属于弱势社群客户方可参与“跨境理财通”业务。

5. 额度管理

“跨境理财通”业务试点总额度暂定为1500亿元人民币，单个投资者投资额度为100万元人民币。

二、粤港澳大湾区社会经济情况分析

（一）粤港澳大湾区总体经济情况

1. 强劲的经济活力

粤港澳大湾区由11个城市组成，是包括香港和澳门两个特别行政区，以及广东省的广州、深圳、珠海、佛山、中山、东莞、肇庆、江门、惠州等九市组成的城市群。经过改革开放40多年的发展，大湾区正在逐步形成中高级区域产业结构，粤港澳大湾区内地9座城市已具备雄厚的制造业基础，而香港和澳门作为全球经济发达地区，产业结构高端且相对稳定。2020年，粤港澳大湾区两区九市的地区生产值总量约为11.37万亿元[①]，占同期全国经济总量

①数据来源：广东省统计局、香港政府统计处、澳门统计暨普查局。

的11.19%。强劲的经济活力为“跨境理财通”的发展创造了基础和条件。

2. 强大的金融实力

根据最新发布的全球金融中心指数报告，粤港澳大湾区稳占全球前十大金融中心的两席。基于港澳独特的国际地位及粤港澳大湾区金融市场体系的优势，粤港澳大湾区可通过香港和澳门实现粤港澳大湾区对外联动，内地各城市则是粤港澳大湾区的内生力量，内地与港澳合作彰显粤港澳大湾区国际金融中心优势以及强大的金融实力，这也是提高“跨境理财通”产品多样性的长久动力。

（二）粤港澳大湾区人口情况

1. 人口稠密，增速快

粤港澳大湾区总面积5.6万平方公里，与东京湾、旧金山湾、纽约湾为代表的国际湾区对标，粤港澳人口及面积均大幅领先于其他三大湾区，蕴含着巨大的财富管理市场。如表5-7所示，大湾区2019年常住人口达到7,264.92万人，比上年增加近150万人。珠三角九市常住人口占粤港澳大湾区人口总量的88.74%，香港和澳门两个特别行政区分别占10.32%和0.94%；人口增长率为2.32%，超过同期大湾区2.09%的平均水平，分别比香港、澳门高2.08 %和0.49%。

表5-7　粤港澳大湾区人口基本情况

指标	2015年	2016年	2017年	2018年	2019年
年末人口/万人	6,669.92	6,800.69	6,957.16	7,115.98	7,264.92
珠三角九市	5,874.27	5,998.49	6,150.54	6,300.99	6,446.89
香港	730.97	737.71	741.31	748.25	750.07
澳门	64.68	64.49	65.31	66.74	67.96
人口密度（人/平方公里）	1,193.00	1,217.00	1,244.00	1,273.00	1,299.00
珠三角九市	1,073.00	1,095.00	1,123.00	1,150.00	1,177.00
香港	6,607.00	6,668.00	6,700.00	6,763.00	6,779.00
澳门	21,276.00	21,144.00	21,205.00	21,669.00	22,065.00

数据来源：《2019年广东人口发展状况分析》（粤统办函［2001］6号）

2. 人口呈老年化趋势

从表5-8可见，粤港澳大湾区呈现出“两头低、中间高”的明显特征，即少儿人口（0~14 周岁）和老年人口（65 周岁及以上）占比相对较低，成年人口（15—64 周岁）的比例较高。老年人口占比9%，与全国范围人口老龄化①的趋势一致。但由于人口出生率及人口流动、迁移等原因，尤其是外来人口规模相对较大，使得广东人口老龄化进程比港澳有所减缓。

表5-8 2019年广东省及港澳地区人口年龄分布

年龄段	广东省		香港		澳门	
	人口/万人	占比/%	人口/万人	占比/%	人口/万人	占比/%
0—14 周岁	1875.62	16.28	87.60	11.67	8.95	13.17
15—64 周岁	8608.49	74.72	525.66	70.00	50.93	74.94
65 周岁及以上	1036.89	9.00	137.66	18.33	8.08	11.89
总计	11,521.00	100.00	750.92	100.00	67.96	100.00

数据来源：《2019年广东人口发展状况分析》

3. 高净值人士数量多

根据胡润研究院发布“2020年百富榜”的榜单，粤港澳大湾区上榜总人数达590位，其中深圳共有275位，新增84人，成为当年上榜企业家增量最多的城市。该机构2019年发布的数据也表明，粤港澳大湾区持有超过600万元人民币可投资资产的高净值家庭有452,010户，是全世界最富有的大都市带。从投资者投资能力的角度分析，随着大湾区经济的加速发展，高净值人士数量将在未来几年继续攀升，对多元化和丰富性的投资产品需求也将日趋旺盛。

（三）粤港澳大湾区理财市场情况

制度差异、历史发展和经济水平差异等因素，造就了粤港澳大湾区内地和港澳地区的理财市场不同的特色，成为粤港澳大湾区金融融合的一种独特优势。

1. 港澳市场情况

香港作为全球金融中心，市场开放且规范，金融产品较为丰富，为各大机构和个人提供了各种融资渠道和金融产品。此外，在香港，银行持有香港证监会颁发的牌照方可销售投资产品，包括存款、基金、结构性产品、证券、外汇和债券等。澳门的金融产品种类与香港类似，澳门金融管理局是监管当地所有金融活动的唯一监管机构。金融机构销售投资产品必须获得澳门金融管理局的批准，并且只能通过当地监管认可的金融机构进行分销。

① 根据1956年联合国《人口老龄化及其社会经济后果》确定的划分标准，当一个国家或地区65岁及以上老年人口数量占总人口比例超过7%时，则意味着这个国家或地区进入老龄化。

2. 内地市场情况

根据《商业银行理财业务监督管理办法》（以下简称“《办法》”）的定义，内地银行所发行的理财产品指商业银行接受投资者委托，按照与投资者事先约定的投资策略、风险承担和收益分配方式，对受托的投资者财产进行投资和管理的金融服务。《办法》中规定，理财产品根据募集方式分为公募理财和私募理财；根据投资性质的不同，又分为固定收益类理财产品、权益类理财产品、商品及金融衍生品类理财产品和混合类理财产品。

银行业理财登记托管中心发布的《中国银行业理财市场年度报告（2020年）》显示，2020年公募理财募集资金占全部理财产品的98.62%，底层投资以固定收益类为主，固定收益类理财产品占理财产品存续余额的84.34%，混合类产品占比15.36%，权益类产品占比0.3%。总的来说，内地理财产品以中低风险公募固定收益类产品为主。

（四）小结

内地与港澳金融产品具有自身金融市场的特色，但形式不尽相同，各有优劣，这些不同之处，正是内地和港澳金融市场互联互通的内生动力。港澳零售市场权益性和衍生品产品较为丰富，缺乏稳健的固定收益类投资品，老龄化人群的增加导致对稳健类理财需求增长。随着国内金融业不断开放，内地投资者以人民币开展全球资产配置、分散市场风险的需求日益旺盛。“跨境理财通”不仅为整个粤港澳大湾区金融市场跨境联通带来新思路，也将为中国内地和港澳投资者提供更多符合其自身需求的理财产品选择。

三、“跨境理财通”业务发展前景分析

（一）推动粤港澳大湾区内金融机构业务升级

“跨境理财通”业务对于粤港澳大湾区内的金融机构来说是挑战更是机遇。对于内地的金融机构来说，为其跨境理财服务提供了广阔的业务空间。同时，面对产品体系更加成熟的港澳产品的竞争，也激发其在产品设计和系统研发过程中以客户为中心，在适应市场需求的同时提升风险防控能力，不断丰富金融服务的深度和广度。对于港澳地区的金融机构而言，“跨境理财通”将为其开辟通往超25万亿元①内地理财市场的路径，将进一步巩固香港作为亚洲财富管理中心的地位，促进澳门金融市场的繁荣。

此外，跨境开户和支付等技术问题，将是粤港澳大湾区内金融机构均面临的新课题。“跨境理财通”业务开展将带动社会公众和金融机构在内地设立银行账户的业务需求大幅增长，因此大湾区内的银行可以通过提高科技投入和人员培训，加大力度开发异地开户等便利性业务。

---

① 数据来源：银行业理财登记托管中心《中国银行业理财市场年度报告（2020 年）》。

（二）促进粤港澳大湾区财富管理市场的发展

粤港澳大湾区内人口稠密，高净值人士众多，财富管理市场庞大。同时，粤港澳三地理财市场的差异，使得湾区居民个人跨境投资需求旺盛。对比海峡两岸暨香港、澳门财富市场情况，内地投资理念更为“稳健”，以存款、银行理财为主，且内地银行存款利率普遍较香港地区高；香港地区投资理念则较为“进取”，更倾向于持有股票，投资者股票持有规模远超存款规模。但过去两年，受“修例风波”、新冠病毒疫情影响，香港面临经济下滑和失业潮危机，导致香港居民投资理财心态产生变化，更倾向于选择相对稳妥的投资产品，整体风格更趋稳健。

此外，港澳地区均面临人口老龄化，内地稳健、收益固定的投资品进入香港和澳门市场，预期可弥补港澳两地在老年理财市场的投资品缺口。业内普遍认为“跨境理财通”业务开展初期，“北向通”交易将较为活跃，后续随着横琴粤澳深度合作区、前海深港现代服务业合作区等重要建设规划的落地，结合香港金融产品更多元角度展望，长远来看“南向通”亦将日趋活跃。

（三）进一步深化粤港澳大湾区互联互通、互融互通

近年来，内地为服务国家对外开放新格局、有效服务实体经济，持续稳妥推动金融市场的双向开放，通过QDII（合格境内机构投资者）、QFII（合格境外机构投资者）、债券通、沪港通、深港通、基金互认等政策安排，满足境内外投资者跨境投融资需求。沪港通、深港通等推出后，境外2017—2020年净流入A股1.20万亿元，其中，2020年净流入A股2089.32亿元。2020年沪深净流入港股2150亿港元，预计2021年有5000亿—6000亿元 。

目前，以沪港通、深港通、债券通为代表的互联互通机制蓬勃发展，反映出中国香港与内地市场很强的互补性。而“跨境理财通”业务推出后，粤港澳大湾区的互通投资范围将从证券市场投资向更普遍的中低风险投资拓展，大湾区投资者将实现更便捷、更广泛的双向投资。同时，“跨境理财通”首次允许个人投资者直接跨境开设和操作投资户口，有更大的自主度去选择理财产品，为普通个人投资者参与境外资本市场提供了机会，将进一步打通资产投资壁垒。

（四）加快人民币国际化进展

过去几年，通过QDII、QFII、债券通、沪港通、深港通、基金互认等政策安排，确保内地金融市场在风险可控的前提下，能以最低的制度成本有序引进境外投资者，推动人民币资本账户可兑换，同时也为在岸市场进一步开放和发展积累经验。在此基础上，《细则》明确“跨境理财通”使用人民币作为跨境汇划和结算资金，资金兑换在离岸市场完成，将增加人民币资金的跨境流动和使用，推动离岸人民币业务发展，深化人民币资本账户开放。此举亦为国际市场提供更多种类的人民币资产，进一步吸引国际资本增持人民币资产，促进人民币离岸市场的发展，并与在岸市场的对接和配合，有利于大幅提升国际上人民币资产的持有量，加快人民币国际化进程。

四、“跨境理财通”和“债券通”“股票通”“跨境保险通”的差异

“跨境理财通”是继“股票通”[①]“基金互认”及“债券通”之后，我国金融市场双向开放的又一里程碑。同时，监管部门也正在探索推进“跨境保险通”。“跨境理财通”与“债券通”“股票通”“跨境保险通”主要存在以下区别：

（一）投资者受众不同

参与“股票通”的境内投资者仅限于机构投资者以及证券账户和资金账户余额不低于人民币50万元的个人投资者；参与“债券通”的投资者则主要为机构投资者。

与“股票通”“债券通”的互联互通机制不同，“跨境理财通”是首个专为个人投资者而设的互联互通机制，同时，正在监管探索阶段的“跨境保险通”也是面向个人投资者。

（二）展业地域不同

“债券通”的展业地域为内地与香港。“股票通”的展业区域为内地（深圳、上海）与香港。“跨境理财通”展业地域则为在粤港澳大湾区内地9市，以及香港和澳门地区。“跨境保险通”由于暂未出台，展业地域未定，预计也在粤港澳大湾区内，包括香港和澳门地区。

（三）投资产品不同

从“跨境理财通”与“债券通”“股票通”“跨境保险通”这四款业务的名称即可知道，它们的投资产品分别为理财、债券、股票、保险。但“跨境理财通”的投资产品范围不仅仅是理财产品，就“南向通”而言，它的投资产品范围包括定期存款、债券和公募基金；就“北向通”而言，它的投资产品范围包括内地理财公司发行的理财产品、公募基金。

（四）业务载体不同

“债券通”是通过经中国人民银行认可的境内电子交易平台可与境外交易平台建立连接，实现香港与内地债券市场交易流通债券的机制安排。“股票通”是以沪深港三地交易所为载体，建立市场连接，并对订单进行路由，从而实现投资者跨市场投资。“跨境保险通”则计划设立大湾区保险服务中心，以推进业务落地。“跨境理财通”则是通过银行体系实现投资者购买湾区内合资格投资产品。

（五）业务币种不同

“跨境理财通”要求以人民币进行结算。“股票通”要求投资者以人民币作为交易货币，投资者须以人民币进行投资。“债券通”则允许境内投资者可使用人民币或外汇参与“南向通”。“跨境保险通”由于暂未出台，结算币种未定。

---

① 又称“沪深港通”“港股通”。

表5-9 “跨境理财通”与“债券通”“股票通”“跨境保险通”的区别

类型	展业地域	业务载体	业务币种	投资者类型	投资产品
跨境理财通	粤港澳大湾区	银行	人民币	个人	“北向通”：理财、公募基金 “南向通”：定期存款、债券、公募基金
债券通	内地与香港	经中国人民银行认可的境内电子交易平台	人民币或外币	机构	银行间债券市场的债券
股票通	内地（深圳、上海）与香港	上交所、深交所、港交易所	人民币	机构及个人	股票
跨境保险通	粤港澳大湾区	大湾区保险服务中心	未定	个人	保险，如跨境医疗、人寿保险和航运保险等

综上可知，“跨境理财通”与“债券通”“股票通”“跨境保险通”存在一定差异，但是四者之间不会对彼此的正常运行造成影响，反而可以更好地实现优势互补，为投资者跨境投资提供广阔的渠道，多样化的选择，进一步促进我国资本市场双向开放。

五、银行探索“跨境理财通”业务的调研

（一）粤港澳大湾区内银行总体情况

粤港澳三地金融机构呈现跨境合作与共同发展的局面。以银行业为例，港澳银行拥有丰富的跨境服务经验，而广东地区银行拥有丰富的客户资源和网点资源。通过“跨境理财通”合作，港澳银行可借助后者资源发展零售客户和中小企业客户，而广东地区银行可通过港澳银行进一步开拓境外市场，实现协同发展。

放眼整个粤港澳大湾区，已有超过200家银行在广东省开设业务。在香港和澳门则分别有160余家和30家持牌银行，其中，有21家银行集团在港澳地区和大湾区内地城市提供银行服务，这里面又有16家在大湾区内地城市和港澳地区同时设有零售财富管理业务。这些银行集团在开展“南向通”和“北向通”业务方面就有更为有利的条件，可通过集团内部客户转介，更便利地获取客户。可见，粤港澳银行三地交叉展业模式较为成熟，此基础上开展“跨境理财通”业务必存在广阔的合作空间。

（二）银行探索“跨境理财通”业务的调研情况

1．工商银行

工商银行根据监管部门统一部署安排，筹备试点开办的各项业务准备工作。工银亚洲联同中国工商银行广东分行及深圳分行开展“跨境理财通”业务，按照“专户管理、资金闭

环、用途可控、手续便捷”思路设计，整合集团的经营优势，创新建立跨境理财服务机制，支持推动粤港澳大湾区内地居民和港澳居民通过工商银行湾区机构的一体化服务，实现客户跨境、双向购买金融理财产品。现已完成了“跨境理财通”业务的系统搭建、产品设计、风险防控等业务准备工作。工商银行根据大湾区客户的财富管理需求及特点，首批遴选了200余只产品，供湾区合格投资者购买。

2. 招商银行

招商银行作为一家总部扎根于粤港澳大湾区的股份制银行，跟随粤港澳大湾区一同成长。2020年6月监管联合公告正式发布后，招商银行积极响应，由总行零售财富部牵头，在集团层面成立“跨境理财通”专项小组统筹推动“跨境理财通”业务，并将相关部署及时传达至湾区内下辖分行机构。

招商银行按照“专属账户，封闭管理，风险可控”的指导精神积极开展“跨境理财通”配套制度修订和系统建设等准备工作，并着手规划“跨境理财通业务平台”。为了充分发挥协同效应，招商银行与其全资子公司招商永隆银行、招银理财一同打造具有招行特色的“跨境理财通”服务体系，利用集团内各机构在本地的客户资源和产品优势，以“实时联动”为要求对相关系统进行升级与对接，力争给港澳客户带来最便捷、最贴心的服务，实现南北向通双向发展。

此外，根据现有业务的推进情况，招商银行在提高存量客户开户便利性、消费者权益保护及大湾区居民账户管理制度等方面进行了一定的思考和探索。

3. 汇丰银行

汇丰银行于1865年在香港开业，是粤港澳大湾区内大型的外资银行之一，网点遍及港澳地区以及广东省全部21个地级市，在大湾区内有超过5000名员工专门为高净值客户提供财富管理服务[①]。

在2020年6月29日联合公告正式发布后的一年多时间里，汇丰银行进一步投资数字渠道和系统建设，成立了包括粤港两地的财富管理及个人银行业务团队的管理人员，加速推进“跨境理财通”等大湾区互联互通机制的准备工作。同时，借鉴此前参与“沪港通”“深港通”“债券通”等的经验，进一步完善业务流程、额度管理、跨境风险防范以及投资者权益保障等方面的管理机制。

为保障“跨境理财通”业务顺利开展，汇丰银行做好了各项准备工作，包括确定业务的合作伙伴，建立人力、IT系统、产品和服务。为更好地协助客户参与这一跨境投资新机制，汇丰银行在大湾区内共设立了约60家“跨境理财通”中心，配备专门的服务团队为客户提供开户及业务咨询等服务。大湾区客户在其“跨境理财通”中心开立专项账户后，可通过数字化

① 数据来源：汇丰银行（中国）有限公司网站。

移动服务平台投资超过100个精选理财产品。

4. 澳门国际银行

澳门国际银行是澳门地区资产规模排名前列的银行，在澳门有13家分支机构，拥有完整的业务人员队伍和渠道资源，经营业绩稳步向上。2017年起，澳门国际银行精准布局湾区内多家分支机构，已开设广州分行、佛山支行、东莞支行、惠州支行、横琴粤澳深度合作区支行，具备丰富的跨境双市场经营经验①。

2020年6月29日联合公告正式发布后，澳门国际银行迅速响应，联合其境内广州分行积极筹备"跨境理财通"业务。澳门国际银行已建立健全的"跨境理财通"业务管理办法及相关操作指引，搭建了"跨境理财通"业务系统，为"跨境理财通"业务的开展做了充分的准备，各项开办条件均已落实。在此基础上，澳门国际银行将利用其专业的投研能力和跨境服务能力，为投资者的跨境理财投资提供便利的渠道和丰富的品种。

（三）银行对《细则》提出的问题及建议

表5-10 部分银行对《细则》提出的问题和建议

银行	对《细则》提出的问题及建议
工商银行	（1）建议监管部门进一步明确银行对"跨境理财通"投资者合资格标准的审核要件 （2）目前代销业务的纠纷类型主要有销售端纠纷和产品纠纷，需要产品发行机构和销售银行一起为客户解决。建议同意代销相关主体均能参与"跨境理财通"业务的纠纷处理
招商银行	（1）建议明确线上双录标准。目前港澳居民无法进行线上人脸识别，建议监管部门推出替代方案 （2）建议开放"北向通"代理见证开立Ⅱ类户
汇丰银行	（1）建议简化银行申请"跨境理财通"业务的报备流程 （2）投资者跨境开户存在困难，建议放开内地银行代理见证开户 （3）跨境营销方面，建议在风险可控的情况下，允许内地银行客户经理为港澳投资者提供销售建议
澳门国际银行	（1）建议适度降低投资者的参与要求，尤其是"南向通"投资者参与要求，有利于一般投资者跨境参与风险较低的稳健产品 （2）建议放宽"北向通"投资产品范围，增加结构性存款 （3）建议简化同一银行系统内"跨境理财通"投资专户的开户流程，提高投资者开户的便利性

① 数据来源：澳门国际银行股份有限公司网站。

通过上述调研情况可知，各大中外资银行高度重视“跨境理财通”试点的准备工作，从业务合作、系统搭建、风险管理等方面积极筹备，并在跨境开户、纠纷处理、跨境营销等方面进行思考探索，旨在通过参与“跨境理财通”业务扩大投资者基础，拓展投资业务的渠道和市场，为银行财富管理业务带来新的业务机遇。

六、“跨境理财通”业务操作难点

（一）粤港澳三地监管要求差异

1. 销售人员资格差异

内地销售理财产品一般需要通过银行内部的理财销售资格或者通过银行从业资格考试的“个人理财”科目。而在香港所有从事投资产品销售的人员均必须持有证监会牌照。澳门金融管理局则要求将银行安排不同的职员从事金融产品销售和一般银行业务，买卖金融产品或就产品提供意见的员工应具有CFA（特种金融分析师）、CIIA（注册国际投资分析师）、CFP（国际金融理财师）等认可专业、行业或学术资格，可与香港部分资格互认。上述差异将会对跨境销售人员提出更高的业务要求。

2. 销售流程差异

内地监管机构通过发布《办法》等监管文件列明了有关银行销售理财产品的销售流程、产品适用性和销售前中后的信息披露等要求。香港银行则需要持有香港证监会颁发的牌照方可销售投资产品。香港金管局和香港证监会对投资产品、产品适用性及信息披露具有严格的要求。在澳门销售投资产品必须获得澳门金管局的批准，并且只能通过当地认可的金融机构进行分销。

3. 投资产品分类差异

根据现已发布的《细则》，“北向通”和“南向通”合资格投资产品有所不同。从产品风险的角度来看，“北向通”合资格投资产品为“R1”至“R3”风险等级，而“南向通”合资格投资产品限于低至中风险且非复杂的产品，产品风险分类略有差异。从产品种类的角度来看，“北向通”合资格投资产品包括具有内地特色的非保本净值化理财产品（现金管理类理财产品除外）和公开募集证券投资基金，而“南向通”合资格理财产品包括存款、债券及在澳门或香港设立基金，较“北向通”增加了存款和债券等两种类别。

综上所述，粤港澳三地对销售人员、销售流程和投资产品的要求并不统一，将增加银行经营“跨境理财通”相关业务的法律和合规风险。

（二）反洗钱、汇率波动等金融风险增加

“跨境理财通”业务将进一步推动跨境资金的流动，会对新金融产品及支付方式产生更大的需求。这些新产品给金融业带来商机的同时，也将衍生新的跨境金融监管风险，特别是反洗钱风险。与其他湾区相比，粤港澳大湾区是在“一国两制”的框架内建设，区域内有3个单独关税区，3种法律体系，3种独立货币，诸多制度不兼容问题使得粤港澳三地反洗钱的信息交流、联合办案等方面存在局限性。

此外，“跨境理财通”以人民币结算，境外投资者须先将外币兑换为人民币，如此将面临产品赎回或到期时再次换汇产生的汇率风险。

（三）投资者准入限制

粤港澳大湾区内人口稠密，且老龄化程度高，大众投资者基数大。而《细则》对投资者的准入要求较严格，尤其是“南向通”，对于投资者投资年限及投资资产均提出一定的标准，大众投资者参与具有一定难度。此外，目前《细则》规定“跨境理财通”仅限粤港澳大湾区居民参与，对于有意向参与港澳投资的国内其他地区居民尚未准入。

（四）跨境开户限制

根据《细则》的要求，合资格的内地投资者可选择由内地合作银行代理港澳销售银行见证开立“南向通”投资户，但并未明确“北向通”投资户可通过“代理见证”模式进行，港澳居民仍须跨境前往内地销售银行网点临柜开立投资账户并完成首次认购产品前的风险评估流程。考虑到目前境内外仍受新冠疫情影响，港澳居民前往内地开户将不利于疫情防控。此外，港澳地区内有部分投资者极少或从未出境，“北向通”的跨境开户要求无形中增加了投资者进入屏障，降低了投资者办理“北向通”业务的便利性，对“北向通”的发展有一定的阻滞影响。

七、小结与政策建议

开展大湾区“跨境理财通”业务将推动大湾区互通互联更广泛、更深入地发展，更好地服务大湾区经济社会民生发展。银行作为“跨境理财通”参与实体，应进一步加强相关研究与探索，基于粤港澳大湾区国家战略部署及政策，积极搭建自身“跨境理财通”业务体系，更好地履行作为金融机构服务实体经济，促进社会经济发展的社会责任。基于“跨境理财通”业务的操作难点，提出“跨境理财通”业务相关政策建议如下：

（一）明确跨境销售要求，细化跨境销售流程

“跨境理财通”业务落地后，进一步扩大了粤港澳大湾区财富管理市场，也对财富管理行业参与者提出了更高要求。基于粤港澳三地监管要求的差异，建议监管出台跨境销售资格认定，可考虑为粤港澳三地银行销售人员者提供统一的资格认可考试和程序，或梳理粤港澳三地现有以合资格投资产品为基础的资格牌照，明确各区域所需持有牌照的种类。同时，出台跨境销售流程指引，明确并细化跨境销售行为规范。

（二）优化业务流程，提升风险防控能力

银行须根据监管机构的各项要求，检视自身业务准备情况，并做好相关准备工作，加大力度建设更高水平的销售渠道并提高客户服务能力，包括做好产品研发、合作机构筛选、代

销产品准入、网点布局、人员培训及消费者权益保护机制等准备工作。此外，严格按照两地监管要求制定“跨境理财通”反洗钱、反恐怖融资和反逃税规定，对“跨境理财通”资金闭环管理，对“跨境理财通”客户进行资格审定，督促境内外机构严格按照监管规定及本行制度依法合规开展“跨境理财通”业务。

（三）适度放开参与要求，建立投资者分类管理机制

建议在银行对投资者进行充分尽职审查的基础上，加强投资者适当性管理。按照投资者风险承受能力和投资产品风险等级匹配的原则，适度降低投资者的参与要求，针对不同产品的风险特点设置不同的投资者要求，有利于一般投资者跨境参与风险较低的稳健产品，分散投资风险。

（四）简化开户流程，提高业务开展便利性

现行开户过程中，银行已核实开户客户的个人信息并开展必要的尽职调查，信息掌握较为全面，建议参照《细则》中“南向通”投资户代理见证开户的模式，允许港澳银行为合资格的港澳投资者提供“北向通”投资户见证开户服务，提高“北向通”业务开展的便利性。同时，鼓励金融机构不断升级自身科技系统，利用人脸识别等技术辅助提高账户实名制管理的水平，强化信息保护机制，降低远程开户的风险。

此外，对于在港澳地区和大湾区内地城市均提供服务的银行集团，其体系内拥有较为统一的客户身份识别机制、客户信息管理体系和保护机制，有利于信息交互和保密。建议允许上述银行集团为存量客户办理“跨境理财通”业务时采取简化流程，客户可选择通过所在地的集团内机构开户、授权代理人跨境开户或远程开户等方式离岸开立“跨境理财通”投资专户，在风险可控的前提下提高投资者开户的便利性。

参考文献：

[1] 辛继召．南方财经全媒体集团，广东粤港澳大湾区研究院，21世纪经济报道．粤港澳大湾区跨境理财报告（2020）[R/OL]．2020：67-68.

[2] 德勤，澳洲会计师公会．蓄势待发：粤港澳大湾区跨境理财通[EB/OL]．2020：8-9、14-15.

课题组成员简介：

课题组组长　郭奕明　澳门国际银行副总经理兼广州分行总经理

课题组副组长　潘一龙　投行和资产管理部主管

其他人员　黄兆鑫　投行和资产管理部助理总经理

余　丹　投行和资产管理部理财业务处处长

周　璇　投行和资产管理部理财产品经理

专家评点：

该研究报告内容新颖且有想法，全文结构合理科学，逻辑思路清晰，数据和分析深入，语言流畅简洁，内容翔实且格式得当，政策建议对粤港澳大湾区发展“跨境理财通”业务有一定作用。

专家简介：

沈军，暨南大学南方高等金融研究院副院长、暨南大学经济学院金融系主任。

南航财务公司开展集团跨境资金集中管理工作的探索与实践

■ 中国南航集团财务有限公司
陈永洪　曹艳东　宋英东

摘　要

在中国南方航空集团有限公司（简称“南航集团”）的统一领导和支持下，为有效落实国家“十四五”发展规划中的金融工作思路和决策，适应南航集团国际化战略发展要求，中国南航集团财务有限公司（亦作“南航财务公司”，简称“南航财司”）应用国家外汇管理局最新政策，搭建了一套在我国跨国集团企业中，具有先进性的境内外、本外币一体化资金集中管理体系。本文通过系统总结南航财司开展集团跨境资金集中运营管理工作的关键历程、主要措施、具体模式、工作成效及下一步工作思路，致力于为相关企业的跨境资金管理工作提供借鉴和参考。

一、南航集团跨境资金管理历程

（一）2016—2018年：搭建境外“四大区域”现金池

2016年，南航集团授权中国南方航空股份有限公司（简称“南航股份”）作为主办企业，按照国家外汇管理局（简称“外汇局”）《跨国公司外汇资金集中运营管理规定》（汇发〔2015〕36 号）要求，申请并获批外汇资金集中运营业务主办企业资格。南航股份采取综合采购方式，确定区域最具优势的工行、中行、花旗、汇丰四家银行，先后搭建起欧洲、亚太、美加、澳新四大境外区域现金池，构建了分区域监控管理的境外账户体系。同时，南航股份在工行开立外汇国内主账户和国际主账户，通过银行电汇和网上银行的方式，实现了对南航股份境外营业部经常项目资金的归集。

（二）2019—2020年：建成南航集团跨境资金池

2019年3月，外汇局印发《跨国公司跨境资金集中运营管理规定》（汇发〔2019〕7号），对汇发〔2015〕36号进行了更新，着力推进跨境贸易和投融资自由化便利化。为完善南航股份外汇资金集中运营业务功能，南航财司抓住外汇局政策更新的契机，以主办企业的身份承接了股份公司外汇资金集中运营管理工作，搭建集团跨境资金池，进一步扩充了入池成员单位和合作银行范围，丰富了业务币种，打通了经常项目和资本项目资金跨境双向往来通道，提升了南航集团跨境资金风险管控能力，为南航集团全球司库建设奠定了基础。

（三）2021年：深化南航集团跨境资金管理功效

2021年，南航财司持续优化南航集团跨境资金集中运营管理模式，以“广州/香港”为双支点，充分联通境内外金融市场，着力推动跨境资金双向融通和货币兑换，有效降低了南航集团资金成本，实现了粤港澳大湾区金融资源的互联互通。同时，南航集团将加快推进人民币跨境使用作为落实我国构建“双循环”新发展格局的重要举措。为此，南航财司积极响应集团要求，结合南航集团成员单位跨境人民币的使用场景，积极构建安全、高效、便捷的人民币跨境结算通道。

二、财务公司作为主办企业的重要意义

（一）符合财务公司功能定位

国务院国资委和中国银保监会对中央企业财务公司的基本定位是发挥“四个平台”功能作用，服务集团资金集中管理，提高集团资金使用效率。南航财司成立于1995年，有着25年的发展历程，了解集团主业发展情况和集团产业链延伸情况，并同步了解集团各板块业务及项目建设情况，对集团成员单位的资金运作特点和业务需求也有着更为深入的理解。以财务公司为主办企业，开展集团跨境资金集中运营管理工作，是中央企业准确把握财务公司功能定位，发挥财务公司专业优势，提高集团资金集中管理水平的重要举措。

（二）有助于充分发挥财务公司金融属性优势

财务公司作为非银行金融机构，具有产融结合的专业优势，拥有更多的金融产品和政策优惠。南航财司已获得监管评级1B，随着经营范围的扩展，金融服务手段将更加多元，而这些金融服务属性优势，也将更好地服务南航集团及成员单位，有效帮助集团将跨境资金集中运营管理工作向纵深发展。

（三）促进财务公司向现代司库职能转型

在南航“大运行建设”取得显著成效的背景下，南航集团提出“大司库”资金管理理念。2020年，南航集团财务部与南航财司共同组建司库业务联合工作组，加快推进南航集团司库体系建设，进一步明确了南航财司作为南航集团司库实施平台的功能定位。以南航财司为主

办企业搭建南航集团跨境资金池，将助力南航集团财务部与南航财司在司库业务上的有效协同和深度融合，在强化南航集团战略管控能力的同时，也推进了南航财司向现代司库职能转型。

三、南航财司开展跨境资金集中运营管理的主要措施

（一）搭建南航集团跨境资金池

南航财司将工行和中行确定为合作银行，开立国内资金主账户，并将6家境内成员企业、2家境外成员企业及57家境外营业部纳入跨境资金池管理，集中外债额度4.9亿美元，对外放款额度33亿美元，并制定了跨境资金三级账户管理框架。

其中南航股份在境外设立的57家境外营业部，按地理可分为欧洲、亚太、澳新、北美四大区，四大区营业部作为三级账户，分别在工行、中行、汇丰、花旗搭建境外现金池，分别在对应的区域主账户进行零余额自动归集和联动支付；境外2家成员企业账户和四大区主账户作为二级账户，采用目标余额自动归集、差额自动补平的方式进行跨境资金调拨；国内资金主账户作为一级账户，建立与二级账户资本项目和经常项目的双向跨境资金往来通道，同时，国内资金主账户与境内成员企业采取代理支付的资金池架构进行管理。

国内资金主账户作为跨境资金的主体框架，可充分发挥“一个池子、两条通道、两个阀门”的管理作用。“一个池子”即在境内设立的本外币一体化的跨境资金池；“两个通道”即资本项目往来通道和经常项目往来通道；“两个阀门”即外债额度管控阀门和对外放款额度管控阀门。南航财司作为主办企业和资金池管理者，在国内资金主账户内为入池成员单位办理经常项目集中收付和轧差净额结算，按照额度集中成员单位的需求办理外债和对外放款

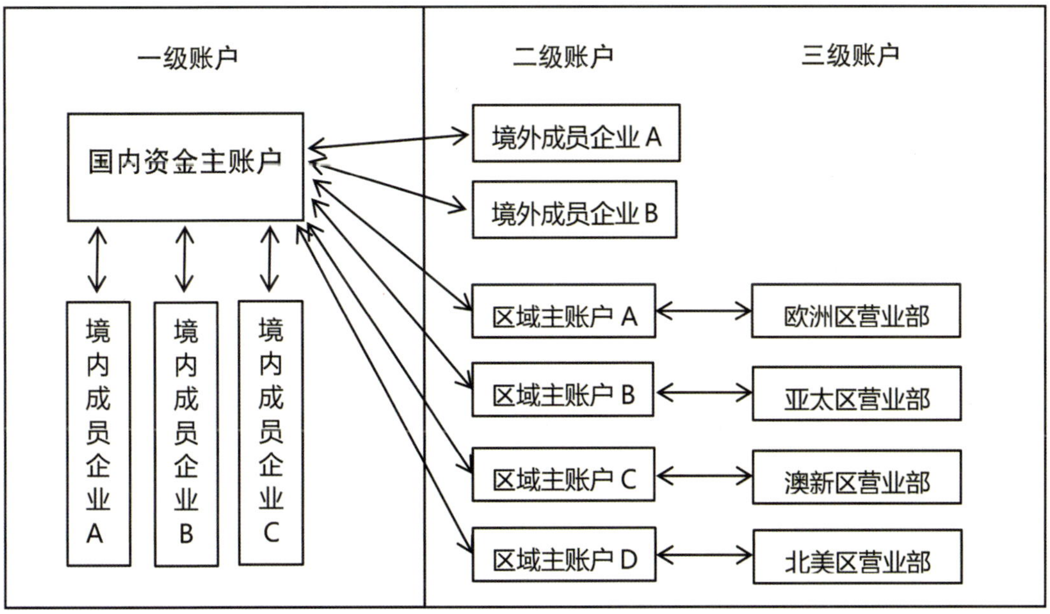

图5-2　南航集团跨境资金池账户管理框架

业务。同时，南航财司与合作银行建立额度实时监控机制，合理分配并按需调节外债和对外放款额度在各合作银行的使用比例，确保任意时点净融入和净融出金额不超过集中的外债和对外放款额度。

（二）建设管理制度和配套业务系统

为加强南航财司对集团跨境资金的集中运营管理能力，保障跨境资金集中运营各项业务的依法、合规、稳健开展，根据《中华人民共和国外汇管理条例》《跨国公司跨境资金集中运营管理规定》及国家相关法律法规，结合南航集团和成员单位实际情况，南航财司制定了《南航集团跨境资金集中运营业务管理办法》《实施细则》及配套《业务流程》，从制度上明确了各合作银行、各成员单位和各业务部门工作职责，规范了业务操作流程，细化了内控管理措施，为跨境资金集中运营各项业务的合规开展打下基础。

同时，南航财司制定《核心系统跨境池业务解决方案》，完成境外资金归集、跨境资金支付、点对点资金调拨、外币直联支付等功能的开发、测试、上线，实现了南航财司跨境资金池业务配套系统功能的顺利运行，提升了跨境资金支付结算管理效率，降低了跨境资金汇划成本费用。此外，南航财司收集整理成员单位端系统应用需求，在协助南航集团司库系统建设的过程中，提交司库系统跨境资金支付结算成员单位端的需求建设方案，待司库系统二期建设完成后，将实现南航集团跨境资金集中运营业务全流程线上闭环式管理。

（三）上线CIPS系统标准收发器

推进人民币国际化使用是中央企业提升国际竞争力、影响力和抗风险能力的战略选择。南航集团作为中央管理的三大骨干航空运输跨国集团之一，贯彻落实国家关于人民币国际化的战略部署，加快推进人民币跨境使用，积极响应国资委和人民银行关于推广人民币跨境支付系统（简称“CIPS系统”）及CIPS系统标准收发器使用的意见，以实际行动参与粤港澳大湾区“双循环”战略建设。

南航财司是南航集团成员单位资金结算平台，为落实集团党组关于加快推进南航跨境人民币使用的要求，满足集团成员单位跨境人民币结算需求，构建安全、高效、便捷的跨境人民币支付结算通道，于2021年7月启动CIPS系统标准收发器（网页版）的上线部署，与TCL、华发一同被人民银行广州分行认定为广东省首批推广上线CIPS系统标准收发器的试点企业。

（四）与境外银行建立外债报价常态化机制

为借助粤港澳大湾区金融资源区位优势，拓展南航集团及成员企业境外融资和对外放款渠道，压降境内外成员企业融资成本，南航财司与工银亚洲、中银香港、交银国际、香港花旗、香港渣打共5家银行建立了外债融资报价常态化机制。通过动态关注境内外融资市场情况，南航财司可准确把握市场窗口，及时引导南航集团及成员单位择机开展外债融资和境

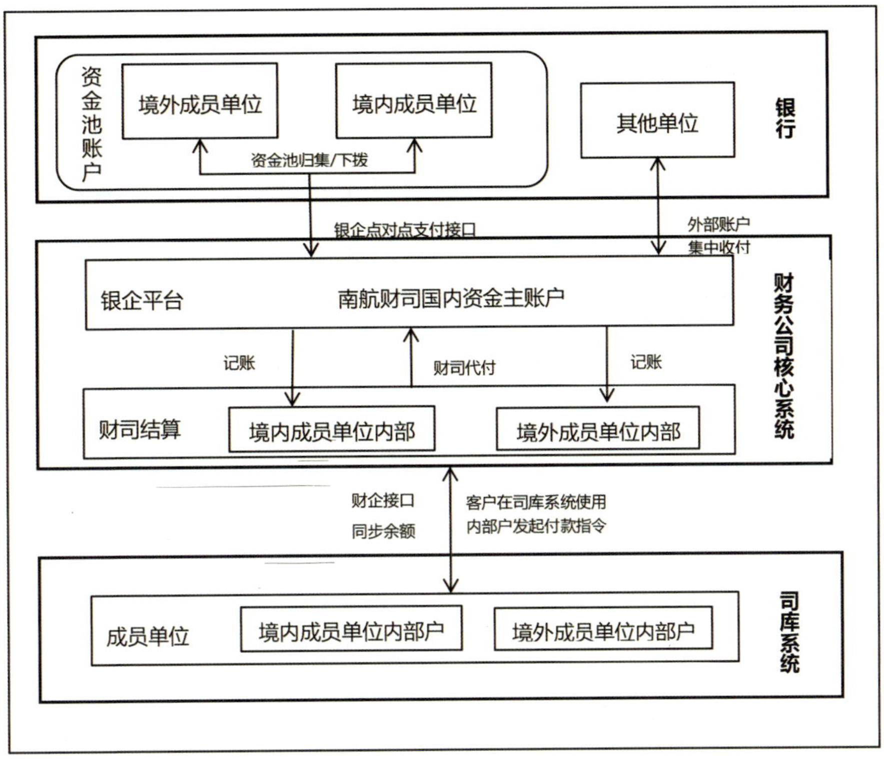

图5-3 南航集团跨境资金池系统建设框架

外放款业务。此外，南航财司协同南航股份将香港作为南航集团亚太区、澳新区和北美区资金跨境归集的中转站，借助香港货币自由贸易港的优势，进行离岸货币兑换，相较于境内而言，节约了汇兑成本，实现了对小币种资金的高效管理。

（五）推进境外账户直联管理

为落实国资委关于中央企业加强境外账户管理的要求，南航财司配合南航集团加强司库系统在境外成员单位中的推广应用，将境外成员企业银行账户的开立、注销等纳入集团司库系统统一管理。同时，加快推进境外账户银企直联工作，其中境外中行和工行账户，采用银企直联方式；外资银行账户则采用建行代理接入SWIFT（银行结算系统）方式，实现对境外银行账户“可视+可支付”的动态管控。

四、南航财司跨境资金集中运营管理工作成效

（一）构建境内外、本外币一体化资金集中管理体系

自南航集团跨境资金池建设完成起，南航财司安全、合规且稳健地开展了境外资金集中管理、外债和对外放款额度集中管理、跨境资金集中收付及监管数据报送工作。结合境外账户直联管理，在实现对南航股份境外各营业部资金的“可归、可视、可调度”的基础上，将境外成员企业纳入资金集中管理体系，实现了对境外成员企业资金归集“零”的突破。配合南航财司境内本外币资金池，南航集团已初步建成了境内外、本外币一体化的资金集中管理

平台，扩展了境内外资金统一运营管理的范围和力度。

（二）实现跨境资金调拨成本费用“清零”

南航财司通过创新研发跨境资金点对点支付系统接口，替代了银行电汇的资金调拨模式，优化了南航跨境资金调拨路径，提高了资金调拨和配置效率，实现了成员单位跨境资金调拨成本费用“清零”，帮助成员单位在跨境资金调拨业务上节约180—1500元/笔的成本费用。

（三）提升对成员单位的外汇服务能力

南航财司作为集团跨境资金集中运营业务主办企业，深度参与集团成员单位外汇资金管理工作，协助南航股份制定《服务贸易便利化试点业务方案》，完成向外汇局便利化试点申请工作，简化了股份公司机票款、经营性租金、飞机维修费等外汇收支办理流程，提升外汇收支效率。同时，南航财司积极落实辅助管理功能，主动承接并具体实施南航股份外汇资金存款、预算、采购、结算全流程业务，有效增强南航财司对成员单位外汇结算业务的服务黏性，提高了司库业务整合的协同效果。

（四）为南航集团全球司库建设奠定基础

借助跨境资金池外债和对外放款额度集中管理功能，南航财司可充分发挥“内部银行”和金融牌照优势，通过比较境内外市场的资金成本，引导成员单位择优开展外债或对外放款，增加资金运作可行性，进一步降低集团整体的资金运营成本，提升资金运营效益。同时，南航财司协助南航集团统筹管理外汇风险，在跨境资金运营、弱势货币管理和全球金融咨询方面，为南航集团和成员单位提供国际化服务，为南航集团全球司库建设奠定基础。

五、对深化跨境资金集中运营管理工作的思考

（一）深化跨境资金池功能作用

航空运输企业有着收款币种复杂，汇率敏感的特点，汇率的波动会对航空运输企业的成本利润产生直接影响。为帮助南航集团及成员单位精益管控成本，深化跨境资金池功能作用，避免境外存款“零”利率或“负”利率的不必要损失，提高全球资金的配置效率和使用效率，南航财司须进一步丰富外汇业务品种，积极开展远期结售汇、外汇买卖、外汇衍生品等业务，并根据集团成员单位需求，联合合作银行为成员单位量身定制多样化、个性化的外汇组合产品及服务，真正实现对小币种和弱势货币的管理。

（二）简化跨境资金集中收付业务流程

南航财司作为集团跨境资金池的主办企业，南航股份境外营业部的大部分票款收入已归集至南航财司国内主账户。但南航财司在合作银行办理南航股份境内资金调拨、向境外营业部资金下划等业务时，仍须按照外汇局要求提供纸质付汇凭证或相关证明资料，影响外汇支付效率。

目前，根据外汇局广东省分局《关于开展贸易外汇收支便利化试点的指导意见（试行）》的通知（粤汇发〔2020〕12号），要求支持粤港澳大湾区涉外经济健康发展，提升贸易自由化、便利化水平。南航财司可通过向合作银行申请成为试点企业，并向外汇局广东省分局备案，简化跨境资金支付单证审核，有效提升成员单位跨境资金结算效率。

（三）建设闭环式的全球资金风险防控体系

南航财司须进一步优化完善资金监控平台，加强对境内外账户信息、境内外成员单位资金计划执行、可疑及重复交易、境内外利率、汇率等情况的实时监测，同时应提高流动性管控水平，建立资金计划的刚性约束机制，实现对全球资金预算约束、余额控制、定向支付、支付预警的全过程闭环管理。此外，加强对全球宏观环境和货币政策的研判能力，提高市场风险管理水平；建立专业信评团队，借助行业先进信评模型，实现对境内外成员单位、投资标的企业及产业链上下游企业信用资质的跟踪判断。

参考文献：

[1] 王增业．跨国公司司库管理经验及启示[J]．国际石油经济．2015（03）．

[2] 张庆龙，王增业．以财务公司为基础搭建企业司库问题探讨——司库系列文章之五[J]．中国注册会计师．2016（3）．

[3] 太钢集团．基于跨境本外币资金池的创新实践[J]．冶金财会，2017(2)．

[4] 姬广林．我国跨国企业跨境资金集中管理的模式选择——基于北京123家企业集团的调查[J]．上海金融．2017（5）．

[5] 陈永洪．从财务公司官方功能定位看加强财务公司司库管理平台建设的具体措施——以南航财务公司为例[J]．民航管理．2018（06）．

[6] 庄学敏，王晓风，何鑫，等．内外兼修至大成——南航集团资金管理实践[J]．财务管理研究．2020（1）．

课题组成员简介：

课题组组长　陈永洪　南航集团财务有限公司公司总经理、党委委员

课题组副组长　曹艳东　南航集团财务有限公司研究发展部总经理

其他人员　宋英东　南航集团财务有限公司结算专员

专家评点：

该篇研究论文对此公司开展“集团跨境资金集中管理工作”具有一定价值和指导性，能做到适当引用各种政策进行分析，且详略得当、内容完备；梳理的框架图尤为清晰且逻辑严谨，分析准确且切合实际。

专家简介：

沈军，暨南大学南方高等金融研究院副院长、暨南大学经济学院金融系主任。

后 记

乍暖还寒、岁末年初之际，广东银行同业公会（简称“公会”）《珠水流金　同心铸粤——广东银行业研究报告2021》一书正式与读者见面了。该书荟萃多篇精品研究报告，涵盖金融服务数字经济发展、推动产业转型升级、助力乡村振兴等内容，广泛汲取行业治理经验与智慧，展现了金融机构经营成效与学术研究交相辉映的面貌。

2021年初，公会在研究年度重点工作时，为落实广东银保监局关于提升银行业研究水平的要求，彰显广东作为金融大省在学术研究层面的深度与广度，从而形成行业经营管理与学术研究相辅相成、相互促进的良好氛围，研究决定，今后每年公开出版发行行业研究报告集，并将“广东银行业研究报告2021”作为首次公开出版的书册，将其塑造成公会的品牌，让一直在银行界砥砺深耕、从事研究工作的济济英才和高管人士拥有分享研究成果的平台，力争使该研究报告系列成为业界关注学术研究，眺望行业前景，展示广东银行业风采的窗口。

研究报告的编撰工作得到广东银保监局的高度重视与大力支持，裴光局长关注汇编进展并欣然为本书作序，字里行间包含着对公会致力服务银行工作初心不改的赞许，表达了对广东银行业实现业务经营与学术研究双翼齐飞的期盼！

2021年3月，在广东银保监局的关怀指导下，公会秘书处根据刘军会长指示，正式启动研究报告汇编工作。初期收稿阶段，各会员单位踊跃参与，前后共收到来自23家会员单位的39篇来稿，主题丰富，观点独到。经前期整理归纳、分类筛选，稿件被划分为五大板块，并设置相应的细分主题。此外，为提高书册的学术研究层次，公会邀请上海交通大学上海高级金融学院李峰教授、胡捷教授，中山大学岭南学院徐现祥教授、周开国教授，华南理工大学经济与金融学院钟永红教授，暨南大学南方高等金融研究院沈军教授，审阅点评候选的研究论文，再请课题组撰稿人修改完善，使之臻于专业、规范。最终，根据论文稿件的学术水准、前瞻性和创新性，公会及专家教授采撷菁华，优中选优，选定29篇文章编订成书。

研究报告的封面、版式设计，亦是一个繁琐的工程，既要符合研究报告的严肃性，又要兼顾阅读的普适性；既要体现书名的主旨，又要具有银行业的美学风格。如何在内容排版与版面设计中体现出29篇研究报告的专业性？书名主题、公会理念如何相融，以使研究报告脱颖而出，甚至成为公会一张靓丽的名片？这是设计环节反复琢磨、推敲的问题。从主图制定、字体选取到颜色搭配、内页排版，均要从多角度考量，经公会秘书处与出版社多次沟通、开会研讨，排版始末就封面设计商讨出多个不同参考版本。经过反复比对，结合多方意见进行修改调整，最后由刘军会长及公会秘书处敲定最终版面风格——公会标志红含蓄淡雅，银灰色折射出哲思的光芒，调性简洁又不失庄重与品质感，实现了学术与审美的融合。

本书的顺利出版，要感谢公会秘书处领导同事在编撰过程中付出的辛劳，同时特别感谢以下人士：公会专职副会长张宁，秘书长黄小念，副秘书长郑奕忠、黄战、赵文忠、刘红虹、罗斌，会员服务部李湘红副主任、谢珊一、吕伊桐等所有负责和协助编撰此书的同事。感谢各会员单位的全力支持与配合，感谢南方日报出版社提供的装帧设计、编辑校对等专业服务，感谢出版社周山丹社长、阮清钰副总编辑，以及张高、陈焱等负责具体事宜的人员。由于准备时间的限制，书中难免有遗珠之憾，不足之处还请各位读者赐教。

广东银行同业公会

2022 年 1 月 7 日